U0067320

個 案 研 究

理論與實務

陳李綢◎編著

編著者簡介

陳李綢

◉ **主要學歷**

國立台灣師範大學教育心理學系學士（1970/8～1975/7）

國立台灣師範大學輔導研究所碩士（1982/8～1984/7）

國立台灣師範大學教育心理與輔導研究所博士（1987/8～1991/2）

◉ **現職及與專長相關之經歷**

現職：國立台灣師範大學教育心理與輔導學系教授（1991/8 迄今）

國立台灣師範大學教育心理與輔導學系系主任（2007/8 迄今）

經歷：國立台灣師範大學學生輔導中心主任（1994/8～2004/7）

國立台灣師範大學教育心理學系副教授、講師、助教（1974/8
～1991/7）

專長：個案研究、認知發展與輔導、教育測驗與評量、教育心理
學、智力測驗、心理測驗編製、社會科學研究法

自 序

　　感謝台灣師大給我在學輔中心的教學相長機會，使我人生更歷練，生活更豐富，十年來，從事的都是個案研究工作，除了行政與相關策畫工作外，接觸許多不同類型的案例，經驗讓我體會人生無常。人生中常會遇到許多林林總總問題，每個人都將面臨各種問題，個案研究就是在處理人的問題與事的問題，個案研究是一種專業的工作，也是協助教師或輔導者陪伴案主解決問題的特殊化課程；個案研究是輔導工作與臨床工作必備的課程。因此，「個案研究」應具有理論架構與實務工作經驗。

　　《個案研究——理論與實務》是編者重新整理編輯成冊，內容與先前出版《個案研究》全然不同。本書分成三部分呈現，前四章是屬於理論篇，介紹個案研究的助人與輔導理念、基本概念、個案研究歷程的探討模式、各種個案問題探討；第二部分研究篇，是編者在指導師大研究生探討青少年問題的相關研究，包括第五章至第十三章，是有關各種個案問題的相關研究，從實際的個案問題探討其發展的趨勢與問題解決策略；第三部分實例篇，包括第十四章個案實例探討，是編者指導學生從事個案研究實際輔導的部分學生作品。雖然學生接個案的歷程可能未臻成熟，但是，從學生認真學習的輔導歷程，說明個案研究歷程的複雜性與輔導工作的艱辛。書中每個案例都是實際遇到的困難，經由輔導與諮商過程，想要改變生活或更自在的適應環境。

　　本書是集合多位學生的心力與智慧所完成，由編者重新整理彙集成冊，為個人力量有限，匆促成冊，難免有不周到處，尚請先界及讀者不吝指教。

　　在此，要感謝所有參與此書出版的人，包括師大心輔系及進修部教育學分班這十年修習「個案研究」、「輔導原理與實務」、及「青少年問題探討」課程學生。

陳李綢

謹識於國立台灣師範大學教育心理與輔導系

2005 年 6 月 28 日

目　錄

✤ 理論篇

✤ 研究篇

✤ 實例篇

理 論 篇

第一章

個案研究的助人
與
輔導理念

解鈴與繫鈴人的省思

多年來的輔導經驗，是幫助自己成長與學習待人處世的最大收穫，也讓我了解人性的多面相及人生百態；從個案的處理過程中，我看到每個個案不同的家庭結構變化和心路歷程的關係，個案面臨的問題包括學習適應、感情困擾、價值澄清、生涯規畫、師生衝突及親子關係等，讓我體會到人生活著會生生不息、有延續性，是因為人活著本來就存在許多問題、衝突和煩惱。因此個案問題的發生原本是平常事，輔導工作只是仲介歷程，是溝通管道、是讓個案沈澱紊亂及冷靜重新思考的空間。由於此種理念讓自己覺得輔導的結果不是最重要的，重要的是在輔導的過程中，事的問題是否審慎處理？人的情緒是否被照顧？至於問題是否解決，則由個案去面對和承擔。所謂解鈴還需繫鈴人，因此，輔導的精神在協助個人發揮潛能、獨立自主、自我抉擇及適應生活。

其實，我常會發現，許多輔導人員會因個案問題與輔導工作而陷入漩渦中，反而因個案情緒及問題的變化而使生活與情緒受到影響。當一個人陷入泥沼中正等人救援時，救援者不可跟著跳入泥沼，否則，雙雙沉陷，於事無補，反而徒增困擾。輔導人員處理個案問題，宜將事件與個案個人情緒釐清；針對事件輔導時，宜從促進問題解決歷程去思考；就個案本人的心理輔導，輔導員讓個案覺得被接納，且讓雙方建立信任與合作的關係，促使個案有意願與動力想改變或面對問題、解決困難。至於輔導的成效，則由個案及時間來考驗。輔導工作並非萬能，但也非不可能；一個人的人格是受家庭、社會與個人特質的交互影響，因此，短暫的輔導過程豈能一下就改變個人長期已塑造的行為模式？不過，人是會思考、會反省的，當個人有足夠時間與空間去思考，經由輔導過程被接納、關懷，痛苦獲得宣洩時，人的自信會產生，挫折的經驗會促使個人澄清價值，甚至改變適應生活模式。

所以，輔導人員若能以平常心輔導個案，放下一切得失，則輔導工作是快樂的，是增進個人成長且有意義的工作。

壹、輔導的意義與內涵

一、輔導專業化？生活化？

　　輔導是助人工作，其層次可分為：專業、半專業、非專業。專業者是由接受正式輔導課程與正規班教育者進行輔導工作。半專業者是由曾經接受過輔導學分或相關機構訓練而從事輔導工作。非專業者是由一般具有利人利他的人、具有愛心誠意想幫助別人者進行。因此輔導工作是人人可為？或輔導工作是專業？就有許多討論空間。從狹義輔導言，輔導需要由專業人士來從事助人工作，那麼輔導是由專業輔導人員或諮商人員協助人面對問題、解決問題，促進生活適應與做最佳的抉擇。廣義輔導是從一般生活層面言，是助人成長的工作，只要願意協助人快樂成長，適應生活環境，面對生活挑戰，克服困難，追求人生目標等助人工作就是輔導。那麼，輔導工作是人人可為、人人需要的，輔導工作人人有責，輔導靠實務與執行。你的看法呢？

　　因此，輔導是生活化與專業化的嗎？依個人需求和認知而定。輔導的重要性與有效性，則因需要與認知而判斷，其實輔導非萬能丹，不可能立即見效；但輔導也非一扶就倒，輔導就像一支協助人站立的枴杖，需要時，可以幫助人防止跌倒。輔導像是生活中的小蠟燭，黑暗中，需要一盞小燭光引導，與人分享光明，避免在黑暗中迷失自己。輔導也像是放風箏的人，讓風箏在天空自由遨翔，看到風箏愈飛愈高的那種愉快心情；看到風箏掉下來或失去蹤影，那種失望與焦急，這就是輔導生活化。當然，如何協助跌倒的人拿枴杖做支柱，如何適時提供身在黑暗中的人一盞光，如何將風箏掌握自如，輔導是在揭開人類良知與善良本性，靠輔導關係建立，這就是輔導的專業知能。你同意嗎？

二、輔導的內容

輔導工作內容包含諮商服務、諮詢服務、定向服務、資訊服務、安置服務、延續服務、評鑑服務及研究服務。輔導工作對象是所有人類，每個人生活中難免會遇到問題或困難，當遇到問題時，通常會希望即刻解決困惑，減輕焦慮。輔導工作即為協助個人面對問題、解決問題及適應生活的工作。輔導工作可透過資訊服務、諮詢服務，提供個人適應生活及自我成長的資訊。輔導工作也可由專業的輔導老師或輔導員經由諮商過程提供服務，協助個人生涯定向或工作升學的安置。輔導也經由延續服務追蹤個案的未來發展，並經由評鑑與研究服務，對輔導工作績效做檢討與評價。

三、輔導的基本模式

輔導模式包括三個層面：
1. **初級預防**：輔導是預防重於治療，舉凡利用演講參觀與座談研習推廣資訊等都是。
2. **次級預防**：透過諮商晤談方式，讓當事人了解、澄清與改善自己。
3. **診斷治療**：透過心理師的診斷與治療以改善當事人症狀。

四、輔導的過程

個別輔導過程通常是：兩個人在較具私密性的空間裡，進行面對面的溝通或交談，就像大多數的動力性互動一樣，兩者之一提出他的問題或困擾，並且尋求解決之道，稱之為「個案」；而另一者是受過專業訓練，用心傾聽、分析，並且為個案規畫問題解決方法，稱之為「輔導者」。所以，輔導屬於一種特別的晤談，個案帶著問題來，而輔導者傾聽他的問題，加以分析並規畫一套辦法，幫助個案解決困擾。

然而兩個人面對面的互動，不可能只是「個案的問題」與「輔導者傾聽、分析、規畫」的單純互動而已。個案的問題不可能與「個案

5

這個人」分開來，亦即他的問題與他的行為習慣、價值觀、信念系統、情緒反映、心理需要、性格特質、生活中的各項態度等交織在一起，而成為一個「整體」。而「輔導者傾聽、分析、規畫」也不可能只是他的「輔導系統（理論、學派）的表現」而已，輔導者本身的行為習慣、價值觀、信念系統、情緒反映、心理需要、性格特質、生活中的各項態度等，也與他的輔導系統交織在一起，整體地決定了輔導者在面對個案互動中的表現（參見圖1.1）。

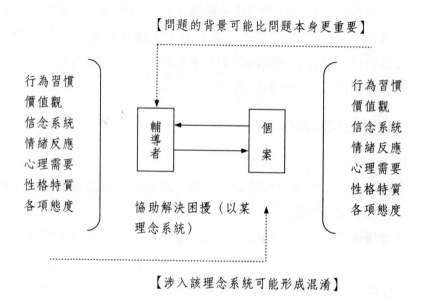

圖 1.1

在理想的情況下，經過這種面對面的雙向互動（稱之為輔導互動靜態分析），個案的行為習慣、情緒反映、認知系統、態度或性格會產生較永久的改變，所謂「改變」，理論上來說，是經由規畫的輔導而系統地發展出來的，並不是隨機偶發的。參考表1.1「諮商歷程中的階段與改變」，可提供一個較具體的概念。

五、輔導者的意圖或概念形成

在輔導過程中，輔導者對本身「心理操作」的察覺與清楚的確認

是非常重要的，否則無法協助個案完成「有計畫改變」。輔導者心理操作的覺察會影響他的「輔導意圖」概念形成。輔導的意圖應該是「輔導行為」的主要管理者，而通常輔導者的輔導行為會進入個案的知覺系統中，再經過個案的心理操作（對輔導者的意圖與行為的覺知），轉化成個案的意圖，然後個案的意圖「管理」其行為表現，再傳入輔導者的心理操作歷程。

表 1.1

階段	關係階段	情緒階段	認知重組階段	統整階段
輔導者的影響因素	*專業包裝（如學歷、頭銜） *親切、接納 *態度及表達能力 *同理能力	*自我開放 *示範（開放相似性資料） *澄清（形成完整故事）	*邏輯思考 *探詢式 *客觀回饋 *解釋 *面質、立即性	*目標導向 *事件統整 *協調聯繫 *關係了解 *區辨嚴重性
輔導者的改變內容	以自己為材料，與另外一個人產生現象（真誠對待能力）	形成診斷上之假設和暫時性之目標（意圖）	以澄清、解釋、立即性、面質等技巧，來進行影響改變當事人之認知	*問題解決信心 *包容性 *多元價值感
個案的影響因素	*問題嚴重性 *問題迫切性 *過去諮商或處理經驗	*自我防衛程度 *自我開放能力 *給予輔導者回饋之能力	*工作同盟意願 *求助成效 *抗拒 *建設性參考	*信心建立 *領悟力 *統整原有思考建構力
個案的改變內容	*個人接受周邊環境訊息 *開始接納受助	*對個人及問題的了解 *情結的抒放 *情感依附的平衡	*對問題的認知，產生新看法或選擇 *尋求生命意義 *責任感建立	*擴展個人覺察 *修正價值觀

㈠輔導者的意圖

「輔導者的意圖」指的是他在某一行動的內在想法（計畫），他在某一時刻選擇或考量某一項行為表現、反應模式、運用某項技巧，都是有他的內在想法與架構。輔導者意圖的覺察探究，將有助於說明輔導過程中，輔導者在各行動之前是如何思考的；因此，探求輔導者的意圖能協助其有效地釐清自己在輔導過程中，「做了些什麼」與「如何達成目標」，並「造成影響」，這對輔導督導與訓練十分有益。此外，輔導者意圖會影響個案的反應，所以，這方面的探究也有助於了解「規畫下的改變」為什麼發生。

㈡輔導者的概念形成

對輔導者意圖相關的概念，是在整個輔導過程中的「改變計畫」或對個案問題的「概念形成」，所以，輔導者的概念形成包含四個向度：概念間的相互關係、概念的範疇、情感狀態的概念，及有關輔導者角色和力量的概念。第一個向度可區辨輔導者對於心理現象的各種動態性、互動性的心理狀況，是否能夠加以充分且良好地整合。第二個向度顯示輔導者對於一般常人及其問題的概念性認識。第三個向度假定情感狀態在心理問題上扮演著重要角色。第四個向度則可澄清輔導者在輔導過程中，對自身角色與功能的覺察。有了這四個向度的概念形成，輔導者必然能夠在輔導的互動過程中，即面臨互動中任何狀況時，將「有計畫地改變」和「個案的問題」恰當地連結起來。

輔導工作者或許可以用這樣的方式，來檢視自己的立即意圖和概念形成。所謂輔導者的意圖是發生在晤談中，輔導者每一個言談之轉折；而輔導者的概念形成，則是發生在輔導者對一整個晤談或一連串晤談思考。當我們以這樣的觀點進行探討時，如果輔導者的意圖無法整合入輔導概念形成中，則輔導意圖的討論將變得毫無意義。例如，假設「支持」的意圖無法被整合成為下列概念形成的一部分時，則輔導者的「支持」將會失去意義：

1. 「支持」可以提高個案和輔導者間彼此的信賴程度，因而形成雙方良好的關係。

個案研究——理論與實務

2.好的合作關係是造成有計畫改變的基礎。

3.有系統地使用說服和由之衍生的頓悟，可使計畫性改變逐步產生。

4.良好關係將透過所謂「周邊途徑」影響「說服」的效果。

5.「支持」將影響「說服」的效果。

因此，以輔導者為主的輔導過程分析可見圖 1.2：

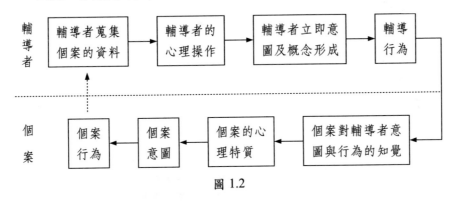

圖 1.2

貳、個案研究技巧的應用

一、個別輔導

個案研究經常應用個別輔導：對個體提供各種協助的一個學習過程運用專業知識與特殊技能，以有系統的計畫為個別學生服務。個別輔導內容包括生活方面、教育方面及職業輔導。其過程包括：

1.了解並蒐集資料。

2.進行會談或諮商。

3.個案研究輔導策略的建立。

4.進行輔導策略的實施評鑑並追蹤。

其使用方法包括：

1.資料蒐集方法：觀察法、自傳晤談法、家庭訪問、問卷法、個案研究法、測驗法諮商、社會諮商。

2.晤談或會談方式。

3.諮商或輔導方法。

4.方法評鑑及研究方法。

使用技巧包括：

1.專心及注意；

2.同理心；

3.引導；

4.澄清；

5.支持與鼓勵；

6.保密態度；

7.終結技巧。

表 1.2

個別輔導
├─ 定義—對個體提供各種協助的一個學習過程，運用專業知識與特殊技能，以有系統的計畫為個別學生服務
├─ 內容—生活方面、教育方面及職業輔導
├─ 過程
│   ├─ 了解並蒐集資料
│   ├─ 進行會談或諮商
│   ├─ 個案研究輔導策略的建立
│   └─ 進行輔導策略的實施評鑑並追蹤
├─ 方法
│   ├─ 資料蒐集方法 ──┬─ 觀察法、自傳晤談法、家庭訪問
│   │   ├─ 問卷法、個案研究法
│   │   ├─ 測驗法諮商
│   │   └─ 社會諮商
│   ├─ 晤談或會談方式
│   ├─ 諮商或輔導方法
│   └─ 方法評鑑及研究方法
└─ 技巧
     ├─ 專心及注意
     ├─ 同理心
     ├─ 引導
     ├─ 澄清
     ├─ 支持與鼓勵
     ├─ 保密態度
     └─ 終結技巧

二、輔導、諮商與心理治療關係

　　輔導、諮商與心理治療三者的關係有些是重疊的，但也有些是特殊化、個別化與專業化的。輔導的層面較廣泛，偏重教育、普遍性與預防性；輔導對象是所有人或學生，其實每一個人一生難免都會面臨不少困擾，輔導工作是從教育層面提供人類或一般學生某種知識、方法或面對事情的角度，是諮詢者的角色；諮商是輔導中的一環，諮商的對象因某種因素（情緒困擾等），使其無法發展出某種或廣泛能力，而讓其面臨了生活、工作或人際上的困擾，輔導員的角色較像是一個陪伴、引領及啟發者。因此，諮商比輔導更偏向特殊與專業層面。心理治療是一個醫學上的用詞，指透過外力的介入，使其恢復原有的正常功能，治療的對象可能有能力上的限制，必須透過治療者的角色來加以協助。一般而言，「心理的專業助人工作者」其最終目的在讓求助者能有力量去面對自己的困境，並選擇一條自己的路。心理治療或諮商是開啟了另一種解決心理或情緒上困擾的可能性，其中累積相當的知識、技巧及專業；或許有些人透過這個專業來抒解心中的壓力，或許有些人透過這個專業來對自我、人際互動進行深入的探索，或許有些人試圖找出一個生命中不斷出現的模式的原因，或許有些人試圖弄清楚現在干擾正常生活的情緒、心理上的困擾。表 1.3 對這個部分做一些說明及區分；其實，上面的分類有可能是一個連續的向度，愈上面的所提供的資訊愈多（如：提供專業知識及方法建議等），愈下面的愈深入個人內心，但有時在實際工作中，並不太容易去做截然的區分。

表 1.3　教育、輔導、諮商與心理治療關係

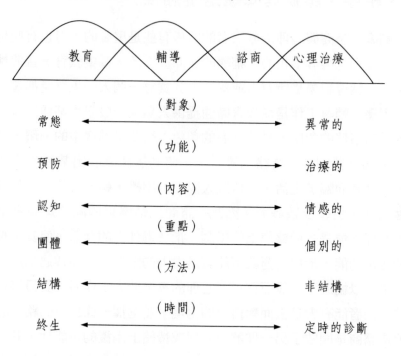

	教育	輔導	諮商	心理治療

（對象）
常態 ←——————————————→ 異常的

（功能）
預防 ←——————————————→ 治療的

（內容）
認知 ←——————————————→ 情感的

（重點）
團體 ←——————————————→ 個別的

（方法）
結構 ←——————————————→ 非結構

（時間）
終生 ←——————————————→ 定時的診斷

三、諮商在輔導上的重要性

　　諮商服務是輔導中的核心部分，透過一對一（個別）或小團體的關係，幫助學生自我了解和自我發展。換言之，諮商是達成人格教育的主要力量之一，藉著一個人對另一個人的專業協助，來增進被輔導者的自我了解與自我發展，充分發展個人的潛能。輔導工作中，「個別諮商」是輔導人員經常實施的；而「晤談」又是個別諮商中的主要工作，許許多多的個案確實由晤談而解決其問題。晤談中大部分是藉助於語言的溝通，而輔導員的主要職責是引導受輔者談話，以發現問題、解決問題，而不是對受輔者訓話。因此，可以說，這種語言溝通是治療性的談話。

　　諮商是一門專門的技術，根據心理學與社會學、教育學、生物學、醫學等的理論研究為基礎，建立系統理論，幫助受輔者自我了解和自我發展。其目的在促成受輔者行為改變，增進因應技巧，增強受

輔者決定，使受輔者能增進人際關係，協助受輔者增進個人潛能的發揮。諮商的技術，各家說法不一，但較為一般人所常用的是聯繫的技術、反映的技術、接納的技術、沉默的技術、引導的技術、終結的技術。在實施的諮商中，諮商過程、步驟均須有計畫的實施。然諮商人員必須具相當的專業修養與技術、方法，在實施時較具成效；同時，更須有豐富的經驗才能勝任愉快。因為諮商不只是面談及勸導，而更是要運用各種方法，包括真誠、傾聽、無條件的積極關懷，也更需要有同理心去接納受輔者，協助受輔者解決問題，發揮潛能，達成健全人格。諮商裡最重要的，是兩個以上的人分享情感、相互協助與思考的過程。所以，諮商可以定義為：「人與人之間，透過一個人來幫助另一個人，以增進他了解與處理自己問題的能力的一種過程。」這樣的定義，說明了諮商的過程不只是「給予、勸導」而已。有效的諮商必須建立在一種真實的「給和取」的基礎上，藉此基礎，諮商者和當事人在一種相互信賴和了解的氣氛中來彼此接觸。

　　羅傑斯氏（Carl Rogers）對諮商則採取較狹義的解釋，即：「諮商是與個人持續而直接的接觸，藉此幫助個人改變其行為與態度。」以上是各家之說法，而在諮商的目標中，綜合各家之說法，約有下列五個主要的目標，而這五個諮商目標之間並不互相排斥，只是各派理論各有所強調而已：

(一)**促進行為改變**：幾乎各派理論都指出，使當事人過一種更豐富、更滿足的生活，是諮商目標之一。

(二)**增進因應技巧**：使個人能更適應地應付新的要求和新的情況。

(三)**加強做決定的能力**：幫助個人學習整個做決定的過程，並進而使個人能自己做決定，這樣才能使當事人獨立而不再依賴輔導員。

(四)**增進人際關係**：幫助當事人有效地處理人際關係，以改善當事人自己的生活品質。

(五)**助長個人潛能的發揮**：使個人的能力發揮至最大限度，並且使個人在能力與環境的限制內，盡力地增進個人的自由。

　　從以上五個目標，更能清楚地了解諮商的意義。

四、諮商的方法與技巧應用

㈠個案來源

個案來諮商的方法有下列三種：

1. **學生自動來訪：**這是最好的諮商時機，學生有需要才找老師，其諮商效果特別好。輔導教師應有預先適當的安排。如將諮商的意義、方法、價值及為學生服務的項目印發給學生及其家長，使其知道內容，適合自己的需要，能夠解決自己的困擾，可助長學生自動來訪的勇氣。或在學校集會中，向學生說明諮商的性質和功用，怎樣與輔導老師進行諮商，幫助學生解決問題。

2. **輔導教師的通知：**輔導教師主動通知學生前來談話。通知前，選擇學生有四種方法：

   (1)**會談：**從會談中發現哪些學生是需要諮商的。

   (2)**使用調查表：**調查中發現學生有了某種困擾，而通知他來諮商。

   (3)**檢查累積紀錄：**發現需要幫助的學生，如成績低劣、缺席過多、品行不良等。

   (4)**觀察：**平時觀察有不良適應者，通知前來諮商。

3. **導師或其他人士推薦：**如校長、各科老師、家長或其他人之推薦，輔導老師亦當然接受予以談話。

㈡個案諮商技術

個別諮商的技術包括下列幾項：

1. **建立關係：**增加信任感。教師在進行諮商前，先和諮商學生建立良好的師生關係，使彼此有了感情基礎，然後進行諮商，較易收效。

2. **接納：**生理及心理專注反應。對學生的診斷必須要客觀，且注意資料的可靠程度。對學生諮商要以同理共鳴的口氣談話。

3. **傾聽：**專注表現及支持。諮商的態度：在心理上，不要以為諮商什麼問題都可解決，而存有過大的希望。要有誠懇和喜歡晤

談的態度。不要存有教訓別人、訓誡別人的觀念。要相信對方的誠意，讓他暢談下去，自己有樂意傾聽的態度。與對方所講的話，要絕對替對方保密。

4. **反映**：情感反映，價值澄清。個別諮商，必須有一個安靜的場所，以教師與學生促膝談心的方式會談，有一種精神上、心理的親切感，毫無拘束地暢所欲言。感情反映要有技術：教師要充分了解學生心情，使其感情能充分表達。教師的感情表達技術良好，可以激發學生多說話，多表達意見。

5. **沉默**：接納表現。使用接納技術，教師與學生談話要有同理心，多用「是的」、「嗯」等口語表示接受他的意見，教師面部表情要親切，偶然表示同情的點頭。沉默技術：學生的沉默或是由於內心的痛苦，或是不同意而不便明白地反抗出來，即以沉默做消極的抵抗。教師的沉默是有意地停頓一下，以便學生有時間思考問題，整理思緒。因此，輔導教師宜多用沉默手段，讓學生多講話，這是諮商的重要原則。

6. **觀察力**：敏感性觀察。加強了解建立良好的師生關係。

7. **恢復自信心**：輔導教師要鼓勵學生加強試探新的行為方式與效果，以減輕學生的焦慮不安或犯罪感。要預告學生有成功的可能，他人亦有類似問題。有志竟成可得到解決。

8. **引導**：促進自我探索。引導技術有二種，一是間接引導，由學生提出問題；一是直接引導，由指導教師提出問題，引導學生說明。

9. **立即性**：此時此刻的表現及反應。

10. **面質**：面對矛盾及衝突表現的反應。

11. **記錄**：保存資料提供進一步的諮商訊息。

12. **終結技巧**：結束談話。教師應把這次談話要點加以歸納，並暗示學生下次再談，或直接約定下次談話的時間。總之，結束時一定要讓學生覺得滿意，並願意繼續來談。

輔導員有了專業的諮商技巧，並了解了各派的理論基礎，也了解

了諮商的範圍、諮商的方法及個別諮商的技術，因時、因地、因人進行諮商，發現問題，解決問題，使在社會生活上、學業成就上、情緒問題上都能有良好的適應，使其步入正軌，不僅減少了社會治安、學校求學、家庭生活諸問題，也讓個人充分了解自己，發展自己潛能，達成完美的人格。

五、輔導助人階段使用的技巧

表 1.4

階　　　段	協助前階段	第一階段	第二階段	第三階段
目　　　標	關係建立	自我探索	自我了解	行動計畫
使用技巧	生理專注 心理專注	初層次同理心 尊重 真誠 具體 結構	高層次同理心 自我表露 面質 立即性	問題解決的技術 角色扮演 行為改變技術 家庭作業

　　從事個案輔導與助人階段中，除了上述介紹的諮商技巧外，各階段使用的技巧如表 1.4 所述。在助人階段，同理心的訓練是輔導員或諮商員必要的課程。

㈠何謂同理心？

　　當我願意嘗試去了解、接納「我」時，那麼我就可能去接近別人的內心。

　　同理心的涵意：字源：empathy→feeling into 同理心→將心比心、人同此心、心同此理。同理心就是站在對方的立場，設身處地去體會其心境，並將所了解到的，反映給對方知道，溝通此感受，同理心是種能力？還是技術？或態度？

㈡同理心與同情的差別

　　同理心（empathy）——強調對方的感受，但不失自己客觀的立場。

　　同情（sympathy）——把自己變成對方，滲入了自己的感受，且

被對方的感覺所淹沒。

(三)同理心的功用

同理心可減少心中的孤獨感，有人嘗試著了解我，有助於親善關係的建立。協助對方自我探索、了解自己。建立個人吸引力。訓練個人敏感度及正確觀察力。

(四)同理心特質

同理心的元素包括：覺知（awareness）、知道如何做（know-how）及肯定（assertiveness）等元素。要具備同理心的人，需加強五項特質：開放的心胸、認知彈性、敏感度、情感反映與溝通的意願，及正向的自我概念。

(五)同理心的訓練過程與步驟

【同理心的訓練過程】：使自己的感覺起共鳴→表達體會到的感覺→與他的感覺產生共鳴。

【同理心表達的步驟】：聽他的感覺→體認他的感覺→反映並澄清他的感覺。

1. 體驗自己的感覺

標定及辨識自己的感覺：列出四個象限的情緒字眼，愈多愈好：

表 1.5　情緒分析表

	強烈的	
憤怒的 恨意的　I 敵對的	快樂的 雀躍的　II 高興的	
負向的		正向的
乏味的 失望的　III 無助的	安靜的 祥和的　IV 滿足的	
	微弱的	

2. 情緒反映的練習

(1)目的：如鏡子般地呈現對方的情緒狀態及態度，使其了解到自己的情緒。

(2)**語法**：你覺得＿＿＿＿＿＿＿＿＿＿＿。

(3)**注意事項**：避免刻板化，更換語句，例如：你認為＿＿＿＿，好像你相信＿＿＿＿，我聽到的好像＿＿＿＿，對你來說好像＿＿＿＿。

(4)**避免重複**：反映時機，措辭……假設語氣。

3.簡述語意的練習

(1)**語法**：你覺得＿＿＿＿＿＿，因為＿＿＿＿＿＿。
　　　　　　　　　　（情感）　　　　　　（經驗、行為）

(2)**注意事項**：傾聽對話中的關鍵點。用簡短方式回答，應含情感及內容兩方面。

(3)**同理心**＝情緒反映＋簡述語意。

4.同理心的層次與辨識練習

層次一：回答中沒有表達出對方所表達的情感，是種不相關或傷害性的反應。

層次二：只表達到對方所表達的情感之一部分。

層次三：包含對方所表達的情感。

層次四：包含對方所表達出來，及隱含內在的情感。

（**例一**）男：我太胖了，我知道這是我很少有約會的原因。

（　）• 既然你知道原因，為什麼你不想改變它？

（　）• 喂，你不用擔心啦！像你這樣受歡迎的人，不久就會有合你意的女孩出現的。

（　）• 你好像覺得很孤獨，你說你太胖，而使你無法和女孩子約會。

（　）• 看到你周圍的人都玩得很開心，而自己一點也沒有，讓你覺得很沮喪，如果不改善你的外表，你不知道將來會怎樣。

（**例二**）「真是的，他們認為自己是什麼人？我實在受不了繼續和他們來往，他們只是一群虛偽的人，他們讓我感到挫折、很焦慮，

我氣到不想再理他們了，真想叫他們全部滾蛋！可是，我想我就是不敢這樣做。」

（　）• 他們真的讓你很生氣，你真希望自己能夠比現在更有效地對付他們。

（　）• 為什麼這些人是虛偽的呢？他們跟你說了什麼？

（　）• 去他的，他們使你生氣！但是你不只是對他們生氣，因為你沒有照著自己真正的感覺去做。

（　）• 也許他們本身在這方面是應該負責的──讓你覺得很沒有辦法，使你對自己有不好的看法，以致不能順利和別人來往。

（**例三**）「我的父母老是不放心我，他們總是問我到哪裡去了？在做什麼？和哪些人在一起？他們從不讓我獨自闖闖。」

（　）• 好像你父母太操心了，也太限制你了。

（　）• 你不高興他們對你的不信任，你認為自己可以決定自己的事。

（　）• 我認為他們很愛你，不過又不太放心你，這就是父母心。

（　）• 難道你不覺得他們很關心你嗎？

（　）• 他們壓迫式的愛，令你受不了。

5.**掌握同理心的層次與技術**

　(1)初層次同理心

　　①站在對方的立場，體認所表達的，並將了解到對方明顯表達出來的感覺、行為，反映給他知道。

　　②公式：情緒反映＋簡述語意。

　　③使用初層次同理心，易產生問題：假裝了解，鸚鵡學語，漫談，停留在表面階段，語調與態度不一致，過早打斷對方的話，用詞不當，封閉式的問題。

　(2)高層次同理心

　　①不僅了解對方所提的問題，更能明察他對問題隱含的想法

與暗示，反映給對方知道，更提供另一個參考架構。

②高層次同理心的表達方式：協助對方擴展視野，提供另一個參考架構。表達出其暗示的部分。對對方所談的內容，做一結論式分析。確認主題。連結各片段中有關的內容，找到思考的新角度。由少到多。

③注意事項：用假設語氣。二人之間已有良好的關係。具體而系統。

6.改進同理心的提醒

(1)給自己思考時間。

(2)語調、態度上的同理，加上簡短的反應。

(3)用詞、語氣和對方一致。

(4)真誠、尊重、具體。

(5)結語同理心三境界——我知道同理心，我會用同理心，我是同理心。

參、個案研究諮商理論應用

個案研究應用的諮商理論有下列幾種派別：

一、精神分析法

代表人物：佛洛依德（Sigmund Freud）。是一種人格發展理論、一種人性哲學觀與一種心理治療的方法。其重點放在驅動行為的潛意識因素，主張人六歲以前的事件是後來人格發展的決定因素。強調行為是靠心理力量和衝突所驅動的。內在力量塑造人格並刺激行為。人類的行動是靠天生的本能、生物的驅力以及企圖解決個人需求和社會需要的衝突。佛洛依德的人格論有兩大特點：一則發現潛意識對行為的影響；一則重視性衝動對人格發展的作用。佛洛依德從交互作用的觀點來解釋人格的結構，他認為每一個人每刻的行為，均是幾種心理傾向互相衝突和交互作用的結果。一個心理健康的人，這些心理傾向

雖也會產生衝突，但它們常可以形成統一和諧的組織，使個人能適應其環境；反之則產生不良適應。佛洛依德人格的組織分成三個互動的要素：本我、自我與超我。本我是人格的本源，初生嬰兒就已具有，稍後，自我及超我才從本我中發展出來。本我包含了遺傳的一切，包括本能的驅力——性和攻擊。主要功能在於把那些不可容忍的緊張狀態予以發洩，並使個體感到舒適。本我受「快樂原則」支配。由本我支配的行為不能以邏輯、價值和道德的規範來加以控制，它常經由較原始性動作、反射以及夢等來發洩衝動，純粹是主觀的，能量水準的增加（來自內在或外在的刺激作用）使本我產生不舒服的緊張狀態，本我會立刻設法降低緊張，使機體回復正常狀態，只尋求立即的滿足。自我的功能在於控制本我和對付超我，使我們在追求快樂中，能顧及現實的後果，並能與外在世界維持和諧的關係。因此，自我所遵循的是「現實原則」，也就是指個人必須尋求能夠滿足需要的真實事物，並在這些事物未發現之前不立刻發洩其緊張，自我讓個人學會忍受某種程度的緊張，以延緩滿足其衝動和需要，使快樂原則在社會許可之下得到滿足。自我在本我的要求、外界的現實和超我的要求間從事調節的工作，盡量滿足來自雙方的要求與壓力。超我是社會價值和道德內化後的表現。超我根據社會標準來判斷行為的對或錯，也使自我的行動受到約束。本我尋求快樂，自我考驗現實，超我致力於完美。可見本我是人格結構中的生物性成分，自我是其心理性的成分，而超我則為社會性成分。本我和超我代表過去（一是遺傳的影響，一是父母的影響），則自我代表現在，它必須居於本我、超我和真實世界之間發生作用。人格的三個成分有時會彼此相爭；自我會拖延本我所要求的立刻滿足，而超我會與本我和自我兩者作戰，因為行為經常達不到超我所代表的道德規律。不過，就正常人來說，這三者經常是成團隊工作而產生統整的行為，交互作用下使人格維持其完整的功能。依佛洛依德的看法，嬰兒與兒童即為人格發展的關鍵期。這些時期的人格特徵形成之後，可以一直持續到成人，因此成人期發生的困難或問題，常可自早年的經驗中找尋原因。佛洛依德認為，人格發展

的歷程是個體經由不同身體部位以滿足其「性」衝突的過程。人類滿足性衝動的部位，依序為口腔、肛門、性器、潛伏與兩性期。口腔期發展不順利，導致在行為上表現出貪吃、吸菸、酗酒、咬指甲等，在性格上表現出悲觀、消極、依賴等。肛門期發展不順利，會導致在行為或性格上，表現出吝嗇、冷酷、頑固、剛愎等。性器期的戀母情結與戀父情結的發展，對兒童的性別角色認同是重要關鍵期。潛伏期的男女兒童在情感上較疏遠，在團體活動上，亦呈現男女分離的狀態。兩性期，個體開始有了兩性生活的理想，人格的發展已趨於成熟。按佛洛依德的看法，人生早期這幾個階段如能順利發展，以後個人統整人格的建立就沒有困難。但如果此時期的發展受阻，發展便停留在某一階段，這稱之為固著作用。於是，與此階段有關的問題便延續下去，直至其後的歲月，不易解決。

佛洛依德於一八九九年出版《夢的解析》（*The Interpretation of Dream*），發展出一套夢的理論。其鑑於當時的傳統心理治療方法欠靈，乃專心研究分析精神病患的起因。他使用自由聯想與夢的分析，對精神病患者進行研究。以夢的解析及催眠方式進行心理治療，以喚醒患者潛意識經驗，讓當事人放下自我防衛機制，而獲得衝突的解決。

二、自我心理學

艾瑞克遜（Erikson）的自我心理學（ego psychology）與佛洛依德一樣，認為人類具有來自內在的需求，但他更重視個體與社會環境的相互影響。根據艾瑞克遜的觀察，一個正在生長中的人，有一種注意外界並且與外界交互作用的需求，人格便在這種交互作用中發展。健全人格對環境有純熟的統御，有完整的行為功能，與對自我和世界有正確的認識及了解。

雖然佛洛依德認為「自我」是介於本我衝動和超我要求之間的調解者，但艾瑞克遜相信「自我」具有更多重要的結構功能。對艾瑞克遜而言，自我是人格中相當強勢而獨立的部分，促使人們完成建立自我認同的目標，和滿足掌握環境的需求。自我的主要功能是在於建立

及維持自我之認同感。他認為認同是一個很複雜的內在狀態，包括自我的獨特感與個別感，和對未來及過去的延續及整體感。艾瑞克遜提出的「認同危機」，是指當人類對認同有強烈的失落感時，所產生的絕望與矛盾。許多人在人生的道路上，對所認同之價值觀和人生的方向，感到不確定，或不知人生是否尚存其他意義？這些認同危機通常出現在青春期。

雖然認同危機在任何時期都可能會發生，艾瑞克遜深信，這種狀況之發生，會在社會狀態特殊、動搖到人的基本生活時，較有可能發生。艾瑞克遜認為，人格在一生中不停地持續發展，他概述了八個不同的階段，是每個人皆會經歷，且每一階段各有其面臨的危機。而每個階段的人格發展都有其舉足輕重的地位。根據艾瑞克遜所言，在出生後，這八個階段即以某種型態出現，只是每個階段在人的某一時期，對人們具有特別的重要性，並成為人格發展的轉捩點或是危機。如何解決每個階段的每個危機，不僅決定著人格發展的走向，更影響我們未來如何解決危機。

艾瑞克遜把人生發展分為八個階段：(1)信任對不信任期；(2)自主對羞愧懷疑期；(3)自動自發對退縮內疚期；(4)勤勉對自卑期；(5)統整形成對統整錯亂期；(6)親密對孤獨期；(7)創作生產對停滯期；(8)統合對絕望期。這八個時期的前後關係是連續的，因個體生理成熟、智力成長以及社會文化要求的不同，個體所須面對的難題亦因之而異；面臨待解的難題，自然地形成心理衝突與壓力，艾瑞克遜稱之為「危機」。一個時期的危機能否化解，有賴於前面各階段的成敗經驗，及當時的適應能力。個體面對一個危機，可能變得適應不良，但也可能會因之產生更好的內在一致感，激發或學得更好的判斷力，及更能依自己內在標準行事的能力。依艾瑞克遜的看法，青年期的關鍵性難題是自我統整的形成。個體到了青年期，隨著身心的成熟、自我意識增強，對自己的身體、慾望、能力、經濟以及別人對他的期待反應等，特別敏感，因而產生「我是誰？」「我能做些什麼？」「我想做些什麼？」等問題。在思索這些問題時，個體將過去經由認同得來的經驗

放在一個新的自我形象下，加以重新組合，形成一個各部分密切關聯的整體。這種自我重整的歷程，亦即自我統整的形成歷程。艾瑞克遜認為，統整危機的解決，是人格發展過程中的關鍵性工作，包含了七個小衝突，這七個小衝突也是自我統整危機的七個層面。這七個層面分別是：

㈠時間透視對時間混淆

青少年要能正確計畫未來，須對個人的過去、現在及未來想成為什麼，做個評估。若有良好的時間透視感，則人格較能統整成熟；反之，會傾向於要求立即行動或不斷更改未來的計畫，這些是時間混淆的現象。

㈡自我確認對自我意識

在自我統整的過程中，個體須能體認自己，並對自我有信心。透過自我檢視的過程，個體可能對自己產生足夠的認識與信心，但也可能產生過度的自我懷疑。

㈢角色試驗對角色固著

自我統整的形成，有賴於個人探索與試驗各種可能的社會角色，而由其中選擇最適合自己的。在這些過程中，有些青少年因面臨太多的選擇而無所適從，因而產生角色固著的現象。

㈣職業意願對工作無力

一般認為職業選擇是自我統整的關鍵性因素，因為職業決定個人的社會地位，並影響自我看法的形成。這方面若朝正向發展，是青少年扮演「學徒」的角色，樂於對未來職業付出心力去做準備；若朝負面發展，則是青少年對工作不發生興趣，且不認識其價值。

㈤性別分化對性別混淆

個體能認同自己的性別角色，則自我統整發展較好；反之，對自己的性別角色混淆不清或缺乏自信，則很難形成穩定的自我統整。

㈥主從分際對權威混淆

參與社會活動時，個人能恰如其分地扮演領導者或跟隨者的角色，表示其具有自我統整感；反之，若不能將不同權威的價值加以整

合，形成個人的信念，則會產生權威混淆。對權威的態度不是盲從，就是盲目反對。

(七)價值定向對價值混淆

此一層面是統整危機的最關鍵部分，因而綜合了前述六個衝突，青少年若能將過去、現在及未來聯絡起來，並找到自己的價值理念，則能順利度過此危機；反之，會經驗到價值混淆、缺乏價值的標準。

三、阿德勒學派諮商法

代表人物：阿德勒（Alfred Adler）。在佛洛依德之後，阿德勒將此法在美國加以普及發揚光大。這是一個重視個人成長的模式，強調負起責任，創造自己的命運，並從尋求意義和目標中找出人生的方向。阿德勒認為，個人人格發展不只受早期性趨力影響，並且受家庭社會文化趨力影響，他強調個人是自己生活的主宰者及創造者。個人情緒行為是受認知思考與信仰的影響，其主要諮商概念，認為個人有自己的思考模式及價值觀，個人會尋求扮演自己應負責的角色與自己的生活目標，也有能力統整自己的人格及適應社會生活。因此，諮商方法輔導員應以整體性全面性觀點了解個案，協助當事人領悟自己的問題所在，擬定目標計畫，澄清自己對生活的態度與信念，修正扭曲偏差的想法，而轉化成實際有意義的行動，積極融入社會生活中，追求健康的生活。

四、存在主義諮商法

代表人物：法蘭克（Viktor Frankl）、羅洛·梅（Rollo May）以及歐文·亞隆（Irvin Yalom）。反對將諮商視為由明確技術組成的系統，主張諮商應建構在人類存在的基礎條件上，諸如：塑造自己人生的抉擇、自由與責任，及自我決定，重點放在人與人諮商關係的品質。存在主義的人性觀認為，人類存在的意義不是固定不變的，而是經由不斷地再創造自己。人類是處於一種持續在轉換、凝聚、演進及成形的狀態。其基本假定是：

㈠**自我察覺的能力**：拓展我們的察覺能力，即能增進我們充分體驗生活的能力。

㈡**自由與責任**：人們在可選擇範圍內自由做選擇，自由和責任是一體的兩面。

㈢**追求自我認同與人際關係**：存在的勇氣、孤獨的經驗、關係的經驗。

㈣**追尋意義**：生命意義的探尋是「涉入」後的副產物，涉入指個人願意過著充滿創造、愛、工作和建設性的生活的一種承諾。

㈤**焦慮是生存的一種狀態**：自由和焦慮是一體的兩面，伴隨焦慮的出現，會產生新思想的興奮感。

㈥**察覺死亡與不存在**：知道沒有永恆的時間來完成既定的計畫，將能使我們更加重視現在。

其治療技巧是協助當事人了解目前生活境況，而非幫助他們恢復個人的過去。重視諮商者與當事人之間關係的建立，諮商者本身即為輔導的核心。當諮商者的內在能觸及個案的內心，並能平等真誠相待時，才能有最佳的治療效果。諮商是一個具創造性和自我發現的歷程，其過程分三個階段：在第一個階段，輔導員協助個案確認及澄清他們對世界的假設。個案則被鼓勵去界定和質疑他們感知世界的方式，並理解存在的意義。檢視自己的價值觀、信念和假設，以判定其有效性。對許多個案來說，這並不容易，因為他們可能一開始幾乎都把問題歸咎於外在因素。他們可能只去注意別人賦予他們的感覺，或是其他人對其行為舉止應負極大責任。輔導員此時教導個案如何展現自我的存在，並去檢測在生活中、在存在主義諮商的第二階段，個案被鼓勵更深入地去檢測現在價值體系的來源和權威。此自我探查的過程通常能導致新的洞見產生，並重建一些價值觀和態度。個案能更清楚地知道什麼是他想要過的生活，他們對自己內在的評價歷程更明瞭。最後一個階段在幫助個案接納所發覺到的內在自我，並將其付諸行動。目標在於使個案將其經過檢視且內化的價值觀，應用在具體的行動方式上。個案通常能發現自己的優點，並使自己融入有目標的生活方式中。

五、個人中心諮商法

　　創始人：羅傑斯。原是對心理分析的一種反動，於一九四〇年代間建立，為非指導取向的諮商方法。根據人類經驗的主觀觀感，主張在處理當事人問題時，為對方付出更多的真誠與責任。強調以當事人為中心的諮商法，認為在諮商過程中，輔導員與個案關係的建立，重視當事人的感受，讓當事人覺得被接納、被尊重，當事人在積極無條件被關懷的情境下，情感被宣洩且價值澄清後，當事人會為自己的行為與想法負責任，自我潛能能充分發展。個人中心諮商法治療目的在協助當事人更獨立與整合。諮商過程重視人的問題，而非長久呈現的問題。羅傑斯認為，諮商目的不僅在解決問題，更是協助當事人成長。諮商的基本目的在提供一個溫暖的氣氛，以協助當事人潛能的發揮。輔導員在諮商過程需具備下列三種特質，以維持良好的諮商關係，如一致性與真誠、無條件積極關懷及正確同理心的了解。個人中心諮商法深信，人類天生具有潛力去適應環境和發展健康心理的能力。因此，諮商重心是由當事人自己去解決問題，所謂解鈴還需繫鈴人。

六、完形治療法

　　創始人：波斯（Fritz Perls）。一種強調覺察和統合的體驗治療法，是對心理分析的一種反動，注重心理與生理功能的統合。強調個人思考完整性，重視此時此刻的感覺。根據完形學派的觀點，個人的內在衝突是常態，就像是內心的和諧一樣，是一種自然的現象。由於人的生活經驗與內在想法常常有許多不同，甚至不相容的觀點，一旦面臨要採取行動時，這些內在的衝突就會擴大加深。通常衝突並不會造成問題，但是逃避它卻造成了問題。由於面對衝突不是一種愉快的經驗，人們往往選擇逃避，不去面對它、處理它，結果內在的衝突以及伴隨的情緒始終沒有消去，而且干擾著生活功能。人們常常努力去達到心理內在的平衡，就像是生理上的平衡系統一樣，當外界的刺激引

發了這個平衡系統失衡時，生理系統就會自發地趨向新的平衡狀態。完形學派的諮商中，常常讓個案的內在矛盾呈現出來，再讓個案交替地處於兩極之中，體驗兩極的對話過程，藉由這個過程整合個案的衝突。這種兩極的對話目的，在使個人內在的衝突與對立獲得高層次的統整；此外，其目的不在去除一個人的某種特質，而是要個人去接納這種對立，並且與之並存。波斯認為改變不能強求，而是要透過接納這種對立，才能產生統整，當事人也才能停止這種自我折磨遊戲的困擾。他採存在的觀點來看人的本質，無所謂好的與壞的。波斯相信，個人都有能力去內化任何的人類特質，特質的好壞是兩極同時存在的。一旦個人能從自身體驗到這一點，就能增加在兩極衝突中發揮順暢流動的能力，形成一個有彈性且整合的整體，而非一群內外衝突、互相打仗的分離部分。完形治療法利用空椅對話解決及整合個案的內在衝突。

七、溝通分析法

創始人：由精神醫師伯恩（Eric Berne）所倡導，一九六一年著《溝通分析》（*Transation*）一書，一九六四年在美國舊金山成立國際溝通分析協會。偏向認知和行為面的治療法，主要目的在幫助人們評估他們過去的決定，重新評量那些決定對現在的適合性。利用改善人際互動關係促進個人行為或認知改變，強調人際溝通分析型態與溝通的形式。他認為，人類的不良適應行為都是來自人際溝通障礙與欠缺人際互動能力，諮商方式先了解個人的自我結構，再使用適當溝通形式，與人建立良性互動關係，適應社會生活，改善不良適應行為。強調自我結構分析中包括三種我：P（父母我）、A（成人我）、C（兒童我）。

而人與人的溝通形式包括：(1)互補式溝通：訊息的傳送與接受相互平行。(2)交錯式溝通：溝通時期待預定的反應，但卻獲得非預料中的反應。(3)曖昧式溝通：表面上是合理訊息，實際上發出其他訊息，包括表演、演戲、陰謀、奸計。其諮商方式強調以當事人為主，接納

當事人；掌握溝通目標和方向，盡量用開放式問題發問，少使用說教方式，重視個案語言與非語言傳遞的訊息，立即反映個案問題等。

表 1.6

自我狀態	積極功能	消極功能	常用字眼
嚴控父母型	批評、糾正、處罰、遵守規範、追求理想、是非判斷	主觀偏見、苛責、控制、權威、自責、吹毛求疵、不信任	你應該…… 你必須…… 你給我聽著
教養父母型	體貼關懷、善體人意、包容體諒信任、保護、維護傳統文化	溺愛、嘮叨、食古不化、過度保護	不可以 累了休息一下 不要緊張……
德性成人型	受父母影響、遵守倫理道德文化、實踐時代任務	缺乏彈性、固執己見、不苟言笑、一板一眼、資料化、工作狂	根據…… 建議你…… 我要…… 我的考慮……
理性成人型	配合此時此地、客觀蒐集資料、具體實在、理性分析與決定、有計畫、有效率、見解、建設性	現實、冷淡、自以為是、機械化	我很鎮定…… 我敢肯定…… 我認為……
情性成人型	受兒童我影響、注重生活情趣及自然天真情感流露	天真率性、立即性愉快、易受騙	在合理合情下，你可以……
適應型兒童	合作、順從、乖巧、妥協	壓抑、拖延、叛逆、無奈、不滿現實	我應該…… 我必須…… 我好想……
專家型兒童	小聰明、直覺敏銳、大膽假設、有創意、幽默	小時了了、眼高手低、白日夢、自我中心	要是…… 我好棒……
自然型兒童	天真、熱情、自由自在、好奇、多話、愛冒險	自私、哭鬧、易分心、喜樂惡勞、衝動、膽小、依賴、無耐心	我好笨 我覺得…… 我不敢…… 我希望……

八、行為治療法

代表人物：羅茲（Arnold Lazarus）、班都拉（Albert Bandura）、渥國（Joseph Wolpe）等。行為治療法是以客觀觀察及科學實驗方式了解人類的偏差行為，應用學習制約原理處理特殊的行為困擾，是以系統性與實驗性方式執行治療過程。強調人類的偏差行為是經由學習而獲得的，因此行為諮商使用技術包括：反制約作用、洪水法、系統減敏法、增強、消弱與行為改變技術等。行為改變技術常應用在個案研究的實例中，是行為治療法中較實際且有效改變個案偏差行為的方式。

「行為改變技術」是一種客觀而系統的處理行為的有效方法。此種方法主要應用得自實驗心理學（尤其是學習心理學及社會心理學）的行為原理與技術，並注重處理效果的驗證程序，以資解決個人與社會問題，增進人類的適應功能。行為改變技術理論背景包括以下的理論基礎：(1)反應性制約取向論：如巴夫洛夫（Palvov）：狗唾液實驗；華森（Waston）：嬰兒懼怕研究；霍爾（Hull）：驅力說；俄貝：臨床實驗研究；艾森克（Ensynk）：行為治療研究。(2)操作性制約取向論：如施金納（B. Skinner）：老鼠操作制約學習實驗；福拉：智能不足者利用增強方式改變行為研究；林德司與阿茲林：合作實驗；畢吉武（Bijou）、貝爾（Bell）：兒童發展研究等。同時，有很多諮商方式融合認知觀點，不僅利用制約學習原理改變當事人的行為，而且採用認知觀點澄清當事人的認知，稱為認知行為改變論。如俄貝：想像制約研究；何梅：想像操作制約；苛替拉：想像敏感法；艾里斯（A. Ellis）：理情治療法；貝克（Beck）：認知治療法；梅晨保（D. Meichenbaum）：自導訓練。

行為改變技術的應用方式又稱為應用分析法（ABC法），包括下列內涵：

(一)**行為的前因後果**：前提要件、行為、行為後果。

(二)**ABC法——分析行為的前因後果即為應用分析法**：倒返設計、多基準線設計、逐變標準設計。

㈢**行為改變流程**：(1)指明問題並構繪問題側面圖；(2)發現形成問題的情境與條件；(3)評量問題行為的範圍與嚴重性；(4)分析前提事件─行為─後果事件─評量機體變項；(5)確定目標行為與終點行為；(6)研訂及執行行為改變方案；(7)確實評估輔導成效應用行為分析法。

㈣**行為改變的步驟**

    1. **指明終點行為**

        ⑴**終點行為的敘述包括三種要點**

            ①明確指出並命名全部的行為。

            ②註明這項行為的改變方向，如增進或減弱該項行為。

            ③確定成功的標準，如90%正確或完全正確等。

        ⑵**確定行為目標領域**：認知、情意、技能。

    2. **分析行為的基準線**：客觀性、穩定性、可信賴性。

    3. **設計有利的情境**：物理環境、人為因素。

    4. **選擇適當的增強物**

    5. **逐步養成行為**：(1)訓練兒童樂意接受獎勵；(2)訓練兒童樂意接近老師；(3)訓練兒童注意力；(4)訓練兒童依照指示坐下來；(5)訓練兒童依照指示在座位上坐一段時間。

    6. **分析行為改變的效果**

九、理情治療法

創始人：艾里斯。是一種認知與行動取向的治療模式，強調個人的思想與信念系統是個人困擾的根源。個人會有不愉快情緒與經驗，主要是因為自己有不合理想法，治療方式強調改變個人不理性想法或信念，才能建立正確的行為及愉快情緒。艾里斯認為人類生而具有理性與非理性思考及信念，非理性思考及信念主要受社會文化及父母影響，人類情緒常是因為自己非理性的信念，導致將不愉快經驗發生的後果歸因於外在事件與環境。艾里斯認為，要改變當事人的不愉快情緒與感覺，應先改變個人不合理的想法成為合理的信念，才能改變個人生活適應模式與行為。諮商方式可使用自我對話、自我鼓勵、自我

檢討方式改變自己想法、情緒反映和行為表現。

十、現實治療法

　　創始人：葛拉塞（William Glasser）。是一種側重「現在」的短期治療法。重視個人本身潛在的力量，及面對環境的責任感與實際性，強調個人的自主性與責任感建立。基本上認為，每個人都有愛與被愛需求及追求自我價值感需求，因此個人有潛力去整合自己的生活。葛拉塞認為生活不適應的人是不負責任的人，因此負責任是現實治療法的核心觀點。現實治療法諮商過程重視個人行為的改變，其諮商方式包括：

　　1. 發展輔導員與個案的涉入關係，輔導員應以真誠接納態度面對個案，建立親切互信的諮商關係，讓個案覺得被信任而願意對自己的行為負責任。

　　2. 重視個案現在此時此刻的行為，讓個案探討並認清自己的需要與自己的目標。

　　3. 協助個案自我評估自己的行為。

　　4. 協助個案計畫及設計負責任行為。

　　5. 協助個案對自己訂定的計畫付諸行動，實現承諾。

　　6. 以親切但肯定態度堅持個案對承諾的執行與修正，不接受個案任何的藉口和解釋。

　　7. 不使用負向懲罰方式，但要求個案對自己的行為後果承擔責任。

　　8. 以堅持不放棄希望方式教導個案建立正向價值觀。

肆、教師輔導知能的增進

　　韓愈的「師說」曾經記載：「師者，所以傳道，受業，解惑也。」中國文學史中對教師角色及職責的認定已有明文及詮釋。一般教師共識職責為傳道、受業、解惑三項工作。傳道、受業是傳遞知識及教導管教學生，解惑即為協助學生面對問題、解決問題。因此，身為教師

者不僅要扮演經師，還要扮演人師；也就是說，在教育歷程中，教師不只是幫助學生獲得知識與技能學習，更應該幫助學生面對問題，解決生活中的迷惑。教師要有出色的教育方式，才能促進學生的有效學習，更應具備輔導知能與正確輔導理念，才能協助學生建立健康的身心，適應環境，有效學習。本節主要從教育歷程探討（教師）與輔導知能訓練關係，及如何促進輔導專業的成長。

一、教師與輔導知能訓練的關係

教師與輔導知能訓練的關係，可以從教學歷程、教師及輔導員角色來分析：

㈠**就教學歷程言**：促進教學效果及自我專業成長。

葛塞（Glaser）提出教學模式，在教學模式中將教學歷程分成四部分，即教學目標、起點行為、教與學歷程及教學評量。就教學目標部分，教師應了解所任教科目的目標及協助學生成長的目標，再設立合適的教學目標，目標的設定可考慮短程、中程及長期的目標。就起點行為言，教師在教學前，應考慮到科目的教學，學生應具備何種程度的基本能力及特質，同時教師也需考慮到學生的個別差異現象，學生的不同需求與身心發展狀況，才能於教學前準備適合於大多數學生的教材與方法。就教與學歷程言，教師不僅應考慮到教學方法、教學技能、教學媒體應用及教學設計外，尚且需要考慮到學生的學習方法、學習歷程與學習的限制等，才能增進學生學習動機，促進學生學習效果。同時，教師在教學歷程中也應了解到師生互動關係，教師教學風格對學生學習方式的交互影響等現象，才能建立良好師生關係，促進教學效能。就教學評量而言，教學效果是否合乎教學目標，學生的學習及行為表現是否達成預定目標，或學生學習過程的困難如何，這些問題是教師在此階段中所該考慮的。

從整個教學模式來看，教師要能有效教學，除了具本身專業知識外，還需要了解教學目標、學生個別差異、教學方法、班級經營及教學評量等有關教育、心理學等方面的知識，而了解學生個別差異、體

認學生不同需求及身心發展、建立師生良好互動關係及班級經營等知識，這些都是輔導知能所提供的訓練。由此可見，輔導知能訓練可以協助教師在教學歷程中，促進教學成果及自我專業成長。

(二)從教師角色來分析

從教師的角色探討輔導知能與教師關係，美國學者麥克奇（W. J. Mokeachie）等人歸納大學教師具備六種角色，即學術專家、學習引導者、社會化導航者、成長的輔導員、價值統合者及人格陶冶者。

1. 學術專家的角色代表教師要有組織能力、教學技巧及表達能力，才能傳遞專業領域知識、觀念及見解給學生，讓學生獲得專業科目知識。

2. 學習引導者的角色代表教師應能有效掌握教學歷程及教學評量，促進師生良性互動關係，成為良好的班級經營者，引導學生學習動機及學習成長。

3. 社會化導航者代表教師需要主動發現學生生活上及未來社會上的需要及問題，協助學生規畫未來社會生活的生涯，指導學生適當規畫自己生活、學習及社交活動等與未來有關的生涯。

4. 成長的輔導員代表教師應了解成長中青少年心理需求及問題，適時接納及尊重學生，協助學生自我了解、自我成長及潛能發揮；增進學生面對問題、解決問題的能力。

5. 價值統合者代表教師應在價值觀上，扮演著啟迪、引導及統整性角色任務，讓自己擁有健全快樂的心理與價值觀，成為學生價值認同者，引導學生確認理想與價值觀念。

6. 人格陶冶者代表教師要有堅定的教育理念，更要將投入教育的關心、對學生言行的關愛完全表達出來，讓學生在學習過程中認同教師的行為及為人處事的風範，陶冶人格及修養。

綜合這六種教師角色，每一種角色皆與輔導知能有密切關係，例如，教師要有組織能力、表達能力、人際溝通能力、班級經營能力、生活輔導、學習輔導、生涯規畫、幫助學生自我成長能力等，皆需靠輔導知能的提供。可見得，教師應具有輔導方面知能，才能扮演好經

師及人師的角色。

㈢從輔導員角色來分析

輔導員應具組織能力、表達能力、人際溝通能力、班級經營能力、生活輔導、學習輔導、生涯規畫、幫助學生自我成長能力、建立與澄清學生價值觀及人格成長的能力。

二、教師或輔導員輔導專業成長的促進

如何協助專任教師獲得輔導知能與技巧，以促進其輔導專業成長。我們可從輔導理念的建立及輔導知能的訓練內容兩方面探討：

㈠輔導理念的建立

從個別差異的觀點言，每個人都有不同的心理需求及價值觀，教師亦非聖賢，雖然教師可能需要扮演多重化角色，但是每位教師皆有自己獨特的價值觀、見解及追求的目標；一個有效能的教師應具備自我了解的能力、能確認自己的職責，在何時、何地扮演何種角色，同時也能清楚體認自己的教學風格及價值理念。而輔導理念的建立，首先應先協助輔導員或教師的自我成長，先從個人的自我了解及自我探索開始，訓練個人自我覺察能力，例如了解自己的能力、人格特質或處理事情的傾向、教學的風格等，從了解自我的過程，才能發現自己的優缺點，在教學中或幫助學生成長過程，才能有效運用自己特長，發揮教學效能。因此，協助教師自我成長，其實在訓練教師體認自己的教學風格，及其優缺點，讓教師面對自己、了解自己、接納自己，以發揮自己潛力協助學生成長。

其次，教師應了解輔導是在助人歷程中能讓當事人或學生主動的，或被動轉成主動尋求協助，是要建立輔導關係及輔導精神；人們遇到困難時，只有在被接納、被關懷、被尊重情況下，才會放下自我的防衛，而尋求協助。因此，輔導理念的建立，就是要教師或輔導員具有尊重、接納、關懷及三心二意（愛心、耐心、恆心、樂意、誠意）等輔導精神，將這些精神或理念融入自己的人格特質中，使自己在協助學生成長的過程中，能言行一致，真誠親切感覺，與學生建立

和睦關係，有效協助學生成長及學習。

㈡輔導知能的訓練

一般專任教師的輔導工作基礎訓練應從教師職責確認及了解自我教學風格開始，然後再了解學生的個別差異及身心發展問題，所謂「知己知彼，百戰百勝」；其實教師能了解自我，才能接納自我，肯定自我，才能將自我潛能充分發揮出來。然後，教師又能了解各個階段青少年或學生不同發展與心理需求，才能接納、尊重及關懷學生，與學生建立良好的互動關係，教師的言行、舉止自然能讓學生認同，再成長與學習。

其次，教師應建立敏銳的觀察力及敏感性。譬如從日常生活中或課堂上，隨時觀察及注意學生的行為舉止或肢體語言。當學生有情緒困擾或其他不適應行為時，往往會出現徵兆，其表情或動作會與平常的舉止不一樣；老師若能有敏銳的觀察力，則可隨時發現學生問題，才能掌握預防性的輔導功能。

另外，良好的人際溝通能力的訓練，也是教師從事輔導工作應有的基礎訓練；教師具有良好的人際溝通能力，可以成為學校與家長、學生與其他老師、學生與家長的溝通及協調的橋樑。在協調處理的過程，老師具有自信，肯定自己的能力，但也學會尊重其他人意見的價值性及特殊性，放棄自我成見，著眼於解決問題，促進適應，以達到輔導功能。

教師應稍微涉獵一些輔導方面的理論與技巧，清楚了解各種輔導方面或諮商理論的要義、基本精神及其方法後，才能了解各種理論的特色及限制。然後再配合個人特質、能力及教學風格，選擇適合自己的理論作為訓練之依據。再配合各種輔導或諮商技巧的實際演練過程，透過教學或與師生互動的回饋中，建立一套獨特適合自己的教學或輔導風格，甚至將諮商技巧或輔導精神融入教學歷程中，讓輔導知能與技巧和輔導精神納入自己的人格特質中，使自己在教學生的過程中，能言行一致，身教與言教互為呼應，使學生感受到溫馨、民主的學習空間，激發他們的潛力，促進有效的學習及快樂的成長，藉以達

成輔導的目的，協助個人自我了解、自我決策、促進適應及解決問題。

(三)輔導老師的工作與功能發揮

輔導老師的工作與職責應從確認及了解自我教學風格開始，再了解學生的個別差異及身心發展問題。其次，輔導員應建立敏銳的觀察力及敏感性；再者，為良好的人際溝通能力的訓練，以及輔導的理論與技巧之訓練。才能成為一個有效率且能同理的輔導人員，在學校中發揮輔導功能。

1.輔導員的自我調適

現代人活著愈來愈緊張且不快樂，變遷的社會對現代人影響甚大，例如，科技與社會改變影響到過去生活型態與現在生活的落差，對未來的無法掌握，社會價值多元化，科技化、複雜化，延長人類的依賴性。文明與人權的開放，生活在大都市的影響是忙碌、緊張、疏離、壓力、意外、犯罪等問題的頻繁。在高消費時代下，物質享受，追求名利，外在價值觀大於內在價值。大眾傳播媒體渲染，使得社會秩序與規範的解體，及目前變遷的家庭結構改變，使得家庭功能解體。

2.促進自我了解增進輔導功能

輔導員宜了解自我成長的阻礙原因，應先克服以下幾種阻礙個人自我成長的原因：對自己缺乏正確的了解；對環境不了解，不會善用資源；缺乏學習與磨練；缺乏信心與勇氣；習慣僵化；消極面對環境；太容易滿足；迷信；逃避問題。

要增進自我了解應先克服上述各種阻礙，再以下列方式幫助自己自我了解。促進自我了解的方式包括：

(1)使用自陳式敘述了解我是誰？我的外表形象？自己的人生價值？

(2)使用人格量表或智力、性向測驗認識自己的心理特質，包括性格：內向？外向？脾氣？氣質？個性？能力：認知能力？特殊才能？認知風格：優缺點？價值觀？

(3)使用興趣量表了解自己的職業人格特質：實際型、事物型、企業型、研究型、藝術型、社會型？

(4)使用個人需求量表 EPPS 了解自己的成就性、順從性、秩序性、表現性、自主性、親和性、內省性、依賴性、支配性、謙遜性、求援性、變異性、堅毅性、攻擊性、愛戀性。

3. **增進自我潛能開發**：其中可使用各種活動增加自我潛能發展。

(1)體能開發：運動、活動。

(2)思想開發：記憶、分析、理解、判斷、組織、創造。

(3)情感開發：情緒智慧、感覺感受、同理心、慈悲心。

(4)意志力開發：耐心、決策與毅力。

(5)學習能力開發：智力、成就、才能。

4. **開創積極生命**：輔導員宜建立創造人生觀，正確自我了解，建立目標與計畫未來，不斷學習終身學習，化危機為轉機，勇敢積極面對環境，自我肯定與自我實現。

5. **建立自我肯定人生**：包括自我了解與自我接納，合理過濾別人回饋，建立合適且切合實際期望，與自己比較，開發能日新又新，以建立樂觀積極人生觀。

6. **學習增進情緒智慧**：控制自我情緒做適當表達。所謂情緒智慧包括下列五項：

(1)自我意識到自己情緒的能力。

(2)情緒的管理，情緒控制。

(3)自我激勵，奮發向上。

(4)衝突的控制，同理心發揮。

(5)人際關係技巧。

7. **建立個人心理健康**：心理健康者具有之特質：

(1)積極的自我觀念——能了解並接受自己。

(2)對現實有正確的知覺能力——能面對現實並可有效地適應。

(3)從事有意義的工作——有工作，勤於工作且熱愛工作。

(4)良好的人際關係——能有朋友且有親密的朋友。

(5)平衡過去、現在和未來的比重——活在現實生活中，擷取過去的經驗，並策畫未來。

(6)能自我控制感受與情緒——真實且實際地感受情緒，並恰如其分地控制。

(7)經常性體檢。

(8)樂觀態度。

8.**輔導老師的適應與心理衛生方式，包括：**

(1)從訓練歷程獲得自我實現。

(2)從教學效果得到成就感。

(3)面對現實解決衝突和挫折。

(4)不斷進修，提高自我價值感。

9.**現代健康人的十大步驟：**

(1)經常運動。

(2)平衡的飲食、營養補給。

(3)維持適當體重。

(4)每天睡覺七到八個小時。

(5)穿著得體及舒適。

(6)不抽菸。

(7)不喝酒、不嗑藥。

(8)安全性行為。

(9)經常性體檢。

(10)樂觀態度。

10.**輔導老師面臨的課題及處理方式：**

(1)處理個人的焦慮。

(2)做自己的主人與坦露自我。

(3)避免追求完美。

(4)坦誠面對自己的限制或缺憾。

(5)了解沉默的意義不急於處理。

(6)處理過度依賴的當事人真誠表達。

(7)處理不肯投入的當事人善於使用面質。

(8)接受療效的緩慢輔導非立即見效。

(9)不要欺騙自己不計得失。

(10)不要因當事人而情緒起伏不定、失落自己。

(11)培養幽默感。

(12)擬定切實可行的目標。

(13)減少直接忠告。

(14)培養個人的諮商風格。

*11.*輔導老師壓力的調適

壓力的定義：二十世紀初，壓力的概念才用在醫學界，表示人體的過度負荷。後來，心理學家才將壓力一詞運用到心理學的層面上，據此而言，壓力是指個體預期未來可能發生的不安，或對威脅有所知覺所產生的一種心理或生理上的反應。

壓力的來源可能是創傷事件（極端壓力情境，包括重大生理疾病）、生活事件（人們日常生活的主要改變）或日常的小困擾（如：短暫的、不重要的事件）以及衝突。長期暴露於壓力會使人生病。壓力若長久不被解決，則會隨著時間累積成為較嚴重的壓力，而引起不良適應的行為反應，如注意力減弱、耐心降低、容易煩躁、生產力減少。更嚴重的會形成：(1)憂鬱；(2)倦怠；(3)創傷後的心理失調。抒解壓力的策略包括：

(1)了解自己、接納自己、建立合理的期待。

(2)修正自己的認知觀念。

(3)面對壓力，主動解決。

(4)學習鬆弛技巧。

(5)改善環境。

(6)養成健康的生活。

(7)建立並妥善運用支援系統。

第二章

個案研究基本概念

第二章

圖案本基究研案個

壹、個案研究的意義

　　個案研究應用的範圍相當廣泛，可界定為：在某種情況下，有關於個人或特定事物的一種報告。這種報告是指經由主觀的對個人行為或情境的描述、解釋或評判，而非對問題的直接反應。它可以以各種不同形式出現，如規則化的摘要報告、專業的報告資料、評估報告或準判性資料、電腦資料或公文檔案等。因此它應用在社會學中，主要在探討社會動力和歷史改變二者之間的關係。應用在醫學上，主要是探討醫生對病人所做的有系統的診斷及治療的歷程報告。而應用在心理學和輔導上，主要是針對個人在某種情境下的特殊事件，根據所蒐集的相關資料，以從事系統的分析、解釋與推理的歷程。因此，狹義的個案研究是指某些特定的人、事、物所做的描述、分析及報告而言；廣義的個案研究則可界定為：採用各種方法，蒐集有效的完整資料，對一個人或一個有組織的單位做縝密而深入的研究歷程。所謂有組織的單位，包括學校行政案例、家庭事件、工商業案例、醫學的臨床診斷案例、社會事件或人口問題等，人類學、醫學及工商業應用。尤其是個案研究在學校輔導工作上是重要的一環。輔導的對象是全體學生，但是對於某些適應欠佳或學習困擾的學生，必須給予特定的處理，針對其所發生的行為或事件，利用客觀及科學化的方式蒐集有效的個人資料，再據此作為診斷及推理的依據，藉以提供正確的輔導策略，助其解決問題，以達到最佳適應。

貳、個案研究的目的

　　個案研究應用的範圍相當廣泛，應用在心理學及輔導學方面，主要是為了解個案資料，建立輔導與諮商策略，進而達到問題解決的效果。因此，個案研究的目的可歸納為四個：

一、解決問題

個案研究問題可以幫助個人或事件獲得問題解決的途徑。例如，在學校中，教師或輔導員可以透過個案研究歷程，了解學生的行為或人格問題，促進學生的自我了解，以提供適當的輔導策略，藉以幫助學生解決個人問題或個人人格問題。

二、促進了解

從個案研究過程，透過各種方法蒐集有關個人或某些案例的有效資料，藉以清楚了解個人行為及事件發生的原因，有助於輔導員或其他從事個案研究者了解相關的資料，以促進問題的解決。

三、提供假設的來源

經由個案研究的相關資料，藉以提供建立各種假設，作為驗證及推理問題的來源。

四、提供具體的實例

從個案研究的歷程，可以獲得許多處理個案的方法及原則問題，以及解釋及分析個案的典型行為，促使研究理論與實際應用的配合。

參、個案研究的基本原則

一、應廣泛蒐集個案相關資料。研究者不可只是了解個案個人資料，需再深入了解其環境因素及人際關係等影響。
二、研究必須忠實且詳細記錄個案資料及行為表現，個案輔導資料或個案研究報告具有保密性，宜妥善保管。研究者須遵守專業倫理，為個案保密。
三、研究目標與目的須具體且明確。
四、在個案研究歷程中，研究者所下的結論須考慮到正確性、證據的

來源及調查方法。要能分辨證據與推論的差異。

五、利用個案研討、綜合分析與了解，促進個案問題的解決及適應。

六、重視問題行為的發生，皆有原因和背景。

七、每個問題行為成因分析是錯綜複雜的。

八、要蒐集完整、一致、連貫的個案資料，才能有效處理個案問題。

九、以協同方式進行個案研究，從多元角度協助個案問題的改善。

十、進行輔導與問題處理是需要持續的，而非立即有效的。

以下為個案研究原則的大綱：

表 2.1

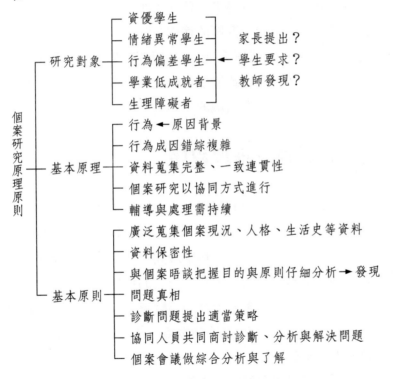

肆、個案研究的內容及組織

個案研究過程中，對個案資料內容須清楚地描述及分析，一般個案研究的內容包括下列幾項，可作為個案研究推理的參考。

一、個案基本資料：如姓名、性別、年齡及生理特徵等。

二、個案生活史：其中包括個案目前情況、未來展望及計畫、健康狀況等。

三、心理特徵：包括個案對事件的反應、道德觀念、自我形象等。

四、個案人際及社會關係。

五、研究者（輔導員）與個案的關係。

六、個案的道德價值判斷。

七、個案主要問題的分析。

八、根據個案問題所提出的假設、推論及證據。

九、將主要問題中無法以常理解釋者，標示出來。

十、提出研究發現、結論及解決問題的途徑。

十一、研究方法的摘要：包括研究過程、情境等說明。如果報告很長，可於報告當中作回顧或摘要。研究報告長短、格式沒有限制，但必須是明確的、有組織的及有效用的。

伍、個案研究評判及推理程序

　　一般個案研究方式，除了有些引用單一個案研究法或行為改變的技術等方式記錄資料外，大多數個案研究方式都採用準評判法（quasi-judicial method）進行。這種方式是以科學取向對個別事件或案例所做的研究及調查，結合主觀評判過程與科學方式的特性，企圖應用嚴謹的推理方式解釋經由系統化所蒐集而來的經驗資料。一般研究者在評判或推理個案問題時的步驟，可分為下列幾項（見下文中的流程圖）：

一、主要問題的界定及說明。

二、蒐集個案資料，藉以了解問題產生的背景。

三、首次蒐集所獲得的資料可作為初步了解問題的判斷依據，但其中可能有錯誤存在。

四、檢查原有的解釋及分析，再加入新證據，以排除不合理的解釋及分析。

五、過濾所有的解釋及分析，將解釋範圍縮小到適合解釋各種問題，而且各種問題間不產生相互矛盾的現象為止。

六、檢視證據的來源，並且進一步對問題加以解釋及分析。

七、強調所解釋資料的內在一致性，並且重視合乎邏輯的外在效度。

八、找出最可能的解釋及其他能解釋問題的證據。

九、歸納所有的解釋，進而統整出解決問題的方法。

十、撰寫正式個案報告，而且對個案的表現加以說明及評估。

陸、個案研究過程

個案研究的過程，應該是圓形式，以個案會議為中心，依順時鐘或反時鐘方向進行，完全根據實際需要進行（參見圖 2.1）。

柒、個案研究實施步驟

個案研究是一個有計畫、有系統、完整的個別輔導歷程，其中包括特定對象的選擇、個案問題的確認、個案資料的蒐集、個案問題的分析與診斷、假設與推理、驗證與解釋、輔導策略、問題解決歷程、個案報告的撰寫等整個過程。

一、特定對象的選擇

學校中，個案研究對象大都是以行為偏差的學生，如打架、鬥毆、偷竊、作弊、冒犯師長等違犯校規的外顯性行為的學生；或是情緒困擾學生，如長期鬱悶不樂、人際欠佳、情緒不穩定、疏離感、落落寡歡等內向性學生；或是學習低成就、學習困擾類學生等為主。而這些學生的來源，有些是自願尋求協助的、有些是老師轉介、有些是家長尋求協助的、有些是虞犯青少年正保護管束中經由轉介的。個案的來源應清楚敘述，因為個案的主動或間接尋求協助，將會影響輔導歷程介入與輔導策略的應用。

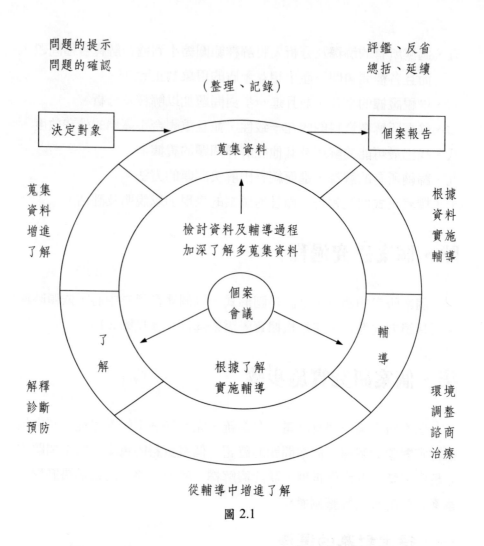

問題的提示　　　　　　　　　　　　　　　評鑑、反省
問題的確認　　　　　　　　　　　　　　　總括、延續

（整理、記錄）

決定對象　　　　　　　　蒐集資料　　　　　　　　個案報告

蒐集　　　　　　　　　　　　　　　　　　　　　　根據
資料　　　　　　　　　　　　　　　　　　　　　　資料
增進　　　　　　　　　檢討資料及輔導過程　　　　實施
了解　　　　　　　　　加深了解多蒐集資料　　　　輔導

個案
會議

了　　　　　　　　　　　　　　　　　　　　　　　輔
解　　　　　　　　　根據了解　　　　　　　　　　導
　　　　　　　　　　實施輔導

解釋　　　　　　　　　　　　　　　　　　　　　　環境
診斷　　　　　　　　　　　　　　　　　　　　　　調整諮
預防　　　　　　　　　　　　　　　　　　　　　　商治療

從輔導中增進了解

圖 2.1

二、問題的確認

　　個案的問題通常不會只有一個，大都是許多問題或事件期待被解決；個案研究過程通常依個案問題的聚集性或重要性，按順序呈現出來。問題的敘述應清晰、客觀及正確，避免使用太多的專業術語，而記錄應把握時效，並利用科學化方式整合資料，以做詳細、客觀的紀錄報告。確定問題行為時，宜注意問題重要順序，及對事實與意見、主觀與客觀的釐清。一般問題的確認方式可以用排序法來敘述，排序法通常將個案資料以過去、現在、未來三種時態，依照過去史、目前

狀況及未來規畫加以分類，並可以心理事件結構圖呈現之（參考圖 2.2）。

三、資料的蒐集

蒐集個案資料的方式，可使用多種方法，如觀察法、測驗法、會

過去行為 及背景	目前行為 及問題	未來發展

背景資料：

父：小工
母：擺地攤
妹：高一

家庭關係：
生活經濟尚可，父親嚴
厲管教，多以打罵方式
教養，母親過分保護及
溺愛個案，個案對其妹
常加以打罵。

學習及社交狀況：
個案高職畢，學業成績
屬中下，其中數學成績
較佳，喜好籃球運動，
人際關係不佳，常獨來
獨往，曾在加油站工作。

個案來源：
教師轉介
行為問題：
1.經常蹺課。
2.經常與同儕衝
　突爭執。
3.情緒無法自控。
4.主觀意識強而
　自我中心。
5.經常有頭痛、
　頭昏症狀。

輔導目標：
近程——
1.減少情緒失控行
　為出現機會及情
　境。
2.以行為改變技術，
　使用獎勵與增強
　方式建立正向社
　交技巧。
中程——
1.改善與同儕人際
　互動關係。
2.建立正向認知價
　值觀。
遠程——
1.生涯輔導規畫。
2.建立積極人生觀。

圖 2.2

談法、家庭訪問、與相關人員交換意見、查閱有關資料等，多元化而廣泛地了解個案的過去史、目前狀態及未來發展等資料。蒐集內容涵蓋個案本身資料、學校紀錄、家庭與社會背景資料等。

　　個案研究可視為一個複雜的認知歷程，有效的個案輔導歷程，一方面應多元化而廣泛蒐集個案資料，以確定個案的各種問題性質，並加以敘述及分析；另一方面還要探討各個問題的關係。上述的個案心理事件的結構分析，即為說明個案問題的關係及影響。

四、問題的分析與診斷

　　一般人的適應環境，好比一個精密的生態系統，生活中存在著許多問題，有前因和後果，各個問題之間可能相互影響著，某部分問題的改變，會造成其他問題的變化。因此，個案問題並非單一的，而是牽涉許多相關的問題性質。問題與問題間的關係，可能是問題中包含另一個課題的關係；或是具有骨牌效應，由一個問題牽出許多相關問題；或是各個問題形成網狀分布。因此，在個案輔導歷程中，要明確了解個案問題，進行診斷再對症下藥，才能提出具體輔導方法，而做有效的處理。

　　有關問題的分析，首先應考慮幾個重要問題：

㈠主題是什麼？──即期待解決的問題什麼？

㈡相關證據是什麼？──即考慮還有什麼其他的相關證據？

㈢蒐集的資料如何解釋？那些資料是什麼問題？次要問題？

㈣資料如何獲得？如何獲得有效的相關資料，而淘汰無關資料？

㈤如何有效地掌握問題重心及解決問題的方法和策略？

　　另外，分析個案問題可以用分析結構方式呈現，呈現時應注意以下事項：

㈠先了解個案問題間的關係及各個問題間的先後順序，再依先後順序處理問題。

㈡盡量將各個問題的可能因素列出，並發現可能影響的因素。

㈢了解特殊的行為困擾有其特殊的治療方式，也可能因特殊的原因和

情境不同，而有不同治療的處理方式。

㈣區辨個案問題性質的重要性（緊急或慢性、現在或過去、表面或深層），可先將問題列表或將相關資料彙整一起，並蒐集進一步的證據，再次彙整相關資料圖表，將所有資料連接一起，以說明各因素與事件的關係、強度及方向。

　　問題分析與診斷過程可先考慮尋找問題癥結所在，再推論原因何在（主因、次因、遠因或近因），然後再驗證推論與診斷的正確性。

【常見的問題分析】

㈠家庭問題

　　1. **家庭功能問題：**父母不和或外遇、家庭暴力；出現家庭危機，如破產、家庭成員有嚴重疾病等。

　　2. **親子關係問題：**父母的期望過高、父母管教太嚴、父母對於子女的比較、子女與父母的溝通問題與認知差異等。

　　3. **同胞手足問題：**手足間的溝通不足、對手足的期望與教導有認知差異等。

　　4. **家庭問題對個案行為的影響：**缺乏安全感與自信心，易產生自卑感、罪惡感、叛逆性，缺乏對家庭與父母的認同感。

㈡自我發展問題

　　1. **人格問題：**缺乏清楚正確的自我了解，缺乏適切的自我強度（挫折容忍力低、問題解決能力不足等），不當的自我期望與評價，缺乏長遠生活目標，缺乏建立人際關係技巧。

　　2. **習慣困擾：**容貌問題、肥胖問題、失眠問題、飲食習慣等。

　　3. **自我發展問題對個案行為的影響：**易產生不信任感、羞恥感、易有自卑感、罪惡感、孤立感或角色混亂（我是怎樣的人，將來要過什麼樣的生活）。

㈢人際關係問題

　　1. **同儕關係問題：**在團體中，不知如何與同儕建立互動關係。

　　2. **人際關係問題對個案行為的影響：**易有孤僻、疏離感、獨來獨往、過分熱中或逃避團體活動、出言不遜、易與他人發生衝突

等。

㈣兩性感情問題

　　1.**異性關係問題**：如何跨出第一步（如何與異性表達感性）、友情與愛情的界線、夢幻愛與真實愛的衝突、愛與被愛的恐懼、單戀與失戀、三角關係、婚前性行為等。

　　2.**同性關係問題**：性別傾向或認同困擾、同性感情經營與溝通等。

　　3.**性問題**：性教育態度、性知識探討等。

　　4.**兩性感情問題對個案行為的影響**：易發生情緒失控行為、自我傷害行為、同性戀傾向等。

㈤生涯發展問題

　　1.**生涯問題**：生涯規畫、休閒生活安排、職業選擇與決定、進修與研究、工作升遷等。

　　2.**生涯發展問題對個案行為的影響**：擔心表現不佳、懷疑自己是否能適任工作？對未來的不安定感。

㈥人生觀問題

　　1.**宗教信仰問題**：宗教信仰與現實生活價值觀的衝擊、宗教社團活動與學習活動的衝突。

　　2.**生存價值問題**：生活缺乏意義與動力、消極的人生觀等。

　　3.**人生觀問題對個案行為的影響**：出現悲觀、絕望、憂鬱、自我傷害、退縮及過多的防衛行為。

五、問題解決及有效的輔導

㈠實施方法流程圖

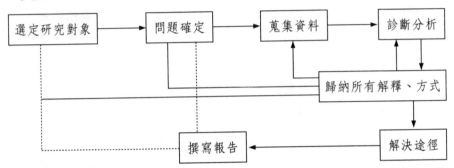

㈡實施步驟如下表

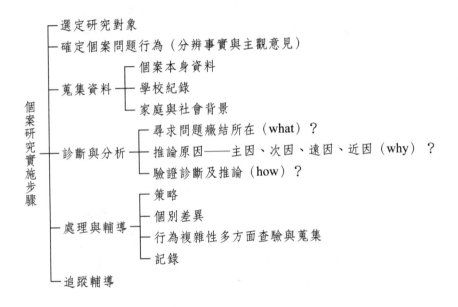

捌、個案研究對輔導者的功能

　　針對輔導的個案進行研究大多是問題解決取向，其形式可依接案的階段，分為：新接個案的主要問題之釐清；進行中個案輔導策略與輔導方法之修飾；以及結案個案之處理與輔導者本身之反省與訓練。

前兩者的個案研討可兼顧個案問題處理與輔導者本身之反省和訓練，而後者則主要是協助輔導者本身之反省與訓練。

雖然研究已結案的個案，其目的是針對輔導者本身進行反省與訓練，但輔導過程資料的整理，仍需依循某種理念加以篩選和組織，否則易埋入成堆的瑣碎資料中而無法理出頭緒，或因個人主觀偏見丟棄了不該丟棄的資料，而達不到有效的檢討。

個案研究是對「個案的問題」提出相關資料，進一步分析與解釋，再嘗試做成解決的策略或執行步驟。個案的問題可以從各種不同的角度提出，例如：「某個案的問題究竟為何？」之類的問題，主要是想釐清求助個案到底有什麼問題。又如：「某個已結案的個案，其行為形成了某種變化，為什麼會有這種變化？換個處理方式會不會有不同的結果？」之類的問題，是針對輔導者本身需要而提出的；因為個案已結案，提供進一步的幫助雖非不可能，但已不是主要的考慮。此時，個案研究的功能是輔導者「對某類行為問題，以某種方式進行輔導，可能形成何種成效」的整理、分析與討論，其中也可能包括對輔導者本身的檢討。

一、問題解決及有效的輔導

輔導的目的在協助個案形成最佳的選擇，以解決問題和促進適應能力。輔導者在協助個案解決問題的方式各有不同，有的輔導者具有豐富的臨床經驗及知識背景，他會直接依據個案的需要，而給予建議、解答或決策，由個案去採取行動。另類型的輔導者通常是針對個案在實際情況下的問題，做通盤了解後，再以實驗或嘗試的方式，對個案的某部分問題做試驗性的解答或決策。雖然這兩類型輔導處理方式不同，但是其目的都是在協助個案獲得最佳解決方式。因此，協助個案是被動的求助，或是較消極的學習動機，也許使用直接式的建議或行為改變技術，以鼓勵增強的方式，能激發個案行為的改善。若個案求助意願強烈，或是有較強的自我意識，則可使用認知性策略進行輔導，以引導個案面對問題，並謀求解決之道。不過，個案問題的複

個人特質：個案個性較為衝動，思考邏輯僵化。雖在軍事學校畢業，但是對軍隊並無認同感，對軍旅生涯也無規畫，擔任領導幹部亦無責任感，另在感情方面無法理性面對。

問題行為：個案向部隊請假外出處理與女友的感情問題，因女友欲與其分手，個案一時情緒失衡，在交叉路口的天橋跳下，意圖自我傷害，經急救後，無生命危險，個案出院後現轉至單位衛療班療養。

家庭史：個案家族並無人有精神疾病或自我傷害，父母親離婚，父親是警察，母親在餐廳工作，個案與母親同住而互動關係尚可，與父親互動關係較少，與弟弟妹妹互動關係也很少。

學校史：個案就讀軍校畢業，求學過程除在國中因記過而轉學外，學習能力尚佳，其成就表現普通。

社會史：並無在外工作經驗，交友關係以軍校及部隊同袍為主。平時休閒以網路遊戲、逛街為主，宗教方面則特定宗教信仰。與現任女友在軍校求學時認識，並交往三年。個案下部隊後，曾經因逃亡判刑七個月後緩刑三年。

目前狀況

個案

過去背景

未來可能的發展
輔導策略

心理事件
（可能發生原因）

輔導目標：與個案約談後，和個案約定輔導目標為如何理性的處理感情問題。

輔導處置：

1. **情感輔導**：個案從醫院轉至衛療班後，對個案進行約談，針對其身體狀況及感情因素予以同理與關懷，並分析目前感情發生的問題，協助釐清情感發展的歷程，並適時提供正確兩性教育與價值觀念。

2. **自我傷害處理**：由衛療班派雙輔導人對其身心予以照顧，使個案感受他人關心。並請單位輔導長時常至衛療班實施關懷輔導。與個案約談並與其訂定契約，請個案保證不再自我傷害。

個人問題：個案的個性偏屬於外在歸因，認為發生問題並非是自己的問題；加上讀軍校亦非自己的意願，以致無法認同軍隊。感情方面，其女友是個案初戀對象，個案處處為女友著想，而女友卻常鬧情緒，也讓個案無法安心於部隊。

家庭因素：父母感情不佳，以致個案有問題時，不願意跟家人訴說，回家之後就跟同儕團體出去或上網，以尋求心靈的寄託。

環境因素：個案部隊當時正在基地進行期末測驗，主官並無特別留心弟兄身心狀況，雖了解個案感情有問題，但僅給予鼓勵，並無做進一步的輔導。

圖 2.3

雜性，有時需以多元化及交互使用策略進行輔導，至於輔導的有效性，應以輔導目標的達成與否及個案行為改善或感受來認定，但是輔導並無立即見效的策略（個案問題與處理分析圖可參見圖2.3）。

二、個案研究的解決問題步驟

問題的解決歷程相當複雜，尤其是牽涉到人的各種疑難，更是需要經由統整、澄清及適當明確的陳述，並界定問題性質，然後再加以推理解釋；並進一步的驗證假設及推理，可以心理學的研究趨勢，如處理人的認知歷程或做決策等加以探討。

從認知歷程來探討個案研究問題的解決歷程，可分為下列六個步驟：

第一步驟：了解問題性質

換言之，問題是什麼？必須加以確認及界定。有時候，問題性質並不如問題表面上所顯示的那麼明顯易察，因此確認問題性質時，研究者常常會因自己關切的層面，而偏離關鍵問題的方向；因此，研究者切忌用「以偏蓋全」觀來界定問題性質。

第二步驟：了解主要問題所在

問題的關鍵是什麼？必須透過資料的蒐集，從問題的性質中找出相關資料，再加以核對、評估及分析，進而確定問題要解決的答案或關鍵是什麼。「問題」（question）與「關鍵主題」（issue）有所差異。問題是指在測驗或調查中，一種疑惑的表示，藉著這種表示法，以引出答案或有關的資料。而「關鍵主題」則是指問題解決的關鍵要點或答案所在的關鍵。因此，步驟二是確定所要解答的答案方向及主題。

第三步驟：了解問題背景

問題發生時，有其來由及背景，實際問題發生的狀況，與理論上或理想上的狀況不同，其間是有差距的。因此在此步驟中，必須了解各種問題的發生是互動的，且離不開社會環境的。必須確定實際問題

發生狀況與理想狀況之間的差距，並能了解問題發生後的動機及背景。

第四步驟：創造或一般化的解決問題的方法

當了解個案發生實際與理想狀況間的差距，第四步驟便是要縮短這個差距，以達到問題的解決。個案問題的解決可以例行方式，根據過去處理經驗及方法加以處理，也可以創新方式，超越過去處理方式來解決問題。

第五步驟：呈現結果，付諸行動

問題解決所呈現的結果有二種，一種是達到長期目標，另一則是完成短期目標。問題發生後需要有多種解決的方法，若因各種可能的解決方法所導致的結果或行動，可視為短期目標；如果為讓問題能獲得解決，或可遷移到其他情境，使個案獲得最佳適應或最佳決策，則視為長期目標。在解決問題的過程中，唯有了解各種可能的行動或結果，才能評價解決問題的方法及過程，也才能進行補救、診斷及預測的工作。

問題解決是一種循環過程，從確定問題→找出主題→了解差距→解決問題→獲得結果的歷程中，當某個歷程出現問題時，可以回歸到前一歷程，再加以探索並找尋原因。因為它是一種循環重複的歷程。

第六步驟：形成最佳決策

問題解決後，可能產生正向及負向的結果。研究者可比較各項結果的優缺點，以為做決定之依據。從各項結果中發現最高效益及最少危險的方法，進而形成最佳決策，有助於問題的解決。

肯付出、願貢獻——使生活更有意義

　　每個人在生活中多少會遇到挫折及困難，有的人較幸運的是成功時候多、挫折少，但也有些人遇到較多的挫折；成功固然令人喜悅，但失敗卻令人沮喪。不過，人活著不論在成功或失敗時，生活都有它的意義。佛蘭克（Frankle）曾說過：人的生活要有意義才能活下去、生存下去，生活的意義就是要多去感受愛、被愛、所有美及自然和悲歡離合的痛苦及快樂。因此，要創造個人有意義的生活，除感受自然界的美、周遭長輩及朋友給予的愛及悲歡離合外，學會付出及貢獻，會使你了解人除了被愛的幸福及愉快外，去愛人、關懷別人也是一件愉快的事。

　　一九九九年九二一地震，及最近南亞蘇門答臘的大海嘯時，從電視中看到一些悲慘景象令人心酸，也激起人們的惻隱之心，大家有錢出錢、有力出力，全部投入救災工作，發揮人飢己飢、人溺己溺的精神，因為人們的付出及關懷，使災民才能有活下去的毅力。這就是人與人互動中有愛、有被愛、有關懷與被關懷，而使人類的生存綿延下去。

　　因此，當你參與團體或社區義工時，你會發現義工的付出與貢獻，本身就是一種樂趣，雖然參與活動過程中相當辛苦，可是施比受更有福！

第三章

個案研究歷程的
探討模式

壹、前言

　　從事個案研究多年，深感實務經驗的重要性，從實際與多數個案的接觸中，不斷地學習及修正自己的輔導經驗，就如同醫生為病人看病治療過程，因不斷地摸索、學習與修正經驗，再配合理論依據而成為名醫或專家。經驗的累積是個案研究者及輔導工作者必備的條件。由於牽涉到個人隱私權及專業倫理問題，有經驗的輔導員或諮商人員可能礙於這些現象，而不便探討個案輔導及諮商歷程與經驗；但是，這對於輔導與諮商工作的新手而言，是一大損失。一位輔導工作的新人要磨練成專業輔導員或諮商員，必須奠定有關輔導、教育及心理學等方面的知識與技巧外，還需要實際的實務經驗，也許三年、五年慢慢累積經驗，有了相當經驗及領悟力後，才能清楚自己的輔導或諮商方式、風格，但可能有些人只知技巧應用，而不了解自己輔導或處理問題的風格與盲點。因此，筆者認為輔導工作的傳承與推展，輔導老師或輔導員經驗的分享與諮商歷程的探討，是重要的教育問題，由此引發筆者想從認知歷程探討個案研究或輔導的實務經驗，並藉此拋磚引玉，讓許多學者分享經驗與回饋。

　　本文主要從實際案例的處理歷程，分析個案行為症狀出現的共同模式，個案被輔導的演化歷程，其外顯的行為與內在的心理歷程，再回首檢討輔導員所應用的諮商技巧、策略及歷程。

貳、案例概說

◎甲生：排行老大，下有二弟，父母皆為公職，從小學到大學成績優
　　　　越。

案例來源：因感情困擾仰藥、割腕送醫後，轉介輔導之。

行為症狀：

　　1. 遇考試時，焦慮高，會失眠，不吃不喝。

2. 耿耿於懷對異性追慕者的感情破滅，不斷參與原追慕者所從事的活動，甚至想休學，只學習參與的活動。經常缺課。
3. 遇有較關心的異性師長或醫生，會有明顯的情感轉移現象。
4. 會藉喝酒逃避作業。

個案的自我表達：

1. 從小害怕與父母分離的景象，與寄人籬下的痛苦經驗。
2. 記憶中，父親曾有打罵和罰站的痛苦經驗，母親特別關心弟弟，因此有一陣子很恨弟弟，但弟弟一直是資優生。
3. 父母期望當事人從事教職，但當事人不喜歡教師行業，又不願讓父母失望，被迫選擇進師範學校就讀。
4. 從中學起，常因與異性同學的交往與爭執，而與輔導老師接觸，但始終沒有多大改變。
5. 喜歡學古箏和舞蹈，從小有學音樂的素養。
6. 知道父母的關心，對父母的要求雖不願意，但總會去配合。

處理經過：

1. 配合心理醫師診斷，讓當事人定期約心理醫師及定時用藥。
2. 定期與案例約談諮商，談事件發生始末，及個案從小經歷，父母的管教與期望，自我的期許與認知。
3. 與系教官及導師聯繫，與個案父母聯繫及約談。

◎乙生：排行老大，下有一弟，父母皆為公職，從小學到高中成績優越。

案例來源：主動求助，不斷更換輔導員，後因逃避而中斷求助，經常與異性朋友發生爭執，後由輔導老師介入輔導之。

行為症狀：

1. 經常缺課或遲到。
2. 報告遲交，會以心情不佳做藉口。
3. 人際關係不佳，經常孤獨離群。上網路批評同學。有強烈的憤世嫉俗感，不服輸但又不按部就班做事。
4. 對心慕的異性朋友因得不到對方的接納，有糾纏及報復行為。

個案的自我表達：

1. 國中有一位同班異性同學，一直是功課競爭對象，後各自考入最好的高中就讀。在高中聯誼會時，再度碰面，兩人也再度互為進大學的競爭對象。後來該異性朋友因資優直升理想的大學，而個案因未進相同的學校而重考，第二次重考大學又因父母的期望才進入大學就讀；曾經與父母爭執過，但還是依父母意願進入學校。

2. 父親從小的教育都是權威式，母親也是諷刺式的對談，他們認為能進大學是因為他們的督促與管教，因此當老師對個案最好。

3. 從小讀書方式與成績，父母都要求很高，雖一直符合他們期望，但常常與父母頂嘴，甚至覺得父母不了解而悶鬱不樂，至今覺得不快樂。有幾次甚至懷疑人生有何意義。

4. 喜歡學國樂古箏，曾經在大學初入社團時，因表演的不佳而被某社團成員取笑後，不斷花錢在外學習國樂，但從此後就喜歡獨來獨往。跟班上同學也有疏離感，分組報告常被各組排斥，班上沒有談得來的同學。

5. 經常上網路與以前的異性朋友聯繫，或藉著國樂團研習再度與其見面；但每次見面時，對方總是很不尊重，常互相指責與爭執。

6. 不喜歡教書，準備以後轉行，不再依父母的期望安排未來生涯。

處理經過：

1. 與個案定期約談諮商四次，後因師生關係，轉介給其他老師。

2. 個案從大一曾求助中心與其他輔導機構，更換多位輔導老師。

3. 與導師、教官聯繫，導師與教官曾與個案約談，但事後個案會逃避見面，甚至逃避與輔導員約談。

4. 主動聯繫之，約談後主動預約諮商。

◎丙生：排行老大，下有一弟，父母皆是商人，從小功課都很好。

案例來源：主動前來詢求問題，事隔數日後，吃藥自殺未遂，再轉介

輔導之。

行為症狀：

    1.經常缺課。

    2.自我傷害——喝酒、抽菸、不定時吃東西、吃安眠藥。

    3.揮霍很大，衣服裝飾用名牌。

    4.緊追異性朋友，但對方有意與之疏遠。

個案的自我表達：

    1.國中時曾因喝酒誤事，與朋友發生關係，後該朋友因車禍去世，從此事後，已不記得過去有那些愉快的事。

    2.從國中以後，會喝酒抽菸，因此有肝病。

    3.父母很忙，只要求把書讀好，以前發生過的事他們從不問也不想提起，不過他們不用擔心我的成績，我的學校成績都很好，高中也常進輔導室，但對我幫助不大。

    4.我喜歡將賺來的錢在一個晚上花掉，當家教賺的錢太少，比不上推銷行業收入，有時只要花言巧語說服人，即可有大筆收入，才能隨心所欲地購買東西。

    5.有時候，認知是錯的事但卻還是去做，例如抽菸，我是不是有病？

處理經過：

    1.與個案諮商過三次，後因事件發生，轉介心理醫師診斷。

    2.個案與輔導員為師生關係，逃避被輔導，因此轉介輔導員。

    3.導師經常與之交談，教官只能從旁了解其狀況及行蹤。

參、個案求助歷程探討

個案求助的歷程可分成三個層面來探討：

一、個案行為症狀的出現

一個有自我傷害傾向或是憂鬱症狀的案例，在求助過程中通常是

被動的，多數的個案都是在自我傷害、憂鬱或焦躁的外顯現象出現後，才由周遭的人，如同學、老師或父母等人尋求協助與資源。當然，當個案發生這些現象時，通常會有一些先前的處理過程，例如：醫學的診療、心理狀態的診斷、危險程度的評估、心理治療或藥物的治療等過程的處理；當個案經由這些處置後，再由師長或同學朋友轉介輔導與諮商。因此，個案求助的歷程第一個階段是個案行為症狀的出現，在此階段中，個案的行為症狀亦隨著諮商與輔導過程有許多的變化。

當個案被轉介諮商後，自我防衛的行為出現，這些行為可從個案在諮商晤談中伴隨的現象裡覺察到。個案的自我防衛機轉會因諮商過程中被輔導員接納與關懷，逐漸放下防衛的態度，接著個案會表現出情緒的反應，由於個案漸漸相信輔導員或諮商師，會將一些不滿的情緒拋出來轉嫁在輔導員身上，經由輔導員的支援與澄清觀念，個案會改變成正向的情緒表達，然後將情感轉移到輔導員身上，形成另一種行為反應，情感轉移現象。情感轉移的過程將因個案的安全感需求，延續著不同的時間，有的個案會不斷從輔導員身上尋求協助與情感的依附，有的個案則會不斷從能支援個案的醫生或輔導老師身上尋求協助與依賴，甚至會不斷更換支援對象，並考驗輔導員的耐性與支援的真誠性。有時候，有些案主會停留在此過程中，一直依賴著安全感，而無法脫離面對現實環境的幻想。此時，輔導員必須要使用高層次同理心，甚至使用面質技巧，讓個案面對現實並尋找自我改變。當案主接受自己的問題與困難後，個案才能了解自己並尋求問題解決。

二、伴隨現象

當個案被輔導或諮商時，除了有明顯的行為症狀，在課業上可能有學習低落、缺課、人際關係不佳、有強烈考試焦慮、無法承受壓力或轉向參與社團成為出色幹部等現象。當輔導員或諮商師在開始輔導諮商時，個案呈現的反應是我很好，不會怎樣；或回答我不一定喜歡他、我不一定需要他、我只要他多尊重多關心等語句，以自我防衛方

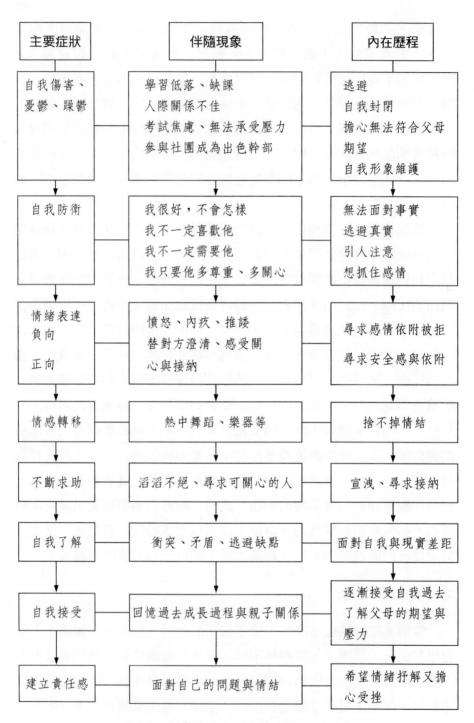

圖 3.1　個案外顯行為與內在歷程的變化

式逃避探討問題徵結；之後，個案可能會以喜歡樂器、熱中舞蹈等行為來轉移情感。當個案發現或覺察到輔導員或諮商師的關心與信任後，個案對諮商關係感到舒適與被信任感，遂而不斷求助諮商，可能滔滔不絕敘述自己的問題、不斷尋求可以關心的人。但在諮商過程中，輔導員或諮商師覺察到個案只願意分享諮商關係的舒適感，而不願面對問題癥結去解決問題，輔導員或諮商師可能必須使用面質或立即性技巧要個案去面對問題衝突、矛盾或逃避缺點等現象。此時，個案也許會用不愉快或害怕情緒來面對輔導員或諮商師，但是因輔導員或諮商師與個案間已建立穩固的關係，個案會有衝突，但卻願意逐漸去面對自己的衝突與矛盾。當個案接受自己的問題與衝突後，個案才能了解自己，並回憶過去成長過程與親子關係，尋求問題解決。

三、內在歷程

個案被輔導或諮商時，從一開始個案的內在心理歷程有許多變化，除了明顯的自我防衛或逃避、害怕再次受傷的感覺外，通常個案自我保護方式是自我封閉，會擔心無法符合父母期望、又努力維護自我形象。其中可以看到個案有強烈的情結，捨不掉情結，他們會透過不斷求助的過程宣洩感受，並尋求接納，個案願意逐漸去面對自己的衝突與矛盾；當個案會面對自我與現實差距、接受自己的問題與衝突時，個案才能了解自己，並回憶過去成長過程與親子關係，逐漸接受自我過去，了解父母的期望與壓力，遂而尋求問題解決。

肆、諮商的動力歷程

從諮商的歷程中分成四階段，包括關係階段、情緒階段、認知重組階段及統整階段。輔導員或諮商師與個案在此四階段歷程都會有動力性變化。

影響輔導員的諮商歷程因素：在關係階段中，輔導員應用的技巧，如親切、關懷、同理、接納等，會影響諮商師與個案關係合諧性

的建立；在情緒階段中，輔導員應用的技巧，如自我開放、示範、澄清等，會影響個案情緒的表達與宣洩；在認知重組階段中，輔導員應用的技巧，如邏輯思考、探詢式、客觀回饋、解釋、面質及立即性等，會影響個案的認知，並影響諮商過程中個案的問題解決意願；在統整階段中，輔導員應用的技巧，如目標導向、事件統整、協調聯繫、關係了解、區辨嚴重性等，會影響個案的認知價值觀，並影響個案問題解決的成果及態度。同時，輔導員會因此統整及建立自我價值觀與諮商風格。因此在此四階段中，輔導員在處理問題或諮商時也會有所變化。如在關係階段，輔導員會使用目標導向或直接切入問題的方式與個案諮商；在情緒階段中，輔導員會接納個案，但是情感的表達是內斂的，不易受個案情緒干擾；在認知重組方面，輔導員會傾向問題解決取向、工作導向或行動計畫取向。最後，輔導員會統整自我價值觀及處理問題的信心與效能，對個案問題具有看法較大的包容性與多元價值觀。

影響個案在諮商歷程的因素，包括在關係建立中，個案會探討問題的嚴重性、問題的迫切性，及過去諮商經驗；在情緒轉移過程，個案會表現自我防衛、情緒反應、宣洩、回饋等反應；在認知重組階段，個案會形成合作意願、要求求助成效、抗拒態度或建設性參與；在統整階段，個案會因諮商過程的愉快與成效，而增加信心建立、領悟力及敏感度。個案在諮商過程中也會有動力性改變，如在關係建立中，個人願意接受訊息及周遭環境，開始接納受助；在情緒表達方面，個案對自我及問題的了解，及情結的抒放，獲得情感依附的平衡；認知重組方面，個案對問題的認知，尋求生命的意義及責任感建立；在統整階段，個案會因此擴展自覺，修正價值觀。

表 3.1　諮商的動力歷程

階段	關係階段	情緒階段	認知重組階段	統整階段
輔導員的影響因素	親切 關懷 同理 接納	自我開放 示範 澄清	邏輯思考 探詢式 客觀回饋 解釋 面質 立即性	目標導向 事件統整 協調聯繫 關係了解 區辨嚴重性
輔導員的改變	目標導向 直接切入問題	接納 內斂	問題解決 工作導向 行動計畫	問題解決信心 包容性 多元化價值感
個案的影響因素	問題的嚴重性 問題的迫切性 過去諮商經驗	自我防衛 情緒反應 宣洩 回饋	合作意願 求助成效 抗拒 建設性參與	信心建立 領悟力 敏感度
個案的改變內容	個人接受訊息 周遭環境 開始接納受助	對個人及問題的了解 情結的抒放 情感依附的平衡	對問題的認知 尋求生命的意義 責任感建立	擴展自覺 修正價值觀

第四章

各種個案問題探討

壹、學校生活適應困難問題的探討

一、前言

　　「適應困難」即個案對生活周遭環境、學習態度生活常規、習慣產生牴觸、不協調甚至負面的應對，茲就產生偏差行為的原因及種類、現象，了解適應困難的學生，進而提出輔導的方法及策略。

二、形成適應困難行為的因素

(一)個人因素包括以下可能因素：

　　*1.*人格上的衝突：道德訓練與新經驗不能協調。

　　*2.*在選擇與做決定上發生矛盾現象。

　　*3.*人格與環境的不適應：思想與現實之衝突。

　　*4.*情緒的僵化。

　　*5.*過度驚嚇而致理智失去控制。

　　*6.*發展的障礙：低能、早熟或先天、後天殘缺。

　　*7.*遺傳與天賦：即先天有遺傳基因之傾向。

　　*8.*腦部組織有受到損傷。

(二)**家庭因素包括**：(1)破碎的家庭；(2)夫妻的失和；(3)父母的邪惡；(4)家庭的貧窮；(5)父母的溺愛；(6)父母的偏心；(7)父母管教過嚴等。

(三)**學校因素包括**：(1)課程內容缺乏彈性：對於程度差的學生嫌進度太快，對於程度好的學生又嫌精力過剩；(2)教師教法缺乏生動活潑的教學；(3)教師情緒不穩，處理事情不當；(4)獎懲方法不當。

(四)**社會因素包括**：(1)社會不良風氣的影響：重物質生活，忽略精神生活；(2)不良組織的牽連：在家庭或學校得不到關愛和成就感，為幫派組織吸收和利用；(3)社會型態改變，家庭功能減少：父母均忙於工作，對子女的言行疏忽；(4)不良大眾傳播的影響。

三、適應困難學生行為偏差的種類及現象

(一)**外向行為**：如逃學、逃家、打架、反抗、不守規矩、偷竊、破壞、欺負弱小、發脾氣、恐嚇、勒索等。

(二)**內向行為**：畏縮、消極、不合作、過分依賴、緊張、害羞、妒忌、自殺行為等。

(三)**學業適應欠佳行為**：不做作業、注意力不集中、考試作弊、低成就等。

(四)**焦慮症候**：坐立不安、發抖、緊張、頭痛、歇斯底里等。

(五)**偏頗習癖**：尿床、偏食、喝酒、吸食藥物、性不良適應（變態不當性遊戲）、咬指甲等。

四、不良適應行為的診斷

可包括：(1)道德及訓育方面；(2)人格方面；(3)課業失敗，如高智力而低成就或成績突然低落；(4)習慣方面：咬指甲、偏食、過度手淫等；(5)家庭背景；(6)出生或成長中身心發展情形；(7)學校課堂中或團體活動出缺席狀況；(8)住家環境及交友情形；(9)一般衛生習慣；(10)休閒活動及嗜好等；(11)繳交作業狀況；(12)體格檢查之結果；(13)過去是否有重病？(14)心理診斷結果是否正常？(15)是否攜帶不良刊物或物品來校？

五、評定方式

可利用下列各種方式蒐集個案資料。

(一)**晤談方式**

1. 晤談目的：主要在蒐集資料、傳遞消息、協商問題解決。
2. 晤談條件：宜考慮記錄時間、個案知識背景、機密性、會談時間、場地、環境等。
3. 晤談過程：
   (1)與個案關係：包括接受、非批判、協助自我決策、控制情緒牽入及轉移作用，有目的表達感覺，個別性、特殊性、機密

性等技巧應用。

(2)與個案晤談態度：應保持客觀、勿偏見。

(3)晤談過程可適當使用接受、同理、澄清、反映、解釋、面質、建議等技巧。

(4)與個案溝通，勿遽下結論與建議、協助個案自我抉擇及自我決定，並以三心二意（愛心、耐心、恆心、誠意、樂意）面對案主，而且宜避免轉移（移情）作用。

(5)晤談過程可使用以下方式進行：①以「個案」立場開始；②傾聽（注意）「肢體語言」；③觀察（結構與非結構式）；④問話以「引導式」（勿反賓為主）；⑤談話——意義表達；⑥「領導」與指導；⑦分析或問題解決；⑧回答個人問題；⑨結終技術。

㈡家庭訪視

家庭聯繫：輔導老師可以主動與個案家屬保持聯繫，使家屬了解個案在學校狀況，並藉由家屬聯繫，掌握個案家庭生活及校外生活動態；對特殊個案應適時聯繫當事人家屬，動員家人發揮危機處理功能，隨時注意個案言行舉止。輔導老師應了解並掌握列管個案之「重要關係人」資料，一旦發現個案有自我傷害意圖或行動時，應即聯絡「重要關係人」，尤其是個案家人或親屬等。

㈢行為觀察法

利用行為觀察法可以為個案在日常生活中的自然行為提供藍圖，並且提供個案人際行為和學習風格的相關資料；提供有系統的個案與他人交互行為的紀錄，藉以為評鑑與中介計畫之參考。同時，可藉以驗證家庭資料與學校資料的正確性及可靠性，並藉以比較個案在自然情境與特定情境行為的差異性，為特殊個案或個案特殊行為建立有用的評量資料。

行為觀察法可應用在觀察個案經常出現的行為、評量個案整體性行為，如：攻擊行為、社會退縮行為、社會化或注意行為。評量個案在某階段的進步狀況。

行為觀察法的設計觀察內容：考慮到可觀察的行為、情境及可量化的行為。如：⑴物理環境設備；⑵周遭環境安排；⑶觀察內容。且運作組織型態、溝通型態及生態型態，觀察個人基本需求如何獲得，及有關個人社交及人際互動關係。

㈣**團體活動**：老師可經由學生團體活動中，了解個案的人際互動情況及相關資訊。

㈤老師可經由各種心理測驗或調查，如：問題行為自我檢查表、修訂句子完成測驗、行為困擾調查、智力測驗、人格測驗、適應欠佳行為檢出工具、父母管教態度測驗、投射測驗、主題統覺測驗，蒐集個案各種相關資料，對個案進行客觀評估與診斷。

貳、青少年問題探討

　　近來由於青少年飆車犯罪案例激增，校園暴力事件亦層出不窮，青少年的心理與問題行為，再度成為社會大眾與媒體關注的焦點。由外電的報導可知，即使在西方先進國家，青少年使用暴力處理問題的情況也日趨嚴重，足證這是全球性的問題。

　　在傳統文化中，青少年的社會化歷程平穩連續，在固定學習模式下，依循傳統設定的儀式晉升為成人，因而沒有適應上之困擾與問題。反觀當代的青少年，在成長過程裡，面對多元價值衝突，大環境隱藏紊亂與不安，造成他們社會化歷程的不連續。

一、青少年常見的心理與行為問題

　　根據行政院主計處完成的「青少年狀況調查報告」（1994）顯示，我國青少年目前生活上感情有困擾者，占受訪總人數的35.13%，餘依序為前途問題、交友問題、家庭經濟、健康方面、家人關係、容貌及個性方面等困擾或問題。由這些困擾衍生出的問題行為，約可歸類為十八種：⑴騎乘機車（包括飆車）問題；⑵藥物濫用；⑶校園暴力；⑷欺壓；⑸家庭暴力；⑹離家出走；⑺逃學；⑻恐嚇、勒索；⑼出入

不良場所；⑽抽菸；⑾賭博；⑿自我傷害；⒀作弊；⒁偷竊；⒂憂鬱；⒃焦慮；⒄精神疾病；⒅性不良適應等問題。近幾年來，青少年問題逐年增加之趨勢不可忽略。

青少年時期是人生發展上最難以適應的關鍵期，因為個體在這個時期中，必須完成將來參加社會活動所需要的生理或心理的發展。在這過程中，充滿了困擾。又因社會變遷快速，青少年夾在快速變化的社會文化和墨守成規的成人文化之間，往往感到徬徨與矛盾，這種情況下，問題行為因應而生。此處所說的「問題行為」，乃指有妨害青少年人格發展的事實。茲將上述的問題行為略述於後。

㈠騎乘機車或飆車

近來，青少年飆車傷人等事件頻傳，飆車問題已儼然成為青少年最主要的偏差行為。但對在學的青少年而言，令學校頭痛的倒是未成年騎乘機車問題，青少年死亡原因最高的是意外事件，意外死亡又以騎乘機車為最。台北市交通問題，引發學生以機車代步的動機，加上「酷」、「帥」、成就感的虛榮，造就了一股無法抗拒的魅力，令家長、學校教官不知所措。

㈡藥物濫用

青少年以好奇模仿、朋友引誘、喜好使用後的感覺、逃離挫折等因素使用藥物，近年來以安非他命及最近出現的FM2危害最深。藥物濫用在高中校園中並不多，但最值得密切注意。

㈢校園暴力、家庭暴力與恐嚇、勒索

「暴力」乃指以語言或明顯的肢體動作侵犯他人，使對方感到受威脅、痛苦或身體受到傷害。台灣目前社會的暴力問題相當嚴重，校園暴力問題只是冰山一角，不能獨立看待，必須與學生暴力問題息息相關的家庭暴力問題一起討論。王淑女（1992）的研究發現，青少年暴力行為受到家庭特質和家庭暴力的影響。家庭暴力愈多，家庭愈有子女學業問題、兄弟姊妹相處不睦、父母相處不睦或父母親有酗酒問題；家庭對子女的支持與監督程度較低者，青少年的暴力行為則愈多。這些變項對青少年的暴力行為解釋力高達57%。以相對影響力來

看，家庭暴力的影響力最大。另一發現是家庭特質和家庭暴力對青少年犯罪亦有影響。男性、兄弟姊妹的人數愈多，家庭暴力愈多；家庭支持與督導程度愈少，則青少年的偏差犯罪行為愈多。這些變項的解釋力為24%。顯然，家庭壓力和家庭成員的依附關係，也是青少年暴力行為的重要影響因素，意即代間學習、人際疏離和挫折三因素均會影響暴力行為的產生。

恐嚇、勒索亦屬校園暴力，且伴隨著暴力行為產生。一般來說，先恐嚇、勒索，如不成則用暴力；暴力事件發生，常有第三者出面協調，亦用恐嚇、勒索方式如擺一桌等方式。另外，被恐嚇、被勒索之人則造成很大的心理傷害。父母管教態度不適當，與老師、同學相處較不愉快，說話誇耀自大，有偏差恐嚇行為的朋友，上下學時會經過許多小巷道或陰暗死角者，這些人較容易受恐嚇。所以說，暴力行為是校園內的一大問題。

㈣學業適應問題與前途問題

青少年最感困擾的就是學業問題。由於我們的社會過分重視智育，營造出「學業成績好」就是「好學生」的假象。當學生學業表現不佳時，無法從學業方面獲得鼓勵與讚賞，於是向外發展企求獲得掌聲，偏差行為常因而產生。

學業成績不良形成對學校的向心力低，如果與犯罪同儕交往，則有犯罪行為發生；對學習目標的追求不熱中，拒絕上學，逃學，最後輟學，又無一技之長，未升學、未就業又形成社會的困擾，這是一個惡性的循環。

㈤抽菸、作弊、賭博、出入不良場所、打工

這五種問題是校園內多數學生發生的問題。抽菸的處置，積極的用教育方式，消極的防堵……記過，似乎仍然無法消弭這種行為。根據研究，學校用小團體輔導方式，頗有成效，但經過半年追蹤調查，發現90%的學生又回復到原點。分析原因發現認知方面改變了，但仍抗拒不了同儕的誘惑，或是因襲舊有的問題解決模式，碰到挫折，選擇抽菸來逃避問題。戒菸小團體是有效的，但需兼顧同儕因素，活動

單元應加入說「不」的藝術及問題解決的技巧。

　　作弊問題也是一件相當嚴重的問題，它是重視「智育」的副產品，防不勝防，只有治本方能解決。

　　賭博問題在校內雖不至於是普遍性，但對在大台北地區的高中生來說，外宿生的族群經常被發現在宿舍賭博。另外，與賭博有關的，如玩賭博性電玩，則非常普遍。另外，不少學生之休閒活動涉足不良場所，如酒廊、KTV、MTV、PUB、撞球場、電動遊樂場等。青少年除了呼朋引伴一起消費外，更嚴重的是，有些學生到此場所打工，賺取頗豐的小費，也學會許多壞行為，學業一落千丈，最後落到輟學的命運。

㈥校園竊盜

　　根據調查，青少年曾經被偷過交通工具、文具用品、書本、錢財等經驗者不在少數，誇張一點說，幾乎每人皆有此經驗。學生常說：「我借用一下而已」，或者是「別人偷我的，我當然去偷別人的」，此種惡小而為之的心態，令人憂心。竊盜犯罪是財產犯罪之一，「所有權」的觀念如不灌輸，步入社會後，則衍生如近日頻傳的經濟犯罪，對社會的殺傷力太大，不只造成多數人財物實質損失，更減低了人與人之間的信任感，造成社會不安，減緩了社會進步。

㈦交友問題與性不良適應問題

　　青少年困擾中，交友問題為第三大困擾。交友問題包括同性與異性，對這階段的學生來說，同性與異性交友皆同等重要。青少年階段情感轉向隸屬的同儕團體，非常需要友情的慰藉，但交友過程常呈現三分鐘熱度，偶爾為芝麻小事，鬧得情緒不穩，加上交友不慎，則易產生偏差行為。異性交友方面，常因父母反對，所以化明為暗，不敢請教別人，只能與朋友討論，暗地裡摸索。交友過程往往患得患失、挫敗是難免的，挫敗後心理如何調適，倒成了異性交往的最大問題。如清大博士研究生的下毒案，則是一樁感情受挫後不知如何調適的例子。在青少年階段，此種問題層出不窮。至於性變態、同性戀，則為少數個案。性不良適應較嚴重的是性騷擾、性暴力或未婚懷孕等問題。

(八)自我傷害

廣義的自我傷害行為，應包括下列五種：

1. **情緒困擾**：如憂鬱、無助、傷心、憤怒、憤恨等。
2. **生理疾病**：容易生病或請假次數過多。
3. **採取攻擊行為**：出現暴力行為或違紀、曠課次數較多。
4. **容易發生意外**：如易發生運動傷害、交通事故傷害等。
5. **曾企圖自殘或自殺。**

依據衛生署的統計，青少年死亡原因第一位是意外事故及不良影響，第二位為自殺及自傷。自殺事件在校園中雖很少，但一旦發生，其影響深遠，以廣義來看，自傷則是校園內時時刻刻在發生的事件。

(九)精神疾病

焦慮症、憂鬱症、精神分裂症等，學校每年皆約有千分之三至千分之五的學生有上述精神疾病。這些學生在求學的過程常發生中途輟學的現象，是極需協助的一群。

(十)其他

社會急速變遷，金錢萬能的功利思想，塑造了速食的文化。社會學家涂爾幹（Turken）認為人性的慾望是貪求無屬的。現今學生為了滿足物質的需求，選擇快速的賺錢方法。近年來，「直銷系統」侵入高中校園，學校提早社會化，學生隨身攜帶大哥大、二哥大、BBCall，出手闊綽，到處引「小老鼠」入門。其他如販毒（安毒）、販賣各種不良場所門票、男生擔任午夜牛郎、女生淪為娼妓等。一步步引誘青少年步入自毀與犯罪的領域，實為校園內存在的隱憂。

二、當代青少年面臨的狀況

(一)心理層面

1. 身體急速生長而失衡

由於營養攝取均衡、衛生條件的改善，身高、體重陡增，精力充沛卻易於疲勞，因而需要較多睡眠，易使家長誤以為國中生「好吃、貪睡、愛玩」，身體的快速成長，顯得動作粗魯、無禮。

2.性生理日趨成熟

絕大多數青少年都進入青春期，由於第二性徵的出現，性趨力使得青少年對異性產生好奇與興趣，重視自身的外型與面貌，性成熟也帶來性方面的需求與焦慮。

3.尋求同儕之接納

認同青少年次級文化，以獲取同儕團體之接納，不惜違反成人的價值規範，形成代溝。其實這只是保守性的偏差行為，絕大多數青少年成長後會回歸主流文化。

4.道德認知由他律走向自律

由於抽象思考能力的提升，對事物抱持懷疑、批判的態度。不再盲目服從權威，對社會既存的價值提出自己的觀點。

5.祈求追尋自我

由於社會地位的不明確，在兒童與成人之間擺盪。在不同的角色轉換中，易以標新立異的行為證明自己的存在，從而肯定自我。

(二)家庭生活層面

1.雙薪家庭趨勢增加

由於女性大量投入就業市場，雙薪家庭日漸增多。雙親均忙於工作與事業，親子關係漸疏離，父母常易以金錢取代親情，事實上難以撫慰孩子的心靈。

2.高離婚率造成破碎家庭

由於女性社會地位之提高與個人意識抬頭，台灣地區離婚率節節上升。在破碎家庭成長，不利於青少年的人格發展與情緒成熟。而單親家庭在撫育、教養、經濟上均處於不利狀況，造成子女心理與適應上較多困擾。

3.教養態度兩極化

由於子女數減少，一般家庭在教養子女時有溺愛的趨勢，不僅在物質需求上給予滿足，由於過度縱容保護，更造成對物不知惜福、對人不知尊重的態度。而有另一部分家庭充斥暴力，不成熟的父母對子女嚴厲管教，甚且加以虐待。台灣地區約有四分之三的受虐兒，其施

虐對象為親生父母。

(三)學校生活層面

1. 學習成就價值窄化

在升學主義籠罩下，教師對學生之評量，端視其智育成績之優劣。而學生在運動、藝術、語文、人際關係……項目上之傑出表現，受到有意無意的忽視。學生精力大多投入反覆訓練、單向灌輸的課業，多元才華未能蒙受教師青睞。以致具有單一特殊性向的學生，在課業上既有挫折，特殊才華又不被肯定。原本應被讚賞的學生，反而可能產生適應不良的問題行為。

2. 輔導人員專業化不足

政府自九年國教開始，即重視中等學校的輔導工作。目前中等學校設有輔導室，下設輔導、資料二組（部分學校並另有特教組）能有效發揮功能，急需將理論與實務結合，反映在與學生互動的輔導過程中。

3. 訓育功能備受忽視

訓導處之設置，本為我國學校組織特色之一。近年來由於輔導知能受到重視，輔導人員之在職訓練、進修機會極多；相對地，訓育人員的專業訓練則被冷落。政府在兩者經費之投資上，相差何止十倍，以致訓育人員事務繁雜、訓練不足、流動率偏高，造成訓育人員素質難以提升、輔導功能不易發揮。

(四)社會文化層面

1. 政府抗爭的不良示範

由於政治上瀰漫「抗爭無罪、暴力有理」的謬論，使一切的社會規範、人際倫理全被否定鄙視。人與人之間基本的相互尊重蕩然無存，社會上形成一股誰怕誰的暴戾之氣。

2. 大眾傳播充斥色情暴力

由於大眾傳播工具在低俗的商人控制之下，不論廣告、戲劇、綜藝節目，均充斥煽情與血腥的鏡頭，一再刺激人類心理低層的性慾與暴力。例如德國法蘭克福大學研究發現，十二歲的兒童平均從電視上

看到一萬四千個殺人案件。對於血氣未定、血氣方剛的青少年造成的傷害尤其嚴重。

3.金錢掛帥，笑貧不笑娼

由於社會價值一切向錢看，而無人聞問賺錢的手段，因此清貧變成罪惡。青少年追求享樂時，亦與成人一般不擇手段。自願投身色情行業，已成司空見慣之事。

整體言之，現代青少年之成長歷程具有下列特色：

(1)生理發育快速，心理成熟卻延後，成長歷程欠缺階梯感。

(2)性成熟提前，外在性刺激強烈，造成價值與行為失調。

(3)家庭解組或衰退，其功能有待學校或其他社會組織填補。

(4)長期暴露在血腥暴力之媒體下，抹殺人類本有的善良。

(5)學校只看重考試分數，其他的才華受到忽視，使部分學生疏離學校。

(6)大環境的混亂動盪，造成青少年心理的不安。

輔導現代的青少年，必須在大的環境脈絡下去思考，不能再局限在舊的框架裡，否則成效不彰是必然的。

三、影響青少年成長及問題行為的因素

青少年成長的社會對於青少年的發展、關係、調適以及問題有重大的影響力。社會的期望塑造出青少年的人格、影響青少年的角色，並且導引著青少年的未來。社會的結構和功能，可能有助於青少年實踐他們的需要，也有可能激發更進一步的緊張和挫折，引起新的問題。由於青少年是社會人，是較大社群中的成員，因此我們必須了解這種社會規律，以及此一規律影響青少年的方式。

影響當今青少年的六大因素可分類為：科技革命、經濟結構改變、教育改革、家庭功能變化、性開放以及社會暴力突顯。

㈠科技革命

今日的青少年生活在科技日新月異、瞬息萬變的社會當中，科技變化之劇烈堪稱為一種革命。在所有這些改變中，影響最深遠的莫過

於電腦的問世，由於電腦造價持續降低，且其體積小、速度快的原因，使得電腦的使用率持續增加。以下就讓我們來看看，電腦革命對生活產生的改變。

1. 網際網路（internet）

網際網路的問世是電腦大行其道最重要的因素之一，數以千萬計的電腦主機和伺服器遍布全球，隨時準備交換資訊，讓我們能與世界各地的人們連線。網際網路的發展最初是為了因應核戰而誕生，當時需要一種安全的方式來儲存、傳達有效的資訊，其解決之道就是發明一套毋須中央電腦來儲存資訊，或指揮遠端電腦的網路系統，網際網路也就這麼因應而生。時至今日，網際網路已成為人們通訊、交流最便利的工具之一，據保守估計，全球約有一億名網路使用者，網際網路二十四小時開放，全年無休，人們可在網路上與人接觸、探險、分享經驗及想法、求職、找約會對象、尋求伴侶、發問或提供建議。此外，近來有超過一千三百萬美國兒童使用網際網路，而根據亞太網路調查公司於二〇〇〇年七月二十四日公布的調查結果，台灣網路用戶已高達六百四十萬，占總人口的三分之一，且平均網路用戶年齡層為二十五歲。事實上，兒童與成人網路的使用率幾乎相同，兒童使用網路的常見原因是為了找尋資訊、收發 e-mail、聊天、查看新聞和氣象，而男孩上網的頻率又略勝於女生。

為何網路會如此受到青少年的喜愛呢？由於青少年具有追求創新、發揮自我、追求自主、喜愛直截了當的活動等特質，而網路提供了一個可供他們表現自我的空間與管道，他們可以建立屬於自己的網頁，和志同道合的網友展開密切的互動，雖然彼此僅能透過文字表達內心話語，無法面對溝通，但這種虛擬情境，真的叫人不想它也難。

2. 網路的不當資訊

雖然網路如此便利，但藉由網路，許多不當資訊很容易被兒童及青少年取得，對於較缺乏自制力及判斷力的青少年而言，可能會使他們的身心發展有負面的影響。即使網路上所提供的東西在他處皆可獲得，然而由於網路難以管控，因此相對於其他資源管道，青少年及兒

童要取得線上資訊是比較容易的。這是一項缺憾，需要我們共同引導青少年正確地使用網路，並建立良好的價值觀。以下分別說明網路上存在的各種不當的資訊：

(1)**氾濫的色情資訊**──例如，暴露各種性行為的照片或影片資訊。其中某些照片或藝術影像涉及獸交和戀童癖。這些虛構或非虛構的性事件，可能包含亂倫、集體性交或是奴役行為，這些不正確的性知識使得青少年產生偏差的性觀念與性行為，將嚴重影響青少年的身心正常發展，甚至跳入網路色情的陷阱之中，而無法自拔。

(2)**暴力或破壞性的資訊**──炸彈、病毒以及其他破壞性裝置的製造配方，都可以在網路上找得到。至少已有一起案例：某青少年在網路上找到了製造炸彈的配方，這名青少年於是逕自在當地五金行購買材料，想嘗試自製炸彈是否行得通。此外，毒品與吸毒用具的資訊也常常都能在網路上搜尋得到，易使青少年陷入危險中而不自知。

(3)**幫派活動或激進團體的資訊**──激進團體以及幫派會利用網路作為提供其組織資訊，並吸收新成員的管道，而人們也可以輕易地在網路上找到傳授巫術、惡魔儀式的教派以及其他非法組織的相關資訊。

3. 網路的不尋常資訊

在網際網路的世界裡，由於各項資源以倍數成長，加上網路規範機制的欠缺，於是各種類型的網站紛紛出籠，形如社會學家所謂的「虛擬世界」，舉凡生活、娛樂、購物、交友……等等，與真實生活中息息相關的一切事物，網路上可說是應有盡有，甚至有氾濫的趨勢，也造成網際網路資源內容，品質參差不齊。因此，對於身心發展、社會關係分際未成熟的青少年來說，帶來前所未有的衝擊，以下分別說明：

(1)**對青少年生理成長的影響**──由於網路的盛行，許多青少年沉迷於電腦螢幕前的五光十色中，只要一坐在電腦前面就是

好幾個小時。由於青少年正值生理發育的黃金期，實在無法承受長期的輻射污染，所以容易造成視力減退、頸部僵直、肩胛酸麻、關節長肉瘤等身體疾病，嚴重影響青少年正常發育。

(2)**青少年學習型態的改變**——由於電腦的普及、國家資訊基礎建設的推動，使得網路設施健全發展，在這樣的一個新時代裡，青少年們正面臨一個與上一個世代完全不同的衝擊。以青少年接受流行的速度與包容性而言，他們正以一日千里的方式，在體會網際網路所帶來的視野與經驗，因此他們打破了傳統上只能藉由書籍、報章雜誌及視聽媒體獲得資訊的方式，網路上彙集的龐大資料庫使得各種資訊唾手可得，青少年可以在此達到自我學習、自我成長的機會。然而，並非所有的資訊均如教科書及優良書籍般對青少年有所助益，因此要如何做正確的判斷，選擇正確的知識，更是一大考驗。

(3)**對青少年人際關係的影響**——因青少年時期是生活領域和活動範圍逐漸擴大的時期，他們開始與父母以外的各種人建立人際關係；而同儕團體、朋友及兩性的相處，在青少年邁向獨立自主的過程中，具有很大的影響力。而網際網路的發展與普及化，深植於青少年生活之中，使得現實生活中的人際關係很淡薄，且網路上人與人的接觸並非全人格的接觸，而是局部人格與局部感官的關係，造成相互全盤了解的阻礙，甚至成為有心人士欺騙大眾的捷徑。

(4)**基本道德禮儀的淪喪**——網路的開放性，容易讓使用者在毫無掩護及守門的情況下，赤裸裸地接收到不負責任的言論、百無禁忌的色情亂象及不重視禮儀規範的行為，涉世未深的青少年自然容易在其中學到偏差的觀念與行為，成為社會上的隱憂。

(5)**親子關係產生「科技代溝」**——由於父母親吸收電腦知識的速度緩慢，許多父母親們不懂電腦，甚至害怕電腦，因此和

子女之間產生了所謂的「科技代溝」。所幸已經有愈來愈多的成年人漸漸地接受電腦科技，並克服對電腦的恐懼。

(6)**兩性關係的失衡**——青少年時期的人際關係興趣也慢慢從同性轉向異性，形成一種友誼擴充現象。基本上，兩性在交往的過程中，需要學習對待異性應有的態度與行動，經由有效的溝通、折衷或協調，及個人的自律作用，以達成良好的相處能力。然而，有許多青少年會將此種渴求反映在網路的交友層次中，希望藉由網路的便利性，增加更多認識異性朋友的機會；但有些網站所提供的卻不是正確的性知識，使得這些青少年產生了偏差的性行為，進而嚴重影響其身心正常發展，在現今倡導兩性平權的社會中，實在是一大諷刺。

㈡經濟結構改變

現今的青少年是在一個物質主義的社會中成長，這對青少年及與其同住的家人來說，已產生一種深遠的影響。

1. 薪資、收入與真正幣值

自一九六七年起，中等家庭以真正幣值為準的收入逐年增加，到了一九八九年，中等家庭的年收入增加，貧窮率也從一九九〇年代中期開始持續下降。但這些改變並非全部因為家庭經濟提供者的薪資增加，或是失業率下降的結果，家庭經濟的改善也可能是因為人們工作時間更長或是從事第二份工作。這造成了下列三個問題：

(1)**身兼多職與超時工作**——單職者的工作時數愈來愈長，身兼雙職者（一份全職、一份兼職）的人也愈來愈多，這樣的工作時數縮短了他們能陪伴家人和孩子的時間。

(2)**職業婦女增加**——婦女（即使有幼兒）外出就業的人數也增加，母親就業的情況使得托兒服務變得更迫切需要，在某些情況下，家中青少年或是較年長的兒童必須負擔起父母上班時照顧幼童的責任。婦女就業使大部分的家庭成為雙薪家庭，而雙薪家庭的產生使做父母的花在青少年身上的時間縮短了，而傾向以金錢滿足青少年的物質慾望，而非注重其精神層面

的需求。

(3)**青少年就業增加**——另外一個增加收入的方式，是讓青少年外出打工，高中生打工的比例正在增加中。一般認為，打工對青少年是有好處的，但是在二〇〇〇年的研究中發現，在十五到十七歲的青少年中，學期中有打工者有近三百萬名，平均每週工時為十七小時；暑期工讀有近四百萬名，平均每週工時有二十三小時。所以，有關單位開始注意到青少年花太多的時間打工，花太少的時間念書。也有資料顯示，課後打工與學業成績低落、犯罪事件與濫用藥物的比例增高有關，比起不打工的同儕，工讀的青少年較難獲得充分的睡眠和運動，尤其是長時間打工的青少年。

在台灣，打工的青少年也有愈來愈多的趨勢，相關的青少年打工受傷、受騙、受害、發生糾紛，並不是近年來才有的事。然而，隨著青少年的消費壓力增加，工讀青少年數目也愈來愈多，以及服務業大量使用兼職的青少年勞動力，使得青少年打工問題的數量愈來愈多，也愈來愈引起社會大眾的注意。

據調查，有五分之一的計時薪打工者的收入是在法定水平以下，再加上各種層出不窮因為打工而受傷的例子，使有關單位更應該注意青少年打工的情況。打工是有風險的，然而打工保護也只是消極的作為，我們只能提高青少年的風險意識；另外，是對已經發生糾紛的青少年提供具體的協助，讓他們得以銜接上公權力的保護。只是申請勞資調解的案主，不一定都能伸張「正義」，不協助青少年認識不斷產生問題的社會，是無法讓他們成長出真正的自主力量，來對抗那些所謂的打工陷阱，並且讓他們把打工經驗提升到生涯發展中應用。

2.傳播媒體與青少年

台灣地區自一九八七年宣布解除戒嚴後，大眾傳播發展迅速，根據行政院主計處（1993）出版的「文化調查供給面綜合報告」顯示，青少年與大眾傳播接觸的時間，在青少年自由活動時間中占有相當大的比重。對於媒體接觸資訊內容較屬於娛樂及流行層面的訊息，青少

年對於媒體使用的目的主要是以娛樂、獲取資訊為主，其次為打發時間，及增加同儕相處時的談話題材。現今的青少年是處在各種豐富資訊處處可得的一個時代，大眾傳播媒體對青少年的影響也是不容小覷。

3.廣告與消費

因為金錢的來源增加，再加上大眾媒體在近幾年的快速發展，改變了青少年的消費習慣，報紙、雜誌、廣播、電視提供了各式各樣的廣告訊息，慫恿青少年購買一些所謂最新的產品，這是在其他世代所未見的情況。

今日的青少年形成了一個巨大的消費市場，年輕族群的敢花、肯花、捨得花，再加上金錢來源的不虞匱乏，也使得愈來愈多的業者將市場目標瞄準了青少年，並且投其所好，例如，服飾、CD、電腦相關產品、音響、機車、運動用品、手機等，都針對青少年強力推銷。在美國，一九九八年的時候，青少年消費金額達到 1410 億美元，其中有 940 億是他們自己的錢，大部分的錢是花在服飾上，其次則是娛樂和食物，而女孩的花費則遠高於男孩。

西方社會認為廣告對社會的一項壞影響，是導致社會趨向物質主義，因為廣告不斷宣傳新產品，可能令人喜新厭舊；廣告中使用產品來解決問題，例如現在最流行的減肥產品，令人錯覺以為所有健康、容貌、社交等問題，均能透過物質消費來解決。還有，就是過度重視物質的擁有，而忽視精神生活的需要；只追求社會進步、經濟繁榮，而犧牲了社會公義及對弱勢族群的關注。

西方心理學家嘗試利用發展心理學解釋兒童如何掌握消費的知識和技能，他們認為兒童的發展可分為三個階段：第一個階段為感官期（年齡三至七歲），兒童根據顯而易見的感官刺激來認識產品價值，例如大即是好，他們對物質的訴求是追求數量方面的優勢。第二階段（七至十一歲）稱為分析期，兒童對產品類別、售價、功能等有一定認知能力，開始明白物質的社交意義，知道擁有什麼產品，能與朋友的接納程度扯上關係。第三階段是指兒童踏進青少年（十一至十六歲），稱為反省期，對市場的產品類別、銷售地點、推銷策略有更深

刻的認識，並且能充分明白品牌的意義，明白物質的價值，除了滿足個人喜好外，還可以用作社交籌碼，並且明白物以稀為貴的道理。

4.現今青少年和過去世代不同之處

注重地位成為青少年文化的重要環節，年輕人變得在意自己，希望能獲得一份好的工作以享受更好的物質生活，這和父母親這一代或是更早以前的世代相比是比較不一樣的。在早期的世代中，賺錢主要是為了要給下一代更好的生活，比較不是為了自己本身，但是現今這一代的青少年，追求的是自己獲得更好的生活，焦點是比較放在自己身上，而非考慮到下一代的生活會如何。所以，出生在貧窮家庭的青少年會傾向不參與學校活動。有時想追求身分地位反而形成令人頭痛的問題。

㈢教育改革

因為科技文明及社會複雜性的擴充，促使人們愈來愈需要高等教育，因此，青少年的依賴期變得愈來愈長，若想得到薪資優渥的工作，青少年必須進入高中及大學就讀，所以必須花費更多時間求學。受教時間的增長，意味著青少年依賴父母的時間延長，而獨立、成熟的時間則延後。

1.教育消費增加

教育水平的提高所衍生出的問題是教育費用迅速增加，雖然助學津貼和就學貸款的金額已經提高，但是卻跟不上學費漲價的腳步，大學教育費用的調漲速度比生活水平快，這對於想上大學卻無力負擔的學生而言，一個最普遍的解決方式是借錢上大學。但這也引發了另一個問題，許多學生在大學畢業後，首先要面對的問題是要償還巨額的貸款。

2.成人教育的重視

教育改革中有一個趨勢是成人接受成人教育的比例增加，大多數的學生是為了想在工作崗位上更上一層樓，而選修課程或是接受成人教育。美國在一九九五年註冊修讀至少一門成人教育課程的成人約有40%，二十五到五十四歲的人當中，有近乎一半的人參與成人教育；

在一九九九年，有 25% 的美國成人取得大學學位。

3.社區教育推廣及介入

美國在一九九〇年，有一個稱為「卓越計畫」的課程，目的是協助弱勢的兒童於將來能順利就學，結果發現參與卓越計畫的兒童在成長後，有較低的犯罪及反社會傾向。且教師們相信，參與計畫的兒童在同年早期的智能表現更佳，小學時會被分派到更好的班級，會有較低的青少年犯罪率，在十九歲時會有較高的高中畢業率和就業率。其中父母的介入是一個重點，提供父母親關於兒童發展與照顧的資訊和訓練，是一個有效的介入策略。目前台灣地區有社區學校及社工福利法、文教基金會等訓練方案，提供父母照顧子女的介入策略。

4.接受新科技

教育改革中最重要的一個改變是電腦使用的盛行，教師們利用電腦進行教學，並運用電腦作為測試工具。網際網路的發達也改變了部分學生學習的方式，使學習不再僅限於書本或是老師上課所傳授的內容，學生們可以藉由上網快速且方便地查詢到他們所需要的各種資訊，這點也和前面所提到的科技革命相呼應。

㈣家庭革命

1. **家庭的定義：**根據《辭海》的定義，家庭是指由婚姻、血緣或收養而產生的親屬間的共同生活組織；英文 family 由拉丁文轉變而來，原義是一個社團，包含父母、子女、僕人、奴隸等。家庭這個名詞的原始意義並不是親屬或共同祖先，而是建立在權利與財產上的主奴關係。人類學的共同概念是：家庭是一個親子所構成的生育社群。社會學家給家庭的定義為家庭是以婚姻及婚姻契約為基礎的一種社會安排，包括三種特性：(1)夫妻與子女住在一起；(2)承擔為人父母的權利與義務；(3)夫妻在經濟上有互相扶養的責任。綜合上述，家庭的定義有同有異，家庭是一些人經由血緣、婚姻或其他關係，居住在一起，分享共同的利益和目標（黃迺毓，1998）。

2. 家庭應有的功能包含下列兩項

(1)家庭之存在是為了生育子女及代代人類文化之承襲。由於我們的生存是代代相續的，過去許多有效之經驗得由我們傳給後代；既然有死，也就有生。如果沒有後代，人類就會滅種。如果這一代未能將文化價值傳給下一代，人類文明將遭致終止的結局。這就是家庭的最基本功能，生養兒女——愛護、撫養、教育，並引導他們成為家庭的優秀成員。

(2)家庭第二個功能為社會化功能，這是父母生養子女的主要任務。孩童從幼年到成年，其成長學習來自日常生活模式，此一社會化功能是再造功能整合的一部分。而這種社會化功能有許多方向：有許多人未能參與再造工作，但仍需要家庭提供關愛、友伴與支持。我們不斷需要一個小而安全的組合，讓我們能分享隱私的生活，以及遇到難處時的支持。

家庭之所以長久以來成為社會制度，乃是因其有其他制度或機構無法完全取代的功能。家庭能滿足人類許多需求，故不論時代變遷，家庭依舊以不同的型態存在。雖然家庭功能的改變已是社會的事實，但仍是家庭生存的必要條件。下列敘述家庭功能的改變：

(1)由工具性的角色（instrumental role）改變為表達性的角色（expressive role）——工具性的角色：人們為了經濟安全而結婚，雙方互相提供財產和服務，已獲得社會地位、養育子女；表達性的角色：家庭更扮演著滿足個人對情緒安全和夥伴關係的需求。

(2)現今的工業化社會中，大多數的人居住於都市中心，與鄰居卻形同陌路，想尋找友誼和情感支持相當困難。故從家庭中尋求親密關係、歸屬感以及情緒安全就更顯重要。

(3)強調人際關係使得家庭的負擔更為沉重，為了愛、夥伴關係和情緒安全而組織家庭的人，若無法滿足時，與其為家庭而勉強在一起，他們寧可選擇各自單飛，此為美國高離婚率的一項原因。

3.浪漫的愛情對青少年的影響

(1)在青少年所生長的這個時代，實現浪漫愛情和夥伴關係被視為婚姻的首要功能，吸引人們決定走入婚姻，浪漫無疑是重要的推動因素。

(2)當浪漫愛情被高度理想化時，那青少年可能會在選擇結婚對象時做出錯誤的決定，這種情況下，浪漫的愛情並非婚姻的穩定基石。

4.現代家庭的變化

(1)民主式家庭的興起——之前的家庭向來是父權制，父親為家中主宰及財富的擁有者，妻子和子女應照他的選擇和他同住；漸漸地，家庭演變愈來愈民主化，改變原因為女性主義的崛起、婚後外出工作的女性人數逐漸增加，促使家庭的兩性角色較為平等。而避孕藥的發明讓女性免除了非計畫懷孕，讓她們擁有個人的生活，也擁有像丈夫一樣的生活。

(2)以兒童為中心的家庭興起——二次大戰後研究兒童的運動以兒童為中心，人們關切的是家庭如何全程幫助兒童發展。兒童發展成熟後，他們會要求在家庭決議上有更大的發言權，有時甚至還會反抗父母，有些父母試著想變得更權威，有些則過度縱容，然而最聰明的父母應讓子女在自由與責任之間找到折衷點。

5.婚姻與教養方式進一步的改變

(1)結婚率下降：結婚率在一九九五年達到最低點，此後雖然稍微上升，但其趨勢相當清楚——結婚的成人愈來愈少。

(2)結婚年齡向上攀升：第一次結婚的年齡上升。美國地區在一九九四年時，男性第一次結婚的平均年齡是 26.5 歲，女性是 23.9 歲。這個數據自一九五○年代來，比例已有增加，而男性與女性平均結婚年齡的差距大為縮短為約二年。二○○○年，在台灣地區的平均結婚年齡，男性 31.4 歲，女性 26.9 歲。晚婚的原因為婚前性行為增加，接受高等教育的機會變

多以及未婚同居的情形更普遍，在美國三分之一的男性及四分之一以上的女性直到三十歲才結婚，研究顯示等到二十五到三十歲的人，婚姻成功的機會比早結婚者高。

(3)每個家庭的子女數則在下降，自一九六五年開始下降的生育率，導致更小家庭的產生。每個家庭的平均人口數：一九六〇年——3.67 人；一九八五年——3.19 人；一九九五年——2.65人。二十世紀初，一般已婚女性育有五名子女；一九九六年生育子女平均數為 1.8 名。來自較小家庭的青少年占有幾個優勢，父母親更可能給予每個子女充分的注意和照顧，也有較多機會繼續接受高等教育。孩子的出生如果是在計畫當中，並在受歡迎的情況下，父母親所受的心理衝擊較少；在不得已的情況下產下的孩子，較容易被忽視或虐待。

6. 未婚同居比例增高

(1)美國在婚姻趨勢上的另一項重大改變是婚前同居的人數增加，一九九〇年代末期，40%以上的成年女性至少有一次未婚同居的關係。

(2)沒有證據可顯示，婚前同居可以汰除不相容的伴侶或成功地為婚前做準備，全國性調查報告婚前同居者婚姻品質較低、對婚姻制度的承諾較低、比未同居者更可能離婚，可能原因為婚前同居，對往後婚姻產生憧憬幻滅的風險會增加。

7. 離婚率的增加

(1)一九八〇年以來，美國的離婚率已些微下降，但卻還是全世界最高。二十五到四十歲的夫妻約 50%會離婚，三分之二的離婚案會牽涉到兒童。高離婚率及分居率和非婚生子女人數增加，表示一九八〇到一九九〇年代出生的兒童，有一半以上面臨單親家庭與繼親家庭。

(2)父母離婚會讓青少年自責，懷有罪惡感並且苦惱。然而，如果離婚結束了家庭中的混亂與煩惱，其效應也可能是正面，父母離婚對青少年來說往往是一種解脫，因為緊張來源縮小。

(3)如果青少年的家庭中存在混亂與衝突，無論父母離婚與否，
　　或者依舊維持不愉快的婚姻生活，其結果也是令人煩惱不安。

㈤性開放

在性態度與性行為上的重大改革，是性開放革命的象徵，性開放
革命其實兼具正、負兩方面的影響。

1. 性開放的正面影響

(1)**性功能科學知識的發展**——致力研究人類生殖問題的探討，
但是性激動、性反應及性表達的研究卻付之闕如。具備反應
的知識使人更明瞭性反應的各階段，也能增進性關係的樂趣，
有助於解決許多性問題。人類反應系統也同時打破一些迷思，
研究者發現女性性反應階段與男性類似。

(2)**性功能失調的治療**——大多數的人可以享受性關係，男女性
器官功能失調、壓抑性慾望、男性早洩、無力勃起以及女性
性交困難，諸如此類問題都可以解決。

(3)**避孕藥的演進**——避孕藥丸、子宮內避孕裝置器、保險套、
避孕隔膜、新的滅精科技，解除女性接二連三的生產負擔，
夫妻可以規畫自己的子女數量，給予婦女其他生活方面的機
會。

(4)**願意處理非自願的性行為**——人們比較願意公開討論性騷擾、
強暴、婦女受虐事件，受屈婦女現會出來面對施暴者，兒童
性侵害也受到了正視。

(5)**性別角色彈性**——性別角色的定義，不同的學者有不同的定
義，分述如下：劉惠琴（1981）：性別角色是在某種文化下，
人們賦予男人或女人合宜的角色行為，也可以說是文化造成
的差異。何金針（1986）：性別角色是某一特定的社會文化
期許於成員所表現的適合男女兩性的行為模式。黃文三
（1994）：性別角色指在某一社會文化情境下，對男性或女
性行為具有共同認可或接納的行為模式。張春興（1995）指
出：所謂性別角色即為某一社會文化中，大家所公認男性或

女性應有的行為。因此，性別是經由行為組型來界定，其中行為組型包含了內在的態度、觀念及外在言行服裝。典型的性別角色如表4.1。如今的性別角色有了重大的改變，性別角色愈來愈彈性，男女兩性可能同時扮演著持家照顧兒童的角色，也有許多女性居於領導地位。

表 4.1

女性	男性
缺乏進取	進取
缺乏獨立	獨立
富感情、不隱藏感情	無感情、隱藏感情
非常主觀	非常客觀
服從、易受到影響	支配、不易受影響
易被小事激動	對小事不激動
被動	主動
無競爭性	有競爭性
不合邏輯	合邏輯
無商業才能	有商業才能
拐彎抹角	直截了當
無冒險性	有冒險性
難下決心	有決心
欠自信	有自信
無野心	有野心
多話的	沉默
靈巧、溫和	直爽、粗魯
能了解他人的感情	不能了解他人的感情
安靜	嘈雜
需要安全感	稍需安全感
對文藝、藝術有興趣	對文藝、藝術無興趣

2.性開放的負面影響

(1)更放縱的婚前性行為——近四十年來，婚前性行為有重大的改變，年輕人發生第一次婚前性行為的年齡比以往早了好幾年。台灣師大衛生教育研究所對北市五百零八位五專五年級

的學生做調查，發現多數五專學生對與約會對象發生親密行為，抱持開放態度，而且四成男生和兩成女生在國中階段就有過約會經驗，約會對象也從一至四位提高為五至九位。該項調查又指出：兩成五專男生曾與約會對象發生「性交」行為，三成有「重度愛撫」，五成有「輕度愛撫」，六成有過「接吻」等親密行為。而若在雙方交往頻繁之後，有半數的人有過「性交」的行為發生。男女親密行為的發生，女生皆認為是對方主動，但是男生卻不承認這種說法。

(2)**未婚懷孕**──二十歲以下的懷孕女性人數每年超過一百萬，每年幾乎有四十萬非婚姻出生兒，現今大約96%的未婚媽媽決定留下孩子，未婚少女媽媽可能陷入惡性循環中，導致自我毀滅。

(3)**經由性行為傳染的疾病與愛滋病**──性行為傳染病快速傳播，後天免疫不全症候群的病例已開始減少，但大約有16%的罹患者是十三到十九歲的兒童與青少年。

(4)**對於性的困惑**──對性事感到困擾，性是一件好事，但是若成為一件商品就不好了。是否要有性行為，有不同的看法，如下：

◎反對婚前性行為的理由：

• 有懷孕可能
• 有感染性病的危險
• 因有性關係而被迫結婚，不一定美滿
• 當事人可能因此產生罪惡感
• 當事人有將受人輕視的恐懼
• 當事人常擔心此項行為影響婚姻關係
• 由於婚前性關係，可能使當事者過分重視友誼與婚姻間的生理因素
• 婚前性行為易導致婚後與外人的越軌關係，而使婚姻受損害
• 婚前性行為多是不正常情境下發生，易造成創傷性經驗，對婚

後正常關係不利

- 婚前已有性關係之雙方可能習慣於那種關係，反延緩其婚姻
- 婚前性行為是違反道德標準的行為
- 婚前性行為可能引起法律問題

◎贊成婚前性行為的理由：

- 使雙方生理需求獲得滿足
- 比正當性行為更能培養一個人適應別人情緒需要的能力
- 可能增進一個人在婚姻關係中某些方面的適應能力
- 可能訓練和婚姻關係某些生理方面的「技術」
- 可以測驗男女雙方是否能在婚後有良好的性適應
- 年輕時學習適應別人的情緒及生理方面，可能比年長時容易些
- 雙方在婚前性行為上若不能相互適應，將不若婚後的不能適應那麼嚴重
- 婚前性行為可促成婚姻關係
- 有防止同性戀傾向作用
- 在某些團體中，婚前性行為是受到鼓勵的，因此具此經驗的人可獲得較高地位

㈥社會暴力突顯

1. 暴力犯罪

從犯罪年齡而言，一九八九年以十四歲以上至未滿十八歲者居首，占青少年犯 87.2%，其中十五、十六歲者較十七、十八歲者為多，犯罪年齡的降低非常明顯。從教育程度而言，一九八八、一九八九年均以國中在學居首（分別為 5891 人、7014 人），高中在學次之（1976人，2120 人），小學再次之（1253 人、1344 人）。在校生犯罪人數的增加，成為我國青少年犯罪的嚴重問題，尤其國中教育的偏頗與少年犯罪的激增有密切的關係。

2. 社會中的暴力

青少年年復一年生活在充滿肢體暴力與混亂的世界中，年輕人受聽聞殺人事件，聳動的新聞蜂擁而至，影響青少年的情緒、感覺和認

知。

　　根據美國心理學協會（APA）發表的一項由密西根大學心理學博士羅威爾‧漢斯門（L. Rowell Huesmann）等多位學者，追蹤三百二十九位青少年長達十五年的研究結果顯示：孩童時期喜歡看暴力電視者，長大以後和別人相處時，就比較容易發生「推撞行為」，包括：推撞自己的配偶，以肢體冒犯來回應與他不同的意見，甚至發生交通違規；其中觸犯刑法和交通違規的機率，比一般人多出三倍。研究中還有另一項有趣的發現：「喜歡看暴力影劇的女童，成年之後會丟擲物品對丈夫表達憤怒的比例，比一般人高出四倍之多。」羅威爾‧漢斯門博士表示：「孩童若長期暴露於電視的暴力影響下，會增加長大後的攻擊行為。」

　　無獨有偶地，美國心理學協會隨後又發表另一項研究結果指出：過去以為聆聽憤怒而暴烈的音樂是一種情緒的宣洩，有助於釋放壓力，其實是錯誤的觀念。有暴力傾向的歌曲（包括曲調和歌詞），會引發攻擊性的情緒。長期聆聽這種類型的歌曲，會使人變得好鬥，並且對整個社會環境與人際關係充滿敵意。

　　一份來自北京的研究報告也指出：青少年沉溺於電腦遊戲，會導致暴力傾向。長時間玩電腦遊戲，大腦中的一種叫「多巴胺」的化學物質會急速分泌，它很類似腎上腺素，短期內會使人產生激烈的興奮感，但之後則令人加倍地感到頹喪，於是產生注意力分散和情緒不穩定的現象，很容易因為一時衝動，而產生暴力行為。

　　台灣的富邦文教基金會，曾經對小學孩童進行「媒體使用研究調查」，發現近年來孩童收看電視及瀏覽網站的比例大為增加。而其中約有四分之三的學童看電視時，沒有父母陪同；高達九成以上的學童上網時，父母不在身邊。

　　值得憂心的是，電視和電腦的影音暴力正以雷霆萬鈞的氣勢，攻擊毫無招架能力的孩童；也難怪近幾年來暴力事件充斥在兩性之間、家庭之中，甚至危害整個社會。許多父母因為工作忙碌，從襁褓時期就習慣把孩子放在客廳的沙發上，讓電視充當幼兒的保母，只要孩子

不哭不鬧，就算是萬幸了，怎會注意到電視放送的強力聲光，多半是暴力血腥的畫面，正在影響手無寸鐵的小孩，長大後可能變成殺氣騰騰的暴民。因此，父母若能陪同孩子看電視，過濾並解說電視節目的意涵，將有助於降低電視所造成的負面影響。

3.家庭中的暴力

暴力家庭配偶與兒童被虐待司空見慣，成長期中的青少年往往自己也會成為有暴力傾向的父母或配偶；看見父親打母親的兒童，比較容易成為嚴重婚姻暴力的加害者；暴露在暴力中的青少年，較易以暴力對抗父母；在約會中使用暴力的男性，可能曾受到父親嚴重施暴。

4.暴力死亡

年輕人的死亡不都因於暴力，死亡年齡介於十五至二十四歲間的青少年，其中超過四分之三以上死於暴力。年輕人意外事故、自殺、殺人而死亡的人數，已超過因疾病而死亡的人數。

5.青少年犯罪因素的探討——從體型、性情、犯罪率來分析：

表 4.2

體　型	性　　　　　情		犯罪率
1.矮小粗壯型	消化器官良好，肥胖，圓滾滾四肢逐漸向身體內部縮小，肌膚平滑	全身舒適，喜好柔軟的事物，但仍是一個外向者	中
2.鬥士型	肌肉、骨骼健全發達，四肢強壯，胸部飽滿，手及臂腕均大而有力	活躍而好動，走路、談話、行動均顯得有攻擊性	高
3.瘦弱型	瘦弱而纖細的身體，下垂的肩膀，臉小，鼻尖，細髮，身體肌肉少	內向，易疲倦，敏感，身體功能不正常，對於噪音敏感，從群眾中退縮	低

四、青少年問題的輔導策略

雖然社會風氣丕變，價值觀念混淆，絕大多數青少年仍可依附在學校生活中成長。但為了發揮輔導的整體成效，我們願意從鉅觀的角度提供下列建議：

㈠塑造優質的學校文化

1.培養融洽和諧的師生關係

青少年具有可塑性，又有潛在的觀察學習能力，若教師能示範溫柔寬厚、關懷尊重的態度，則學生養成溫文有禮、自尊尊人的待人處世態度，自然減少師生、同儕間衝突的機率。

2.尊重多元成就價值

價值窄化的成就價值，使學生在校園裡淪為失敗者。學校文化若尊重學生在藝術、運動、文學、才藝、表演、領導能力等方面的成就，訓育組、體育組、童軍團之功能有效發揮，使不同才藝的學生都有贏取成功、獲得成就感的機會，自能培養身心健康、自我肯定的學生。

㈡建立以學校為核心的輔導網路

結合學校系統、社會支援系統、社區支援系統所組成，透過三大機構之合作，協助學生發展社會交往的能力，使之成為具有獨立思考、表達情感的社會人。能合宜地滿足自己的需求，也能奉獻己力增進社會大眾的福祉。若學生在成長過程發生偏差行為，則需要透過三大機構中學校系統、醫療網路、社會輔導網路所組成之專業人員的協助，使之回歸正常的社會歷程。

㈢建立專業化的輔導運作模式

1.組織責任輔導群

以輔導教師為核心，與生教組長、任教班級（或責任班級）之導師密切聯繫。針對篩選之優先關懷對象，發揮輔導群的集體力量，適時給予案主或小組輔導。

2. 以個案研討會發揮在職進修功能

優先關懷對象若有嚴重適應不良的情況發生，在校長、輔導主任督導下，邀請校外專業輔導人員、心理醫師到校諮詢；並邀請個案之父母、導師、教訓輔人員、任課教師共同出席。從不同角度提出對個案之觀察報告，找出原因尋求對策。在專家指導下，協同訂定輔導措施，並於實施一段時日之後，再行集會檢討。由於輔導對象是教師熟識之學生，研討內容真實具體，並非專談理論。教師在參與研討之過程中，深覺輔導知能之重要與實用，其成效優於一般的輔導知能研討會。

3. 協助輔導教師發展專業分工

由於社會變遷，輔導教師除培養一般化的輔導知能外，校方宜有計畫地針對自我傷害、家族治療、心理諮詢……等主題，培育輔導教師發展各自專業領域，以因應變遷所需，並提高專業化程度。

(四)推動目標導向的親職教育

1. 實施親職預備教育

親職教育的對象，不只是學生的父母，親職教育是公民教育的一環，學校應將相關學科（如公民與道德、健教、輔導活動、家政……）內有關親職教育的內涵，融入大單元的訓育活動，以培育明日的理想父母。並可透過親子間的互動，間接影響家長。

2. 實施主題式親職教育

過去推行的親職教育方式繁多，但常有對象該來不來，教材流於空泛、效果無人聞問的狀況。今後應鎖定訴求對象，依主題編定教材，評定實施成效。對違規犯過或適應不良的學生父母實施半強制性的「補救親職教育」，以免形成親職教育的死角。或約集相同需要的家長，辦理家長成長團體，以相互分享經驗、重建信心。

(五)發展學生批判媒體的能力

1. 從被動接受到主動批判媒體的能力

在媒體「利」字掛帥的經營理念下，教育界多年來淨化媒體的呼號不見回應。其實學校可採用課程設計的原理，協助學生發覺不同媒

體對相同事件立場相反的報導，使學生了解媒體可能的預設立場，以減緩媒體的強勢影響力。

2.借用媒體發表自己的看法

鼓勵學生運用報紙、電台、電視之讀者投書、CALL IN 表達自己對重要事件的觀點，甚至直接指出媒體的偏頗。使大眾傳播媒體顧及輿論的壓力，不再肆無忌憚地傳播色情壓力。

參、心理健康問題探討

健康是人人所關切的話題，特別是當我們失去健康的時候，我們才會深刻體會到它的重要性，但是，我們對自己身體美醜的認識，總是多過於對自己心靈善惡的認識，例如，感冒也許十天半月就能藥到病除，消沉無助卻可能持續經年累月，影響一生，而前者受到的關切度則遠高於後者。根據世界衛生組織預估，憂鬱症將成為二十一世紀人類死亡的第二大病因，僅次於心血管疾病，更顯示心理衛生的重要。

心理衛生的工作有賴於家庭、社會及學校三方面共同推動，在此強調的是學校應扮演「預防重於治療」的角色，積極做好初級預防工作。過去教育部的輔導工作六年計畫在各級學校的輔導工作上確實提供了相當多的資源，例如春暉、朝陽、攜手或認輔等計畫方案，但針對的服務對象往往是較有違規或是適應不良危險性的一群，其工作期望能早期發現、早期治療，但卻有亡羊補牢之嫌；因此，在父母、師長眼中個性開朗、活潑外向、功課不錯，與同學相處融洽的孩子，要是做出自殺、違規等行為時，大人們會是多麼地驚愕！可是偏偏又有不少如此的案例，這些現象顯示的就是，多數人都不會想到那些看似「狀況還好」的小孩，其實他們也會有心理的掙扎與茫然。但在此仍要強調的一點是：我們不要以為沒有外顯偏差行為的小孩就一定活得快樂、覺得生活有意義，學校多數「平凡正常」的學生通常都被認為是沒有問題的，這群人反而被忽略慣了，待問題產生時卻往往令人措手不及。

一、兒童與青少年心理障礙的類型

根據兒童與青少年常見的心理障礙，我們可以將其大略地分為下列四種類型：

(一)發展性的心理障礙

包括智能不足、自閉症，這類型心理障礙的特徵是屬於早期發病、終生罹患，症狀會普遍影響患者的各種功能發展。有發展性的心理障礙的學生，其學習功能、社交功能、職業功能往往因病而無法發展，或發展不佳。其治療與復健過程是緩慢而漫長，並且需要特殊教育與心理衛生的長期照顧。

(二)嚴重精神分裂症、妄想症、躁鬱症以及憂鬱症等

這類型心理障礙的共同特徵是屬於比較嚴重的心理障礙，通常是慢性，需要藥物治療。在急症發作時，功能極度喪失，比較有傷人、自傷的危險性，往往需要住院治療，以確保患者的安全和治療。當這類心理障礙成為慢性，通常需要長期慢性治療，以控制其症狀。由於生活功能的嚴重喪失，患者重返學校，是否能夠兼顧學習與復健以及校園安全，往往成為教師處理上的困擾。

(三)精神官能症或心理症

包括一般的焦慮症、憂鬱症、恐懼症、身心症等情緒困擾。這類型心理障礙的共同特徵是比較沒有明顯的生理疾病的徵兆。

(四)生活適應障礙

這是屬於心理障礙中最輕微的類型，特徵是指人遭遇到重大生活變化，由於一時壓力太大，適應力不足，以致產生暫時性的功能障礙。

二、認識心理疾病

大家應該都知道，生理上的疾病千百種，三不五時來個傷風感冒還算小事，萬一運氣不好，不小心得個癌症心臟病，治療起來可較費時費力了。大大小小各種病，有不同的病因和不同的症狀，治療方式也不盡相同。但有些疾病，是病因還不清楚，甚至無法可治的。心理

疾病其實也是一樣的，「精神病」只是種通稱，心理疾病也有上百種。各種不同的心理疾病，也有不同的病因、症狀以及治療的方式。精神疾病診斷準則（DSM-IV）以五軸向來評估心理疾病：

㈠第一軸向臨床疾患，可能為臨床關注焦點的其他狀況手冊中的精神疾患的診斷都放在這個軸向。

㈡第二軸向人格疾患，智能不足比較因一個人發展上所出現的問題。

㈢第三軸向一般性醫學狀況，精神患者也可能有生理上的問題。

㈣第四軸向心理社會及環境問題診斷這個人的支持系統、經濟、教育、法律、職業或犯罪等問題。

㈤第五軸向功能整體評估從0～100分來評估，個人在自我、生活等整體功能。

根據DSM-IV分類表將心理疾病分為下列各類別：

㈠初診斷於嬰兒期、兒童期或青春期的疾患（智能不足、過動兒等）

㈡譫妄、痴呆、失憶性疾患及其他認知疾患（認知能力或記憶消失或退化）

㈢一種一般性醫學狀況造成的精神疾患（如由大腦受創所引起的）

㈣物質關聯疾患（酒精或藥物濫用等）

㈤精神分裂及其他精神性疾患（常有幻聽或幻視）

㈥情感性疾患（憂鬱症或躁鬱症情緒等）

㈦焦慮性疾患（恐懼症、懼曠症、社交恐懼症等）

㈧身體型疾患（身體經常感覺不舒服，但診斷不出身體疾病）

㈨人為疾患（故意製造或假裝造成的身體或心理的症狀）

㈩解離性疾患（多重人格、失憶等）

(十一)性疾患及性別認同疾患（性功能障礙、戀童癖或暴露狂等）

(十二)飲食性疾患（如心因性厭食症、暴食症等）

(十三)睡眠疾患（嗜睡症、夢遊等）

(十四)他處未分類之衝動控制疾患（竊盜癖、縱火狂、病態性賭博及拔毛癖等）

(十五)適應性疾患（受到壓力源所造成的無法適應等）

⑿人格疾患（反社會型、邊緣型、自戀型等人格）

以下將介紹常見的幾種心理疾病：

㈠失智症（dementia）

這類疾病可根據不同病因而分類，例如老年失智症、血管型失智症、愛滋病造成的失智症、頭部創傷造成的失智症、帕金森氏病造成的失智症等等。雖然類別很多，成因不盡相同，但其基本特徵皆相似。而在這當中，以老年失智症最常見。

老年失智症又名老年癡呆症或是阿茲海默症（Alzheimer's disease），是一種腦部疾病，會造成腦部神經細胞逐漸喪失。老年失智症通常發生於六十五歲以上的老人，有時在六十五歲以下也會發生。根據統計，女性比男性罹患者為多。這類疾病的表徵或症狀因人而異，特別是疾病剛開始發生時。記憶力逐漸喪失是首先最常被注意到的症狀，病人往往能記得很久以前的事，但是卻會忘記最近發生的事，像是無法記住人名、剛剛才交代的事一下就忘了、東西放錯位置、經常重複相同的話等。另外，此症也伴隨著一些行為改變，像是沮喪、睡眠中斷、無慮、攻擊性等，妄想也很常見，尤其是被迫害妄想。由於腦部神經細胞負責思考、記憶及行動，隨著病程演進，病人對於時間、空間的定向感會變差，情緒也變得較遲鈍及冷漠，人格最後也會改變，病人最終甚至連執行最基本的日常生活的能力都會喪失，像是刷牙、穿衣及洗澡等。

在治療上，不像其他一些疾病，老人失智症尚無法有效預防或治療。雖然已有一些治療藥物發展出來，其療效仍有限，無法完全治療。此外，透過一些心理治療的方式，亦可讓病人在行為方面得到一些改善。不論如何，這類病人最需要的還是家人的支持與陪伴。

㈡創傷後壓力症候群（PTSD）

歷經「白曉燕案」後，你是不是仍經常有夢魘的困擾呢？你是不是也擔心類似「林肯大郡」倒塌的事件降臨在你身上呢？「華航大園空難事件」現場的支離破碎是否引起你的緊張不安？921 大地震、美國 911 恐怖攻擊事件、南亞海嘯事件，很多人在經歷過這些重大的災

難或創傷後會有一些後遺症，而這些後遺症在民俗中常被認為是受到「驚嚇」，而訴諸於「收驚」等俗偏方，但效果往往不佳。

很多人在遭逢重大的變故之後，心理受到重創而形成「創傷後壓力症候群」（posttraumatic stress disorder，簡稱 PTSD），它發生的原因是個人親身經歷的事件（如戰爭、強暴、墜機、火災、身體虐待、目擊車禍發生等），也可能透過間接的經歷（如電視媒體的報導、報章、雜誌等）。這類疾病大約可分為兩種，其症狀在創傷後六個月內發生被認為是急性症狀；如果症狀超過六個月後才發生，則被認為是延宕症狀。

「創傷後壓力症候群」的症狀如下所述：(1)痛苦或害怕的經驗反覆在腦中呈現；(2)反覆夢見此創傷事件的發生；(3)彷彿常感受到此創傷經驗或事件又再度經歷；(4)當面對類似創傷事件的相關情境，會引起強烈的心理痛苦或生理反應；(5)個人會持續地避開與創傷有關聯的刺激，例如試著避開與意外事件有關的活動，或是把某些經驗的記憶封鎖起來；(6)個人可能有消沉、沮喪的感覺；(7)個人有持續提高警覺的狀態，諸如長期的緊張或暴躁。

當你或身邊周遭的人發生類似上述的症狀時，首先是詢問有關的醫療機構或諮詢中心；再者，當有緊急需要時，敬請快速就醫，以利日後的治療。目前處理「創傷後壓力症候群」的治療方式大致有「壓力免疫訓練」、「認知治療」、「行為治療」或「團體心理治療」等等的方式。

㈢人格違常疾患

人格特質是一個人在與環境互動過程當中，對環境所表現出持久穩定的想法與行為，而這些特徵顯現在廣泛不同的社會情境或人際互動中。當一個人的人格特質表現得過於僵化、不適應，而造成顯著的功能障礙或是此人主觀的不舒服時，便形成人格違常的現象。具人格違常的人，他的內在主觀經驗與模式，持久地違反生活中的社會文化的期許，所以他人有時往往可以發現此人有異常的行為表現，但是其嚴重度還不到疾病的程度，故過去學者多認為人格違常是介於正常人

與精神疾患之間的一種狀態。

　　以台灣目前使用的精神疾病診斷準則（DSM-IV）來看，人格違常可以分成三大類，共十種人格違常疾患。

　　第一類人格違常疾患表現出古怪的行為，如，妄想性人格違常、分裂性類人格違常、精神分裂性人格違常等。

　　第二類人格違常疾患表現出戲劇性、情緒化及反覆無常的行為，如，反社會人格違常、邊緣型人格違常、歇斯底里型人格違常與自戀型人格違常等。

　　第三類人格違常疾患則表現出無慮或害怕的情緒，如，逃避型人格違常、依賴型人格違常、強迫思想與強迫行為人格違常等。其中，反社會人格違常的人常常做出傷害他人、違反規定或法律的行為而較受到大眾注意。電影「致命吸引力」中的女主角則是有邊緣型人格違常傾向的人，不穩定的情緒以及不穩定的人際關係是這種人格違常疾患的特色。關於人格違常的成因的研究大多集中在反社會人格違常上，目前認為遺傳、中樞神經系統的異常、家庭教養幼兒過程的問題（缺乏親情、成人不當示範等）以及學習歷程的異常是主要原因。

㈣解離症

　　解離症，對國人來說或許是較為陌生的精神疾病之一。一般來說，解離症的發生率也較其他疾病來得低，國外的流行率約 0.01%。雖然如此，在報章雜誌、電影等媒體上，以這類疾病為主的題材卻是常見的，或許是源自這類精神疾病的戲劇性較強。解離症包括解離性失憶症、解離性迷遊症、多重人格違常及自我感消失症等等。而以多重人格違常來說，是指一個人同時擁有不同的人格，而這些人格會在不同的時間表現出來；在臨床上的確是有符合這些描述的案主。在定義上，依據美國精神醫學會編制的手冊，解離症界定為個人的意識、記憶、身分，或對環境知覺的正常整合功能遭到破壞，因而對生活造成困擾，而這些症狀卻又無法以生理的因素來說明。簡單地說，解離性失憶症便是記憶不連貫，有暫時性失憶的現象。多重人格便是人格不連貫，不像一般人通常能跨情境、跨時間地表現完整的人格。有時

可能會分不清夢境與現實，有時會自己跟自己講話，有時會覺得自己好像不能控制自己的舉動。所以，與解離症者的差別只在這些經驗的多寡與嚴重程度。在台灣，我們可以從民間的信仰習俗觀察到某些類似的情況。例如乩童附身，在附身當下，其本身的人格似乎暫時被取代；而近年來的醫療資料也指出，為數不少的精神病患有靈魂附身的現象。這種與民俗文化相關的現象，在一九八○年後已被視為較明確的醫學概念，而列入診斷系統中。不過，當以現代西方解離症概念來面對這類傳統現象時，我們最好仍是持保留態度為宜。總之，解離症的成因與治療仍是個尚待進一步釐清的議題，也是精神醫學中值得深入探索的領域。

㈤認識畏懼症

猶記得自己小時候一聽到雷聲，就嚇得趕緊躲入母親的懷抱；也曾回想起與朋友攀爬山岩向下望時，全身發抖不敢再向上爬的情景。「害怕」似乎是種生物與生俱來的反應，它可以使生物們迴避危險的情境或做些防備措施，也可以召喚可能的保護，如：母親或友伴的到來，有時更可以使自己產生莫大的力量來處理危險。因此，我們都會有害怕的時候。

然而，有些人的害怕卻持續困擾著他，並且影響他的日常生活，臨床上對這些不適當的恐懼及該恐懼所衍生的焦慮感，便用「畏懼症」（phobia）來加以標明。

所謂不適當的恐懼是指：(1)面對外界某特定物體或情境（如：處於高處、動物、公共場合、社交場合等）的出現或預期出現時，產生過度不合理的顯著、持續害怕感。而這些物體或現象並不對他具危險性，也不會因他人反覆告知不具危險性而減少害怕程度。(2)對於所害怕的情境無法忍受而逃避，或是以強烈的焦慮及痛苦待在該情境。(3)能清楚知道自己的害怕是過度且不合理的。(4)這種持續的害怕、逃避或衍生的痛苦，嚴重干擾正常的正規生活。如：一個怕看到血的人，若其工作或生活不會常接觸到與血有關的事件，於是這樣的害怕便較不會干擾其生活而帶來苦惱，因此，就不屬於不適當的恐懼。

當發現這類不適當的恐懼時，可尋求合格的精神科醫師或心理師的專業協助。目前，在一些藥物及心理學方法的幫助下，對於畏懼症具有不錯的療效。

㈥飲食性疾患（eating disorder）

為了維持個人身體活動所需的能量，我們必須靠「進食」來攝取足夠的養分，然而「進食」對多數的人而言，看起來似乎是稀鬆平常的事，但有些人卻被「吃」這樣的飲食行為困擾不已，甚至因而危及性命。而且，目前坊間美體塑身的廣告大行其道，很多人對「體態」的看法已產生了偏差，故以下所要介紹的就是兩種與飲食行為有關的精神疾病：

1. 心因性厭食症（Anorexia Nervosa）

主要是由於個人拒絕維持該有之體重的最低水準，而且強烈的害怕增加體重，同時亦對個人應有之體重、體型、體態有扭曲的看法。心因性厭食症的患者除了有明顯心理的困擾外（如焦慮、憂鬱等），更令人憂心的是生理層面的問題，因為「進食」對此病症的患者而言，是件相當痛苦的事，因此他們通常會拒絕吃任何東西，嚴重影響到個人身體的新陳代謝，且易於引發其他生理上之病痛，更甚至會導致個人死亡，須盡速向醫院精神科尋求協助或治療。

2. 心因性暴食症（Anorexia Bulimia）

另有一些人，他們會無法控制地、定期地（約每週二次）暴飲暴食，感覺好像沒有辦法停止「吃」的動作，一直吃到自己受不了為止。這些人通常體態適中，但很強烈地擔心自己的體重上升，而且對於自我的評價相當受其身材所影響，因此往往在大量進食之後，會有羞愧、罪惡的感覺，並且會以催吐、灌腸、使用瀉藥或絕食等方式來避免體重上升。

暴食症多數發生在二十幾歲，主要是起源於心理困擾，然後再演變為過度重視食物的攝取和身材的比例。愈來愈多女性在追求苗條身材、承受較大壓力的情形下，其發生率顯著的上升。

以上這兩種飲食疾患的患者，在心理上其實有許多相同的特質，

例如具有完美主義的傾向，而以一「過度理想」的體重為追求的目標。持續的厭食或暴食，不僅存在著心理上的困擾，更會嚴重影響身體健康，導致貧血、脫水、月經停止、腸胃功能障礙、心臟血管病變等問題，所以千萬不可忽視，應及時發現以尋求專業上的協助。

(七)藥物成癮的心理機制

以心理學的角度來看，藥物成癮主要導因於「制約學習」的結果。藥物濫用一直是當今社會中嚴重的問題。毒品進入體內將直接作用於大腦中的某些神經細胞，若作用於「酬賞中樞」便產生欣快感；作用於「睡眠中樞」引起亢奮與失眠；作用於自主神經系統則引起心跳、血壓的改變。這些改變是毒品產生的反身性反應。

(八)認識憂鬱症

憂鬱症，是「一種陰霾般的低潮情緒籠罩的心理疾病，宛如織網般地難以揮去，而不是一種短暫可消失的情緒低沉」。人是情感的動物，心情自有起伏，因此難免有低落、消沉、沮喪的時候；在每個人一生中或多或少都會碰到極大的挫折與壓力，或因人際因素（特別是情感事件）、家庭的因素、經濟上的因素、工作或學業的困擾等諸多壓力事件，情緒無法獲得有效的抒解，周而復始一再累積，很快就會產生「憂鬱」情緒。大部分人情緒低落一陣子後，可以再開朗起來，但少數人因為遺傳因子或個性（包括不適當的想法）使然，再加上壓力的累積（日常生活瑣事所造成的壓力累積或遭逢特別大的壓力事件），而又缺乏適當的情緒調節與良好的社會支持，會將情緒狀態延伸為一種病態，以至於心情與行為都受到影響，於是產生無法脫離的低落情緒；嚴重者甚至以自殺結束寶貴的生命。

憂鬱症的症狀是多樣化的，病患的感受及症狀的描述亦隨著憂鬱症的輕重程度、病程與年齡等因素而不同。以下是一些常見的症狀：

1. 生理方面症狀

胃口變差、食慾減退或增加、體重明顯減輕或增加、失眠或嗜睡、幾乎整天都極度疲勞或缺乏能量、精神或動作反應激動或遲滯、性慾降低、頭痛、頭昏、眼睛疲勞、眼睛酸痛、口渴、頸部酸痛、胸

悶、呼吸不暢、胸痛、腹脹、頻尿、身體酸痛、腰酸痛、盜汗與便秘感或一天數次大便等。

2.心理方面症狀

憂鬱、心情沮喪或掉到谷底、無望、易流淚、悲傷、激動易怒、害怕與恐懼、寂寞、無聊、感情淡薄、對自己不滿意、滿足感減少、興趣明顯減退、失去幽默感、低估自己能力、悲觀、自我譴責（常感到罪惡感或無價值感）、低自尊、容易感到挫折、社交退縮、時常健忘、思考、注意、決斷力減退或猶豫不決、意志喪失、作業效率或生產力皆減少、自殺意念及行為、胸部沉重苦悶與強迫回想舊事等。

3.下列行為改變可能是孩童與青少年常見的症狀

功課突然退步、突然開始坐立不安、身體動作突然變慢、講話音調變單調或變得沉默不語、無法解釋地情緒激躁、無法解釋地常常哭泣、常常顯得很害怕或緊張、突然變得有攻擊性、有反社會行為、開始使用酒精或其他成癮物質、不停地抱怨身體某部位疼痛不適，卻又找不到病因。

4.嚴重的憂鬱症患者則會伴隨以下妄想

無用妄想、罪惡妄想、懲罰妄想、疾病妄想、貧窮妄想、幻聽等症狀，常易使醫師誤診為精神分裂症。

憂鬱症的症狀中，最主要的症狀是憂鬱情緒；然而，憂傷情緒的表達可能不被容許，進而被壓抑下來或加以否認，導致不容易被他人覺察到。所以，憂鬱的人其症狀的表現常常不是以憂傷情緒為主，反倒可能只是抱怨有很多身體症狀（如：身體酸痛），而不提及憂傷的感受。有時，可能很容易大發脾氣，以持續的憤怒或與人爭吵等來表現內在的憂鬱情緒症狀。不過，憂鬱情緒通常可經由進一步的晤談而引出。此外，由憂鬱者的面部表情（如：嘴角下垂、沒有笑容或笑得很勉強）及行為舉止（如：無法安靜坐著、踏步、絞扭雙手；語言、思考及身體動作變緩慢；語言的音量、抑揚起伏、話量、內容多變性等皆減少，甚至緘默不語），仍可推斷他們正有憂鬱心情。因此，若您發現周遭的人有某些不對勁的表現，可能要特別注意他的一舉一

動，或與他建立良好的溝通管道，誘導他去多談一談自己的困擾，並且給予適當的社會支持，或幫助他尋找適當的求助管道。

另外一個主要症狀是失去興趣，患者或許會說出類似於「對原來嗜好的興趣減退」、「再也提不起勁」、「對以往的娛樂不再感覺愉快」、「什麼都不想做」的話。家人通常可觀察到社會退縮的表現或放棄消遣活動。某些憂鬱者對性的興趣或慾求明顯減少。

其他症狀包括睡眠問題（失眠或嗜睡）、失去活力或極度疲勞，對自己的價值持有不實際的負面評價（如：認為自己一無是處），對於過去小小的失敗有罪惡感或一再回想（如：對於丟掉一把便宜的傘就一直自責）、抱怨自己容易分心、記憶困難或健忘，從事需智力配合的學業或職業時經常表現不如往常，或者抱怨以前所學之事或技巧已經用不出來了，甚至擔心智力退化。在兒童青少年，學業成績急轉直下。在老年人，可能主要抱怨是記憶困難，有時可能被誤認為是癡呆的早期徵兆。如果這些憂鬱者的重鬱發作被成功地治療，那麼記憶通常可完全恢復。

憂鬱者也常有死亡想法、自殺意念或自殺企圖。這些想法的範圍由相信自己死去會對他人比較好，到短暫但重複出現的自殺意念，以至於實際而特定的自殺計畫。自殺動機可包含：面臨自覺無法克服的人生障礙時意圖放棄一切，或強烈希求終止自認為永無止境的痛苦。想要自殺的人通常都會發出求救訊號，根據臨床經驗，自殺企圖比較弱的人，發出的求救訊號較容易辨識且較為強烈，且較不會去嘗試或者較不易自殺成功；而自殺企圖很強烈的人，通常所發出的求救訊號極其微弱，很難辨識，甚至自殺意圖的產生與自殺行動出現的時間間隔會縮短。對於後者，自殺危機的辨識與處理較為困難且要謹慎小心，最好能夠求助於專業人員。自殺獲救者，通常會很後悔自殺，因為自殺是很痛苦的，而且自殺未成功，可能會有後遺症。而且自殺通常是一閃而逝的衝動，停下來稍微想一下，為什麼要自殺，或許念頭就打消了。

經由仔細的觀察，通常都可以經由患者的症狀表現來判斷是不是

可能有憂鬱症。一旦懷疑有此可能性，就需要尋求專業的診斷與治療。

◎憂鬱症的治療

憂鬱症是一種很容易治療的疾病，幾乎80%的憂鬱症患者經過妥當的治療後，都可以恢復正常、快樂的生活。以下是常用的治療方法：

• 藥物治療

用來改變腦部神經化學物質的不平衡，包括憂鬱劑、鎮靜劑、安眠藥、抗精神病藥物。藥物方面的治療，需要求助於精神專科醫師。

• 心理治療

主要用以改變不適當的認知或思考習慣、行為習慣。比較能夠根本地解決問題。心理方面的治療，需求助於專業心理治療人員（包括醫療機構的臨床心理師、臨床心理學的博士或私人機構的專業心理治療人員）；若問題較為輕微，可由生命線或張老師等輔導機構得到幫助。

• 陽光及運動

多接受陽光與運動，對於憂鬱症病人的效果不錯；多活動活動身體，可使心情得到意想不到的放鬆作用；陽光的紫外線可或多或少改善一個人的心情。

• 好的生活習慣

規律與安定的生活是憂鬱症患者最需要的，早睡早起，保持身心愉快，不要陷入自設想像的心理漩渦中。人生苦短，不論貧賤富貴都是短短數十寒暑，何不以愉悅的心情面對每一天，對凡事都抱著積極樂觀的態度，期以增加個人生命的彩度與亮度。

◎憂鬱後果評估及預後狀況

憂鬱症帶來的功能損害程度並不一致，但即使在輕微的患者身上，也會造成臨床上重大痛苦，或在社會、職業或其他重要領域造成一些損害。若損害程度嚴重，此人可能無法表現社交職業能力。極嚴重的患者可能無法執行最基本的自我照顧（如：自己進食或穿衣）或維持最起碼的個人衛生。憂鬱症對個人最可怕的後果是「自殺」。根據統計，三分之二的憂鬱症患者有自殺的意念，而大約10%的憂鬱症

病患會自殺。重鬱病伴隨著高死亡率，嚴重程度重度的重鬱病患者有高達 15%死於自殺。

重鬱發作會完全康復（約占三分之二的患者），或僅部分康復或完全不康復（約占三分之一的患者）。就僅部分緩解的患者而言，發生另外一次重鬱發作及日後幾次發作之間仍為部分恢復的可能性較大。許多人在單次重鬱發作初發之前，已先有低落性情感疾患。有些證據顯示，這些人可能會有更多重鬱發作，幾次發作之間也恢復不良，並且需要更多急性期治療與長時期維持性治療，才能維持較持久的心情平穩狀態。

憂鬱症的演變通常是由輕度演變為重度，如果在輕度憂鬱的時候，可及早發現與及早治療，預後通常會比較好，且治療時間可縮短。因此，筆者在此鼓勵大家多仔細觀察與主動關心周圍的人！

(九)認識精神分裂病

精神分裂病是一種嚴重的精神疾病。一般來說，十五到二十歲是最常發病的年齡，主要的症狀包括思考、知覺、情感、行為等多方面的廣泛障礙。在發病之初，病人可能出現成績或工作表現一落千丈、社交退縮、個人衛生習慣不良等前兆，稱為「潛伏期」。在潛伏期階段，若未予以適當的處置，病情便會更加惡化，而衍生出幻覺（看到或聽到一些不存在的刺激）、妄想（腦海中堅信一個不合理、脫離現實的信念）、語無倫次、行為怪異等症狀，此時就稱為「活躍期」。許多家屬因為缺乏對精神分裂病的認識，往往錯過了「潛伏期」的警訊，而一旦到了「活躍期」時，病人多半已處在嚴重的發病狀態了。

由於精神分裂病的症狀相當特異且戲劇化，所以早期常被認為是「中邪」或「妖怪附身」，或被冠上「瘋子」的稱號。時至今日，經過精神醫學的不斷研究，已指出精神分裂病也是疾病的一種，有其腦結構或生物化學的病因，更可能有其遺傳基礎，可透過適當的藥物來加以治療。若病人與家屬皆能配合醫囑，用心投入治療計畫，病人對疾病與環境的適應能力應能慢慢好轉。

身為精神分裂病患者的家屬，在照顧病人時，有下列幾點必須注

意。

1. 一有前兆，馬上治療

精神分裂病的患者在發病或復發初期，常有許多前兆顯現在日常生活中，這些前兆在前面已有提及；身為家屬，應提高警覺，一發現徵兆，立即送醫治療，以免錯過治療時機。

2. 配合醫囑，充分溝通

目前對精神分裂的治療，已發展出許多有效的抗精神病劑。為防止症狀再度惡化，許多病患必須長期服藥。然而，許多精神分裂病患者常會拒絕吃藥，究其原因，可能有下列幾點。第一，許多藥物可能會產生副作用（如眼球上吊、流口水、肌肉僵硬、顫抖等）；第二，每天服藥太麻煩；第三，吃藥象徵病人的角色。這些原因並非無法解決。針對第一點，家屬可協同病人向醫生反映副作用的問題，一起討論是否換藥或是否加開解藥之問題，目前精神科有許多解藥可用來處理副作用之問題，以減緩病人因服藥所造成的不適。針對第二點，通常必須每天服用的是口服藥，若對病人不太方便，可建議醫師改用長效針劑，每隔幾週施打一次，便可同樣達到治療效果。針對第三點，家屬可向病人解釋：「精神分裂病是一種疾病，就像心臟病、高血壓或糖尿病一樣，患者必須按時服藥才能維持身體健康；同理，精神分裂病的患者也必須按時服藥，才能維持心理健康。」這種類比的建議方式，通常對病人很有說服力。

3. 疏通情緒，提供支持力量

精神分裂病患者的挫折因應能力通常較正常人差，因此在面對較大的生活壓力時，便可能造成惡化，因而不能承擔太大的工作任務。正因如此，許多精神分裂病患者對自己缺乏自信，認為自己沒有價值，對家人不僅沒有貢獻反而拖累家人。另有許多病患生活懶散，鎮日在家中閒晃睡覺，過著離群索居的生活。還有些病患害怕面對世人的眼光，而不敢重新面對社會。更有些病患期望自己的心智功能能夠回復到病前水準，結果發現事與願違，而造成更大的挫折感。

針對這些心理問題，家屬在一開始時，應盡量減少病人的心理負

擔，同時也不要對病人有太高的期望；隨著病人功能的慢慢好轉，家屬才漸漸提高期望。倘若病人不斷比較自己在病前與病後功能之差異，而心生挫折，家屬可鼓勵病人改變比較基準，比較剛發病時和目前康復狀況的差異，以營造進步的感覺。其次，病人的病況好轉，不見得代表病人的症狀完全消失，倘若病人有殘存的症狀出現，家屬不宜大加指責，而應以較寬容的態度來接納病人的病情。此處的接納，並不代表縱容。為了鼓勵病人表現出較多的適應性行為，並減少不適應性行為，家屬可與病人共同訂立行為約定，規範哪些行為是「適應性行為」（如與人互動、協助家務等），可加以鼓勵，哪些行為是「不適應行為」（如隨意大小便、喧鬧、亂打電話騷擾別人等），應加以警惕。再者，為鼓勵病人循序漸進地進入社會，以減少心理障礙，家屬可以讓病人在謀職之前，先經歷醫療機構的日間留院醫房、社區復健中心或私人復健機構，待適應之後，再投入職場與社會環境中。家屬也可以將家中許多壓力較小的家事（如掃地、清洗廁所等），委由病患處理，讓病患自覺對家裡有貢獻，以提升其自信心與自我效能感。

最後，精神分裂病患的安置與復健，應由醫療人員、家屬與病人三者合作完成，缺一不可。另外，家屬在照顧病患的過程中，勢必嘗盡各種艱辛的滋味；許多家屬奮不顧身地照料病患，卻沒想到自己也需要得到支持與肯定。倘若家屬在照顧病人的過程中，遇到任何困難或挫折，可隨時向醫院的精神科醫師、社工師或心理師尋求專業或情緒上的支持與援助。家屬也可以透過醫院所舉辦的家屬座談會來認識其他家屬，互相支持鼓勵，形成穩固的社會資源網路。畢竟，一個人要先把自己照顧好，才有餘力再去照顧別人。

㈩身體形式症（somatoform disorders）

身體形式症就是一種以身體形式呈現心理問題的病症。有的人將它翻譯為擬身體障礙，因為其症狀很類似身體疾病；有的人則譯為身體型疾患，因為它會令人聯想到某種醫學上的疾病。不管將它翻成什麼，這種病症最重要的特性在於：(1)它不是生物醫學、藥物使用或其

他精神病症所能解釋的；(2)個人感到痛苦，社會、人際、職業等功能受到影響；(3)非人為因素刻意呈現的。這些病症在一般醫療場所時常見到，以下便將此種疾患所包括的八種類型一一解說。

1. 身體化症（somatization disorder）

身體化症的基本特質是長時期、多重部位的身體不適，在三十歲前即開始出現許多身體抱怨，包括頭、腹、背、胸、四肢、關節或直腸等部位疼痛，或月經、性交或排尿等功能的疼痛；噁心、脹氣等胃腸道症狀；月事不順、經血過多或勃起、射精有困難等問題；以及身體平衡困難、麻痺、吞嚥困難、失聲或幻覺等類似神經學的症狀。這些症狀造成患者社會、人際或職業上的損害，且目前西醫體系無法解釋此症之原因，只能從流行病學上得知女性發病率高於男性，且遺傳、環境因素也有影響。在診斷上，需排除患者偽裝的可能。在治療上，除抗焦慮劑、抗憂鬱劑等藥物治療外，心理治療也會有所幫助。

2. 未分化身體形式症（undifferentiated somatoform disorder）

未分化身體形式症的基本特質是超過六個月以上的身體不適，與身體有關的諸多抱怨，如疲累、胃口差，或消化、生殖、泌尿系統的問題。這些問題並非生物醫學或其他精神疾病所能解釋的，且症狀造成病人重大痛苦，影響社會、職業功能；另外，也須排除患者刻意假造的可能性。未分化身體形式症屬於一種殘餘診斷，意謂目前以身體形式呈現的問題，尚未分化成或未能診斷為確切的病症，一般而言，病程後期會被診斷為生理疾病或精神疾病。這種病症常發生在社會經濟階層低的年輕女性，華人文化中的「神經衰弱」與未分化身體形式症非常類似。由於病程多長期、慢性，藥物的幫助比較有限。

3. 轉化症（conversion disorder）

轉化症是一種生物醫學所無法解釋的官能問題。患者通常先有人際衝突或其他壓力源，而後發生運動與感覺功能有關的假性神經學症狀，例如：麻痺、失聲、目盲、耳聾，或類似癲癇發作等問題。臨床現象發現：患者對醫學愈無知，表現出的問題愈不像真的神經學症狀；故本症應先排除人為假造的可能性，同時，也必須確實檢查排除

可能的神經學病因，以免誤診。此症病人通常對症狀並不關心，女性、低社經階層及開發中的國家較常見。另外，需考慮到某些文化社會下類似轉化症的特殊情形，如宗教儀式作用下的麻痺、無知覺等官能失常。唯有造成患者重大痛苦、失能或社會功能損害時，方做此診斷。早年曾有精神醫學專家以催眠方式治療，期望能宣洩患者的內在心理衝突。自佛洛依德起，改採心理分析之自由聯想、夢的解析等技術。現今西醫則加強神經檢測，致力於找尋生理方面的病因。

4.疼痛症（pain disorder）

疼痛症的基本特質就是「痛」，痛得無法正常工作、生活等。若疼痛來源是身體疾病且疼痛嚴重度與持續度並不誇張，則這樣的疼痛不屬於這裡所說的疼痛症；換句話說，屬於精神疾病的疼痛症是由心理因素所產生，且非刻意假裝的。疼痛症常伴隨的問題有：無法上班上學、經常就診、大量使用藥物、失眠，以及家庭、人際關係不良等。慢性疼痛（長於六個月）常與憂鬱症相關；急性疼痛（短於六個月）則常與焦慮症相關。目前治療上的策略有：藥物抑制、疼痛管理方法。

5.慮病症（hypochondriasis）

慮病症的基本特質是專注於害怕已罹患或正罹患某重大疾症的想法，這種想法常因錯誤解釋自己的身體狀況而引起，即使醫師一再保證，患者仍擔心不已，雖然病人也承認有可能是自己誇張了患病的想法，但他們無法克制這種憂鬱。此症患者對自己身體變化、他人生病訊息以及與疾病有關的資訊都非常敏感，過分擔心使自己的工作與人際受到影響。患者經常四處就診，深怕醫師忽略了某項重要檢查，醫病關係也因此更為緊張。慮病症常見的初發時期是成年早期，症狀起起落落，有慢性化的傾向，甚至呈現出擔心患病的人格特質。目前醫療上的處置為：排除生理問題的可能性，加強無患病可能的保證，勸說患者將注意力分散在身體以外的活動。

6.身體變形症（body dysmorphic disorder）

身體變形的基本特質是患者會專注於身體外觀有缺陷的想法，此

專注念頭造成重大痛苦或損害職業、社會人際等日常功能。常見的抱怨是有關面部或頭部想像的或實際上輕微的缺陷，例如頭髮稀疏、面皰、皺紋、疤痕、面色、腫脹、面部不對稱等問題。其他身體方面如鼻子、眼睛、眼瞼、口、齒、唇、四肢、乳房、生殖器、臀部等，都可能被病人視為嚴重的缺陷。多數患者成天攬鏡自憐，並盡其所能修飾自認缺陷的部位。有些患者刻意避開平日活動以免他人見到缺陷部位，有些一再住院修改器官外貌，有些深受困擾企圖自殺。可能伴隨的問題有：憂鬱症、妄想症、社交恐懼症與強迫症。值得注意的是，整個社會若強調身體外貌的重要性，會影響或加重患者對身體缺陷的憂慮程度。目前醫療上的處置有：實施整形手術或採心理治療。與病患探究其所認為的身體缺陷，減低痛苦的感受。

7. 其他未註明之身體形式症（somatoform disorder not otherwise specified）

具有身體形式的症狀，但不符合以上任一診斷準則者，則屬於這項診斷分類。實例包括：(1)假孕症：相信自己懷孕，且生理方面的現象，如月經量減少、乳房脹痛等，也顯示好似真的有懷孕的樣子；(2)總時期少於六個月的慮病症狀；(3)總時期少於六個月且原因不明的身體抱怨問題，如疲累、身體衰弱等。在這方面可參考ICD-10（WHO）的分類系統。

8. 戀物症（fetishism）

戀物症是性偏差（paraphilia）的其中一種形式，性偏差俗稱性變態，所指的是一種持續的行為模式，個人必須透過不尋常的人、物件、儀式或情境才能達到充分的性滿足。在精神醫學的診斷系統中，粗略將之分成三大類：

(1)性傾向的偏好是非人類的物件。包括：戀物症、扮異性戀物症（transvestic fetishism）等。

(2)指重複地以折磨或屈辱的方式，與人進行模擬或真實的性活動。包括：性虐待狂（sadism）與性被虐待狂（masochism）等。

(3)指重複地與不同類別的伴侶進行性活動。包括：暴露狂（voy-eurism）、觸磨癖（frotteurism）、窺淫癖（exhibitionism）及戀童症（pedophilia）等。

　　戀物症的主要特徵是患者必須一再地使用非人類的物件來達成性幻想與性興奮。所使用的物件主要有女性內衣褲、絲襪、皮衣、高跟鞋以及女性身體的某部分（例如：頭髮、手部）等，物件的觸感與味道是相當的特性，它會影響患者的使用意願，例如穿著過的女性內衣褲所殘留的味道。性活動時物件使用的方式，包括吻、摸、舔、自己穿著或要求性伴侶穿著等，且患者通常會同時利用這些物件來進行手淫。物件獲得的方式通常是買或偷，有時候偷竊的犯罪行為會反客為主，亦即偷竊行為的興奮與緊張，會增加性刺激，所偷的物件反而變得不是那麼重要。

　　戀物症患者大部分均為男性，雖然有女性患者的病例報告，但幾乎微乎其微，而實際的流行率並不清楚，而且患者同時具有兩種以上性偏差的現象非常普遍。病症的開始通常是在青少年時期，臨床上則以四十至五十歲的中年男性是主要的族群。在疾病發生後，病程通常會逐漸慢性化且持續很長的一段時間，但當有滿意的異性關係或婚姻時，病症會逐漸消褪；但如果患者是單身且無性伴侶時，他的預後通常最為糟糕。

　　對戀物症患者做診斷、治療時，通常需要多方面了解，包括：(1)詳細的性活動歷史；(2)對性行為與性活動的態度；(3)性知識；(4)患者人際社交技巧與自我肯定行為；(5)酒精與藥物的使用情形。而關於戀物症的起因與治療方式，現在尚未有完備的概念理論可說明，但主要的觀點有下列三種：

　　(1)**生物觀點**：一些研究發現戀物症患者大腦側葉的功能（temporal lobe dysfunction）或男性激素（androgen）存在異常的現象，但尚未被確切的證實。依據此觀點所採用的治療方式，包括手術與藥物的閹割治療。手術閹割有違人道的考量，因而較少使用；而藥物治療則因有副作用（例如：體重上升與懶散

沒精力等），且一旦停藥後，又會恢復原先的行為型態，所以治療上也有其限制。

(2)**學習觀點**：戀物症患者幾乎都曾經歷一項古典制約的連結學習，通常發生在青少年時期，一邊手淫一邊性幻想的時候。研究也發現經由連結學習實驗的操弄，一般人可對某些中性物件產生性興奮的反應。而且經由性幻想與手淫後帶來的愉悅感受，更加強化了戀物的行為型態。治療上使用認知行為治療的不同技術，包括嫌惡治療、認知重建以及性知識的教育等，均可達到學習控制戀物行為，並減低其發生頻率的治療效果。

(3)**心理分析觀點**：此觀點認為兒童早期的創傷經驗，與伊底帕斯衝突情結下的閹割焦慮是造成戀物症的主因。使用心理分析的治療，方法上主要是解決兒童早期的衝突與創傷經驗，一旦內心的焦慮消減後，則不適當的性偏差行為就會逐漸消褪。雖然曾有治療成功的案例報告，但它通常不是優先考慮的治療方式。

戀物症患者的性格特徵通常是內向、害羞、具輕度的焦慮與憂鬱，臨床上的經驗發現，戀物的性活動型態與心理社會壓力有密切相關，顯示其背後隱含更嚴重的不適應行為問題，可能涉及個人對自己男性氣概和性能力的懷疑，人際上害怕遭到拒絕與羞辱。因此，透過操控沒有生命的物件，一方面減緩壓力造成的張力以及滿足性需求；另一方面，藉以保護自己免於受創傷。

三、結語

我們要特別聲明的一點是，如果您不是精神醫學或臨床心理學的專業人士，請不要對自己或他人的狀況妄下判斷，如果您覺得需要協助，請至相關醫療機構求助。心理治療是一種專業助人的方法，用來處理心理疾病患者認知、情緒或行為方面之問題，在處理過程中，由受過專業訓練之治療師與患者建立專業行為，運用其所學之專業方

法，消除患者現存之症狀，修正其困擾之行為，並促成其人格之積極成長與發展。輔導、諮商與心理治療基本上皆為助人之專業，有些學者認為三者在廣度、深度及方向上有重疊與涵蓋等之不同。

肆、中途輟學問題探討

一、中途輟學的定義

　　教育部（1999）修訂的國民中小學中途輟學學生通報及復學輔導辦法，界定中途輟學為「未經請假、未到學校上課達三天以上之學生，未請假的學生包括學期開學未到校註冊，或轉學時未向轉入學校報到者」。

二、中途輟學與復學的概況

㈠中途輟學總人數及輟學率

　　依教育部訓育委員會公布的統計資料，一九九九到二○○一年台灣地區中途輟學人數及輟學率：

表 4.3

學年度	88	89	90
中輟學生數	5638	8666	9464
在學學生人數	2884388	2855515	2849769
輟學率	0.20%	0.30%	0.33%

　　輟學率有逐年增加的趨勢。

㈡中途輟學復學率

　　依教育部訓育委員會公布的統計資料，一九九五到二○○一年台灣地區國中中輟復學率：

表 4.4

學年度	84	85	86	87	88	89	90
中輟學生數	9896	10112	8984	8368	5638	8666	9464
復學數	2305	3191	2878	4710	3469	6401	6245
復學率（%）	23.29	31.51	32.03	56.29	61.53	73.86	66.08

復學率有逐年攀升的趨勢，維持六、七成。

三、中途輟學的形成因素

㈠個人因素

根據教育部的中輟生通報系統，中輟生中輟的因素在「個人因素」方面，包括：

1. 成就低落：如學習過程所產生的挫折多，成就感低落，使其自信心不足、自卑感重、自我效能低落，而使學習意願更低，或對課業沒有興趣。多數研究指出，具有較低自我概念或低自尊（低自我肯定）者，容易因自暴自棄而輟學。

2. 缺乏學習動機：如認為工作比念書更有前途、已找到適合的工作、覺得學歷沒用。

3. 意外傷害或重大疾病、智能不足、精神異常、身體殘障等：身心方面的缺陷，無法適應團體生活或接受正常的教育，使求學或學習的障礙較一般人高，容易挫折而使學習意願低。

4. 其他：包括濫用藥物、未婚懷孕、少數族群、性別等。

依教育部訓育委員會公布的統計資料，一九九九到二○○一年原住民家庭輟學人數及輟學率：

表 4.5

學年度	88	89	90
中輟人數	564	887	984
輟學率	10.00%	10.24%	10.40%

從八十八年至九十學年度，原住民中輟生人數占總中輟學生數的10%以上，可見少數族群的確影響個人的中輟行為。

依教育部訓育委員會公布的統計資料，一九九九到二○○一年國中小男女學生占總中輟學生比例表：

表 4.6

學年度　性別	88		89		90	
	人數	百分比	人數	百分比	人數	百分比
男生	3356	59.5	4754	54.9	5043	53.3
女生	2282	40.5	3912	45.1	4421	46.7

男生的中輟率比女生高10%，可見性別的確影響個人的中輟行為。

(二)家庭因素

1. 家庭社經地位低落
   (1)父母本身的教育程度通常較低，因此能提供孩子的學習刺激、學習機會或課業支持，相較於中產階級的家庭也較少，所以有時孩子的起點行為較差，或進入學校後學習落差愈來愈大；父母對孩子的教育期望較低，也會影響孩子對自我的期望不高，對自己的抱負或目標較低。
   (2)父母的管教、價值觀、待人態度、信念與中產階級的教師不一致或教導不同時，會造成孩子的混淆，讓孩子產生無助感、低自尊，對自己缺乏信心，在學校的表現自然就不好。
   (3)家庭經濟不佳，可能需要孩子中輟去打工賺錢，或需要在家照顧家人。
2. 父母的管教態度或方式不當、家庭衝突多，或家庭不溫暖等，都可能產生家庭氣氛不和諧，而影響孩子的情緒，使孩子疏離或逃避家庭，與家人關係較不親密。
3. 破碎家庭
就社會控制的觀點而言，雙親對孩子的社會控制應優於單親或失

親的狀況，間接減少偏差行為的發生。黃迺毓（1998）研究指出，有近四成的中輟生是沒有健全完整的家庭結構生活，其共同生活對象有8.2%是與祖父母同住，18.6%是與父或母同住，與朋友同住或單獨租屋者亦高達 12.3%。在此情況下，家庭的社會化和控制功能也相對的減弱。

依教育部訓育委員會公布的統計資料，一九九九到二〇〇一年單親家庭輟學人數及輟學率：

表 4.7

學年度	88	89	90
中輟人數	1762	2980	3745
輟學率	31.25%	34.89%	39.57%

單親家庭輟學率有逐年升高的趨勢，顯示單親家庭的增加及不穩定性，使其子女有較高的輟學傾向。青少年輔導中心接受的輔導學員中，約有八成出自單親家庭，除少數幾個是來自喪偶家庭外，其餘均為父母離異，他們的偏差行為都和單親家長無力管教有關。一些研究資料也顯示出，現今父母親相當欠缺親子教育能力，與子女的溝通經常出問題，導致家庭關係瀕臨破裂。可見單親家庭的家長與其子女要如何教育和輔導，應是各級學校與教育研究機構必須認真加以研討、重視的課題。

㈢**學校因素**

1. 學校的教材內容、教法與評量方式未能顧及個別差異，缺乏適當課程與有效的教學策略。
2. 學生對於學校課程不感興趣，不清楚自己在學校所學的與未來生活中的關聯性是什麼，因而會覺得在學校的學習是沒有意義的。
3. 學校管教、獎懲方式不當。一般學校只會獎勵那些在學校表現不錯的學生，或想要升學的學生，所以來自低成就的孩子就會

覺得學校不公平,因而他們容易疏離學校,轉而尋求同儕的認同,或可以包容他們的外在環境。

4. 師生關係不佳,被老師處罰、打罵,而對學校沒有安全感,另外來自低社經地位家庭的孩子,可能因起點行為較中產階級小孩不足,其學習挫折較多,在學校的表現也較少獲得稱讚或回饋,或是因為老師通常都是中產階級,較難理解或接受低社經背景學生的問題、價值觀或期望目標,因此也容易產生偏見或偏心,使得低社經的孩子更受不到關注,其挫折感更重,與學校的關係也更疏離。

5. 與同學關係不佳(如受同學脅迫、欺負……),缺少同儕支持,感受到在學校不受歡迎。

6. 學生與學校的依附性愈弱時,學生不僅不願意接受學校規範信念,更無法內化老師的教誨,發展出尊重權威與他人的行為,將容易導致偏差行為。

7. 對於某些偏遠地區的孩子,交通不便也可能成為中輟的原因。

㈣同儕團體因素

1. 結交不良友伴,例如同為蹺家、蹺課、中途輟學者。青少年時期和朋友的關係十分密切,結交朋友的品行若較差,有輟學的情形或犯罪紀錄,青少年輟學或行為偏差的機會相對增高,因此,偏差的同儕團體會導致個人的輟學行為或偏差行為,也就是所謂的「近朱者赤,近墨者黑」。

2. 以朋友的意見為意見,缺乏主見。

3. 不良的人際關係。根據翁慧圓(1995)研究指出,同儕關係愈不佳,友伴特性愈不良,國中少年輟學頻率則愈高。

㈤社會因素

1. 受不良傳播媒體、書刊誤導,有些內容缺乏淨化,這些隨手可得的東西可能傳遞不當的訊息及價值觀。

2. 受不良遊樂場所的引誘,如 Pub、網咖……等,是蹺課的青少年最喜歡流連忘返的場所,此處也是結交不良朋友的溫床。

3.社會風氣低靡與大眾的功利心態，使得涉世未深的青少年受其影響，而產生了偏差的價值觀及犯罪的行為。

以上五個層面的中輟因素並非單一發生的，因素之間可能互有關聯，也就是說，中途輟學的行為是在這些因素的交互作用下產生的。

依據教育部訓育委員會公布的統計資料，一九九九到二〇〇一年國民中小學中輟學生輟學因素分析：

表 4.8

學年度	個人因素	家庭因素	學校因素	同儕因素	其他因素
88	46%	23%	9%	8%	14%
89	49%	22%	7%	7%	15%
90	41%	25%	11%	10%	13%

依據統計資料分析得知，個人因素與家庭因素為中輟學生輟學之主要原因。

四、中途輟學的影響層面

(一)衝擊全民教育

教育機會均等的義務教育其意義為，讓社會各成員有相等的參與比率，而得到適性發展。因此，中途輟學意謂著，會有部分人民喪失其應有的受教機會，也就是說，我們的教育無法使人民適性發展，包括在學校中不能獲得義務教育所給予的基本知識，因此基於教育均等的原則，中輟問題對全民教育造成了頗大的衝擊。

(二)對輟學者個人生涯發展的阻礙

Mialaret（1985）提出青少年是一個相當重要的人生發展階段，是追求自我、思考個人未來發展和建立個人價值體系的關鍵時期，因此中途輟學切斷了青少年與教育體系的關係，無法學習足夠的基本知識和技能，使其不易發展個性與潛能，也喪失了重要的成長機會。翁慧圓（1996）研究提出，若社會和家庭未能針對輟學少年提供適當的替

代教育時，將使少年對其生涯發展無法做適當和理想的選擇和規畫。

㈢對教育的損失

從教育投資的觀點而言，學生中途輟學是人力與資源的浪費，在教育體系領域中，中途輟學常被視為阻礙教育界實現目標的障礙，也是一種教育體系無效的表現。根據一九九九年度統計，政府投資每一位國中生的費用平均為 88442 元，若此時輟學，就是一種人力與投資的浪費（翁慧圓，1995；張梅楨，2000）。

㈣對社會安全的危害

國中少年處於身心變化劇烈的階段，個性衝動、抗拒權威、追求享樂和易受同儕影響的性格，一旦輟學，缺乏學校的生活規範，在普遍功利享樂的社會環境中，很容易走上犯罪之路（張梅楨，2000；Trgart, 1992），這將有如不定時炸彈，對整個社會治安造成很大的威脅。輟學少年可能是失蹤人口、飆車、殺人、色情犯罪及其他犯罪的高危險人口群。法務部曾對全國的少年觀護所、輔育院、少年監獄等少年矯正機構所進行的調查發現，有高達 76%的犯罪青少年是在輟學之後才犯罪的。此外，中輟生高危險的行為還包括未成熟的性行為、未成年懷孕、酗酒、藥物濫用及自殺等（Kushman & Heriold-Kinney, 1996），由此可知，中途輟學確實有不少犯罪問題。

五、中輟生復學之原因、困難及適應

㈠中輟生復學之原因

張淑瑩（2000）研究歸納出六種復學模式，分別為：(1)接受期待型；(2)避免被拋棄型；(3)避免無聊型；(4)脫離犯罪型；(5)充實自我型；(6)取得文憑型。張淑瑩亦指出，輟學期間的生活經驗會影響中輟生復學之決定，當工作辛苦或知能不足、違法後被關、有不自在感覺的情況下，會加速復學的決定。中輟生通常為了滿足被愛的需求，以符合他人的期望、為了脫離現況，或是考慮到未來，才會想要復學。在復學契機方面，張淑瑩認為可掌握三個關鍵：(1)時間：輟學一年是關鍵點。(2)重要他人：重要他人平日的關愛，在重要時刻能勸說中輟

生復學。(3)重要事件：工作不順、被關、即將畢業等事件的衝擊或考量。

㈡有些學校對待中輟生的處理方式失當

《聯合報》報導多數學校不重視中輟生的復學及安置輔導，導致相關單位及社工費盡力氣找回中輟生，部分學校卻千方百計拒絕中輟生復學，或復學後百般刁難，讓學生「知難而退」。人本基金會甚至歸納出「學校抵制中輟生復學十一大秘招」，更打擊了學校輔導中輟生復學的信心。

1. **過關擋駕法**：要求學生參加復學專案會議，經由各處室代表同意、通過三個處室各一天的觀察，安排的學習為「讀經」、在訓導處接受觀察七天、需經過導師同意、導師召開班會及家長會，聽取意見，徵詢家長同意。

2. **羞辱斥退法**：「為何要浪費全校資源去照顧一個有問題的學生？」「為什麼要轉學？」「成績為什麼這麼差？」「你怎麼又回來？」「你要想清楚！」「你看，我就說嘛！」「啊，你不是說你要轉學？啊，你幹嘛還不轉？」孩子是非婚生子女，媽媽在美容院工作。孩子聰明漂亮，導師：「你是妓女啊！」跟家長說：「你回去管好你的事！」哥哥中輟，妹妹國一入學，老師跟別人說：「啊，那就是×××的妹妹」、「幹嘛不休學算了！」妹妹現在還不願意復學。

3. **完全拒絕法**：「決不會讓×××回來」，「為什麼學校要讓步，誰說讓案主回來我們就要讓他回來」，「已經轉出去，應該去念別的學校，拒收」。

4. **推託拉雜法**：「現在不是辦理復學業務的時間」，「我們來會商會商！這案子真的需要大家一起努力，來協商一下如何輔導。」但沒有具體建樹。「小孩下學期休學，要下學期才可以復學。（教育局曰：哪來這個規定？）」「如果誰帶案主回來，我就交給他管。」

5. **假仁假義法**：「我不這樣不行，別的小孩會說我不公平。」「我

們如果退讓，小孩會得寸進尺」，「要讓所有同學有免於上課恐懼的自由」，「我怕他帶壞或欺壓同學」。

6. **柔性勸退法**：建議轉學到學區內的另一所學校，「轉到其他學校比較好，大家對你已經有很多不好的說法了。」「再等一等，滿十五歲即可念補校。」

7. **簽約切結法**：要求小孩親筆寫：我本人願意……如不遵守，願意改變環境。要求家長要寫切結書。

8. **放牛吃草法**：同意學生在沒有規畫的狀況下，在家自學。兩天來學校報到一次，就不算中輟。

9. **緊迫盯人法**：列入名單，導師需每日作犯規紀錄回報，校長親自督導，也隨時抽空去看名單上小孩狀況，會主動與未回報之老師聯繫。（輔導人員說：「這所校長的職責，就是將名單上的小孩剔除。」）「我不會故意找他麻煩，只要他遵守規定。」「不要惹麻煩，不要抽菸，不要跟人家打架，不要遲到早退、表現正常，跟普通的小孩一樣，就不會給你貼標籤。」「小孩就是不能遲到、不能星期天玩太晚不來！」

10. **不告而殺法**：甫復學，放暑假，家長莫名其妙一次接到三支大過的通知單。三種一樣的理由。

11. **標籤定格法**：「他不可能變好。」「不能等，等了會更慘」，爸爸從體罰孩子，變得會等門、親小孩。但組長跟爸爸說：「你有盡過力嗎？有看過你孩子去哪間網咖嗎？」

(三)中輟生復學後的適應問題

綜合學者的研究（鄭夙芬，1988；陳秋儀，1999；王麗雯，2000；程秋梅，2000），學生復學後的適應問題：

1. **學習適應問題**：學習意願低落、無法跟上課程進度、學習困難、不喜歡讀書等。

2. **生活常規問題**：違反校規、言行不雅、將校外學到的壞習慣帶到學校等。

3. **人際關係、自我接納問題**：怕被標籤化、別人以異樣的眼光看

自己，師生關係問題及同儕問題等。這些狀況尤以直接回到原就讀學校最為嚴重，學生復學後徬徨、矛盾心態、適應不好時，甚至將壞習慣帶給其他同學，演變成「尋回一匹狼，帶走三隻羊」，使教育當局尋回中輟生的好意轉變成學校阻力。而不良的家庭環境或緊張的親子關係未改善之下，再度輟學的機會也很高。為了減緩中輟生回流造成學校問題，應以中介教育機構作為回到原就讀學校的緩衝。

六、中輟復學生的輔導策略

㈠目前國內實施的輔導方案，有兩類型

1. 加強回歸學校

此類型的規畫重點在於使中輟學生提高復學的意願及能力，針對部分認為學校課程內容與現實社會脫節的學生，與因為對學校課程不感興趣而輟學的學生，提供較有變化的內容，如美容、美髮、電腦、水電修護、汽車修護等課程。整個方案規畫的方向均朝向使中輟生回到學校，完成其未完成的義務教育，並於復學的在校期間加強日後出社會所需要的技能，而不全以升學為主要目的。輔導方案包括：中途學校、技藝教育、迷你資源教育、高關懷分組教學班級、補救教學、靜思班、寒暑假潛能開發班等。

2. 加強中輟生本身的能力

此類型的規畫重點在於加強學生本身的心理、社會功能，提升可能面臨中輟之高危險群之讀寫能力、強化其對周遭環境的調適及應變能力，提供中輟生各項訓練，加強其對環境的認識與判別、對問題的處理能力及對自己本身與其他一般生不同的適應能力。與上一類型不同之處，在於加強中輟生本身的功能目的性較全面，並非以復學為目的，而是強化中輟生的調適與應變能力。輔導措施包括：追蹤輔導、街頭外展工作、電話諮詢輔導、收容安置、中輟生復學念補校。

伍、自殺問題探討

　　青少年自殺已經成為現今一個很重要的課題，自殺已經成為青少年死亡的第三高因素，以下將從青少年自殺的年齡層、男女比例、自殺的原因等等做探討。

一、自殺的定義

　　自殺是一個人，以自己的意願與手段結束自己的生命，它是一種人類生理、心理、家庭、社會關係及精神等各種因素混雜而產生的偏差社會行為，也是一種溝通方式；有人藉由它來傳達情緒、控制人、換取某種利益（精神上或實質上的），更有可能是為了逃避內心深處的罪惡感及無價值感。三種自殺的定義：

㈠**觀念上的自殺**：是指有實現傾向的自殺，自殺者仔細構思了斷自己的方式，對死的方法感覺魅力，但未必有清晰之死亡慾望，而觀念的實現在意志減弱狀態中完成，死的觀念有時無法為其他觀念所制止。

㈡**感情上的自殺**：發生於「任何事都無聊，自己無價值，沒有活下去意義的」想法時，源自心情、體驗失敗而喪失自信、內心深處的情結。

㈢**意志上的自殺**：不假於他人之手，而欲以自己之手奪取自我的生命。

　　以年齡層而言，十三歲以下的兒童自殺非常罕見（大多是意外身亡或是他人虐待等種種非自己能控制的因素）。其原因可歸類成下列數項：

㈠兒童仍有所仰賴的對象，例如父母或者其他親人。兒童靠著對他們的依賴能獲得滿足。

㈡兒童時期尚未完成自我認同的過程，也就是大多數兒童只達到皮亞傑認知發展中的具體運思期，對於事情的想法還沒達到形式運思期的成熟，也因此，他們對自身懷有敵意的想法，對他們而言太痛

苦，只有當他們找到更多的自我認同時，才能有獨立自主的能力去從事自殺行為。

在台灣，依衛生署二〇〇三年統計，青少年（15～24）歲自殺的比例，每十萬人有 4.23 人，也是整體青少年死亡原因的第三位；另外，統計也發現隨著年齡的增加，自殺的比例愈來愈高，但占十大死因的順位卻往上增加（壯年第四位，中年第八位，老年第十四位）。目前則認為有許多未報案或誤判的自殺案主，據估計約有十倍以上的未知數。以青少年自殺的比例來說，女生企圖自殺的比例比男生高了兩倍，但是男生自殺的成功率卻是女生的四倍之多。原因之一可以牽涉到自殺所採的形式。就男生而言，他們常常採取比較激烈的自傷方式，例如跳樓、撞車、拿刀刺殺自己；而女生則採用較消極的形式，例如服藥，比較起來獲救的機率較高。

通常自殺的歷程可簡單分為：萌生自殺的念頭、企圖自殺到自殺身亡。當然，這三個階段並不是絕對的，在前兩個階段中，如果能及時發現青少年釋放出想要自殺的訊息，進而加以勸導，很多時候，自殺是可以預防的。

有一片預防青少年自殺的影片，敘述男主角丹尼在劇中一直透露出自殺的訊息，例如把珍藏的東西送給朋友，對朋友講的話都是跟死有關的，學校老師也因為丹尼寫的詩中隱約透露出想要死亡的念頭。後來經過與丹尼朋友的討論，大家決定輔導丹尼走出想自殺的陰影。後來丹尼終於擺脫了想要自殺的想法，重新經營他的人生。這部影片其實是要告訴我們，青少年想要自殺的念頭是不理智的，如同影片中的丹尼想要自殺，只是因為懷疑自己可能染上愛滋病，他都還沒有去做檢查就萌生輕生的念頭。等到他度過低潮期，他自己也明白，就算真的得到愛滋病，還有很多藥物和醫學方法可以治療，並不是只有死路一條，他也願意面對自己，去接受檢查，後來證實他並沒有得到愛滋病。此時，應該慶幸身邊的朋友警覺到他的異常，並且一同幫助他度過低潮。不然，就失去一條年輕而寶貴的生命了。

事實上，如同影片中表現的，大多企圖自殺的青少年會釋放出一些訊息，有時候自殺不是目的，而是一種手段或者表現方式。他們並不是一定想死，只是想要尋求改變現狀的方法，而企圖自殺，就是一種比較激烈的表現方式。當我們接收到這類訊息，應該有所警覺，試著去了解青少年的問題，並給予適當協助。如此一來，便可以大幅降低青少年自殺成功的機率，避免無可挽回的悲劇發生。

二、企圖自殺的原因與動機

　　據了解，90%的自殺者有心理困擾的問題，同時有不少人併發有濫用藥物的情形。以臨床經驗來看，所謂「心理問題」，大多為憂鬱症。憂鬱是一種嚴重的心理失調狀態，罹患憂鬱症的人會對生活的事物感到悲觀、傷心、無助、沮喪，甚至是絕望。一般來說，日常生活的不順遂也會讓人感到無助和難過，但是一旦事情過了，情緒也就平復，這樣短暫的情緒失調並不算是真正的憂鬱，因為真正的憂鬱是長時間對生活周遭的一切都抱持極端負面與悲觀的想法，他們一方面懊惱自己無法改變現狀，一方面又認為別人在批判自己。在這樣的情況下，有時候連做個簡單的抉擇，對憂鬱的人而言都是萬般痛苦。青少年時期，不論是男孩或是女孩都有可能產生憂鬱的情形，產生憂鬱的原因有很多，容貌、成績、交友或者家庭等等因素。女生比男生容易感到憂鬱。以人際關係的處理為例：女孩比較容易因為社交問題感到憂鬱，因為她們在乎同儕的力量勝過男孩。相較之下，男孩碰到問題時，比較會採逃避或是不去理會問題，想辦法轉移自己的注意力，不要太放在心上；而女孩則傾向反覆思考問題，這樣的處理方式比較容易導致憂鬱。值得注意的是，憂鬱會在家庭中蔓延。憂鬱的青少年，其家庭成員也容易同時陷入沮喪的氣氛之中，家中也比較容易有爭執的情形。除此之外，根據台師大教育心理輔導碩士江佩真「青少年自殺的影響因素及發展脈絡之分析研究」（1996）提到，影響青少年企圖自殺的相關因素有下列幾點：

㈠**自我分化程度較弱**——亦即無法將自己與他人視為獨立的個體，容

易依賴他人而無法自主。這種情況會加重青少年的焦慮感與壓力，當面對新環境時也不容易適應，而這類的焦慮和壓力都是容易導致青少年自殺的危險因子。

㈡**家庭氣氛是疏離與衝突的**——大多數有自殺企圖的青少年，其家中氣氛是屬於比較疏離、冷淡，或是衝突的。對青少年而言，家庭是一個重要的支持系統，如果在家庭中感覺不到被支持，對青少年來說是很大的危機。另外，家庭經濟狀況不穩定也容易使孩子缺乏安全感。

㈢**家庭裡缺少正面的溝通**——親子之間互動不良，父母不太願意傾聽孩子的心聲和意見，如此造成的結果是孩子乾脆放棄溝通。

㈣**父母親的期待與幻想**——大多數有自殺企圖的青少年都表示，他們的父母對他們都存有很高的標準和期待，期待他們與眾不同、出人頭地。但是，父母親過高的標準常常會讓孩子感到壓力。

㈤**壓抑或忽視自己的情緒**——當青少年發現自己的情緒無法被了解，便選擇壓抑自己的情緒不再向別人傾吐；加上父母不夠在乎孩子的感受，甚至權威式地不准孩子表達自己的想法，都會造成青少年將自己的感受埋在心中，沒有宣洩管道。

㈥**缺乏解決問題的技巧**——面對壓力或困難時，通常採用消極的反抗，而不是積極地思考如何因應方式。另外，他們會將事情想成不是自己能控制的，也不是自己能改變的，這種心態會讓他們覺得面對事情只是無能為力。

㈦**人際關係的薄弱**——企圖自殺的青少年通常在人際關係上較為不好，與同儕間也較為疏離。大部分的人不認為自己完全沒有朋友，但是真正能夠了解自己的並不多，因此無法找到宣洩情緒的管道。

㈧**情緒狀態**——憂鬱、沮喪、倦怠、缺乏安全感。

㈨**對死亡的概念**——大部分想要自殺的青少年對於生命並沒有強烈的感覺，換句話說，他們不認為生命是值得珍惜的，他們視死亡為解脫痛苦、逃避責任的管道。也有些人試圖用自殺的方式，期待受到更多人的注意與關心。另外，還有一些人是受到宗教信仰影響，認

為死後可以投胎轉世，那麼一切就可以重新來過了。這些都可能影響到他們對死亡的選擇。

(十)**各方面壓力來源**——通常企圖自殺的人在生活中都承受著各方面的壓力，其中又分為慢性和突發性的。慢性的壓力，例如父母親的期待、社會中的種種限制規範；而突發性的壓力，例如課業失敗（落榜）、親密的家人忽然遭逢變故等等。

(十一)**對自我的評價**——有些是屬於過高自尊，因而無法接受失敗，害怕自己被別人看見脆弱的一面；有些是屬於自尊心過低，無法肯定自己，進而覺得自己在社會上沒有太大的生存價值。

(十二)**健康情形不佳**——部分的企圖自殺者可能因為罹患某些疾病，長年因病而苦，而有了輕生的念頭。

上述原因都有可能成為企圖自殺者所形成的脈絡。綜觀而言，自殺是採用一種激進的手段殘害自己生命，其原因非常複雜，除了上述原因外，還有很多可能，例如性向的問題（一般而言，同性戀者比異性戀者容易走上自殺這條路，原因在於他們除了跟異性戀者一樣面對生活周遭的壓力以外，還要面對坦承自己性向將遭受到眾人訝異的眼光和歧視），大部分企圖自殺的青少年可能不只有上述原因的其中一項而已。換言之，可能是多發性的。

三、如何協助有自殺意圖的青少年

(一)**有自殺意圖者在採取自殺行動前會散發訊息**——許多企圖自殺的人其實只是想表達自己不知如何解決所遭遇到的困難，並希望獲得協助，因此多半會透露出訊息，如果能及時注意，就可以予以阻止。

(二)**了解企圖自殺者的動機**——找出想自殺的原因是非常重要的，若能了解其心中困擾，至少可以舒緩想自殺者所承擔的壓力。

(三)**鼓勵有自殺意圖的青少年尋求專業協助**——讓他們得到高品質的專業醫療以及精神協助。

(四)**協助有自殺意圖的人發現結果不如想像中嚴重**——想要自殺的青少年常常把一件事情想得太嚴重，因為沒有勇氣去面對，只好選擇自

我了斷。倘若我們能引導他們去發現，結果不如他想的嚴重，一切都有轉機，這樣便可以減低想自殺的意願。

㈤用溝通的方式鼓勵企圖自殺的人表達出內在想法——為他們提供一個宣洩情緒的出口，並且共同協商如何解決問題。

以上的方法可以多少幫助企圖自殺的青少年度過難關。當然，最重要的是，要灌輸他們生命是珍貴且無價的，切莫因為一時不如意想要輕生。家庭、朋友的力量也是不可忽視的。一旦讓企圖自殺的人感受到，這個世界上還是有人願意傾聽他的心聲，陪伴他度過難關，給予精神或實質上的協助，他就不再覺得自己是孤獨的，對事情的看法不會那麼悲觀，也會對周遭的朋友、親人產生依戀，不會輕易告別這個世界。

陸、青少年犯罪（偏差行為）問題探討

青少年犯罪定義：指未滿十八歲的兒童或少年有不良行為或是觸犯法律的行為。

一、台灣青少年犯罪現況

㈠近十年來，少年嫌疑犯涉案類型均以犯竊盜案最多，約占五成左右，但人數已逐年下降；而強制性交所占比率雖低，約0.7%至3.2%，但人數及比率大致呈逐年遞增趨勢（見表4.9）。

㈡如以性別觀察，男性少年嫌疑犯10389人（占83.38%），女性2071人（占16.62%）。比率接近4：1（見表4.10）。

㈢如以年齡觀察，年齡集中在十五、十六、十七歲的高齡少年（見表4.10）。

表 4.9　少年嫌疑犯涉案類型

單位：人

	總計	竊盜	故意殺人	強盜搶奪	強制性交	違反著作權法	違反毒品危害防制條例	一般傷害	賭博	贓物	其他
1994	28378	16086	663	1295	221	1	5136	803	826	1180	2167
1995	29287	16818	750	1812	277	1	3951	948	837	1188	2705
1996	29680	16757	591	1454	367	31	4820	896	870	897	2997
1997	24716	13055	638	1380	415	93	4200	775	604	642	2914
1998	23094	14116	328	1296	364	40	2805	816	431	579	2319
1999	21224	13090	324	1022	332	53	2726	625	375	360	2317
2000	18144	10656	294	975	294	892	1899	672	158	261	2043
2001	16939	8799	202	1000	366	2466	922	754	70	196	2164
2002	15659	7769	269	756	334	2410	1073	734	34	148	2132
2003	12460	6565	210	482	397	828	789	710	35	115	2329

表 4.10　台閩地區少年嫌疑犯按性別及年齡別構成比

單位：人

	合計	男	女	12 歲	13 歲	14 歲	15 歲	16 歲	17 歲
1994	28378	24999	3379	1713	4034	5849	5895	5444	5443
1995	29287	25745	3542	1683	3877	5856	6164	6089	5618
1996	29680	25755	3925	1647	3470	5268	6164	6538	6593
1997	24716	21328	3388	1234	2825	4363	4952	5559	5783
1998	23094	19939	3155	1149	2877	4369	4825	4877	4997
1999	21224	18202	3022	975	2558	3762	4263	4798	4868
2000	18144	15619	2525	811	1862	3000	3787	4262	4422
2001	16939	13919	3020	774	1744	2644	3413	4055	4309
2002	15659	12432	3227	679	1564	2639	3108	3690	3979
2003	12460	10389	2071	574	1335	2292	2632	2643	2984

二、影響因素

㈠個人背景與偏差行為

1. **性別：**就性別與偏差行為之間的關係而言，無論在數量或程度上，大多數的研究均呈現出男性多於女性的現象，即使是比較輕微的偏差行為，也有類似的結果。

2. **年級（年齡）：**根據許春金、侯崇文、黃富源（1996）在「兒童、少年觸法成因及處遇方式之比較研究」中，針對十三至十六歲的學生進行分析，發現自陳偏差行為平均數會隨著年齡增長而增加，而以十六歲的偏差行為平均數最大。吳英璋研究自我概念與青少年偏差行為的關係時發現，國小和國中階段，隨著年級愈高，違規習慣也逐漸增加。馮莉雅（1997）對高雄市國中學生的研究指出，國中二、三年級學生在學習偏差行為方面較國一學生嚴重。有關研究結果和實際的犯罪調查結果類似，根據二○○四年三月發布的「警政統計通報」，可以發現，如果以年齡觀察，犯罪行為集中在十五、十六、十七歲的高齡少年。

3. **家庭結構：**吳齊殷（2000）在研究家庭結構、教養實施與青少年的行為問題時指出，因父母離婚而導致之家庭解組，並非是造成青少年變得偏差的主要原因，而應該是與其父母之不當教養有緊密的關係。侯崇文在家庭結構、家庭關係與青少年偏差行為的研究中也指出，雖然家庭結構會影響青少年偏差行為，但其對青少年偏差行為的作用並非是直接的，從研究資料顯示，在家庭結構對青少年偏差行為的總作用中，有相當的比例來自其與家庭關係互動的結果；換言之，家庭關係對青少年偏差行為的作用，似乎比家庭結構更為直接而明顯。

4. **父母教育程度（社經地位）：**傳統上普遍認為，低階層者容易有犯罪或偏差行為，這樣的現象存在兩種可能的解釋：一是由於低階層者無法藉由正當的方式來獲得財物和享受，極可能使用非法活動來達到目的；第二是低階層者會藉由暴力或犯罪，

來表達他們對社會的憤怒、挫折和不滿。根據許多文獻顯示，官方犯罪統計與社經地位有負相關存在；但是，在許多自陳報告的研究中卻認為，與社經地位僅有微弱相關，甚至無關（Hindelang, Hirschi, & Weis, 1981；許春金，1986）。

5. **居住地城鄉別：** 王淑女（1990）分析一九五二至一九九一年的政府統計資料，結果發現台灣地區隨著都市化的發展，犯罪行為顯著增加，兩者呈正相關。

(二)大眾傳播媒體

大眾傳播媒體和人們的生活息息相關，許多的研究都指出，看電視、聽收音機、看報紙、上網……等，都是許多青少年最重要的休閒活動，大眾傳播媒體的內容對青少年是正面還是負面的影響，下列幾篇和大眾媒體以及少年偏差行為有關的研究可以說明。

1. 根據張麗鵑（2003.05.30）「媒體閱聽、同儕關係與少年偏差行為相關性之研究——以南投地區為例」，此篇論文中，除了探討暴力影片外，還擴大社會學習理論的論點，加入其他媒體內容予以分析，結果部分媒體內容支持社會學習理論（例如：暴力類媒體、情色類媒體和鬼怪懸疑類媒體），認為媒體內容對於少年偏差行為有增強的效果。但是，部分媒體內容（例如：社會新聞類媒體和戲劇類媒體）對少年偏差行為有抑制的效果，在本研究中初步推論認為，可能是因為社會新聞類媒體和戲劇類媒體在研究中，被假定其內容是包含暴力、色情、懸疑等，不過在本研究中並未獲得支持。

2. 根據王淑女（1998）的研究「大眾傳播媒體與青少年暴力行為」，此篇論文的建議是，可以多增加幽默爆笑、溫馨類和浪漫愛情類的節目，並加強審核戰爭武打、體育競技、三級片的內容和管理，以減少青少年偏差或暴力的行為。

從以上的研究資料可以看出，媒體內容對於少年偏差行為的影響是兩面的，亦即「水能載舟，亦能覆舟」，因此產生增強的效果或是抑制的效果，則端看媒體內容的選擇而定。

(三)家庭因素

1. 親子關係與偏差行為之關聯：許多研究都指出，親子關係是預測子女偏差行為的重要因子（Schaffner, 1997; Klein, Forehand, Armistead, Lond, 1997；陳琦茂，2000；陳羿足，2000；陳惠雯，2000）。親子關係良好，表示親子溝通情況佳、子女對父母的情感認同度高，因此，子女愈會依附父母，模仿並認同父母的行為舉止，發展出內在規範，於是便不易產生犯罪或偏差行為。

2. 親職功能與偏差行為之關聯：一般犯罪理論提出，親職功能會影響子女自我控制的發展，若親職功能未能發揮，子女就無法培養自我控制的能力，而形成低自我控制人格。低自我控制者衝動、投機、傾向刺激尋求、自私、身體取向等特質，皆與犯罪行為者的特質相符（曾淑萍，2000）。因此，低自我控制者會有較多的偏差行為產生。換言之，親職功能不健全，子女就容易成為低自我控制者，產生偏差行為。Gottfredson 與 Hirschi（1990）認為，良好的親職功能大約包括下面四種：親子間的情感依附、對子女行為的監督、辨識子女的偏差行為、對子女的管教方式。Gottfredson 與 Hirschi（1990）認為，父母可以藉由良好的親職功能，將「自我控制」的能力灌輸給孩子。如果父母未監督子女的行為，不能在子女發生偏差行為時加以辨識，並予以懲罰，就無法培養孩子自我控制的能力，孩子也會因此成為缺乏自我控制能力的低自我控制者，而低自我控制者則較容易產生偏差行為（Hay, 2001）。

3. 手足關係與偏差行為之關聯：社會學習論認為，暴力行為是直接觀察或模仿而來，若家庭中父母或兄弟姊妹有犯罪行為，則青少年產生偏差行為或犯罪行為之比例將較為偏高。陳羿足（2000）研究也指出，手足關係、手足暴力行為都會影響到青少年的偏差行為。換句話說，偏差行為可能會藉由手足關係之間的緊密結合，進而相互模仿與學習。

4. 侯夙芳（1999）針對十二歲以上、十八歲未滿之客家籍少年所

進行的研究也顯示，與父母溝通情形愈好、認為父母親愈能了解他的少年，愈不易有偏差行為；父母親適當而正確的管教及要求，其子女也愈不易有偏差行為。當然，父母親愈常在家陪伴子女或與子女共同參與活動者，少年也愈不易有偏差行為發生。可見，當家庭內在的控制力量和感情控制力量愈小，如父母督導能力愈差、父親愈常採用責罵或冷嘲熱諷的管教方式、愈不喜歡在家，其偏差犯罪行為反而愈多（王淑女，1998）。

㈣學校經驗

青少年暴力犯罪之成因：從相關研究青少年犯罪和學校經驗之間的關係，發現了下面幾個現象：

1. 學習困擾是少年的挫折來源：犯罪少年對其早期學校經驗的回憶中，功課不好常是令他們最頭痛的事情，他們普遍的反應都是不喜歡念書，認為念書是件無聊的事。

2. 師生衝突將少年推離校園：許多犯罪少年都認為，老師只教那些功課好的學生，對於功課不好或是不認真的學生，就把他們丟在一旁，有種被「放棄」的感覺。

3. 老師或是訓導人員常常把成績不好的學生當做問題學生，不管出了什麼事情，像是打架、恐嚇……等，第一個被想到的就是我們，老師都是以一件事情來判定別人，好像被看輕了。

4. 同儕增加形塑少年自我認定：對許多無心念書、又和老師關係不良的少年而言，校園外的幫派擁有強大的拉力，選擇往偏差或犯罪行為的次文化社會靠攏，在幫派中得到安全感、成就感。犯罪行為變成用來提升其自我肯定感的手段。

㈤心理因素

有關偏差行為或犯罪行為的青少年研究發現，偏差行為或犯罪行為的青少年有一些共同的特徵：

1. **缺乏同理心**：Miller 與 Eisenberg（1988）對青少年同理心、同情心、與攻擊性之間關係的整合性研究之結果：「同理心愈低落，其攻擊性愈高」。林瑞欽（2000）在調查受觀護青少年之

心理適應與自我意象時，顯示有 41.2%的受觀護人贊同其行為可以不顧及別人的感受；相較之下，一般正常的高中生僅介於22.5%至 26.1%。和國外的研究結果一致。

2. **認知扭曲**：(1)動機的誤解：將他人中性或正面的意向解釋成對他有所不利的舉動。例如，飆車族殺人犯將受害者瞧他一眼的動作視成是對自己的挑釁。(2)否認：將犯罪行為的責任歸之於外界環境的影響，和自己一點關係都沒有。例如，我會強暴她是因為她的穿著太辣了，要不是她穿那麼辣，我也不會去強暴她。(3)自我評價低、消極、焦慮、憂慮、沮喪……等負面情緒的發生。

㈥同儕影響

　　許春金（1986）發現，學生偏差行為與不良同儕的相處有顯著正相關。而在許春金與周文勇、蔡田木（1996）研究結果亦顯示，「不良朋友」是影響青少年偏差行為顯著的變項之一。國外研究亦有相同發現：Sampson 與 Laub（1993）認為，偏差行為的產生與同輩團體交往有關，且愈依附於不良的同伴，將會助長偏差行為的產生。Sutherland 與 Cressey（1978）認為，對偏差行為朋友犯罪技術的學習、認同，是導致偏差行為的主因。

　　綜合上述，可以發現：個人對同儕團體的依附與青少年偏差行為之間有其關聯性。良好友伴可以控制人們，使其免於偏差行為，而不良友伴卻可以使人發生偏差行為。

㈦其他

　　不正當的休閒活動、缺乏相關法律常識、打工被騙、缺乏謀生能力……等，也都是造成青少年偏差行為（犯罪行為）的可能原因。

三、青少年偏差行為以及犯罪行為預防方法和建議

　　針對不同類型的青少年偏差行為以及犯罪行為，國內許多學者都提出了許多預防的建議和方法，張惠君（2002）「家庭系統、學校系統與國中生自我控制及偏差行為之研究——以台南地區為例」提出以

下建議：

(一)家庭方面

1. **再怎麼忙，也要多陪陪孩子：**研究結果發現，良好的親子關係是父母管教的基礎。親職功能如父母認知、父母對偏差行為的認知及對子女偏差行為的監督懲罰等，是否能影響國中生自我控制及偏差行為，必須視親子關係而定。然而，現代父母為了維持家計、讓子女有較好的生活環境，往往以事業為重，犧牲了親子相處、培養感情的時間。如此一來，就算家長對自我控制及偏差行為有正確認知，或在子女的言行舉止產生偏差時加以監督懲罰，子女在感受不到父母關愛的情況下，不但管教無法收到成效，更可能加深親子間的衝突。因此，為人父母不應以忙碌為藉口，再怎麼忙，也要多陪孩子談心。

2. **發揮親職功能：**本研究發現，親子關係雖為父母影響子女的重要基礎，但若只有良好的親子關係，卻未進一步執行監督子女的職責，則無從防範子女成為低自我控制者。為人父母應能體認自己的言行舉止都會影響孩子，故應樹立良好的行為典範，以協助子女建立正確價值觀念及健全的品格。此外，研究結果顯示，手足因素對國中生有所影響。因此，父母也應該注意手足間彼此相處的情形，一旦發現子女有不良習慣或偏差行為之徵兆，就應該立即處理，才能防範不良行為日益嚴重，或擴散到其他手足身上。

(二)學校方面

1. **善用同儕影響力：**研究中，同儕因素對國中生自我控制能力及偏差行為，皆有顯著的影響力。國中階段，學生認同的對象逐漸從父母、師長轉為同儕，因此，同儕次文化對國中生的吸引力逐漸增加。然而，心智尚未成熟的學生們，並無法判辨同儕次文化的價值觀念是否正確。當他們游走在同儕與師長間，不知何所適從時，更需要師長協助他們做價值的澄清。可是，大多數父母、師長常常在不了解的情況下，就以過來人的態度，

一味批評學生的次文化。如此，往往只會引起學生的反感，讓學生覺得「你們老一輩的人，無法了解我們年輕人的想法」，於是，親子衝突、師生衝突漸多，彼此隔閡也愈來愈深。為了避免這樣的情形，父母與師長應該深入了解學生的次文化，多從他們的角度去思考，協助其做價值的澄清。此外，研究結果亦發現，偏差同儕雖然會增加國中生產生偏差行為的機會，但是，同儕關係卻能對青少年造成正面的影響。因此，父母及師長應該密切關心青少年的交友狀況，適時給予引導，甚至可以透過同儕正面力量改變國中生的偏差行為。

2. **教師角色之檢討：**研究發現，師生關係和老師對學生的監督懲罰，與國中生自我控制能力及偏差行為皆無關聯。在當今升學為主的教育制度下，老師總是將大多的心力放在教書工作上，注重學生的功課狀況，卻忽略了學生的生活情形。殊不知，教師除了擔任「經師」的角色，必須傳遞知識外，亦須扮演「人師」的角色，負責輔導學生，成為指引學生的明燈。然而，研究中，教師主動與學生溝通聊天的情況並不理想，也較少與家長聯絡，了解學生在家的情形。可見，教師輔導的角色並未充分發揮。往後，學校應該更重視教師的輔導功能，舉辦輔導知能相關研習活動，讓教師有機會彼此討論、互相激勵，成為兼具「經師」及「人師」功能的「良師」。

㈢媒體閱聽頻率變項

張麗鵑（2003）「媒體閱聽、同儕關係與少年偏差行為相關性之研究——以南投地區為例」提出建議，當少年觀看暴力類媒體、情色類媒體、鬼怪懸疑類媒體的時間愈長時，則少年愈可能發生偏差行為；但是，觀看戲劇類媒體的時間愈長時，則少年愈不可能發生偏差行為。就媒體閱聽頻率變項而言，當少年觀看暴力類媒體、情色類媒體、鬼怪懸疑類媒體的次數愈多時，則少年愈可能發生偏差行為；但是，觀看社會新聞類媒體、戲劇類媒體的次數愈多時，則少年愈不可能發生偏差行為。控制了同儕關係變項和背景變項後，唯獨情色類媒

體對少年偏差行為的影響仍達顯著。換言之，同儕關係變項可能在媒體閱聽與少年偏差行為間發揮了中介機制作用，且研究結果亦透露出，同儕關係對於媒體閱聽的影響較媒體閱聽對於同儕關係的影響大，亦即預測少年偏差行為，同儕關係變項之預測力大於媒體閱聽變項。

㈣同儕關係

當少年好奇型同儕、尋求刺激型同儕、同儕偏差行為愈多時，則少年發生偏差行為的可能性愈高；當少年用功型同儕愈多時，則少年發生偏差行為的可能性較低；少年和同儕的親密程度愈高時，則少年發生偏差行為的可能性愈高。控制了媒體閱聽變項和背景變項後，同儕關係中的親密程度、用功型同儕、好奇型同儕、尋求刺激型同儕和同儕偏差行為變項，對於少年偏差行為的影響仍達顯著。

四、政府在防治青少年犯罪方面所做的努力

㈠法令制定

1. 預防少年兒童犯罪方案
2. 青少年政策推動方案
3. 防制青少年犯罪方案
4. 少年事件處理法
5. 兒童及少年性交易防制條例
6. 少年不良行為及虞犯預防辦法
7. 兒童福利法

㈡犯罪預防

1. **強化親職教育功能：**各級學校應加強親職教育，增加母姊會或參觀教學日次數，以促進學校與家庭之聯繫。母姊會開會時應邀請專家學者，講演有關教養子女之知識與方法。並贊成導師或學校輔導人員主動與「應積極聯繫」之學生家長定期聯繫，提供管教方式，並將聯繫過程切實記錄。輔導地方政府或民間團體辦理親職教育、親子關係講座，協助建立良好家庭關係。

2. **提供正當休閒活動及場所：** 以台北市為例，今年六月執行三百一十四次，臨檢娛樂場所 2158 家，防止不法的行為產生，減少青少年接觸不法行為的機會。

3. **加強學校法治教育：** 教育部與法務部共同推動「加強學校法治教育計畫」，運用政府及民間資源，落實學校法治教育，並結合家庭、學校及社會全面推動。另外，教育部在預防青少年犯罪、加強學校法治教育等，所採措施如下：校園法治教育，共同推展青少年輔導工作。

4. **加強防制校園暴力事件：** 為了加強防制校園暴力事件，維護校園安全，內政部警政署業已要求各級警察機關，依「警察機關防處少年事件手冊」規定，於平時在校區附近廣設巡邏箱，並加強各校區巡邏、查察等勤務；另於寒、暑假重點期間，規畫「春風專案」、「青春專案」，責由各級警察機關統合社政、教育、衛生、建管、消防及工務等單位成立「聯合稽查小組」，加強查察取締妨害少年身心健康場所。此外，該署亦已函飭各級警察機關協調學校落實「防制黑道勢力介入校園行動方案」。

5. **淨化大眾媒體的內容：** 加強審核暴力、競技、三級片的影片、書籍內容和管理，以減少青少年偏差或暴力事件。強力取締非法播放影片或販賣書籍的業者。

6. **加強青少年就業輔導：** 增加各級學校職業輔導工作經費，積極宣導鼓勵不升學之國中畢業生，參加職業訓練，以提高學生就業意願，增加其謀生能力。

(三)犯罪矯治

秉持「以教育代替處罰，以輔導代替管訓」的精神，援引美國社區處遇制度及刑事政策，盡量不使少年兒童太早接觸司法，因此造成少年兒童之犯罪人口有趨向高年齡層及高教育程度。但美中不足的，是轉向、保護處遇及轉介安置輔導之美意，因輔導成效不彰，也造成少年兒童犯罪之再犯比率持續升高。矯治重點主要為下面二點：

1. **加強觀護業務：** 加強觀護人之心理輔導專業知識。增聘大專院

校學生協助執行保護管束工作，並運用社會資源，與社會教育及區域防制計畫配合。

2. 加強犯罪之矯治

(1)少年監獄、少年輔育院及少年觀護所應與學校、宗教團體及有關社團聯繫，請其協助青少年之教化矯治工作，提升輔導教化功能。

(2)少年輔育院應籌經費，增加設備，加強技藝訓練，實施建教合作，並協調各技訓單位輔導參加職類技能檢定考試。

(3)少年輔育院應切實改進管理及訓導方式，應參考青少年性向、興趣予以輔導。

參考文獻

一、中文部分

王淑女（1990）。犯罪與社會經濟的發展：涂爾幹脫序理論的驗證。第三屆中美犯罪研討會會議論文。

王淑女（1998）。青少年暴力行為：大眾傳播媒體與青少年暴力行為。台北：力仁。

王淑女、侯崇文、周愫嫻主編（2001）。家庭結構、家庭關係與青少年偏差行為探討。青少年問題及防治對策（頁25-68）。台北：五南。

王麗雯（2000）。國民中學中輟生復學模式之分析研究——以中途學校與高關懷班為例。中國文化大學兒童福利研究所碩士論文。未出版，台北。

何金針（1986）。國中學生性別角色與生活適應、學習成就之關係。國立台灣師範大學教育心理與輔導研究所碩士論文。

江佩真（1996）。青少年自殺的影響因素及發展脈絡之分析研究。國立台灣師範大學教育心理與輔導研究所碩士論文。

行政院主計處（1994）。中華民國台灣地區青少年狀況調查報告。台北：行政院主計處。

行政院主計處（1993）。中華民國台灣地區文化調查供給面綜合報告。台北：行政院主計處。

吳齊殷（2000）。家庭結構（離婚與否）、教養實施與青少年的行為問題。台灣社會學研究，4，51-95。

林瑞欽（2000）。青少年暴力犯罪行為—原因、類型與對策。青少年暴力犯罪成因：心理因素。嘉義：中華民國犯罪學學會。

侯夙芳（1999）。由客家少年行為研究少年犯罪因素。警專學報，2（6），191-219。

教育部（1999）。國民中小學中途輟學學生通報及復學輔導辦法。台

北：教育部。

翁慧圓（1995）。影響國中少年中途輟學因素之探討。東海大學社會工作研究所碩士論文。

翁慧圓（1996）。從家庭系統理論探討國中少年中途輟學行為。社區發展季刊，**85**，73。

許春金、周文勇、蔡田木（1996）。男性與女性少年偏差行為成因差異之實證研究。犯罪學期刊，**2**，1-14。

許春金、侯崇文和黃富源（1996）。兒童、少年觸法成因及處遇方式之比較研究。行政院青年輔導委員會委託研究。

陳怡如（2003）。綜藝節目色情與暴力內容效果——以台北市國民中學學生為例。中國文化大學新聞研究所碩士論文。

陳秋儀（1999）。國民中學中輟復學生所知覺的問題、因應方式與學校生活適應之研究。國立彰化師範大學輔導研究所碩士論文。

陳琦茂（2000）。少年父母教養知覺與親子衝突之研究——未犯罪與犯罪少年之比較。國立中正大學犯罪防治研究所碩士論文。

陳羿足（2000）。影響青少年偏差行為之家庭因素研究——以台中地區為例。私立南華大學教育社會學研究所碩士論文。

陳惠雯（2000）。婚姻衝突、家庭界限與青少年子女適應之相關研究。國立台灣師範大學教育心理與輔導研究所碩士論文。

張春興（1995）。教育心理學。台北：東華。

張梅楨（2000）。中輟復學生與一般生在生活適應之比較研究。中國文化大學生活應用科學研究所碩士論文。

張淑瑩（2000）。偏差行為國中生復學契機之研究。私立東海大學社會工作研究所。

張惠君（2002）。家庭系統、學校系統與國中生自我控制及偏差行為之研究——以台南地區為例。國立成功大學教育研究所碩士論文。

張麗鵑（2003）。媒體閱聽、同儕關係與少年偏差行為相關性之研究——以南投地區為例。私立南華大學教育社會學研究所碩士論文。

黃迺毓等編著（1998）。家庭概論。台北：國立空中大學。

黃文三（1994）。青少年性別角色發展及其相關因素研究。國立高雄師範大學教育研究所博士論文。

黃德祥（1994）。青少年發展與輔導。台北：五南。

富邦文教基金會（2001）。三至十八歲閱聽眾廣電媒體使用行為大調查。富邦文教基金會。

程秋梅（2000）。漫漫復學路——中輟生復學適應之探討。國立台灣大學社會學研究所碩士論文。

馮莉雅（1997）。國中生偏差行為與社會控制因素之相關研究——以高雄市為例。教育資料文摘，**39**（2），171-192。

曾淑萍（2000）。自我控制與少年竊盜行為：一般性犯罪理論之驗證。國立中正大學犯罪防治研究所碩士論文。未出版，嘉義。

劉惠琴（1981）。大學女生的性別角色與事業態度之關係研究。國立台灣師範大學教育心理與輔導研究所碩士論文。

鄭夙芬（1988）。國中復學學生之學校適應初探——以台北縣立某國中八名復學生為例。私立東吳大學社會學研究所碩士論文。

二、英文部分

American Psychiatric Association (1994). *Diagnostic and Statistical Manual of Mental Disorders* (DSM-IV). Washington, DC: Author.《精神疾病診斷準則手冊》，孔繁鐘譯。台北：合記。

Braithwaite, J. (1989). *Crime, Shame, and Reintegration.* NY: Cambridge University Press. Counseling Association.

Eisenberg, N., & Miller P. A. (1988). The relation of empathy to prosocial and related behaviors. *Psychological Bulletin, 101,* 91-119.

Gottfredson, M., & Hirschi, T. (1990). *The General Theory of Crime.* Stanford, CA: Stanford University Press.

Hay, C. (2001). Parenting, self-control, and delinquency: A test of self-control theory. *Criminology, 39*(3), 707-736.

Hindelang, M. J., T. Hirschi, & J. G. Weis (1981). *Measuring Delinquency.*

Beverly Hills, CA: Sage.

Klein, K., Forehand, R., Armistead, L., & Lond, P. (1997). Deliquency during the transition to early adulthood: Family parenting predictors from early adolescence. *Adolescence, 32* (125), 61-80.

Kushman, J. W., & Heriold-Kinney P. (1996). Undersanding and Preventing School Dropout, In D. Capuezi and D. R. Gross (Eds.) *Youth at Risk.* Alexandria: American.

Mialaret, G. (1985). *Introduction to the Educational Sciences.* New York: Columbia University Press.

Sampson, R. J., & Laub, J. H. (1993). *Crime in the Making Pathways and Turning Points Through Life.* MA: Harvard university.

Schaffner, L. (1997). Families on probation: Court-ordered parenting skills classes for parents of juvenile offenders. *Crime and Delinquency, 43*(4), 412-437.

Sutherland, E. H., & Cressey, D. R. (1978). *Criminology,* tenth edition. New York: Lippincott.

Trgart C. E. (1992). Do public school increase juvenile delinquency, *Urban Education, 33,* 359-370.

研究篇

第五章

青少年人際問題研究

壹、青少年人際關係的問題

相關研究顯示，青少年友誼品質、穩定性與自尊相關，友誼帶來的社會支持亦與青少年幸福感有直接關聯。換言之，與他人建立關係、分享共同的興趣，是青少年的首要需求（黃俊豪、連廷嘉譯，2004）。

一、為何需要建立友誼

根據 Phli Erwin 認為，青少年友誼有以下功能：

(1)愛與隸屬需求；(2)訓練社交技巧；(3)親密關係中尋求自信；(4)社會知識的交換與測試；(5)刺激社會認知的發展；(6)合作關係與社會支持；(7)情緒緩衝的提供。

二、影響青少年人際關係的重要影響因素

㈠身體外表及吸引力

身體外表是青少年自我概念中的一個重要成分，而且其他人由孩子們身體外表所做的刻板預期，對青少年自己在人際上的機會及適應性上有很大的影響力。尤其女孩子，在許多文化中，都將身體的吸引力當作是女性的性別自我概念重要影響因素，因此，女孩子會更重視美醜與是否擁有一副好身材。

㈡基本層面的相似性：種族、經濟、家庭文化

青少年的朋友多半在一些基本屬性上相似，比方年齡、性別、族群教育程度，甚至是外表吸引力等，造成此現象的原因有可能是剛好孩子們在一般情形下，最有可能遇見與他們這方面都相似的同儕。不過，即使孩子們與這些同儕基本屬性相似，仍會選擇與其有共同之處更多的人當朋友。

三、青少年的友誼關係

㈠親密關係和穩定友情的模式

一般來說，青少年的友誼關係比起人生中其他時期都要來得穩定，因為青少年已經有比較穩定的興趣及較好的認知能力，亦開始擁有較具建設性的衝突處理能力。此年齡之孩子會花相當多的時間評估，且費不少心力在增進友誼的親密性，因此在青少年時期的友誼網絡總人數幾乎沒有任何改變。然而，一旦這樣穩定的友誼產生破裂，孩子亦會經驗到相當強烈的失落感，而此段破碎的關係亦難以回復。

1. 形成死黨（cliques）和夥伴（crowds）

青少年期孩子開始想要擺脫成人及父母的依賴關係，但仍不想太早負擔成人所有的完整自主性及責任，因而轉向同儕團體尋求幫助，與同儕建立的友誼關係可以在他們逐漸獨立於父母保護時，澄清他們的自我認同危機感，亦可進一步培養他們繼續維持人際關係的能力。因此，同儕團體除了能提供青少年情緒上的支持與協助，亦給予一個良好社會學習的機會。

此一時期的同儕關係中，除了他們會與少數朋友（死黨）在一起，也會和一群關係沒有死黨那麼親的同儕團體（夥伴）一起行動。而他們的死黨就是從夥伴當中所選擇出來的。總之，死黨和夥伴關係形成之後，和朋友們一起行動很快地成為青少年社交活動的主要核心。

2. 從眾的壓力

同儕團體為了要增強團體內的凝聚力，會要求新團體成員參與初入團體的儀式，並接受對團體忠誠度之測驗，以強化同儕規範壓力對這些新成員之適用性。要求順從的壓力，通常表現在有關團體自身的活動以及管理層面上。比方，同儕團體會要求團體成員要多花時間共同行動，或要求大家一致支持團體的規範。若有成員違反規範，將面臨被要求回到正軌的壓力，甚至被邊緣化或驅逐出團。此種從眾的壓力在十三到十四歲達到最高程度，但隨著對浪漫戀愛的需求及自我認同的發展，他們自然比較不用去依賴同儕團體所能給予的支持及肯

定，一大群夥伴的重要性亦漸不明顯。

㈡異性關係的發生

1. 同性到異性人際關係

青少年時期是跨性別異性關係開始正式發展的時期，心理學家
Dunphy研究發現，兒童期在同性同儕團體的友誼關係，到青少年逐漸
轉型成兩性同儕團體以及異性人際關係。此轉型歷程可以用五個階段
劃分之。

2. 轉型五階段

(1)前夥伴期

發生於兒童期晚期，此一類的同儕團體由五到六位同性朋友所組
成，此種親密性較高的同儕團體可以提供孩子面對廣大社會環境時的
私人親密支持。他們可能意識到異性的存在並產生高度興趣，但死黨
的存在，會讓他們在尋找與異性互動的機會時猶豫不決，並且會遭死
黨禁止，甚至因此產生激烈爭執。

(2)夥伴初始期

在上一階段所形成的同性死黨群開始以團體為單位，與其他不論
同異性同儕團體進行團體間的人際互動。

(3)夥伴轉型期

開始形成可以兩性共存的情況，但多半還是維持由單一性別組成
的結構，但如果孩子在公開場合能夠大方地選擇異性為合作互動的對
象，他們在同儕中的評價還會水漲船高。此時期，兩性共存的死黨群
結構逐漸取代了原先只有同性死黨群的存在。

(4)夥伴完全發展期

此時期孩子多半擁有幾位男性及女性、且彼此關係密切的死黨，
他們多會於公共場合製造彼此相遇的機會，尤其是較年長者或想要尋
找約會對象的青少年們。

(5)異性關係獨立發展期

兩性死黨群仍存在一個較大的夥伴團體中，繼續彼此互動，但隨
時間發展，此類互動會逐漸簡化到只以一對男女為單位，各自發展更

深度的浪漫戀愛關係。

四、網際網路對青少年人際關係之影響

　　青少年時期是生活領域和活動範圍逐漸擴大的時期，由家庭擴展到鄰居、學校和社區之後，開始與父母以外的各種人建立人際關係，同儕團體和朋友在青少年邁向獨立自主的過程中，具有很大的影響力。由於網際網路的發展與普及化，青少年又多了一個管道可以依時、依地、依個人喜好認識結交朋友，只要一上BBS、Chat-room等，就可分享共同的興趣、感受、隱私與秘密，不必再害怕遭到取笑、排擠、異樣的眼光，或父母、師長的責備，避免心理上的孤單與寂寞，滿足青少年發展上的各種需求，支援其應付許多生活問題，減低個人身心改變所帶來的不安全感與焦慮，重新界定自己獲得力量，保有自信心及積極的自我概念，順利進入成人社會。然其亦有以下限制：

㈠**無法建立有深度的人際關係，而流於膚淺表面化**

　　網路的局限性亦讓此種人際關係有美中不足之處，雖然青少年可藉由長時間的網上交談而相互了解，但在初步交往時，他們也許不能馬上找到合適可靠的朋友，故尋尋覓覓或不斷更換交談對象時常可見，無法建立有深度的人際關係，而流於膚淺表面化。

㈡**虛擬世界的互動，無法獲得全面性的接觸機會**

　　僅透過螢幕交流（且通常是一對一的方式），而非實際的團體活動參與，無法獲得全面性的接觸機會，社會互動技巧及社會因應技巧缺乏真實演練的空間，故較難做到真正關懷別人、想像別人的感覺與體諒別人，及學習處理協調人際壓力與衝突，反而讓青少年退縮到狹隘的兩人世界，陷入疏離感的危機之中。

㈢**網路的無規範性，易使未臻成熟的青少年習得不良思想與行為**

　　網路的無遮攔性與無規範性，易讓認知判斷與情緒管理未臻成熟的青少年誤入歧途，習得不良的思想與行為，對個人和他人造成損害，妨礙其健全的成長。

五、阻礙青少年人際關係的問題

(一)身體殘障

身體殘障會影響孩子的吸引力，並進一步破壞身體殘障孩子的人際互動，而能見度愈高者（例如顏面傷殘）比身體的殘障受到更多責難。

(二)害羞

研究指出，約有 16-30%的學齡前孩童有過不同程度的害羞經驗，到青少年早期為最高峰，超過一半以上的青少年自陳自己是害羞的，害羞的小孩比較不會在同儕關係中冒險，比較傾向尋找不被責難的機會而會去爭取被稱讚的機會。這種互動策略使得害羞的孩子沒有較多深度的人際關係、較低的自尊、較高程度的寂寞感，甚至有被社會孤立或排擠的現象。

(三)寂寞

所謂寂寞感，係指兒童對其人際關係缺陷的主觀知覺所產生的負向情緒狀態，青少年以後，同儕關係壓倒性地取代親子關係，成為支持與親密關係的來源。此時，青少年對自己社會網路缺乏的主觀知覺開始成為重點，因而在青少年間，最被強調的問題就是寂寞感。

1. 寂寞是什麼

(1)**存在性的寂寞**——生命有無意義非我責任，但安排此生卻是我的責任。

(2)**創造性的寂寞**——古來聖賢皆寂寞。

(3)**社會性的寂寞**——落花人獨立，微雨燕雙飛。

(4)**情緒性的寂寞**——相識滿天下，知心無一人。

2. 遠離寂寞的途徑

(1)主動結交朋友，有效自我坦露。

(2)把友情與愛情分開，要交異性朋友也要交同性朋友。

(3)利用自己優點結交朋友，並進而發現別人的優點與長處。

㈣突發性外因

有時突發事件亦會影響孩子的同儕關係，例如搬家或轉學，將使兒童原有能提供情緒緩解的舊朋友消失，與新朋友形成的新關係中，缺乏面對隨之而來的寂寞或怨恨等負面情緒，而造成孩子沒有一個同儕社會網路可以提供他足夠的社會支持。

六、改善青少年同儕關係的治療方法

㈠社會技巧訓練

社會技巧訓練假設人際關係的互動技巧也像其他行為技巧一般，是可經由教導而學習的。在為某個案主進行設計介入治療課程時，會考慮到他社會性孤立的原因、他的個人特質以及平日的人際關係等。治療師亦會以其理論取向選擇所採取的治療介入策略。如行為主義塑造法，是運用酬賞物以循序漸進的方式，提高案主某類特定行為的次數，並逐步逼近治療者所認定的行為模式目標。另外，可藉由模仿，將新的社會技巧傳遞給案主；亦可結合模仿與塑造法，先利用模仿所獲得最初的學習成果，再利用塑造法加強，並逐步達成較複雜的目標行為。

㈡人際關係問題的解決（ICPS）

Shure與Spivak（1980）認為人際關係互動中，有一些認知上的問題解決技巧可說是重要關鍵，這些技巧包括如何了解問題的內容、能夠將注意力的焦點放在情境問題的核心而非不重要的枝節、能夠將自己的行為動機反映在適當的行為表現、能夠找出手段方法以達到自己想要的目的、能夠用另一個不同的觀點去看待並解決某個問題，以及預測自己行為的後果等等認知能力。課程的進行方式通常是以討論一些常見的人際關係為主，鼓勵參與者想到與其本來所想不一樣的另一種解決方式，或利用課程所學的方式去解決現在問題。

貳、青少年兩性交往問題

一、異性社交

從心理社會發展觀點指出，青春期中，最重要的社交目標之一是獲得異性社會交往。在心理社會發展過程中，兒童歷經三個階段：

(一)**自身社交**（autosociality）：最初階段，以自己為社交對象，是早期學齡前發展階段。在此階段，兒童主要的快樂和滿足來自本身，在兩歲嬰兒身上可看見典型例子。

(二)**同性社交**（homosociality）：第二階段，以同性為社交對象，是小學發展階段。在此階段，兒童主要的快樂和滿足來自其他同性兒童的相處（不是以性為目的，而是為了友誼和有人陪伴）。

(三)**異性社交**（heterosociality）：最終階段，以異性為社交對象，是青少年和成年的發展階段。在此階段，個人從與男、女兩性的交往中得到快樂與滿足，親密關係的發展是青少年晚期重大的挑戰之一。

二、性成熟的影響

性成熟引發青少年對異性的生物─情緒的察覺，降低對異性的敵意態度，開始對異性產生情感反應。從一方面來看，初成熟的男孩為這樣的年輕女孩著迷並感到不解；另一方面，他也感到畏懼、害怕與困惑。異性相處的初步：藉由某種形式的身體反應接觸逗弄女孩，例如，拉她頭髮、撥掉她的書……。此時女生多受文化制約，而產生尖叫、跑開以及假裝生氣等結果，在此時男孩不擅於與女孩交談，但他們知道如何打鬧，來進行情感的第一類接觸。

此外，此種初步會漸漸呈現精緻化的形式，男孩漸漸以耍酷、表現男子氣概來讓異性發現彼此，彼此的關係出現配對的關係，加深充滿愛意的友誼和戀情。整體而言，選擇異性同伴的平均年齡一直在下降中，這或許是因為性早熟以及社會習俗的變遷，但早期的男女朋友

的關係可能是不對等的，然而隨著年紀的增長，男女的對等關係才真正達成。

三、同性戀的青少年

進入 e 世代，隨著網際網路的發達，為情感的交流營造出許多想像空間，虛擬情境把許多人帶向遊戲人生中的刺激、歡愉；各種形形色色、光怪陸離的速成愛情故事，顛覆詩詞歌賦中「問世間情是何物，直教人生死相許？」所傳誦的兩情故事，對愛情的歌詠版本翻新，不再是異性戀的一枝獨秀。隨著民主的開放、人權的抗爭，少數族群逐漸在封閉的社會裡抬頭，在媒體的包裝和策略的攻勢下，同性戀話題一一浮出檯面，首當其衝的就是懵懂無知的青少年。他（她）們在性別認知的最後階段，很容易因外力的推波助瀾掉進了同性戀的陷阱，心中一股純純的愛為眾裡尋他千百度的愛人，如飛蛾撲火般地奉獻、燃燒自己的情感，落得「尋尋覓覓，冷冷清清，悽悽慘慘戚戚」的哀傷，或「此情無計可消除，才下心頭，卻上心頭」剪不斷理還亂的少年新愁。

有些男同性戀與女同性戀的青年，從青春期就意識到自己的性傾向，他們不會覺得想要也認為沒必要與異性發展出戀情，儘管如此，同性戀青年仍需要與異性發展友誼，以及令他們感到自在的關係。同時，他們必須學會追求同性的浪漫關係，但由於社會偏見的影響，同性戀青年往往會發現，追求同性戀情比獲取異性戀情更加困難。

據教育部第六十一期的《輔導通訊》「同性戀學生之輔導」專題中，〈同性戀之問題與輔導〉一文，提到研究發現，美國校園有 45%的男同性戀及 20%的女同性戀學生，在學校曾遭受語言或身體上的騷擾。美國學校中的同性戀人口約有 10%，而同性戀同學的自殺率和藥物酒精濫用的比例，皆高於異性戀三倍。這些數據顯示出，這一代的青少年正受到同性戀問題的困擾。在青少年人格發展尚未臻健全時，很容易被牽著鼻子走，甚至對愛恨強烈地表達，若不加以輔導，其人格發展不但受阻，生活也會產生適應不良的問題。伴隨著自殺、藥物

濫用、酒精、毒品、性病傳染、輟學、家庭衝突、學業等種種行為問題，情緒困擾嚴重者還會形成自我形象低落、沮喪與自我懷疑。

　　從這份教育刊物，可知台灣校園的同性戀輔導個案已經開始受到重視。近年來，教會中輔導青少年同性戀問題的個案也如雨後春筍般冒出來，面對這一群十幾歲的孩子，要輔導他們是很大的挑戰，因為這正值他們人生的第二個叛逆期，有很多自己的主張和看法，不一定願意「聽」進去我們所謂的「真理」。但是換個角度來看，同樣的這群人卻具有改變的新契機和較大的彈性空間，是值得投資服事的一群，在其摸索「性別角色」的時候，只要發現得早並投注夠多的心力，足以扭轉其扭曲的觀念，將來花在矯正上的功夫就少多了。

　　在青少年的階段，因注重同儕關係，自然同性的友誼接觸會顯得頻繁和親密一點，尤其在女生之間較難分辨，不能單憑外在的動作、感覺就下結論，最好要專業輔導員的幫忙。真、假同性戀的區隔通常得從個案的原生家庭和自身對性的反應及童年傷害去探源，千萬不能驟下判斷，大約的輪廓是：

㈠對異性情感完全沒有感覺或沒有同性情感來得高（有可能是雙性戀）。

㈡對同性有性幻想，渴望親吻、愛撫、性接觸等，對異性則不行。且非情境式的反應而是連續性的反應。

㈢對異性的性接觸無法產生快感或有排斥、噁心的反應，反之則可以如魚得水。

㈣男同性戀者與父親的關係通常較疏遠，和母親的關係反而較黏稠。而女同性戀者剛好相反，但非絕對且變數較大。

㈤有些同性戀者有性別認同的問題，即「靈魂裝錯軀殼」的想法，他／她不以為自己是同性戀，而且這些人有可能早已經變性或正考慮變性中。

　　同性友誼和同性戀往往只有一線之隔，衡量的量尺要非常慎重和小心，而且同性戀的成因很複雜，非單一因素造成的，所以不能簡單化或標籤化。

對於青少年面對同性戀問題困擾的輔導之重點著重於情緒支持，輔導者在輔導過程中必須隨時關心當事人的情緒反應，及不舒服的程度，適時給予同理心的支持，和引導對方放鬆自在地表達內在的心理感受，且對這些情緒的支持遠勝於對事實的探究。我們可以引導受輔導者從現在的狀態出發，慢慢找出影響現在經驗的東西，例如，先處理人際困難、不想上課與父母爭吵……等問題，再接觸核心問題直接與痛源對話。鼓勵他／她不要逃避令他／她痛苦的情緒，待時機成熟，適時挑戰他／她嘗試改變，不要讓僵化阻礙成長。輔導員需做好長期陪伴的心理準備，輔導者本身是否夠成熟，或是有無被支持的資源，這些都該納入評估。另外，切記不要過早給對方建議或指導，需要多一點傾聽，多一點雙方面的溝通。若有疑問，隨時找專家幫忙，在長期抗戰的過程中，受輔者要處理的問題很多，諸如停止上色情網站、禁止進入網路聊天室、拒絕出入同性戀場所、處理分手……等，改變的意願很容易反反覆覆、起起伏伏，甚至情緒反彈強烈，需要在愛中凡事包容、凡事相信、凡事忍耐。若跌倒了，鼓勵他／她再站起來，拿出勇氣向前走，不要中了沮喪的詭計。

四、青少年的愛戀與迷戀

戀愛經驗伴隨著真正對等關係或想像中的對等關係而產生，有研究調查指出，容易戀愛的人第一次談戀愛的平均年齡是十二至十四歲。到了青春期晚期，大多數青少年已經談過戀愛，一般男孩開始談戀愛的時間較女孩早，也較易陷入愛河。相較於女孩，男孩的愛情建立於肉體吸引力的成分較高。在大多數人的經驗裡，談戀愛提供了正面的需求，帶來滿足和狂喜，但強烈的愛意卻可能帶來風險，成功的愛情點燃喜悅，失敗的愛情卻招致絕望。所以對青少年而言，失戀可能是一種具有毀滅性的經驗。

五、失戀

大多數父母反對青少年在求學時期談戀愛，怕談戀愛會影響子女

的學業，但青少年反叛性強，壓力愈大，反抗力就愈大，容易造成各種嚴重後果。

　　喪失浪漫關係構成生命中的重大改變。然而，其規模不只是壓力或改變，而是有強大的失落感，但青少年的此種失落感往往被忽視了，成人會用各種不同的話來安慰青少年：「你年紀太輕了，不懂什麼叫作愛；這不是真正的愛情。」「你明天就會好些的。」「你還年輕，有很多時間可以尋找新戀情。」等……

　　實際上，青少年格外容易因為失落而受傷害，因為他們的自我仍在形成當中，他們處世的技巧尚未發展完成，他們處於戀愛中常會幻想將來與之步入禮堂，從此過著幸福美滿的生活等，也因為如此，當他們陷於失戀的情境時，會對自己的世界感到絕望。所以，治療傷痛必須確認幻想的失落，以及真實的失落，並從此進行治療，須注意到戀愛是一種情感上的依附，有時被比喻成嬰兒與父母間所發展出的情感聯繫，在遇到失去戀人時，他們會表達出難以再愛上任何人的絕望，有時甚至會嘗試藥物或酒精自我治療。至於那些對失落沒反應，卻以忙亂的步伐重新生活的人，同樣亟需關注。失去心愛的人已被列為青少年自殺因素之一。

六、協助青少年度過失落期

　　協助青少年度過失落期方式如：

㈠協助青少年將強烈的情感視做正常、可預期的事。青少年有權感覺、有權悲痛。

㈡鼓勵他們表達感覺和想法。

㈢教導他們關於悲痛的過程。

㈣鼓勵他們依靠家人和朋友的網絡。

㈤讓他們可以放緩腳步，開始療傷的過程。

㈥鼓勵青少年在連結和退縮的需求之間達到平衡。

㈦鼓勵他們好好休息、注意飲食和運動，照顧好自己的身體。

㈧建議青少年收藏好會引起回憶的東西。做這件事表示他們拋棄部分

復合的幻想。

㈨協助他們自己當做劫後餘生者，了解傷痛將隨時間消退。

㈩協助他們了解人生有起有落，難免會有傷心的時候。

㈠建議他們延後做出重要決定，在生活中避免其他重大改變，處於悲痛時期並非是做出重大決定的好時機。

㈡鼓勵他們找到新方式來享受額外的時間和新的自由。

七、案例說明

> 甲男失戀了，理由是因為女朋友覺得甲男太過吝嗇。
>
> 分手後，甲男心中的想法是：「我真是白痴啊，竟然要那麼久的時間才知道她對這些事情這麼不高興。連她生日我都只送一朵玫瑰花，難怪她會看不起我。我真是白癡啊！」某甲的心情爛透了。

某甲可以用哪三個問題去尋找不同的思考角度：

㈠為什麼？有什麼證據嗎？——為什麼我是白癡呢？證據是什麼？我承認我是比較遲鈍一點，我猜不透她在想什麼。我也承認我的確比較節省。但是為什麼遲鈍一點、節省一點就是白癡呢？

㈡替自己的立場辯護——她說我是守財奴，我覺得這是很不對的。我是很節省，但那是因為我從小就是在窮苦的環境中長大，我當然會很節省。而且我現在根本沒在賺錢，用的都是父母的錢，我怎麼敢亂花呢？

㈢客觀的評論自己或別人——我覺得她太重視物質了。她家裡有錢，所以要什麼都可以。她當然沒有什麼金錢觀念。兩個人相處重要的是彼此能互相體諒關心，如果她是要找一個有錢人好好享受，那我也不想要這樣的女朋友。

你看，如果某甲可以從這些角度來看事情，他的心情是不是會比較好呢？

如果，現在的你也處在情緒的低潮期，為什麼不用上述的三個問題來幫助你，看看從不同的角度來看事情會怎樣？說不定你的心情會

改善很多喔！

參、約會問題探討

一、約會的理由與功能

當男女之間互相認識，並欲進一步交往時，無論是男方示愛或女方示意，無論是主動追求或是被動回應，雙方都會面臨約會交往的問題。而在美國文化中，約會並非永遠等同於求愛，至少在青春期早、中期是如此。因此，在青少年的眼中，約會的理由可分為以下幾點：

㈠**消遣**：約會提供娛樂，是休閒形式和快樂的來源。

㈡**沒有婚姻責任下的相互作伴**：渴望友誼、被接受、獲得感情和別人的愛。

㈢**地位的分等、分類和達成**：較高社經地位的青少年，約會次數多於較低社經地位的青少年。某些青少年藉由約會，來證明、達成或維持其地位。而地位較高者，也有助於取得社交活動中的重要優勢。

㈣**社交**：約會是學習認識、了解，並與許多不同類型人物相處的一種方式，藉由約會，可學習到合作、體貼、責任各種社交技巧，禮儀風範，以及與他人互動的技巧。

㈤**得到性經驗或滿足**：研究指出，相較於女性，男性更急著想要從男女關係中，得到性的親密接觸，此一差異往往形成潛在的衝突來源。

㈥**篩選伴侶**：在交往過程中，了解彼此的興趣消遣及人格特質，使得約會可提供兩人成為伴侶的機會。

㈦**獲得親密關係**：親密關係是開放心胸、分享、相互信賴、尊重、愛戀，以及忠誠之下所發展的產物，親密、持久、具備愛與承諾是這種關係的特微。

McDabe 認為，兩性的約會與互動，具備了六項重要的功能：獲得樂趣；鞏固地位；促進成長；性的實驗、探索與滿足；建立兩性情感；尋找或確認婚姻對象。晏涵文也指出約會具有七項正向功能：培

養社交能力；發展自我了解與了解對方；發現並測驗性別角色觀念；評估人生價值觀和目標；測驗對方遭遇困難時的應變能力；評估自我的需求；認識占有與嫉妒的意義。

二、約會的年齡模式

由於青少年早期階段，父母所發揮的管控力變得比以往更小，而同儕壓力也迫使約會年齡提早，現今女孩開始約會的平均年齡約為十三歲。而及早發展出固定關係的青少年約會頻率較高，而開始固定約會後，很快就會產生性關係。

另外有證據指出，家庭不完整的青少年，開始約會的年齡早於家庭完整；快樂的青少年，顯示出約會可以滿足無法從親子關係中獲得的情感和社交需求。

三、男女約會共通問題

根據美國東卡羅來納大學隨機抽樣的二百二十名女性、一百零七名男性大學生為樣本，男性最常出現的問題是：與約會對象的溝通、約會場所、害羞、金錢、誠實／心胸；而女性則是被逼著發生性行為的壓力、約會場所、與約會對象的溝通、性的誤解、金錢問題。

而在約會過程中，男女雙方都想盡辦法表現出最佳行為，稱之為「印象整飾」，盡可能呈現自己最好的一面。

四、約會相關事宜

(一)邀約的策略

以坦誠、尊重、大方的態度，透過當面邀約、信函或卡片、電話、網路，或是請人代為邀請等方式來邀約。應具有「自己有權表達，對方當然也有權拒絕」的心態，才不至於造成受邀者的困擾與邀約者的壓力。若確定不接受對方的邀約，也宜態度溫和但立場堅定地告知對方，並應避免為彰顯自己的魅力而故意對外張揚，令對方難堪、尷尬。

㈡赴約的態度

應保持平常心，如同普通朋友聚會一般，可適當地表露自我的特點與風格，但不可過度浮誇或虛飾、華而不實。也不可將對方的邀約或一、二次的約會，視為兩人已開始「談戀愛」或「論婚嫁」的階段。也不宜故意在約會過程中「自我壓抑」或「自我膨脹」，來考驗對方或讓對方難堪，否則極易弄巧成拙，導致雙方關係惡化或變質。

㈢約會時地的選擇

在交往初期或第一次約會，地點選擇宜尊重受邀者的意見，最理想的是安全、寧靜又開放的場合。而約會時間也要考量雙方家人的看法、個人的生活習性，以及安全、交通等因素。至於何時至對方的家庭拜訪其家人，則必須考量雙方的意願、價值觀、交往的關係與家人的態度。

㈣約會過程的掌握

約會過程中的活動內容，應考慮到雙方的興趣、個性、身體狀況、心理感受與角色地位等因素。約會時，須隨時留意對方的感受，避免產生不愉快的衝突或誤解。而在約會中的行為反應，也應該在相互尊重、彼此關愛的情況下，適度適切地應對進退、溝通協調。有時，雙方的親密行為雖可以加速彼此的關係進展，但若舉止失當，不但徒增對方反感，也易使個人形象受損。約會性騷擾與婚前性行為，即是值得警惕的議題。

㈤約會費用的問題

通常在約會的初期，兩性剛開始交往時，約會時的費用往往是由邀約者負擔，因此，邀約者或受邀者可衡量個人的經濟能力與財務狀況，以擬定約會的內容、地點。爾後當雙方深入交往時，約會的費用問題，則可基於雙方的關懷同理、交往進展及經濟條件等因素，多為對方考量。

五、男女情愛的模式

(一)熱烈型

乃是追求羅曼蒂克的激烈情愛，幾乎都是在見到對方的第一時間，就已死心塌地地愛上他。因此，對方的外貌與第一印象是很重要的關鍵因素。在交往中，發展出既深入又親密的愛情關係，對方在自己心目中更是無人可取代的。

(二)遊戲型

感情生活可以完全在理智控制之下，任憑意願來去自如，在交往的心態乃是傾向於「享受過程，拒絕面對結果」。在享受愛情的同時，希望保有完全的自由，也希望對方遵守此「遊戲規則」。如果對方違反了上述規則而過度依附、迷戀，他們往往會故意抽身遠離或冷淡抗拒，甚至不斷明說或暗示對方遵守此一遊戲規則。

(三)神經依附型

此型者一旦陷入情網，整個心思都放在對方身上，往往糾纏於焦慮、興奮、緊張、患得患失的情緒中，為相思而憔悴，因此「心神不寧、情緒起伏很大」是此型者的特徵。假使對方稍有疏忽或冷淡，往往便會有些動作或強烈的改變，以引起對方注意。

(四)無私型

一切以所愛的人為重心，願意將自己的一切，包括時間、金錢、身體、心力、尊嚴、情感等，毫無保留地奉獻給對方。同時，往往願意委屈自己，不求回報。「無怨無悔」是此型最高的心境。然而，有時也會給予對方無形的壓力。

(五)理智計畫型

在選擇愛情前，已先規畫了自己未來的生涯藍圖，並依此規畫的方向與內容來擇偶，他們能夠理智地考量現實條件來挑選對象。同時也不輕易許下承諾，警戒心較強，對異性也十分謹慎，是一個不會陶醉於甜蜜幻想的人。

㈥友伴型

此型者的情愛發展歷程較缺乏激烈的愛情火花，兩性關係較平和、愉悅而歷久彌新。在情感道路上屬細水長流、溫馨穩定的愛。往往是經過長時間的交往，才決定彼此相伴、同甘共苦，不沉迷於激情、浪漫中。他們愛的感覺是來自於互相喜歡、互相照顧、互相了解、互相支持的情境中，由此點點滴滴的互動所凝固起來。

六、約會暴力

㈠約會暴力的特質

1. **多樣化**：不屬於某個階層、社區或特定族裔，也不單單針對異性戀女性，相反地，似乎在所有社區當中處處可見。

2. **性別**：男女都可能成為約會暴力的受害者，但多數醫師只把女孩視為受害者，認為男孩只有在女生反擊的時候才會被打；有些醫師則認為，年輕女孩可能比成年女性更容易在受虐時回手。

3. **隱諱**：可能因為孤立、羞恥，或是害怕說出去可能遭到施暴者的報復。

4. **規範的迷惘**：有研究指出，青少年傾向於把暴力當作愛的表現，或是認為虐待是親密關係裡「正常」的一環。「正常」可能是因為發生相當頻繁，或是把這看作是愛的表達方式。

5. **虐待模式**：透過言詞與肢體虐待所傳遞的控制與嫉妒，跟成年受虐婦女情況相同。

6. **性虐待**：青春期及大學女生遭受性侵害的案例當中，67%是約會強暴。而約會強暴受害者裡，大約38%的被害女性年歲在十四到十七歲之間。有一些女性乃是長期處於性虐待的狀況，對方經由武力或威脅強迫她們發生性行為，否則跟她們斷絕來往，不然就強烈指責她們不配做個女人或情人。由於這段關係的束縛，加上被逼迫的性行為所產生的價值感喪失、墮落、羞恥，會壓抑受害者逃脫的能力。

7. **毒品酒精濫用**：吸毒、酗酒與兩性關係暴力之間，存有一定的

關聯。因為這些物質會減低人的抑制、判斷及自我約束行為的能力，同時也減低保護自我的決斷力。

㈡肢體暴力

針對洛杉磯九百多名中學生所做的研究指出，大約 45%的學生，不論男性或女性，在約會時至少曾經歷一次某種形式的肢體暴力。

㈢約會強暴

約會強暴（date rape）是浪漫愛情之外潛藏的危險狀況，它是某位認識受害者（即使只是短暫相識）的人對其強迫與發生不想要的性關係。雖然約會強暴是最少呈報的強暴形式，但也是發生在美國學院與大學校園中的普遍現象。

年齡顯然是一種影響因素，因為年輕女性（十五至二十五歲）是最常成為約會強暴的對象。研究者根據調查資料估計：美國學院與大學校園中約有 15%至 25%的女性曾遭遇某種形式的約會強暴。約會強暴的研究也顯示：強暴雖然是一種權力濫用，但它也與人們的性別態度有關。譬如說，學院與大學校園中的男性較女性更可能將異性關係看作相反的意義；男性也較女性更可能具有各種強暴迷思。例如，當女性說「不」時，即意味「是」；女性的穿著是她們想要發生性關係的一種暗示；或者女性是因為其行為而遭到強暴。研究也發現，約會強暴較可能發生在某些組織脈絡裡，特別是在圍繞男子氣概界定為競爭的、飲酒作樂的，以及女性被當作性戰利品所設立的組織裡。

根據現代基金會的個案資料統計：國內約有 60%至 70%的強暴案件發生在認識的友人間，其中，許多是約會強暴案件。根據刑事警察局的資料顯示：近十年來，台灣地區強暴犯罪被害人的最高危險群年齡在十二至十八歲，占所有強暴犯罪被害人的 38%；其次是十八至二十九歲，占 30%。顯示強暴案件以青春期女性被害人為主的犯罪特徵，而青春期正是女性約會交友的時期，如何防範約會強暴是女性必備的知識。約會防暴的＂STOP＂口訣可視為一道護身的關鍵，也就是在赴約前，不妨想想此次約會的人、事、時、地是否合乎安全原則。

＂STOP＂口訣分別是：S（Security）：約會雖然不宜過於敏感，但

要有「防人之心不可無」的準備，仔細想想這次約會是否安全。T
（Time）：約會時間要正常，若是對方提出的約會時間太晚，最好回
絕或更改較正常的時間。O（Occasion）：約會地點要正當，場所必須
符合公開、明亮、能見度高的安全原則，確保自身安全。P（Person）：
約會對象要正派，正派與否不是從外觀與穿著判斷，而是從他的行為
舉止與態度來觀察。

　　約會強暴的盛行率可能永遠是一個具有爭議性的問題，但約會強
暴對受害女性所造成的傷害，卻是無庸置疑的。有些研究甚至指出，
約會強暴的受暴創傷，比陌生強暴的傷害，來得更深遠。然而，由於
約會強暴完全偏離典型陌生人強暴的界定標準，社會大眾對約會強暴
的宣稱通常抱持曖昧甚或質疑的態度。這樣的社會態度，經常成為輔
導人員協助約會強暴案主的盲點，更可能成為大學調查小組公正處理
約會強暴申訴的阻礙。

參考文獻

一、中文部分

朱淑芬譯（1995），蘇珊・謬森、瑞契爾・柯瑞生著。愛我，請別傷害我。台北：幼獅文化。

吳靜吉（1986）。害羞寂寞愛。台北：遠流。

林燕卿（1998）。校園兩性關係。台北：幼獅文化。

徐西森（2003）。兩性關係與教育。台北：心理。

陳皎眉（1986）。少年十五、二十時。台北：桂冠。

張宏文、邱文芳（1996）。實用人際關係學。台北：商鼎。

張淑茹、劉慧玉譯（1998），Barrie Levy 編。約會暴力。台北：遠流。

黃牧仁譯（1999），Phli Erwin 著。兒童到青少年期的友誼發展。台北：五南。

黃俊豪、連廷嘉譯（2004），F. Philip Rice & Kim Gale Dolgin 著。青少年心理學。台北：學富。

二、英文部分

Shure, M. B. & Spivak, G (1980). Interpersonal Problem Solving as Mediator of Behavioral Adjustment in Preschool and Kindergarten children *Journal of Applied Pevelopmental psychology, 1*, 29-44.

（本章為研究生柯雅華、洪莉欣、丁千恬資料蒐集整理）

第六章

青少年次文化
問題探討

自一九六〇年代開始，全球發展便進入一個新的階段。大體而言，是指世界各國經濟急速發展，並且交相串聯，形成一個全球性的資本主義系統，所以，世界各國雖然擁有自己的大都市，但都市與都市之間卻十分相似，皆屬資本主義系統的新社會。而所謂的現代青少年，就是這個新社會的產物。從社會學的觀點來看，青少年的價值觀、社會觀與人格的發展，是整個社會文化與制度變遷下的產物，意即青少年所擁有的這些價值觀與文化，不可能由其本身自行創造發展出來，青少年的問題是社會所建造出來的，因此，所謂青少年群體、青少年文化、次文化，與整個社會現況是脫離不了關係的。事實上，青少年問題必然相關於整個社會文化的變遷：教育開放、大資本主義市場競爭、階級益發分化且趨於兩極、家庭結構逐日瓦解等，都可能促成青少年在社會上引申出的問題。青少年在成人世界中究竟如何被對待，值得我們去探討，試著去了解青少年的特殊文化，將有助於幫忙青少年在發展的過程中形成助力，才不會讓成人世界與青少年世界兩者之間的互動關係產生代溝，造成今日青少年問題頻傳的原因之一。

壹、文化與群體

　　一般來說，在社會學方法分析下，青少年這個獨特的人口可區分為：

一、青少年群體

(一)**次團體性結構**：有組織的關係及網絡，但這個組織顯得有些模糊，並沒有正式組織公約來約束這個團體，如：影友會。

(二)**社群中交互關係而成**：這個社群中透過彼此類似的價值觀、態度、語言交到更多同性格朋友，再由這些朋友認識相似的同儕。

二、青少年文化

(一)認同、觀念、價值、態度及作法總合，跟以往的世界有不少的差

異，也就是跳脫傳統。大多數人也傾向認為，現代的青少年比較自我中心，不像過去較會以整體為中心，做什麼事情較會考慮到家庭或團體，不會率性而為。反觀現在青少年卻可以在「只要我喜歡，有什麼不可以」的口號支持下，不考慮親人的感受，就自行離家，高興就自己買個摩托車去兜風、逛街。諸如此類的情況顯示，現代青少年在做決定時，很少考慮到群體或家庭的需要。

㈡文化呈現出思考、行為模式、生活方式。例如：「先節儉再享受」是上一代年輕人的普遍自我要求；反之，現在的年輕人則較不講求「延遲享受」的觀念，卻代之以追求立即的滿足。

三、青少年群體的特性

㈠涵蓋包羅萬象，隨環境而有所不同，另外年齡、社經水準的不同，也形成各具特色的團體，如：K書的讀書會、追星族。

㈡模糊的結構：團體並沒有正式規定的約束法條。

㈢局部性的小團體：只分布在特定的區域。

四、青少年文化的特性

㈠隨環境不同有所差異，例如，原住民的青少年，大致來說，他們的表演天分或肢體表現項目比較強，如：唱歌、運動。

㈡中產階級青少年的形象為主流，因為社會的貧富結構的組成，中產階級的家庭比較多，所以自然而然，此類的青少年人數較多，亦形成文化的主流。

㈢青少年群體和文化是否獨樹一格，不同於成人世界的文化，值得我們來探討。

五、觀點不同的學者論點

　　青少年次文化的特性有：

㈠順從性與成人相反的價值觀，因為青少年大部分的時間都在校園讀書，下課後又忙著去補習，所以接觸的人有限，因此有些想法就會

跟成人不同，主要存在於中等學校內。通常這階段的流行產物，校園中占了大半，如：大家都流行穿喬登的籃球鞋。

㈡相反者的觀點：與成人相反為迷思，依據為一項研究顯示，青少年並沒有與父母親疏離，高度尊敬父母。衝突僅在日常事務上，如：講手機大不大聲，而非基本價值觀。

六、相關調查的研究

一般而言，青少年文化反映成人價值觀，取決於父母與同儕影響力之間的消長。也就是說，同儕的影響力增強，父母的影響相對就減弱。

貳、青少年次文化

要了解青少年次文化，以下我們將就有關形成青少年次文化的相關文獻做分析：

一、青少年次文化形成因素

為何會造成青少年次文化呢？美國的學者有以下兩種看法：

㈠世代解釋論

學者以社會整合的觀點來討論青少年次文化及行為，由於社會被看做是一個相互關聯之次系統（subsystem）所組成，而教育系統被視為替經濟及政治系統培育有能力之社會行動者，但是在教育系統中的青少年，因與其他次系統之社會連結極弱，家庭亦因在現代社會中減弱其控制青少年之力量，所以造成了青少年在社會系統中占有一不確定的地位及角色責任。基於這樣的過渡性質，形成了青少年不同於成人的次文化。

㈡結構解釋論

與世代解釋論學者最大的不同是，此派學者認為青少年次文化基本上是源於社會結構——特別是階級結構——本身之矛盾，亦即不同

的社會階級背景將使青少年產生不同的次級型態。英國學者布萊克（Bernelt, 1995）認為，文化是經由學習所得來的，所以各種社會中的構成因素都會形成一個對於學習的影響變數，青少年文化在本質上是一種反映原社會結構、階級情況的產物。社會中各部門都會有其獨特的結構位置，也都會有其不同的生活狀況與問題，為了解決這些問題，人們自然會產生某些固定而持續的意識型態及行為模式，而這種將文化視為一種人們想以集體方式解決生存問題所獲得之方法及意識型態的觀點，可以清楚地從青少年文化與母文化的關係中看出。

　　雖然這兩派對青少年次文化的成因有不同的解釋，但是兩派都提到了青少年文化與成人社會文化之間的關聯。其實，大部分之青少年往往是接受了成人社會所訂下的價值及行為規範，並無反成人或反文化的傾向。此外，即使有些青少年行為表面上看是反成人的，但事實上卻是誇張了成人文化中之特質，或以較成人更理想主義之方式去追求主流文化所設定的價值及目標。

二、青少年次文化的趨勢

　　在青少年特質趨勢裡，學者們歸納了以下幾個方向：

㈠逸樂鬆軟的價值取向

　　在一般狀況中，青少年的經濟來源都依靠家庭的支援，而隨著台灣經濟環境的提升，父母在金錢的給予也較有彈性，加上社會價值觀念的影響，青少年重視放鬆自己，滿足慾望的程度逐漸增加。這是因為長期安逸寬裕的生活與窄化偏頗的教育所造成。

㈡膚淺刻薄的語言形式

　　在青少年流行語中，「哇靠」、「白爛」、「監介」這些國台語夾雜、英日文混亂的話語，戲謔的、暴力的、輕薄而鄙俗的口頭禪，造成了語言品質的低劣。

㈢封閉唯我的圖像思考

　　由於動漫畫、卡通的流行，電動玩具及電腦的普及，各類傳播媒體的日新月異，網路通訊世界的無遠弗屆，現代青少年對螢光幕圖像

興趣濃厚，使得青少年文字閱讀能力大減，因而排斥教科書與長篇大論。

㈣短暫閒散的人生態度

「只要我喜歡，有什麼不可以」、「心動不如馬上行動」這些言簡意不賅的流行廣告詞，顯示新生代青少年的肆意妄為、尋求自我滿足與短暫快樂的最佳寫照，其實亦突顯了青少年瞻前不顧後，缺乏長期思考能力的特質。

㈤盲目瘋狂的偶像崇拜

因為轉向投射為盲目癡迷的偶像崇拜，青少年花費大量的時間與金錢，蒐集偶像明星的圖案、照片等周邊產品，甚而組成FANS追星。這樣瘋狂的舉動令人深思偶像破滅才是成長開始的真昧。

㈥逃避退縮的藥物濫用

由於缺乏人生目標和受挫忍耐力的降低，現代的青少年學習態度消極膚淺，青少年蹺家、逃學、中途輟學的人數日益增加，而依靠毒品藥物來逃避現實者也大有人在，形成了逃避退縮、自卑自殘而疏離苦悶的問題青少年。

㈦偏差暴力的社會問題

當前青少年抽菸吸安者眾，偷竊與勒索者多，各種暴力與犯罪的成群結黨現象也愈趨嚴重，性觀念與性態度之偏差，以及校園暴力、藥物濫用等等的問題，均使得青少年次文化日趨偏差與脫序，令人焦慮。

三、青少年次文化在教育上的意義

身為一位教師，從教學上運用青少年次文化，將可達到潛移默化的功能，其功能如下：

㈠協助青少年社會化

由青少年次文化的產生原因來看，我們可以說它是一種社會化；而且就發展時期來看，此時的社會化是個人社會化過程中的一種過渡型態，也就是整個個人社會化的開端及基礎。因此，幫助青少年發展

正面的次文化、導正負面的次文化，便是在協助其社會化，發揮社會化的功能。

㈡反映社會差異因素對於青少年的影響

從青少年次文化中，可以反映出其次文化受了什麼社會因素影響，在分析其因素之後，有助於了解青少年，因其次文化所表現在外的言行舉止，及其前因後果，進一步因材施教，也就是更能視情況調整教學及輔導方式。

㈢提供判斷青少年的價值觀與行為的參照標準

同儕間的青少年次文化，乃青少年們所發展出來的，屬於他們自己的一套思想、行為及規範；同時，也是他們相互認同及學習仿效的標準。在教育上，這個標準當然可以作為判斷了解青少年行為及其學習情況的一個參考。

㈣了解青少年學業成就及行為表現

由文化的定義及特性，我們可以了解青少年次文化，便是其生活表現的一個範本；也就是說，青少年次文化影響著青少年的行為表現及價值觀念，其對於本身行為的看法，及對於學業的重視程度，都受其次文化影響。因此了解青少年次文化，可以尋得其部分學業及行為表現的原因。

㈤具有「潛在課程」的影響力

就青少年次文化形成的過程，以及其對於青少年的作用、影響，無庸置疑地有著潛移默化效果，剛好和所謂潛在課程的效果相符。因此，在教育上，對於青少年次文化的掌握及運用得當的話，便能發揮潛在課程的功能。

以上僅例舉幾項，實際上，仍需視次文化及學生情況不同而有所因應及變化，也就是說，運用及疏導的策略乃是視情況來設計的，這裡最多也只能指出大概的原則、給幾個例子，至於真正策略的擬定，則端賴於教師本身們的教育智慧了。最根本的，當然還是對青少年次文化的認識了。

參、青少年群體形成文化

一、群體類別：幼童團體、青少年團體與青年組織

㈠幼童團體

在兒童時期的團體通常由同年齡或同性兒童所組成（例如鄰居和小時玩伴）；四、五歲時，對同儕之興趣增加，並尋求同儕的接受與讚許，故此時期為群嬉。但是，在六年級之前的學生經常形成包括男生和女生的團體，不論性別為何，他們會將自己的能力與技能跟他人比較，兒童會透過分享來選擇自己的態度和價值觀。

㈡青少年團體

在晚期的幼童團體參加了同性的團體，當進入了青少年早期，同性團體互相影響，漸漸地青少年團體中兩性團體開始萌芽，最後同性團體被兩性團體所取代。然後，兩性團體在一些群體的活動裡也互相影響，例如跳舞和運動競賽。在青少年晚期，群聚開始變成一些小團體，例如情侶，開始打算長時間的計畫未來，例如婚姻。

㈢青年組織

青年組織可以培養同儕間的互動和提高自我的尊重，然而，在許多的團體活動（例如跳舞、運動競賽、社會服務），發展出自我的興趣和領導能力。總之，青少年活動和組織提供許多能發展良好品行的機會，給青少年有好的發展環境，在環境條件中增加他的成就感。

二、青少年群體形成功能

㈠爭取力量，增強自己

青少年進入一個團體給了他們安全感，讓他們有了靠山，增強信心。當團體具有某種特質，青少年覺得身在這個團體，也覺得有跟團體一樣的特質。

㈡逃避孤獨與寂寞

青少年在心理上常受到一些打擊和挫折，而這些經驗讓他們產生了一些孤獨和寂寞，這時，青少年團體就會分擔他們的一些痛苦經驗，以至於不會太痛苦。

㈢評估與澄清自己

在青少年期間，他們對他們的未來和打算是一個大問號，所以他們有非常多的疑問，在團體裡就會有一些意見給予青少年做參考。

㈣逃避責任與工作

因為父母對青少年有所期望，會給予一些壓力，有些青少年承受不住那些父母給予的壓力，同儕團體就能幫青少年們減輕那些壓力。

三、同儕團體的功能

艾瑞克遜的理論認為，同儕團體的功能包括下列功能：(1)支持獨立的功能；(2)雷達功能；(3)取代父親的功能；(4)建立自我的功能；(5)心理依附；(6)價值取向的功能；(7)地位設定；(8)負向認定；(9)逃避成人的要求。

羅傑斯的理論認為，同儕團體的功能包括下列功能：(1)補償的功用；(2)排解情緒的功能；(3)影響人格的形成。

四、種族與文化差異

在青少年團體裡，個別青少年的文化背景受到個體的種族、語言以及文化的差異和社會階級的不同，在他們的表現程度、學習速度和學習風格也會不同。也可能因為經濟的因素，讓他們學習的機會有限。

㈠**語言差異**：因為語言的不同，會產生溝通不良而去尋求能跟自己溝通的同儕。因為語言的不同而常常冷落了其他人，無法做到溝通和聊天的功能。

㈡**文化背景**：因為同儕可能來自不同的地方，有的可能是移民，所學習到的文化就不同。因文化的不同以至於生活習慣也不同，待人處事也會有差異。

㈢**社會階級**：同儕間的家庭社經地位不同，產生了中產階級的家庭和低收入的家庭，造成宗教和生活習慣的不同，父母的職業或教育程度都有可能影響青少年的成就。像一些父母是政府高官或是學校教授，也就方便能給孩子許多知識，大部分成就會比一般平民家庭出身的孩子好。

㈣**種族差異**：少數民族的青少年必須承受他人異樣眼光、特殊的評價，往往在他們的身上貼上標籤。像是社會人士給予一些族群的主觀看法，而不進一步了解就給予定論，青少年往往會對自己的血統失去信心，而不承認它。

五、朋黨與群聚

㈠朋黨和群聚在青春期孩子們的生命中占有重要的角色，它能給予青少年一些安全感，也可以提供男女相處的機會，得到一些與人家相處的技能和技巧，也學習朋友的重要性、朋友的好處，也可以為將來做一些打算，例如婚姻。朋黨（cliques）的成員較少，由幾個親密的朋友組成，大多是同性，彼此的交情和內聚力比群聚來得深，但在朋黨中行動會受約束，例如一起在俱樂部或在一個球隊，也可能是彼此的交情，在群聚裡大多是以朋黨聯合組成的。俗話就是死黨，他們就是無話不談的朋友，彼此是沒有什麼顧慮的。

㈡群聚（crowds）

　　群聚是最大的社交團體，其中個人關係的因素最少，大多是由興趣、喜好和理想相同的一些人形成的，團體的成員以各種活動或遊戲競賽為相聚基礎，不像個別友誼或朋黨具有互相吸引的成分。

㈢朋黨與群聚的過程：

第一期：此期為孤立的同性朋黨，稱前群聚期。

第二期：群聚開始形成，同性朋黨間彼此往來。

第三期：群聚過渡時期，各同性朋黨之領導分子形成一個異性的朋黨。

第四期：群聚已發展完成，各異性朋黨間有密切之結合。

第五期：群聚開始互解，成雙的小團體形成，小團體間的結合不密。

六、友誼（friendship）問題探討

㈠友誼對青少年重要性

1. **交往（companionship）**：友誼提供青少年熟悉的夥伴，可以心甘情願地花費時間和參加團體活動。就是可以和朋友一起參加活動，像是參加社團一起學習社團上的種種。

2. **刺激（stimulation）**：友誼提供青少年有趣的消息、刺激的事物和文娛活動。就像我們會跟朋友一起聊八卦、一起去冒險、參加一些文藝活動，還有上網去網路交友也是一種刺激。

3. **自然的支持（physical support）**：友誼提供青少年時間、資源和協助。就像是朋友有困難的時候，我們會去幫忙朋友度過難關。

4. **自我支持（ego support）**：友誼提供青少年作為充分保持自己的一個印象的支援、鼓勵和回饋的期望、有吸引力的和很好的個人認知。就像我們在一個團體裡擔任幹部，去領導部下時，我們就會發揮自己的能力、技能，讓部下認同、肯定我們。當部下認同、肯定我們時，我們就會形成一種自我的支持，覺得自己是個有魅力的人，我們就會愈做愈好。

5. **社會比較（social comparison）**：友誼提供青少年跟其他人做比較，並且比較是否做得很好。就像我們與朋友間會去互相比較穿著、成績等等的。還有，我們的父母親也是會把我們拿去跟別人的小孩比較，這些都是一種社會比較。

6. **親密／影響（intimacy/affection）**：友誼提供青少年與另一位成員有溫暖的、親密的、令人信賴的關係，包括本身的公開事物。就像是我們跟同性或異性的朋友成為無話不談的朋友，而異性的朋友甚至有可能進一步成為男女朋友。

㈡沙利文的思想（Sullivan's ideas）

沙利文（Harry Stack Sullivan, 1892-1949）是位美國精神醫學家，

他主張青少年早期在親密朋友的心理上重要性和親密中有一明顯性增加。在一項研究中，連續五天訪問了十三到十六歲的青少年，跟父母和朋友花費在從事有意義的活動上，總共花了多少時間？發現，平均每天花費一百零三分鐘跟朋友在一起，但是跟父母只花費了二十八分鐘；發現了在青春期對朋友的依賴性比父母還多。假如青少年沒有要好的友誼，使其感到沮喪、孤單的情形會比童年更嚴重。在童年時跟玩伴玩，大概只需要知道怎樣融入團體與玩伴玩耍；但是，青少年間的相處是需要學習社交能力的，包括如何適當地介紹自我、對朋友提供情感上的幫助、利用良好的方法處理一些糾紛而不破壞朋友間的感情。他還強調友誼對青少年的成長扮演著重要的角色。他強調發展階段，但是強調的是人際關係，而非心理發展。

人格發展的六個時期：

1. 嬰兒期（infancy）

這時嬰兒處在無能狀態，只要求生理需要的滿足，認知經驗處於與環境混亂不分的未分化階段，嬰兒與母親的憂樂感情息息相通。沙利文稱之為「口腔愛的相互作用」。在這個階段，認知經驗表現為內部尚缺乏共同有效性意義的不完全反應模式，藉著母親的照顧與愛或緊張與焦慮產生「好母親」或「壞母親」的象徵，與同時出現了被別人視為最初自我的「好我」和「壞我」。在此階段，若經常不能獲得滿足與安全感，會有冷漠或愛睡的傾向。

2. 兒童期（childhood）

此階段開始發展語言及綜合模式的思考。由於語文符號使用能力的成長，開始喜歡同性的玩伴，並學習扮演各種角色。此時已能融合不同的形象，接納社會文化中的一些規範，產生順從行為，自我系統開始具有清晰的結構，能注意自己的行為，已避免處罰與焦慮。昇華（sublimation）為普遍的調適行為。此一時期若與他人交往，帶來了焦慮和痛苦，而無法獲得適當的調適，可能會產生敵意，形成孤立，甚至退化到嬰兒期。

3.少年期（juvenile era）

少年期已經社會化了，懂得競爭與合作。早期的「避免焦慮」和「順從行為」已建立相當明顯的習慣，成為個人認同的核心，包括對自我的肯定或否定的感情與期望，這些即形成自我系統中的價值觀念，能選擇、批判和控制行為。同時，也受文化的影響，產生某些「刻板印象」。如果個人的發展歷程在此停止，則會一輩子堅持這些想法很難改變。這階段的少年有保守的傾向，喜好熟悉的活動，排斥異常的經驗。對於父母的想法與要求會比較實際，不再視父母為全能。

4.青少年前期（preadolesence）

此一時期之重要特徵在於能與同性友伴建立互愛、互信的關係，能與密友共同合作解決問題，較能體諒他人、關心他人。在此階段若不能建立良好的友伴關係，會形成嚴重的疏離感和偏差行為。

5.青少年早期（early adolescence）

此一時期生理變化急遽，性慾動力開始成熟，與同性關係的友伴和與異性友伴的愛情關係二種需求並存，若無法分清這兩種需求則會產生同性戀，很多成年人的衝突即源於性需求的不能滿足。

6.青少年後期（late adolescence）

個人經歷一段相當長的教育活動與社會生活後，在權利、義務、責任等人際經驗中逐漸發展成熟、語文能力提高、自我系統穩固，學習有效的昇華作用，建立健全有力的安全標準，以減輕或對抗焦慮。

當我們經過這六個階段的成長就到了成人期，透過人際關係的轉換，讓我們成為真正的人類。

㈢親密和相似處為友誼中兩種最重要的特性

親密（intimacy）：在最近二十年對青少年友誼最可靠的研究成果是，親密在友誼中是個很重要的特色。當我們問青少年什麼是朋友，或者為什麼稱一個人為他們最好的朋友？青少年時常說，好朋友就是能與他們分享問題、了解他們、能傾聽他們的想法。而小孩子談論到友誼，要他們去談論心事……是難得的。有項調查發現友誼的親密性，十三到十六歲的階段，比十到十三歲階段的人更為明顯。

青春期女孩的友誼比男孩的友誼更親密嗎？

男女友誼之差別：

1.女性傾向於有同性且親密的、依附性強及利他主義的友誼型態；男性傾向擁有許多朋友，但較少同性親密友誼。

2.女性將同性朋友視為可以一起分享、做很多事的單一朋友；男性傾向在不同需求中建立廣泛性的社會網絡。

相似處（similarity）：友誼的另一個主要特性，自小孩到青少年的年紀，朋友大多是由相似的年紀、種族地位和許多其他因素所構成，朋友會對學校有相似的看法，有相似的求學志向，朋友喜歡相同的音樂、穿有點相似的服飾，更喜歡相同的空閒活動。但是，假如朋友對於意見上有不同的看法時，如有人要去打球或購物而不去做功課，當其中有一人堅持要去完成他的功課，而其他人也是堅持要去打球或購物而不做功課，這樣他們之間的友誼就會變淡了，嚴重一點還可能會導致不合而分開。

㈣混合年紀的友誼（mixed-age friend）

要是小孩和青少年與較年長的成員成為親密的好友，會比與相同年紀的成員更有可能參與不正當的行為。雖然很多青少年發展友誼的成員都是相同的年紀，但還是有些青少年的好朋友是較年輕或較年長的成員。尤其是父母會更為擔心，較年長的朋友會鼓勵他們去參加違法的行為或過早的性行為。學者發現，青少年被較年長的青少年影響後，參加這些行為會更加頻繁，但不知道較年長的青少年是否控制較年輕的青少年去接近不正當的行為，或者不管是否較年輕的青少年在跟較年長的青少年做朋友之前，已經有不正當的行為傾向。

而青春期較為早熟的女孩，也比晚熟的同儕女孩更有可能參與不正當的行為。因為早熟的女孩跟較年長的朋友交際，比晚熟的同儕女孩更有可能參與不正當的行為，就像是逃學、喝酒、性行為……。因此，父母掛念小孩的理由是，他們的小孩與較年長的成員成為朋友是他們所掛念、擔心的。

七、青少年群體的生活現況種類

㈠適合成為朋友的

相互的影響：在談話上、行為舉止上……會給我們正面影響的。良好的社交行為：朋友間會懂得分享、合作敬重別人和自己；自己要有良好的舉止、有禮貌的，相對地，別人也才會敬重自己。

㈡不適合成為朋友的

心理上的侵犯：對人不敬、有偏見……人家就會不喜歡與你為伍。

消極的自我表現：對別人或自己表現出粗魯的舉動、行動……這樣會讓人厭惡。擾亂社會的行為：使用違禁品、飆車……這些行為會危害社會的秩序。

㈢約會與浪漫的戀愛關係

雖然許多年輕的男女在團體中有許多正式與非正式的社交活動，但是透過約會更容易了解兩性之間的關係。在尚未約會之前的年輕男女，常自問自答一些有關面對約會時的問題；比如男生會想說「如果我親了她，她會不會推我咧？」而女生會想「如果他親了我，我該怎麼回應他咧？」等等。這個段落的焦點放在「異性約會」與「浪漫的戀愛關係」上，畢竟大部分的年輕人都會經歷這些過程。

1. 約會的功能

(1)約會是近代常見的現象，但在一九二○年代時，約會被視為選擇配偶的主要任務。

(2)當時的約會常被「父母親」所關注，幾乎由父母親來決定你異性的朋友。

(3)甚至由雙方的家長來私下協議你的結婚伴侶。

(4)現代的青年人有比較多權力選擇約會的過程及約會的對象了，約會不僅僅是為了尋找結婚的對象，而提供了更多的功能。

(5)約會可視為娛樂休閒的方法之一。

(6)約會可讓你更有成就感。

(7)約會對青少年來說是一個社會化的過程。

(8)約會可以學習與異性建立良好的關係。

(9)約會可以探索性別的差異。

(10)約會可以與異性有更好的交往關係。

(11)約會可以更認識自己。

(12)約會可以提供選擇伴侶的機會。

2. **約會的類型與發展的改變**

青少年在開始戀愛的階段，沒有滿足情感的動機或者是性需求。主要展視出自己好的一面，發掘自己吸引異性的一面。時機成熟後，對於性也開始有所要求了。以前，總是一群人出去玩、看電影或者逛街，但最近發現有一種約會的方式 "cyberdating"，是在網路上張貼你的個人資料，然後互相聯絡後，出來約會的一種約會方式，在中學生的交友情況是很普遍的。但是，萬一遇上壞人的話，就十分的危險了。美國的女生在十四歲就會開始約會，男生是在十四或十五歲，少於 10% 的年輕人在十歲以前就會約會，十六歲的青少年有 90% 至少有一次的約會經驗，而 75% 的高中生在約會當中會發生一次性行為。青少年人主要的約會活動有看電影、吃飯、去逛購物中心、派對，或者是去拜訪對方的家裡。簡言之，青少年在「想」異性的時間，比實際與異性相處的時間還要多。

3. **文化與約會**

「社會文化的背景」在青少年約會對象與伴侶的選擇發揮著強大的影響力。人們的價值觀與宗教信仰的各種文化，常常決定著約會的開始、自由的限度、約會時男女該扮演什麼角色，都是文化上差異所形成的問題。拉丁與亞洲的美國人其觀念比較保守，所以與相異文化的異性約會時往往會造成一些衝突，觀念保守的家庭會給子女一些小小的自由，但約會是被監視的，青少年的女生也特別受到限制。保守的家庭生活在開放的社會裡，父母親的觀念還是會限制小孩子的約會活動。所以，這樣子的小孩子在分享他們的約會經驗時，總是結結巴巴的。不過，他們還是會偷偷摸摸地去約會（sneak dating）的。

4.男生與女生的約會劇本

女生是以「浪漫情調」作為人與人之間品質的依據，而男生是以「肉體吸引」。約會劇本是男女認知的約會模式，有助於引導青少年約會時的互動。男生會主動規畫好約會的劇本，而女生是被動的。比如男生的劇本是：先邀請對方、計畫行程→開車接送、幫忙開車門→製造肉體的接觸等。而女生的劇本則是：關心自己的外表、享受約會→被動地處在男生所計畫的約會裡→甚至回應男生的性暗示。這種兩性的不同，在起初的戀愛關係狀態，男性較具有能力主導整個約會狀況。

5.情緒與浪漫的戀愛關係

浪漫的情緒可以籠罩著青少年的生活，正在戀愛的人無法思考其他事情，而沒戀愛的人正在煩惱沒人愛我，青少年花很多時間在追求浪漫。這樣的想法可能會讓人覺得同情和快樂，但是也可能帶來負面的情緒，比如煩惱、失望，還有妒忌。浪漫的戀愛關係常常糾纏著青少年的情緒感受。九年級到十二年級正在戀愛的女生，會將三分之一的情緒放在戀愛裡，而男生四分之一；而放在學校的情緒只有13%；放在家庭只有9%；而同性的好友也只有8%。但整體來說，戀愛帶來正面的影響大於負面的影響。戀愛的青少年男女心情起伏不定，原因是他們都將情緒放在對方的身上了。若要跟沒有正在戀愛的人來比較的話，戀愛中的男女心情比較容易覺得消極，特別是戀愛中的少女。

6.浪漫之愛

"romantic love" 也叫作熱情的愛或性愛，包含強烈性慾與迷戀的成分，在戀愛初期的階段，占了很大的部分。熱情之火在浪漫之愛裡燃燒，就是像羅密歐與茱麗葉般的愛情一樣。浪漫之愛具有像大部分「青少年戀愛」的特徵，大學生也是如此。有研究顯示，要求未婚大學生指出誰跟你的關係最密切，有超過一半的人認為是「浪漫的一半」，而非父母或者是兄弟姊妹、朋友。"affectionate love" 也稱為伴侶之愛，並不像浪漫激情的愛般濃烈與變化多端，伴侶之愛呈現穩定並具友誼色彩。與另一半更接近更深層的交往，並互相關心對方的感

情。離婚家庭的小女生，對異性有較強烈的態度，對男生也有比較多的負面評價。單親家庭的女孩可能會嫁給像父親一樣的人，尋找父愛。雙親家庭的女孩不太可能會跟父親相似的人約會或結婚，跟父親相處的時間太多了，總要找個跟父親不同個性的人相處，較有新鮮感。父母親對女兒的約會對象比兒子還要關心，所以青少年在交往時，女生總是會告訴男生，女生的家長對他們交往的看法之類的。青少年透過親密的友誼關係來學習成熟的愛，沙利文提到 "collaboration"，合作的態度可以讓約會及婚姻的關係更美滿。青少年不僅要向家長請教戀愛的戰略，也要學習正確的性觀念。家庭成員及同儕都影響著青少年約會時的經驗。而兄弟姊妹更是影響得最為明顯，一項研究說，青少年在約會時，兄弟姊妹就是最好的資源，兄弟姊妹所提供的甚至比父母親還多，兄弟姊妹可以說是最好的顧問了。團體領導人扮演知己、顧問的角色，所以較容易找到戀愛的對象。異性朋友多的青少年比較容易進入戀愛的關係。

表 6.1　各種角色

	好	壞
父母親對兒女的管教	（好的教養，不壓抑交友）與異性的關係是有益的	（冷淡、無愛心）與異性的關係是沒有幫助的
家庭的安全感	幼兒期（感到充滿安全感）比較會控制自己的情緒，也能自在地公開自己的感情世界	幼兒期（有較多的焦慮情感）不願意發展正面的交往關係
與家長的感情	（有安全感）跟另一半的感情會預期更靠近、更溫暖、親密	（疏離）（矛盾、懷疑）預期反應遲鈍、失望、失意
父母的婚姻關係（若離婚，則有兩種極端）	積極去約會，為了去隔離壓力	遠離、不信任異性，也不希望去約會
	結論：即使去約會，但她已經不信任愛情了，畢竟她在父母親身上看見「承諾」破滅	

肆、青少年次文化的物質面

　　檢視青少年日常生活中所購買、製造、使用的物品，是了解青少年次文化的一種途徑（以下列服裝和電話，在青少年生活中舉足輕重）。

一、服裝

　　青少年文化中最受矚目的層面之一是，他們對於服裝、髮型和裝扮的關注。

　　服裝在青少年文化中的意義：

㈠服裝是青少年用來發現並表達個人定位身分的一項重要工具。因為青少年在找尋讓自己感到安適的自我形象，所以他們非常關注在外表上的實驗。

　　成年人往往指控青少年離經叛道、不遵奉習俗，另有極端看法認為青少年價值觀膚淺。但社會學家和社會心理學家指出，這兩項指控都不是真實的，青少年其實是遵奉習俗的，尤其是在自己的同儕團體內，與服裝和外表有關的事項上。服裝與外表是青少年努力想控制他人對自己的形象的自我表現。服裝是與他人溝通的一種視覺工具，傳達出個人在生活中所想扮演的角色。所以在選擇服裝品牌的同時，青少年考慮的是關於自我形象的問題。

㈡在社交活動上，外表也扮演著重要角色，因為外表提供識別憑藉。青少年以服裝來識別他人的社會身分，定位其行為，並據以做出應有的回應。

㈢服裝可以作為反叛成人世界的媒介。對於父母親懷有敵意或叛逆的青少年，可以藉由父母必定討厭的服裝或髮型來表達他們的蔑視。

㈣有些青少年藉服裝、髮型來表達對成人世界中某些特定道德和價值觀的反叛。道德嚴格的成人文化強調整潔的重要，僅次於虔誠；因此，有些青少年選擇保持骯髒邋遢，表示他們拒絕偽善、唯物、不

信神的文化。

(五)對於青少年而言，服裝最重要的功能是確保他們的認同感，以及同
　　儕團體的認同感。對於自己的外表感到滿意的青少年也會有較可接
　　受的自我概念，並表現較恰當的適應能力。對於在乎同儕團體接受
　　度的青少年而言，注重服裝和外表並非膚淺的瑣事；他們若不遵
　　奉，即會遭到同儕團體的拒絕。

二、電話

　　青少年喜歡使用電話，他們可能整天和某個朋友在外相處，但回
家後又立刻打電話給同一個朋友。電話接連不斷，被青少年視為社交
地位的證明。電話不多的青少年會有被拒絕的感覺，有時會覺得寂
寞。以往，只能由男孩打電話給女孩，或女孩打電話給女孩，女孩打
給男孩被認為是不合時宜的。但現在這種型態已經改變，在美國，少
女對性方面相當積極；而且青少女也發現，她們的父母親贊成她們打
電話給男孩。研究人員在美國南方的都會地區，取樣五百七十八名男
女做訪談，以測定他們使用電話的型態，也發現男性接受女方電話與
女性接受男方電話在數量上是相當的。

伍、青少年次文化的非物質層面

　　青少年次文化並非全然與物質層面有關。使用最新的俚語、聆聽
同儕所贊同的音樂，也有助於讓青少年感覺到次文化的一部分。

一、俚語

(一)次級團體成員常使用他們特有的各種俚語。俚語是簡略表達某種概
　　念的一種方式，同樣的概念若使用傳統語言表達，需要較長的字
　　句。舉例而言，說「騷」（hot）比說「性吸引力」（sexually attract-
　　ive）花較少的字。

(二)正確地使用俚語可將人定位為某一次級團體的成員，其功用如同服

裝。

(三)使用俚語也讓青少年獲得一定程度的隱私，因為周遭成人可能難以了解他們的交談。

(四)俚語表現出次級團體的價值觀。例如在一九六〇年代，嬉皮以psyche-delic一字來指迷幻藥，表達對於非藥物詞彙的認同。

二、音樂

音樂是青少年文化中的重要成分。現在的青少年受到各種不同形式通俗音樂的吸引，或許是因為現今的歌曲所表達的情感範圍廣闊之故。大多數的青少年花許多時間聽音樂。針對 2700 名十四至十六歲青少年聽音樂習慣所做的研究發現，他們每週聽音樂平均為四十小時。

Strasburger 歸納出青少年聽音樂的四種原因：

(一)音樂有助於放鬆，改善情緒。

(二)音樂能為社交活動助興，例如派對和朋友聚會。

(三)音樂有助於殺時間，打發無聊。

(四)音樂能讓人表達對於各種議題的看法，也可以提供可供認同的事或人（歌手）。

儘管不同類型的音樂強調不同主題，在主流搖滾、流行和西部、鄉村音樂中，情歌居主導地位。此外，在歌曲主題方面，歌詞中對於性題材的描述變得愈來愈露骨；大膽暗示或讚揚性接觸的歌曲數量不在少數。男女歌手經常描述做愛的美妙感覺。

除了愛情和性主題外，通俗音樂有時也會探討青少年所面臨的問題。有些藝術家唱出關於寂寞，以及求職無門，有些則慫恿聽者抵制父母、師長或警察的威權。有些歌詞可能鼓勵以暴力對抗壓迫者，或抱怨社會、世界的問題，例如戰爭和仇恨。酒和毒品也常常被利用來頌揚喝醉酒或吸毒後的樂趣，抑或強調這些行為所可能造成的問題。所謂的派對歌曲鼓勵青少年放縱享樂。

三、重金屬音樂

重金屬音樂對於感官享受的喜愛、感情主義或悔恨直言不諱。歌詞表達出赤裸裸的現實主義，以及駭人的世故。重金屬樂團挖空心思，竭盡所能的搞怪，以求超越對手。樂團諸如 Kiss 與 Twisted Sister，突顯怪誕的外表、以非比尋常的化妝和破爛的服裝作為特色。其他的樂團設法盡量使音樂顯得暴力、性感和粗糙。長久以來，重金屬樂團不僅是因為歌詞內容，更因為行為舉止而遭受非議。W.A.S.P 的 Blackie Lawless 以臉部淌「血」，血流至胸的裝扮登台。在舞台上破壞行為貫穿全場，羽毛滿場飛舞，生肉塊砸向聽眾。許多家長和教育工作者擔心，重金屬音樂的歌詞以及樂團行為，對青少年會產生不良的影響。

四、饒舌音樂

饒舌音樂存在至今已超過二十年。其特徵在歌詞說唱，以節奏打擊為伴奏。饒舌歌起源自一九七○年代的紐約，到了一九八○年代末期至一九九○年代卻發展出幫派饒舌歌（gangster rap）──以反社會、暴力和貧民區內駭人聽聞的故事為題席捲東西兩岸。到了此時，重金屬音樂所引發的憂慮，同樣出現在饒舌音樂，成人們擔心某些饒舌歌曲中含有暴力、性別歧視的歌詞，這將影響青少年對侵略行為與性的態度。

五、反社會音樂的影響

根據社會學習理論的原理，聆聽反社會題材的音樂，尤其是由聽眾所崇拜的英雄、偶像所表演者，危害尤甚。以此來檢視音樂對青年的影響，發現：

㈠喜好反社會音樂與社會疏離感兩者之間顯然有關聯。Scheel 和 Westefeld 發現，相較於非樂迷，重金屬樂迷對於自殺懷有較正面的看法，對於活著覺得較不以為然。Arnett 和 Klein 等人發現，傾向於從事反社會行為的青少年，最有可能說出重金屬是他們最喜好的音樂

類型。其他的研究顯示，學校疏離感和喜好重金屬音樂是有關聯的。

㈡然而，迄今並無研究可以證明喜好反社會歌詞的歌曲，與有害的行為有直接因果關係。

㈢在Ballard和Coates的研究中，無法具體證明聽重金屬音樂或饒舌音樂，在短期間內會影響青少年對自殺的看法。

㈣重金屬音樂有淨化作用，可排除累積的挫折感和怒氣。青少年在生氣時特別愛聽重金屬，重金屬音樂總是能讓他們怒氣消釋，產生鎮定效果。

㈤透過重金屬音樂，青少年感到與他人有連結，得到某種慰藉，儘管這種連結是基於共同的疏離感。

㈥重金屬音樂在青少年樂迷中的地位相當複雜，一方面反映出他們對世局的憂慮，以及對未來某種悲觀情緒。另一方面，重金屬音樂也被用來抒解不愉快、難以控制的情緒，比如有關自殺、殺人、極端絕望，以及世界毀滅的歌曲。但重金屬並非造成青少年魯莽、絕望的原因，它反映出青少年的魯莽與絕望，也反映出社會化的環境。

六、音樂電視節目

一九八一年，MTV（音樂電視）問世後，一種極受歡迎的新娛樂型態蓬勃發展。

這種新型態的音樂影像工業，鎖定青少年為對象，內容含有比傳統電視節目還要多的暴力與性，至今已遭受許多的批評。有一項研究分析顯示，超過半數的概念型節目含有暴力或性的影像，或兩者皆有之。

在一項關於暴力或性題材的音樂節目的研究中顯示，看過暴力饒舌節目的研究對象認為暴力是較能被接受的。此外，他們說自己較可能會使用暴力。另一項研究證明，女孩在觀看過女性表現出性服從的節目後，比起未觀看者，較不反對含有性暴力的情景。最後，第三項研究顯示，相較於未觀看節目的研究對象，觀看過暴力饒舌節目的青少年，會對非裔美國男性產生較多的負面刻板形象。

現在有可靠的理由，可以說明為何音樂電視節目比其他任何通俗媒體，更可能影響青少年。

㈠人們普遍認為是 MTV 使通俗音樂工業恢復生機，因為一些才能平庸的表演者能在商業市場上成功，MTV 居功厥偉。

㈡音樂能激發強烈的情緒，這種改變心境的功能使人更容易改變行為與態度。

㈢眾所周知，聲音與影像結合能強化學習，比起單有音樂，能在態度和行為上造成更大的影響。

㈣搖滾樂總是傳播含有叛逆、反社會以及性挑撥的訊息。

㈤概念性音樂電視節目時常穿插不相關的暴力片段。

㈥有些研究顯示，相對短時間觀看音樂電視節目能導致對暴力麻木不仁，同時也提高對社會暴力行為的接受度。

七、綜藝節目對於台灣青少年的影響

在陳怡如的論文中，探討台北市綜藝節目對青少年的影響（陳怡如，2003）。在她的研究中發現：

㈠**收看綜藝節目之行為方面**

　*1.*在電視節目收視行為方面，受訪者非假日平均每天收看 1.75 小時的電視節目，假日平均收看 4.14 小時的電視節目。

　*2.*在三至十八歲閱聽眾進行廣電媒體的使用行為大調查，結果顯示，國小以下的學生以收看卡通類型居多，國中生則以電影、綜藝、靈異節目的收視居多，高中生的收視則以電影、綜藝、音樂為主（廣電基金，2001）。

　*3.*收看綜藝節目的動機主要是「為了娛樂，放鬆心情」（30.9%）。收看綜藝節目時，以「全家人一起收看」（56.4%）所占比例最高。

㈡**綜藝節目收看行為與教化效果方面**

　*1.***綜藝節目收看行為與暴力贊同程度**

　　⑴在綜藝節目收看行為與暴力贊同程度方面，每週收看綜藝節

目時間與暴力贊同程度之間，存在顯著的差異性。每週收看綜藝節目時數為「四小時以上」的國中生，暴力贊同程度最高；其次是每週收看「二小時以上至未滿四小時」、「三十分鐘以下」；而暴力贊同程度最低的則是，每週收看「三十分鐘以上至未滿二小時」綜藝節目的國中生。

(2)在收看電視時間長短與暴力贊同程度方面，結果發現無論是平日或假日的收看電視時間長短，均與暴力贊同程度，呈現正相關之關係。收看電視時間愈長的國中生，暴力贊同程度愈高；反之，收看電視時間愈短的國中生，暴力贊同程度則愈低。

2.綜藝節目收看行為與開放性態度方面

(1)在綜藝節目收看行為與開放性態度方面，在每週收看綜藝節目時間與開放性態度上，存在顯著的差異性，每週收看綜藝節目時數為「四小時以上」的國中生，性態度就愈開放；其次是每週收看「二小時以上至未滿四小時」、「三十分鐘以下」；而性態度最為保守的則是，每週收看「三十分鐘以上至未滿二小時」綜藝節目的國中生。

(2)在假日收看電視時間長短與性態度方面，結果發現兩者間呈現正相關之關係。假日收看電視時間愈長的國中生，性態度愈開放；假日收看電視時間愈短的國中生，性態度愈保守。

從以上得知，相信對青少年文化的本質與特性已有些相當的了解，因為透徹事情的本質，才可對症下藥，這是最根本的，了解什麼是青少年次文化後，最終才可能從而發展有效的輔導策略。

參考文獻

一、中文部分

方鳳琪（2002）。台灣青少年的媒體使用與其道德判斷之相關性——以電視綜藝節目和網路連線遊戲為例。國立交通大學傳播研究所碩士論文。

陳怡如（2003）。綜藝節目色情與暴力內容效果——以台北市國民中學學生為例。中國文化大學新聞研究所碩士論文。

高強華（1993）。青少年次級文化的了解與應用。台灣教育，**511**，11-15。

張春興（1987）。**青年的認同與迷失**。台北：東華。

葉文輝（1997）。**社會學（增訂三版）**。台北：三民。

葉至誠（1997）。**蛻變的社會（初版一刷）**。台北：洪葉文化。

黃俊傑等（1988）。**都市青少年的價值觀**。台北：巨流。

陳奎喜（1996）。青少年次文化的社會學分析。台灣教育，**546**，2-7。

溫毓麒（1993）。淺析青少年次級文化。台灣教育，**511**，25-27。

廖若渝（2000）。廣電基金收視行為調查系列報導：青少年的綜藝節目收視質與量。廣電人，**66**，58-59。

蔡美瑛（1991）。青少年傳播行為、自我認同與其消費行為關聯性之研究——自我表達消費動機與衝動性購物之探究。國立政治大學新聞學研究所碩士論文。

廣電基金（2001）。90 年電視收視行為大調查。民 92 年 1 月 30 日。

林義男譯（1995），賴特‧唐納（Light Donald）、凱勒‧蘇茲安娜（Keller Suzanne）著。**社會學（精節本）**。台北：巨流。

二、英文部分

Bernelt, T. J. & Keefe, K (1995). Friends' Influence on Adolescents' Adjustment to school. *Child pevelopment, 66*, 1312-1329.

Thibaut, J. & Kelley, H. (1959). *The Social Psychology of Groups*. NewYork: John Wiley.

（本章為研究生王炳閔、林家萬、韓啟禹資料蒐集整理）

第七章

青少年抽菸、藥物
與
毒品問題探討

壹、前言

一、吸菸問題

「吸菸有害健康」，經過國內外醫學界、流行病學及公共衛生等專業領域一再證實，吸菸業已成為當今世界各國公認最重要、最可預防健康受損的單一危險因子。

根據世界衛生組織的資料指出，每年全球將近有四百九十萬人因菸害相關疾病而早夭，各國若不加強菸害防制工作，推估至西元二〇三〇年時，此數字將攀升至一千萬人。在台灣地區，根據國家衛生研究院（2001）的研究發現，每年歸因於吸菸的死亡數（smoking-attributable death, SAD）約有一萬七千五百人。而在國人的十大死因中，癌症、腦血管疾病、心臟疾病、呼吸系統疾病，均和吸菸有重大的關係。此外，吸菸所造成健康的危害還不僅止於此，不吸菸者因非志願地暴露於二手菸環境中，被動地吸入帶有致癌物質的旁流菸煙而深受其害。世界衛生組織更指出，在每五個嘗試吸菸的青年人中，就有三人會在成年後染上菸癮，其中半數將死於菸害的疾病（引自李景美，2003）。菸害除了影響國人健康之鉅外，亦會耗損巨額的社會經濟成本。根據國家衛生研究院（2001）的研究發現，我國每年罹病而死亡的人口中，有20%是因吸菸而造成的，因此，推估每年吸菸相關疾病而消耗之醫療資源約超過二百億，且造成生產力三百五十六億新台幣的損失（摘自行政院衛生署國民健康局，2003）。在美國，嘗試吸菸和發展成規律吸菸者的時間，一般發生在青少年時期，89%的成人吸菸者第一次嘗試吸菸的平均年齡為十八歲，且71%的成人每天吸菸者發展成規律吸菸者的年齡亦為十八歲。絕大多數的青少年在青少年早期有嘗試吸菸的行為。另外，根據目前台灣開始吸菸的年齡，男性由二十歲降至十八歲，女性由二十五歲降為二十歲。行政院衛生署於一九九九年委託中華民國健康促進暨衛生教育學會做的全國性調查顯

示，高中男生和女生的吸菸率分別為 16.76% 和 4.46%；且於二〇〇二年的「九十一年台灣地區國民健康促進知識態度與行為調查」研究結果顯示，十五至十七歲的青少年有 14.4% 曾經吸菸，男性 17%、女性 4%，目前吸菸者有 11.0% 吸菸。

　　迄今，大部分的青少年菸害防制工作集中在預防層面，企圖辨認及影響促發嘗試或肇始吸菸的因子。然而，大量青少年吸菸者存在的事實，使得菸害防制工作除了預防新的吸菸者源源不絕的增加外，有效降低吸菸人口的策略之一，含括輔導吸菸者戒菸，因此，菸害防制工作亦需要朝向青少年戒菸層面著力。補充：根據一九九七年通過的「菸害防制法」中明文指出，未滿十八歲者，不得吸菸。學校及矯正機關對於違反「菸害防制法」及校規的吸菸學生，應施予戒菸教育及輔導。

二、喝酒問題

　　若從個人、家庭、社會及文化因素等觀點切入，可以發現影響青少年飲酒的因素是多元、複雜的。而從青少年的飲酒動機來看，人際關係的建立、互動與壓力的因應，是諸多影響青少年飲酒因素的共通點。飲酒具有幫助青少年人際關係的建立、互動，及因應生活壓力、學業壓力等功能，因此，青少年會有飲酒的行為發生。個體在感官刺激追求的差異上，對感官刺激的追求愈強烈，青少年愈容易嘗試飲酒，飲酒行為的發生愈普遍。家庭因素影響青少年飲酒行為的重要性，可以從父母親、手足間飲酒的行為與態度來看。父母親有飲酒行為的家庭，其子女發生飲酒的行為可能性愈高；手足的飲酒行為，也是影響青少年飲酒的重要因子，如同有飲酒行為的同儕、團體般，對青少年的飲酒行為是很重要的影響因素。青少年自小觀察、經驗到父母、手足飲酒的行為及其對酒態度，自然而然會直接影響青少年的飲酒行為及對飲酒的態度。青少年也容易經由觀察父母、手足的飲酒行為，而仿效其父母、手足的飲酒行為。家庭因素可以說是影響青少年飲酒行為與態度最早、最直接的重要因素。青少年的發展過程中，建

立人際關係、結交親密的夥伴是一項首要也是重要的任務之一。同儕之間分享彼此的興趣、活動與對事物的觀感，因此，同儕的飲酒行為、態度也容易影響青少年對飲酒的態度與行為。

三、檳榔

　　檳榔對國民健康、水土保持、環境衛生及社會文化，已經是很嚴重的危害了，隨著檳榔消費需求增加，加上檳榔種植容易、獲利高，且最主要的為台灣檳榔西施的盛行攀升，導致檳榔業者更加濫墾我們寶貴的土地，造成嚴重的土石流及水源污染，或是間接導致交通方面等問題。有鑑於此，行政院衛生署於一九九九年已將檳榔防治列為國民保健三年計畫的工作項目，並加強執行兒童福利法及少年福利法中禁止兒童及少年嚼檳榔的規定，顯示政府對於防治檳榔的決心（引自鄭斐芬，2001）。

四、藥物濫用

　　根據一九九六年台灣衛生教育研究所的抽樣訪問 7856 位國高中生發現，約有 1%的國中生，1.1%的高中生及 3.7%的高職生曾使用過毒品，而學生所使用的毒品以安非他命為主，其次為強力膠。研究中發現，青少年開始吸菸的年齡都早於開始喝酒的年齡，而開始喝酒的年齡又早於開始使用毒品的年齡，顯示菸、酒常是台灣青少年使用毒品的入門藥物，因此不可不注意。

貳、青少年吸菸、飲酒和嚼檳榔現況分析

一、國內相關調查

㈠吸菸

　　綜合研究者的發現，國小高年級學生之吸菸率約為 2.9%，其中還包含過去經常或偶爾吸菸，現已不再吸菸者。若將其排除，則國小高

年級現行吸菸率約為 0.8%。進入國中階段，以近十年針對國中生吸菸行為所做調查，其吸菸率都在一成左右。完成義務教育，進入不同學制之高中、高職學生，其吸菸現況就有較明顯的差異。多數相關研究指出，高中（職）學生吸菸盛行率約為一至兩成之間。其中，高職學生吸菸比例高於高中生、男生吸菸比例高於女生，但百分比相距不遠，顯然，女性學生吸菸的比例成長快速，值得關心。

㈡酒

有關國內青少年飲酒情形的調查，依據行政院衛生署一九九四年度委託調查顯示，青少年的飲酒盛行率，國中男生為 21.8%、國中女生為 10.5%、高中男生為 27.9%、高中女生為 15.4%、高職男生為 43.1%、高職女生為 17.1%。二○○一年，劉美媛、周碧瑟的研究亦顯示，台灣地區有 16.7%的國中、高中職在校青少年自認有飲酒的習慣（每個月至少喝一次），其中男生的飲酒盛行率為 22.9%，女生為 10.1%；而國中在校青少年的飲酒盛行率為 13.8%，十二歲以下（含）青少年的飲酒盛行率也有 11.3%。

而在年齡、性別與種族三個影響青少年飲酒的變項中，隨著青少年年齡的增長，青少年飲酒的盛行率有增加的趨勢，且青少年第一次飲酒的年齡也有往下發展的趨勢；性別的差異上，男性青少年的飲酒情形普遍比女性青少年嚴重；種族的差異上，弱勢族群的青少年有較高的飲酒盛行率，且族群間的飲酒行為及對飲酒的看法、態度亦有所差異。

㈢檳榔

台灣檳榔的分類

1. **菁花（藤）檳榔**：俗稱「菁仔」，平地人最愛嚼食，為檳榔切半再加入石灰及特殊香料配成的紅灰。
2. **包葉檳榔**：將白灰塗抹在荖葉的葉面上，再以荖葉包裹整顆新鮮的檳榔葉子。為原住民嚼食最多。
3. **硬荖藤檳榔塊**：整顆檳榔剖開中間，塗抹白灰後，再加入切塊的硬荖藤。此大多為原住民嚼食，自行製作，並未在市面上販

售。

　　根據周碧瑟、劉美媛（2000）指出，台灣青少年嚼食檳榔盛行率為 11.5%，男生嚼食檳榔比例為 19.1%，女生 3.7%。籍貫方面，則以原住民檳榔盛行率最高。以學校類別來看，國中生嚼檳榔盛行率10.2%、高中生 6.7%、高職生 15.5%，以高職生最高，高中生最低。

二、青少年吸菸行為的相關因子探討

　　青少年吸菸的原因一直是衛生教育者與發展心理學家及家庭醫學等所關注的問題。綜合各種相關文獻，將吸菸的主要動機歸納為下列四項：

㈠個人因素

　　研究發現，較易以身體行為反映焦慮情緒及缺少情緒管理技巧的青少年，其吸菸行為較顯著。例如，台灣青少年高中生易在心煩時、課業壓力太大和疲倦時吸菸；高職生則在心煩時、有人給菸和被人責備時吸菸（黃松元等，1991；嚴道，1997）。

　　此外，影響青少年吸菸行為之個人因素還有：性別、學業成績、菸害知識、吸菸態度等（進一步以路徑分析探討，性別與學業成績對吸菸行為無直接影響。但性別透過菸害知識與吸菸態度，對吸菸行為有間接影響。學業成績則透過菸害知識，對吸菸行為有間接影響）。

㈡社會文化因素

　　潘松義以屏東縣泰武、來義、瑪家國中為例，研究原住民國中生吸菸、飲酒、嚼檳榔之認知態度行為與人格特質，發現「和朋友聊天聚會」是促使他們吸菸的重要因素之一。有國內研究者陳隆彬發現，青少年學生認為吸菸有助人際交往，或是認為吸菸很有大人的成熟模樣。也就是說，現今台灣青少年，無論國中、高中職學生或五專生，若同儕吸菸狀況愈頻繁、同儕吸菸比率愈高，及認為吸菸對學校活動干擾愈小者，他們就愈可能吸菸。

　　國外研究者Simons-Morton進一步指出，來自同儕的直接壓力有：同儕鼓勵吸菸、同儕遞菸行為、挑戰敢不敢吸菸……等；間接影響則

來自於與吸菸同儕交往，因而增加菸品的可近性，提供吸菸之角色模式降低青少年吸菸時產生之焦慮感，讓青少年覺得吸菸可增加社會接受度。

由此看出，青少年階段正是身心劇烈變化的階段，部分缺乏社會支持的青少年藉吸菸控制壓力感受；而另一部分的青少年則認為，吸菸是一種獲得同儕接納與認同的方法。亦有些渴望獲得更多自主權的青少年，將吸菸視為成長獨立的象徵。

㈢家庭因素

家庭是多數個體出生、學習、成長的地方，因此許多生活習慣是在家裡養成的。根據吸菸青少年表示，他們第一次接觸菸品是因為看見長輩吸菸吞雲吐霧的模樣十分好玩而好奇嘗試，卻間接成為吸菸行為的導因。其次，在「菸品獲得」方面，由於吸菸成年人的疏忽，常將菸品置於隨手可得之處，無形中增加青少年接觸菸品的機會與來源。

此外，影響青少年吸菸行為之家庭因素還有：父母婚姻狀況及零用錢之不同而有所差異、父母對其未來是否吸菸缺乏關心（將使嘗試吸菸者有較高的機會持續成為習慣性抽菸者）等等。

㈣商業因素

一九八七年洋菸開放進口，造成各家菸草公司競相爭食菸品市場這塊大餅。為吸引更多消費者甚至擴展新的吸菸人口，菸草公司無不在促銷策略上卯足全力。針對青少年所設計的種種廣告文宣也的確吸引了青少年的目光，甚而影響其吸菸行為。

例如，研究者李景美（1998）研究中小學生對菸品廣告之反應發現，約一成的學生表示在心理上會去接受所看到的菸品廣告，六成的學生會記得大部分或一部分的廣告內容，一成國小生、兩成半國中生及近四成高中職生認為，菸品廣告會吸引他們去看。另外，有 2%國小生、6.6%國中生、8.1%高中職生會對所廣告的品牌產生好感，並會想嘗試該品牌的菸，顯示菸品廣告對青少年之影響不容小覷。

三、教師如何協助青少年吸菸行為

㈠除了健康教育課程內容之外,利用彈性課程或綜合活動時間,進行
　預防吸菸教育介入,以加強學生的知識、態度與技能。

㈡結合社區醫療單位的衛生教育活動,與學校教師進行協同教學,或
　帶領學生前往參觀訪問,或提供教育與教材上的支援。

㈢善用同儕與社團學習策略,鼓勵學生良好行為,培訓校園中的種子
　學生,使其影響其他學生。

㈣教職員的個人行為是很重要的,增進其自我照護知能、強化自我負
　責的概念,以提高教學成就,並作為學生健康的榜樣。

㈤加強宣導成長歷程可能面對的問題,訓練學生的拒絕技巧及做決定
　的能力。

參、青少年飲酒問題

　　菸、酒是美國社會二種最具破壞力的物質,每年約造成五十萬人
死亡和一千七百億美元的社會成本花費;而與酒有關的機車事故傷
害,更是年輕人口公共健康問題的第一位。針對交通事故發生的原因
而言,飲酒是一個重要因素,從交通部的統計資料(1999)來看,一
到九月的交通事故中,因酒後駕車所造成的為 18.4%,且所造成的死
亡人數為三百一十四人、受傷人數為二百七十九人。丁先玲、李蘭
(1997)的研究也指出,酒後騎乘機車占發生交通事故的 18.7%。除
交通事故外,飲酒也是造成攻擊性行為與物質使用的原因。飲酒量與
攻擊性行為,及曾經驗到的飲酒問題:「工作和學習時及日常作息因
飲酒而改變」、「在飲酒後與人發生肢體衝突」等方面的飲酒問題有
關。

　　張學鶚和蔡德輝(1996)的研究也發現,濫用藥物者當中,有相
當高的比例在少年早期即有飲酒習慣。

　　飲酒也與許多疾病的發生關係密切,包括高血壓、脂肪肝、酒精

性肝炎、肝硬化、肝癌、鼻咽癌、口腔病變、肌肉病變。另外，酒精會影響大腦、小腦、延腦、消化器官和腎臟等臟器的功能，也造成內分泌及各種代謝功能障礙。對下一代而言，婦女飲酒易產下胎兒酒精症候群的嬰兒。

　　青少年開始吸菸、飲酒或使用非法藥物多發生在十二歲，高峰期介於十五到十九歲之間，且多數不超過二十二歲。就飲酒年齡的影響而言，Feistritzer指出，開始飲酒的年齡早一年，酒精依賴的危險性就隨之增加 14%；開始飲酒的年齡晚一年，酒精濫用的危險性則減少8%。而早期開始飲酒為將來健康問題形成的重要指標。

　　台灣地區青少年飲酒盛行率，根據周碧瑟、劉美媛和張鴻仁（1998）調查台灣 123557 名在校青少年的結果，所有樣本中飲酒者共1315 人，占研究樣本的 10.6%；其中專科學校學生 13.3%、高職學生12.5%、國中學生 9.8%和高中學生 7.9%。由上述可知，高職生的飲酒人數較高中生和國中生來得多。

一、青少年飲酒之相關因素

㈠性別

　　有關性別與青少年飲酒行為的關係，目前多數的研究指出，男性的飲酒行為與飲酒意向較女性高（黃惠玲，1984；李景美、林秀霞和劉雅馨，1996）。

㈡電視收視時間

　　Connoly 等人的五年縱貫性研究發現，女性在「十三和十五歲時花在看電視的時間」和「十八歲之一般飲啤酒量」有正相關；女性看電視的時間和喝葡萄酒（wine）與烈酒（spirit）的頻率、一般飲酒量和最大飲酒量有正相關；女性十三、十五歲時看電視愈多，十八歲時喝葡萄酒與烈酒頻率和量也愈高。GrUbe 與 Wallack 對五、六年級學童的研究發現，兒童週末假日下午和晚上看電視時間，透過廣告的知覺，再經由正向飲酒信念影響成年時飲酒意向。

(三)父母態度、父母行為

許多的研究顯示，對於青少年而言，父母的行為與贊同態度，是飲酒行為及意向的重要影響變項。黃惠玲（1994）對台北市高中和高職學生的研究，也發現父母是學生飲酒的重要情境因素，多數學生由父母或同儕供給酒，並與父母或同儕一起在自己家或餐飲和遊藝場所飲酒。

(四)同儕態度與行為

國內外的研究均顯示，影響青少年飲酒行為，同儕是一個重要因素，根據 Wyllie、Zhang 和 Casswell 對十到十七歲青少年的研究，指出對研究對象現在飲酒頻率而言，同儕行為是最強的預測因素。

在國內的研究方面，楊美賞（1996）的研究中指出，同學或友人使用物質是青少年飲酒的顯著危險因素之一；而黃惠玲（1994）的研究中也發現，對學生飲酒解釋力最強的變項是同儕飲酒狀況，其次是同儕飲酒比例。另外，在姜逸群（1999）的研究中也發現，同儕對飲酒行為贊同度與同儕飲酒相關行為對青少年飲酒行為也有很強的影響力；且青少年的同儕飲酒贊同度高、同儕飲酒行為多者，其飲酒意向也較高。

二、酒類廣告的影響

國外有研究結果指出，廣告與酒類消費成長及交通事故死亡人數之相關，若禁止廣播電視之酒類廣告，美國每年可減少二千到三千人死亡；如果刪去酒類廣告稅的減除額，則可減少 15% 的酒類廣告，使得每年交通事故死亡人數可減少約一千三百人，且每年可增加約三十億的稅收。更值得注意的是，美國公共衛生署長（1995）曾提出以下結論：酒類廣告以美國青少年為訴求目標群體之一，且誤導青少年「酒是好東西」。

DeBenedittis 指出，酒類廣告的主要焦點是在使年輕人誤認狂歡飲酒者是一個完美的典範；而且，啤酒廣告中的人物都是年輕人，這些劇中人物主要傳達的訊息是，喝酒可以讓青少年實現其男性的幻想，

例如，如果我表現出傷感而喝酒的樣子，所有漂亮女孩就會靠近我。這類廣告主要藉形象（image）來間接提高產品銷售，廣告很少直接以介紹其商品方式出現。換言之，大部分的酒類廣告企圖使我們覺得購買它是一件好的事，喝酒是快樂的，在廣告中菸和酒不僅無害，且是快樂之鑰，在讓人感到有興趣的啤酒廣告中，呈現出傑出的人物在景緻優雅的海邊享受其美好的時光。

酒類廣告的訊息模糊了資訊且沒有呈現事實，總是將酒與性魅力、人際關係（社交）、運動、冒險、優雅、戶外活動、放鬆、成功及浪漫做連結，以達到誘引消費者購買的慾望。

台灣地區的啤酒廣告則以幽默性或鄉土性、搏感情的手法，呈現其大眾價值的特質，如麒麟一番榨啤酒的代言人吳念真及其廣告標語「呼乾啦」。國內啤酒廣告與國外類似，都是以休閒、友情、歡樂氣氛、產品品質為廣告的主要訴求重點。

台灣地區開放電視啤酒廣告後，所造成的影響包括有效提高了啤酒的銷售量，和消費者對此類廣告的覺知和喜好。根據《動腦雜誌》的報導（1998），麒麟一番榨啤酒一九九五年銷售量為一百萬箱；一九九六年第一支廣告短片問市後，銷售量為二百一十萬箱，約成長108%；一九九七年投入二億廣告預算，銷售量為三百三十萬箱。而台灣啤酒由伍佰代言生啤酒，使得公賣局的生啤酒賣了二十五億以上。由以上可見，電視啤酒廣告促使台灣地區相關產品的銷售量提升成功。

電視啤酒廣告在影響消費者訊息處理上之成功，有效提高消費者的覺知和喜好，可由不同的票選活動和調查中得到證實。例如，台灣地區第五屆廣告流行金句獎，麒麟啤酒的「呼乾啦」為消費者票選為最佳廣告流行金語；而在第六屆廣告流行金句獎中，菸酒公賣局的「有『青』才敢大聲」和麒麟啤酒的「呼乾啦」，分別得到佳作與永恆金句獎。

三、青少年喝酒的原因

青少年喝酒的原因有很多。因為喝酒是成年人的普遍習慣，青少

年喝酒反映出他們所察覺到社會中成年人的態度和行為。青少年將喝酒當成是扮演成人角色不可或缺的部分，一種進入成人團體的儀式。

飲酒過度的青少年比未飲酒過度的青少年與家庭更疏離。有喝酒習慣的青少年與家人相處的時間較少，而且他們不像不喝酒的同儕那樣享受在家的時光。

青少年也因同儕壓力、需要同儕認同、社交，以及友誼而喝酒。若喝酒成為特定團體的社交慣例，想加入該團體的青少年就會跟著喝酒。使用酒精往往反映出寂寞和焦慮的問題。酒精減少害羞、社交壓抑以及焦慮。

某些青少年喝酒主要是將喝酒當成一種表現叛逆的手段，針對酗酒的青少年所做的研究尤其顯示這種結果。酗酒的青少年表現出叛逆，以及與成人和成人制度疏離的跡象。他們在親子關係上往往承受更大的壓力，從家庭得到極少的社交支持。

他們的飲酒行為表示他們疏遠家庭和社區，這也正是過度飲酒的青少年往往會犯罪的原因。一項針對濫用酒精的青少年人格特質所做的研究發現，他們對自己有負面的感覺，他們不負責任、不成熟、有防禦心、不可依賴、自我中心、不可信任，而且不順從一般成規。其他的研究顯示，出現心理上的苦惱，例如，憂鬱、焦慮，以及精神生理性症狀，與喝酒、吸菸有確切關聯。

會惹事生非的飲酒者開始喝酒，是為了心理因素而非社會因素。為逃避現實大量飲酒，這是人格出現嚴重問題的症狀。這樣的青少年無法適應家中生活，也無法適應學校生活；他們的成績會更低落、更容易犯罪、較少參與課外活動、常常在外過夜，而與父母親較不親近。儘管只有小比例的青少年因喝酒而產生問題，但他們已顯現心理失衡的徵狀，促使他們藉酒精展現叛逆或逃避問題。

四、教師可以做些什麼

(一)協助青少年認清電視啤酒廣告的訴求方式

幫助學生分析並澄清電視啤酒廣告的內容與訴求方法，使其能抗

拒電視酒類廣告的吸引力，或受其影響而去嘗試或購買此產品。

㈡培養飲酒的正確信念

協助學生澄清和統整自己的價值觀，從而建立適量飲酒和過量飲酒有害健康的觀念。

㈢建立青少年飲酒的正確規範

同儕飲酒行為及態度，是學生飲酒行為意向的重要因素。因此，學校教育應協助學生建立多數青少年不飲酒的正確規範，並與不喝酒的同儕來往，避免養成喝酒習慣。

肆、檳榔的問題

一、現況

根據周碧瑟和劉美媛（2000）的研究指出，在校青少年的嚼檳榔盛行率為 11.5%，有 6.9%的青少年在十二歲以前就曾嚼過檳榔，顯示國內青少年的嚼檳榔問題，實在不容小覷。有鑑於此，行政院衛生署（1999）已將檳榔防制列為國民保健三年計畫的工作項目，並加強執行兒童福利法及少年福利法中禁止兒童及少年嚼檳榔的規定。菸、酒是容易取得且合法的藥物，廣泛被青少年使用，檳榔的使用與吸菸、喝酒也有顯著的關係。嚴道等（1994）認為，我國中學生對於菸、酒、檳榔的使用有其階段性，即吸菸最早，喝酒次之，嚼檳榔再次之。

二、檳榔的危害

㈠對健康的危害

嚼檳榔對健康的危害以口腔為最主要，不僅易造成口腔外觀的改變，嚴重者甚至引起口腔癌或口腔黏膜纖維化。此外，嚼檳榔也會造成其他的健康危害，如慢性中毒、胃潰瘍、流產等。

㈡對生態的危害

檳榔園的水土保持能力差，不能代替森林成為造林樹種，台灣檳

榔因為多種於山坡地上，因此常被視為生態殺手。

(三)社會經濟與秩序

　　檳榔雖然可以滿足許多「紅唇族」嗜嚼檳榔的需要，提高農家所得，製造許多就業機會，但其背後所必須付出龐大的社會成本，如環境污染、社會秩序（檳榔西施）、全民健康及醫療費用……等，實已成為全體國民的負擔。

三、影響青少年嚼食檳榔的相關因素

(一)社會心理因素

　　低自尊、叛逆性強、易衝動、壓力調適能力差、拒絕檳榔的自我效能差及有偏差行為的青少年，是容易嚼檳榔的高危險群。

(二)家庭因素

　　父母教育程度低、家庭破碎或解組（離異或死亡）、父母管教過於嚴格或溺愛、父母本身有嚼檳榔及對檳榔持贊成態度者，其子女嚼檳榔的機率較高。

(三)學校因素

　　在校成績低落、經常缺席、與學校的連結較差、與老師的連結較差、對學校課業的期望過高及學校管理不當的青少年，其嚼檳榔的機率較大。

(四)同儕因素

　　同儕壓力、同儕對檳榔的態度、同儕是否嚼檳榔，皆是影響青少年嚼檳榔的重要因素。

(五)社區因素

　　居家或學校附近有檳榔攤者、有人請檳榔、鄰居或親戚有嚼檳榔者，都是可能誘發嚼檳榔行為的潛在因素。

四、老師可以怎麼做

(一)可與社區衛生單位配合（如衛生所），舉辦與檳榔危害有關的演講或座談會，加強一般社會大眾對檳榔的認知。

㈡檳榔防制教育課程應推廣至家庭：家人的嚼檳榔行為及父母對檳榔的態度，是影響青少年對檳榔的態度及嚼檳榔行為的重要變項，應協助家長多充實與檳榔防制有關的知能，並作為子女不嚼檳榔的好榜樣，協助子女能遠離檳榔的危害。

㈢實施檳榔防制教育的時間應提早至國小低年級階段：國中生第一次嚼檳榔的年齡集中在十到十五歲，為確實預防青少年在這個階段即開始嘗試嚼檳榔，防制教育課程應從小學低年級階段即開始，以防範未然。

㈣檳榔防制教育課程應協助學生提升拒絕的自我效能：在各種情況下愈有把握拒絕別人請吃檳榔，愈不會嚼檳榔。教導學生演練在各種情境下拒絕檳榔的技巧，方能在面對其他重要他人邀約嚼檳榔時，勇敢地拒絕。

㈤檳榔防制教育課程應強調價值澄清：多數的學生都不贊成嚼檳榔，且對檳榔的態度又與嚼檳榔行為有顯著相關，檳榔防制教育課程著重價值澄清，協助學生統整自己的價值觀，建立「嚼檳榔有害健康」的觀念，方不致受到外在環境的影響而嚼檳榔。

伍、青少年的藥物濫用

一、什麼是藥物濫用

凡不是為了醫療目的，而未經醫師的處方或指示，過度且強迫使用某種藥物，其程度足以傷害個人的健康，影響社會及職業之適應，甚至危害社會秩序，即稱為「藥物濫用」。

二、國內青少年藥物濫用現況

在有關青少年藥物濫用調查方面，依陽明大學周碧瑟教授所做之調查發現，在校青少年用藥的盛行率達 1.0%～1.4%（如表 7.1）。根據李景美教授在一九九五年所做的研究發現，曾經使用過成癮藥物的

比例分別為國中 1.0%、高中生 1.1%、高職生 3.7%。其用藥種類比例前三位依序為一九九二年：安非他命、大麻、強力膠與海洛因；一九九四年為：安非他命、強力膠、海洛因；一九九五年：安非他命、強力膠、海洛因；一九九六年：安非他命、海洛因、大麻及古柯鹼；一九九七年為：安非他命、強力膠、FM2（安眠鎮靜劑）；一九九九年為：安非他命、強力膠、快樂丸（MDMA）（如表 7.2）。

表 7.1 台灣地區在校青少年抽菸、喝酒及用藥盛行率

年份（西元）	調查人數	抽菸		喝酒		用藥	
		人數	盛行率%	人數	盛行率%	人數	盛行率%
1992	12381	1737	14.6	1350	11.8	161	1.3
1993	8320	961	12.1	892	11.4	115	1.4
1994	12247	1227	10.1	1279	10.6	133	1.1
1995	12470	1563	14.8	1820	14.8	131	1.1
1996	11831	1633	16.7	1741	16.7	171	1.4
1997	10699	1278	15.2	1568	15.2	102	1.0

資料來源：周碧瑟教授〈台灣地區在校青少年用藥盛行率與危險因子之探討〉

表 7.2 台灣地區在校青少年用藥種類比例順位

年份（西元）	第一位	第二位	第三位
1992	安非他命（65.8%）	大麻（7.4%）	強力膠及海洛因（各 6.0%）
1994	安非他命（75.0%）	強力膠（11.7%）	海洛因（5.9%）
1995	安非他命（70.9%）	強力膠（8.6%）	海洛因（5.4%）
1996	安非他命（67.0%）	海洛因（7.0%）	大麻及古柯鹼（各 5.0%）
1997	安非他命（43.1%）	強力膠（23.9%）	FM2（安眠鎮靜劑）（9.2%）
1999	安非他命（41.7%）	強力膠（11.6%）	快樂丸（MDMA）（10.7%）

資料來源：周碧瑟教授〈台灣地區在校青少年用藥盛行率與危險因子之探討〉

三、藥物濫用造成的傷害

㈠對身體的影響

- 呼吸器官：如大麻、古柯鹼、強力膠等可導致肺水腫、肺炎。
- 心臟血管系統：如安非他命可導致虛脫、發燒、錯覺、全身性痙攣等，最嚴重的併發症是引起心內膜炎而導致死亡。
- 消化系統：導致消化系統功能不良。
- 神經系統：導致腦部思考、感覺、語言、記憶功能減退。
- 肝臟：產生併發症。
- 泌尿生殖系統：有研究指出，吸食海洛因會造成女性性冷感；使用大麻，會減少男性精蟲數目與男性荷爾蒙。

㈡對心理影響

- 長期用藥會造成焦慮、沮喪。
- 阻礙人格正常發展。

㈢對社會的影響

- 造成社會問題：因為吸食毒品減低自我判斷及控制行為的能力；會產生幻想症、衝動行為，而引發犯罪動機，造成社會問題。
- 影響社會治安：用藥者常為了滿足藥癮，而發生偷竊、敲詐、搶劫、攻擊等犯罪行為，以獲得金錢購買藥物，甚至淪落為販毒者，嚴重影響社會治安。

四、常見被濫用的藥物

㈠麻醉藥品：海洛因、嗎啡、可待因

將罌粟未成熟之蒴果以刀劃開，所流出之乳汁經凝固後，即得到鴉片，經抽提可得嗎啡及可待因成分。配西汀為人工合成的嗎啡類似物，其作用與嗎啡類似。海洛因之學名為二乙醯嗎啡，是由嗎啡與無水醋酸加熱反應製得。

吸食鴉片、嗎啡、可待因、海洛因後，最典型的感覺為興奮及欣快感，但隨之而來的是陷入困倦狀態，長期使用會產生耐藥性及心

理、生理依賴性，即需增加劑量才可達到主觀相同的效果。一旦停止使用，除產生戒斷反應外，心理的渴藥性是吸毒者最難克服的問題。

㈡興奮劑：安非他命、MDMA（搖頭丸、快樂丸）

◎安非他命

安非他命是中樞神經興奮劑，使用者於初用時會有提神、振奮、欣快感、自信、滿足感等效果，但多次使用後，前述感覺會逐漸縮短或消失，不用時會感覺無力、沮喪、情緒低落，而致使用量及頻次日漸增加。

長期使用會造成如妄想型精神分裂症之安非他命精神病，症狀包括猜忌、多疑、妄想、情緒不穩、易怒、視幻覺、聽幻覺、觸幻覺、強迫或重複性的行為及睡眠障礙等，也常伴有自殘、暴力攻擊行為等。

成癮後一旦停止吸食，便會產生戒斷症狀，包括疲倦、沮喪、焦慮、易怒、全身無力，嚴重者甚至出現自殺或暴力攻擊行為。

◎MDMA（搖頭丸、快樂丸）

MDMA是一種結構類似安非他命之中樞神經興奮劑，俗稱忘我、亞當、狂喜、快樂丸、搖頭丸。常見的包括白色藥片、紅色（白色）膠囊或粉末形式。

口服後會有愉悅、多話、情緒及活動力亢進的行為特徵。服用後約二十分鐘至一小時會產生作用，服用效果約可持續數小時。

濫用者若在擁擠、高溫的空間下狂歡勁舞，常會因運動過度導致缺水，產生體溫過高、痙攣，甚至併發肌肉損傷、凝血障礙及急性腎衰竭而導致死亡。服用後在興奮之餘，還會產生食慾不振、牙關緊閉、肌痛、噁心、運動失調、盜汗、心悸、倦怠及失眠等症狀。

長期使用除會產生心理依賴，強迫使用外，還會造成神經系統長期傷害，產生如情緒不穩、視幻覺、記憶減退、抑鬱、失眠及妄想等症狀。由於 MDMA 無醫療用途，全由非法途徑取得，其中亦可能混含有害雜質；又因會減弱自我控制能力，加上易產生不會受到傷害的幻覺，服用者可能會對自身行為安全掉以輕心，而造成意外傷害。

(三)迷幻劑：LSD（搖腳丸）、大麻、PCP（天使塵）、魔菇（西洛西賓）

◎LSD（搖腳丸）

是最強烈的中樞神經幻覺劑，結構式為$C_{20}H_{25}N_3O$，化學名為 9, 10-Didehydro-N, N-diethyl-6-methylergoline-8s-carboxamide，分子量為 323.44，熔點 198-200℃。一九三八年，首次由麥角菌（一種生長在黑麥或其他穀物中的真菌）之成分麥角酸製造而來，現則多由麥角素半合成而得，為無嗅、稍帶苦味之白色結晶體。可與其他賦形劑混合做成錠劑、丸劑；或做成膠狀、液體滴在吸墨紙、方糖、郵票狀紙片等傳遞物上，或溶於飲料中；也可做成注射劑或雪茄，以供口服、抽吸或注射。

目前台灣查獲的LSD多做成深褐色、類似沙狀的藥丸，故俗稱一粒沙、ELISA，或又稱為搖腳丸、加州陽光、白色閃光、Acid、Broomer、方糖等。使用後三十到九十分鐘會發揮效果，約在十二小時後才會消失藥效。其效果因人而異，與所用劑量、濫用者的人格、心情及周遭環境皆有關係。生理上會有瞳孔放大、體溫、心跳及血壓上升、口乾、震顫、噁心、嘔吐、頭痛等現象；情緒及心理上產生欣快感、判斷力混淆、失去方向感及脫離現實感、錯覺及幻覺，感覺異常；嚴重者還會出現焦慮、恐慌、胡言亂語、精神分裂症、自殘、自殺等暴力行為。若過量會導致抽搐、昏迷，甚至死亡。長時間使用會產生耐受性、心理及生理依賴性，並產生「倒敘現象」——即使已經很久沒有使用LSD，但精神症狀或幻覺仍會不預警地隨時發生。許多濫用者係因判斷力混淆、幻覺及脫離現實感，因而對自身行為安全掉以輕心，造成意外傷害甚至死亡。

◎大麻

大麻係由麻科植物cannabis sativa或其變種之葉製備而得，主要成分為tetrahydrocannabinol（THC），富含於葉尖所分泌之樹脂及雌花頂端。市面上較常見的型態為將大麻葉乾燥後，混雜菸草捲成香菸。

吸食之初會產生欣快感、思路變得順暢快速、感覺變得敏銳，有時還會出現幻覺，尤其是視幻覺。長期使用會產生耐受性及心理依賴

性，使得吸食劑量或頻次增加。一旦產生依賴性，突然停用會產生厭食、焦慮、不安、躁動、憂鬱、睡眠障礙等戒斷症狀。急性中毒時，會產生記憶及認知能力減退、焦慮、憂鬱、多疑、失去方向感等症狀；長期使用會造成注意力、記憶力、判斷力下降，無方向感，意識混亂，人格喪失，妄想，幻覺，及對周遭事物漠不關心之「動機缺乏症候群」。

㈣鎮靜劑：FM2、強力膠、GHB（液態快樂丸）、K 他命、笑氣

◎FM2

FM2 藥片是一種含有二毫克 FLUNITRAZEPAM 成分的安眠鎮定劑，取其成分名首尾二個字母及其劑量二毫克而打上FM2字樣，故市面上俗稱FM2。它具有強力鎮靜安眠的特性，口服後作用迅速，約十分鐘許，可誘導入睡，並可維持及加深睡眠；醒來後，不易產生久眠後之頭痛等後遺症，同時具有肌肉鬆弛作用。藥理上證實連續過量使用FM2，除了會造成心理上對該藥之依賴性外，極易產生思睡、注意力無法集中、神智混亂、言行障礙、反射運動能力下降、不安、耳鳴、記憶力減退、血壓下降及性機能失常等症狀；急性中毒更會因中樞神經極度抑制而導致吸呼、血壓、脈搏不正常、意識不清等症狀。

◎強力膠

吸食強力膠及其他有機溶劑是國內青少年最常見者，強力膠中主要溶劑為甲苯，而常見的有機溶劑，如汽油、打火機油、修正液、油漆稀釋劑、噴霧劑、抗凍劑、油污清除劑等。其中所含溶劑，依化學成分可分為芳香族烴，如苯、甲苯、二甲苯；脂肪族烴，如正丁烷；鹵化烷，如三氯乙烯、氯仿、氟氯化碳；醚類，如乙醚；酯類，如乙酸乙酯；酮類，如丙酮；醇類，如甲醇、乙二醇。

吸食者常將強力膠或有機溶劑置入塑膠袋中，用手摩擦後再以口鼻吸食，這些有機溶劑因具有高脂溶性，故吸食後，很快經由血液進入中樞神經系統。吸食初期，如飲酒般會產生暫時興奮作用，產生幻覺及欣快感，覺得飄飄然可幻想許多影像及聲音，渾然忘我，且對外界刺激極為敏感，易衝動而產生偏差之行為。若繼續吸食，隨著血中

濃度增加，會產生神智錯亂、運動失調、無方向感等中樞神經抑制症狀。

　　吸食者常將強力膠或有機溶劑裝於塑膠袋，而後掩住口鼻吸入揮發氣體，吸食者在迷幻、意識不清的情形下，常因未將塑膠袋移開而窒息死亡；此外，亦常因心律不整、心臟衰竭、呼吸道痙攣、吸入嘔吐物或意外傷害而導致死亡。長期使用有機溶劑亦會產生器官的傷害，如四氯化碳會造成肝臟壞死，苯、甲苯會產生骨髓抑制及中樞神經傷害，己烷會造成周邊神經病變，三氯乙烯會產生肝臟傷害、腎衰竭、心肌炎等。吸食強力膠較少產生身體依賴及戒斷症狀，但心理依賴卻很常見。吸食者可由類似酒醉行為，其呼吸、身體、衣物及待過環境中發現溶劑的味道，及長期使用者因塑膠袋口與嘴接觸易造成口部環狀濕疹（紅疹）而辨識。

　　◎K他命

　　K他命（Ketamine）俗稱 Special K 或 K，與 PCP（phencycline）同屬芳基環己胺類結構，是用於人或動物麻醉之一種速效、全身性麻醉劑，常用於診斷或不需肌肉鬆弛之手術，尤其適合用於短時間之小手術或全身麻醉時誘導之用。

　　較常見之副作用為心搏過速、血壓上升、震顫、肌肉緊張而呈強直性、陣攣性運動等，部分病人在恢復期會出現不愉快的夢、意識模糊、幻覺、無理行為及譫妄，發生率約 12%。

　　K他命可以口服、鼻吸、煙吸及注射等方式施用，吸食會產生類似 PCP 之效果或 LSD 之視覺作用，其 "high" 的感覺可能更優於 PCP 或 LSD，藥效約可維持一小時。但影響吸食者感覺、協調及判斷力則可長達十六至二十四小時，並可產生噁心、嘔吐、複視、視覺模糊、影像扭曲、暫發性失憶及身體失去平衡等症狀。

　　長期使用會產生耐藥性及心理依賴性，造成強迫性使用，停藥後雖不會產生戒斷症狀，但不易戒除。由於K他命之半衰期短，所以吸食者極不易經由尿液篩檢被發現。由於 K 他命近年來在美國遭嚴重濫用，美國業於一九九九年八月十二日將之列入第三級管制藥品管

理。

　　國內濫用情況依台灣地區精神醫療院所通報藥物濫用個案統計，於一九九七年共有二例濫用報告，而在司法機關送驗檢體中，一九九八年共檢出二十四件含K他命之檢體。因K他命係手術麻醉用藥，不易由藥局或藥房取得，濫用報告之出現更值得國人警惕注意。

五、青少年藥物濫用的原因

㈠**個人因素**：可能因為遺傳、好奇、反抗權威、失落感、態度悲觀、情緒不穩定、脆弱及反社會人格、不了解藥物的性質及危害、職業需要，或為解除病痛而不當使用等原因。

㈡**家庭因素**：破碎家庭的影響、父母不和、家庭氣氛不佳、父母管教不當等。

㈢**學校因素**：課業壓力大、適應不良、反抗權威、尋求團體認同、受朋友影響或禁不起誘惑。

㈣**社會因素**：經濟結構及價值觀改變、都市化使傳統社會解體、逃避社會壓力與挫折、毒品走私，造成氾濫。

六、青少年藥物濫用的預防

㈠避免或延遲與菸、酒、檳榔、藥物的接觸。

㈡及早提供濫用物質對身體傷害的知識及相關的法令規章。

㈢協助戒除吸菸、飲酒或吃檳榔的習慣。

㈣教學正常化。

㈤強化休閒設施及活動。

㈥拒絕毒品的方法。

　　　1. 拒絕不良嗜好。

　　　2. 建立舒緩壓力、情緒的正當方法。

　　　3. 建立正確用藥觀念。

　　　4. 遠離是非場所。

　　　5. 提高警覺不隨便接受陌生人之飲料、香菸。

6.培養健康正當休閒活動。

7.建立自信及自尊心。

七、教師如何辨識學生是否為藥物濫用者

㈠一般藥物濫用者可能會有的表現

1. 工作或學業急遽退步、學習興趣低落。

2. 與家人或朋友相處不好，藉口不斷、欺上瞞下。

3. 反抗家中或學校紀律規矩。

4. 行動鬼鬼祟祟怕見到人。

5. 違反習慣地戴黑眼鏡。

6. 經常地穿著長袖衣服。

7. 完全換了一些新的朋友，特別是有用藥的人。

8. 借錢次數增多，花費增加，甚至有偷竊行為。

9. 白天藏匿於衣櫥、儲藏室等黑暗地方。

10. 精神恍惚，偶爾自言自語。

11. 情緒或態度突然改變，會不尋常地大發脾氣或精神昏沉。

12. 使用用藥者的專門術語。

㈡吸食安非他命者

1. 經常徹夜失眠未眠、精神高昂、多話，生活步調混亂、作息無常。

2. 常見食慾突然明顯變差、體重減輕。

3. 無故瞳孔放大、心跳加快。

4. 情緒起伏不定、猜忌多疑、人際關係變差、常獨自反鎖門內。

5. 房內有藥品異味、吸食瓶罐、鋁箔紙。

㈢吸食強力膠者

1. 經常無故有如酒醉之行為動作。

2. 呼吸、頭髮、衣服或房間內有溶劑味道。

3. 房內或垃圾桶內有強力膠空罐子或指甲油等空瓶子，及裝有強力膠或溶劑味之塑膠袋。

4.嘴或鼻子周圍有圈狀紅疹。

㈣吸食嗎啡或海洛因者

1.經常無故之大量金錢花費。

2.手腳或鼠蹊有靜脈注射之痕跡,如針孔或連續針孔留下之條狀疤痕或靜脈硬化之情形。

3.瞳孔縮小如針尖狀。

4.偶有焦慮不安、打呵欠、流鼻水、流眼淚、噁心、嘔吐等戒斷現象。

5.盒中有藥粉包或點過未抽完的菸仍保留在菸盒內。

八、懷疑有藥物濫用學生的處理

㈠發現學生行為或外觀有異,要主動與家長傾談,了解學生在家中是否有異常行為,例如,在廁所很久才出來及精神欠佳。有需要時,可鼓勵家長陪同學生驗尿。

㈡向其相熟的同學了解其動態,例如,近期與哪些外間朋友相熟,放學及午膳常去的地方。在需要的情況下,可在巡區時加以留意,甚至上前了解。一旦發現學生身上懷疑藏有毒品,便須報警處理。

㈢暗中觀察目標學生的行為和習慣,以掌握學生情況。然後以輕鬆的態度與他們接觸。

㈣可透過體育課堂,進行體能測試,了解學生的心肺、體能是否正常,以評估目標學生的藥物濫用程度。

九、發現學生吸毒應如何處理

㈠若學生因服用藥物出現一些後遺症,如情緒未能平復或抑鬱時,不適宜讓他上課。在專人陪同下,留他在房間中安靜下來,再了解詳情。

㈡可先聆聽學生濫藥背後的原因,然後鼓勵學生通知家長,並跟進輔導或轉介工作。鼓勵家長參與跟進工作,如陪同到醫務所驗尿及檢查。如需入戒毒所,最好可為學生爭取保留學位,免除學生及家長

的後顧之憂。

㈢引導其思考濫藥的壞處、身體的變化，並剖析利害關係。

㈣給予關心和支持，例如送一句鼓勵的話或一張慰問卡，都有很大的幫助。

㈤面對已經養成藥物依賴習慣的學生，老師的介入有一定難度，因為他們生理和心理層面都已經成癮，需要醫學療程和輔導服務治療，所以會交由社工跟進。

㈥必要時，與當地衛生醫療機構聯繫，協助進行戒治，並給予精神支持，同時通報警察機關追查毒品來源。

參考文獻

丁先玲、李蘭（1997）。機車使用人發生車禍頭傷之相關行為因素及其高危險群的探討。公共衛生，**23**（4），239-245。

行政院衛生署管制藥品管理局（2002）。藥物濫用防制宣導教材。台北：行政院衛生署管制藥品管理局。

李志恆主編（2003）。2003 物質濫用：物質濫用之防制、危害、戒治。台北：行政院衛生署管制藥品管理局。

李景美、林秀霞、劉雅馨（1996）。中學生藥物濫用認知、態度、行為及教育需求調查研究。衛生教育學報，**11**，59-75。

周碧瑟（1999）。台灣地區在校青少年藥物使用流行病學調查研究。行政院衛生署研究計畫成果報告。

周碧瑟、劉美媛（2000）。台灣地區在校青少年嚼檳榔的流行病學研究。中華衛誌，**19**（1），42-49。

周碧瑟、劉美媛、張鴻仁（1998）。台灣在校青少年對生活人權的認知與行為現況及與抽菸、飲酒的相關之探討。中華衛誌，**17**（4），302-316。

姜逸群（1999）。台灣地區國中學生飲酒問題及相關因素之研究。國科會計畫編號 NSc88-2413-H-003-006。

張學鷁、蔡德輝（1996）。防制少年吸毒工作法之研究。科資中心編號 RC8604--1051。

黃惠玲（1994）。台北市高中及高職學生對使用菸、酒及非法藥物狀況與社會學習理論及社會連結因素之研究。衛生教育論文集刊，**7**，200。

楊美賞（1996）。台灣南部地區菸、酒、檳榔使用之流行病學研究——以青少年及原住民婦女為對象之探討。高雄醫學院醫學研究所博士論文。

鄭斐芬（2000）。屏東縣國中學生之檳榔認知、態度及嚼食行為與相

關因素研究。國立台灣師範大學衛生教育學系碩士論文。未出版，台北。

嚴道、黃松元、馬藹屏（1994）。台灣地區青少年對吸菸、飲酒、嚼檳榔之認知、態度、行為與其心理特質調查研究。台北：行政院衛生署研究計畫成果報告。

（本章為研究生邱哲宜、劉乃昀、趙國欣資料蒐集整理）

附錄

◎藥物濫用諮詢及輔導機構

行政院衛生署	（02）2321-0151 轉醫政處（分機 776）
行政院衛生署管制藥品管理局	（02）2397-5006 轉 2121
	（02）2395-2279
中華民國反毒運動促進會	（02）2381-5225
台北榮民總醫院毒藥物防治諮詢中心	（02）2875-7524
台北市少年輔導委員會	（02）2346-7601
台北市立療養院成癮防治科	（02）2728-5791
財團法人基督教晨曦會	（02）2231-7744
財團法人台灣基督教花蓮主愛之家	（038）260-360
台灣省立草屯療養院煙毒勒戒科	（049）2560-289
財團法人台南市戒癮協進會	（06）297-7172
高雄市立凱旋醫院煙毒勒戒科	（07）713-7710
基督教沐恩之家	（07）723-0595
台灣更生保護會屏東輔導所	（08）762-5371

第八章

父母離異對青少年
身心影響問題探討

壹、前言

在本章中，主要探討父母離婚如何影響青少年，以及青少年在單親或混合家庭中的成長情況，以及伴隨發生的各種問題。在各項不同研究文獻中，離婚已被認為是讓青少年開始習取偏差行為、藥物使用、過早性經驗、未成年懷孕、學業失敗、輟學，以及罹患情緒問題等情境的高危險因子。

研究文獻中尚有進一步的證據指出，這些出身離婚家庭之青少年所面臨的成長困境，將會隨著他們成長的過程，如影隨形地一直持續到他們進入成年期。有一些實證研究業已發現，在孩童時期曾經經歷父母離婚之成年人，往往會位居於較低之社經地位，其婚姻狀況也往往比較有不穩定的現象；同時其心理調適的情況，亦較不理想。

當然這實證研究的發現並不意味：經歷父母離婚的青少年絕大多數都會「醞釀」或發展出調適上的問題。事實上，最近有關此議題的實證研究指出：無論出身於離婚或完整的家庭，絕大多數的青少年都能展現出正常健康的發展模式。

貳、離婚與青少年

離婚愈來愈普遍對青少年的影響隨之產生，在台灣，有關單親家庭的研究遲至一九八〇年才開始，加上有關單親家庭結構的人口資料取得不易，我們對於單親家庭實際的數量與變遷的估量顯得相當歧異。例如，薛承泰（1996）運用一九九〇年以人口普查資料，估量台灣的總家戶中有 6.5%為單親家庭。謝美娥也運用一九九〇年以人口普查資料，比較各縣市男單親與女單親家庭的比例差異，指出台灣的家戶中有 7.43%為單親家庭，高雄市地區則有 7.73%為單親家庭。

同時，又由於缺乏有關特定單親家庭的長期資料，單親家庭的形成與變動的趨勢也難以掌握，僅能透過年度資料的變遷描繪台灣單親

家庭貫時性變化。而子女對於父母離婚所產生的情緒反應，這個問題難以確認，因為有太多變數需要釐清。

參、離婚後短期的情緒反應

關於青少年在父母離婚後的立即情緒反應，有充分的研究資料可查詢。如果青少年之前並不了解父母親婚姻問題的嚴重程度，他們反應之一是震驚和不相信（shock and disbelief）；另一項反應是恐懼（fear）、焦慮（anxiety），以及對未來有不安全感。

憤怒（anger）和敵意（hostility）也是青少年普遍的反應，尤其是針對被他們歸咎必須為離婚負責的一方。有些青少年只在意父母離婚對他們所產生的影響，而不顧及父母親所經歷的痛苦。

肆、父母離婚的情緒反應

青少年在面臨父母親離婚的情緒反應，可如下表所示：

表 8.1

年齡反應	13～18 歲（青春期）
情感	失望
表現	對當前情況採取開放的態度，投入社會活動
因應方式	更為自恃，獨斷獨行
學業成就	與其他兒童沒有差別
對父母離婚的歸因	認為不是自己造成父母離婚的
認知	對所發生之事有清楚的了解
訪問	少接觸，超過 9～12 天
父母離婚的影響（一年後）	多數兒童皆恢復以往的表現，但面臨一些認知上的疑問

如果父母開始約會，與其他人談感情，身為子女的青少年會感到嫉妒和憎惡；如果父母再婚，青少年得面臨適應繼親的新挑戰。這些負面情緒在離婚前後幾乎都會發生，但並不會持續存在。但經過三到十年後，取而代之的是對於衝突已經結束感到解放和高興，儘管許多人還是會對父母其中一方心懷憤恨（通常是父親）。

伍、長期的影響

許多人認為，遭逢父母離婚的兒童因為這樣的經驗而一輩子受創。Wallerstein 認為，父母離婚對兒童所造成的長期影響，無法從他們的早年反應上做推測。事實上，最近有關此議題的實證研究指出，無論出身於離婚或完整的家庭，絕大多數的青少年都能展現出正常健康的發展模式。

離婚家庭之青少年的偏差行為比較，青少年偏差行為之類型尚無一致通用的系統，有以行為、心理（情緒）及學習等三種困擾類型為區分者；有依違反法律刑責為主體，區分為虞犯少年與犯罪少年；或依其身分又為身分非行（相近似虞犯少年）與犯罪少年。林詒彤以社會學、心理學及吳武典以輔導的觀點，對青少年偏差行為的類型加以整理，又有不同詮釋的分類。來自離婚家庭的孩子，不論是男生或女生，並沒有特定的偏差傾向，反而是出自未離婚家庭的男女青少年，在某些特定的偏差行為中有較顯著的違犯情形。離婚家庭的孩子傾向於不說實話，其實曾有犯行但故意隱瞞不承認；未離婚家庭的孩子所面臨的家庭內的問題，可能不會少於離婚家庭的孩子。例如，父母雖未離，但形同陌路或甚至激烈衝突的家庭，其青少年子女所面對的生長環境，甚至比離婚家庭的孩子更糟。生長在父母長年處於矛盾衝突中的家庭之青少年子女，他們暴露於父母不當教養以至於衍生偏差行為的風險，遠比離婚家庭中的孩子所面臨的風險還要高得多（吳齊殷，1999）。

陸、父母離異青少年不一定有長期調適問題

一、離婚前的階段

學習的過程——主要有兩個學習結果，家庭中，父母是兒童學習的主要對象，當夫妻衝突時，所表現的攻擊行為、爭吵、拒絕和冷漠，都將成為兒童學習的典範。子女為避免父母爭吵，常故意表現出特殊行為，以轉移父母的注意力；當父母真的將注意力轉移到子女身上時，子女的特殊行為無形中受到鼓勵，因而漸漸成為兒童的固定行為型態。

二、離婚後的階段

離婚後的階段家庭壓力：主要來源，經濟因素——家庭收入減少，勢必影響原有的生活水準，甚至可能面臨基本生活需求都無法滿足的地步。家庭結構的改變——原有的家庭結構、規則都不一樣，常使家庭成員尋求再平衡的過程中，感受到改變和求新平衡的壓力。

柒、左右離婚影響力的因素

會左右離婚影響力的因素，有家庭結構、家庭氣氛，以及父母親的行為，再加上對青少年的影響力等。經歷父母離婚或再婚的兒童易於衍生心理、學業及健康的問題。然而，其影響程度不僅取決於家庭結構，無論家庭是否完整、父母離婚或再婚。有兩項研究專門探討家庭結構與青少年評價家庭氣氛及管教方式之間的關係。目的在探討家庭如何影響青少年的發展結果，研究對象是 1117 名五到七年級學生，由他們填寫有關家中事件的問卷，這些學生應要求去評估自己家中的家庭氣氛，以及父母親的管教方式。

研究結果顯示，對於單親及健全家庭中的青少年的比較頗具意

義，相較於與繼母共同生活的青少年而言，與離婚的父親、母親和繼父或多次離婚的父親（或母親）共同生活的青少年，他們所接受到的是較縱容的管教方式。

捌、離婚後的教養品質

一般認為，離婚後養育教養的品質會下降，對於子女更獨裁；他們可能無法貫徹對子女的要求執行規定。長期而言，離婚後得到監護權的母親傾向於減少監督子女行為，她們所使用的管教策略比較缺乏效率。有些父母因離婚而懷有罪惡感，想要補償子女。

至於離婚後的環境與理由，有些研究人員相信，離婚前的情況是造成離婚後負面結果最重要的促因。這些研究者指出，經歷過離婚的成年人比離婚前更容易沮喪，更常服用藥物，表現出反社會行為；另一方面來看，離婚也可能終止父母之間長期的衝突和負面互動。離婚可能改善家庭氣氛，將青少年從家庭的負面互動中解放出來。

玖、離婚的善意

一旦雙方決定離婚，處理的方式有好也有壞。採取敵對手段是最壞的方式，有時父母會將青少年捲入子女監護權、財產等事物的爭奪戰中。在這樣的爭奪戰中，如果父母親設法要子女選邊站，或者要子女當間諜、中間人和傳話者，俾使自己勝過另一方，青少年們會感到格外苦惱。在大多數的案例中，青少年愛父親也愛母親，他們不想要選邊。如果離婚能以友善的方式達成，降低怒意和衝突，對於父母與其青少年子女都有正面的影響。

被夾在中間的青少年，探討青少年夾在父母雙方之間時的感覺，介於十至十八歲的青少年，在父母分開四年半後接受電話訪談作為研究對象，父母親有高度的衝突和敵意的青少年，往往覺得自己被夾在父母間；當父母處於高度衝突時，輪流與父母親同住的青少年尤其容

易覺得自己進退兩難，與父母雙方都同樣親近的青少年比較不覺得自己進退兩難。如果父母親維持合作狀態，青少年大多不覺得自己被夾在中間，與父母雙方相處的時間，以及是否感覺進退兩難，全然取決於父母雙方的關係。進退兩難的感覺會導致調適不良。

拾、最糟的情況

離婚將導致情感創傷，以及高度的震驚和迷惘，剛離婚不久的人在找到新友誼和伴侶前，必須面對寂寞，以及在社交上重新調適的問題。最實際的財務問題，離婚通常會降低母親與子女的生活水準，卻提升父親的生活水準，帶著孩子的離婚婦女面臨角色緊繃與工作超時的問題，因為其必須獨力實現所有的家庭功能，與前配偶接觸可能持續造成困擾，來自自己父母的支持有助於解決問題，祖父母對於青少年的調適也能發揮重大的影響。由於父母在離婚後的調適將影響到青少年的調適，因此，如果父母無法愉快地轉換自己的角色，他們就必須尋求協助。

拾壹、監護權與生活安置

所謂的監護權，指的是包括身心監護、財產監護及對子女的代理權在內。在台灣的民法規定中，舊法對父親較為優勢，而新修訂的新法中的規定較為符合男女平等原則；而監護權的爭取，往往成了父母親離婚後爭取的焦點。此外，外國經常發生的共同監護權（jount custody）精神，近年亦經常納入。

在離婚後，如果子女與父母雙方保持接觸，是有利於青少年的，當然最佳的情況，便是青少年在需要或想要時，隨時都能見到父親或母親，如此離婚所引起的混亂將減到最低程度。離婚常常減弱子女與非監護一方的父親或母親的情感依附，子女與沒有監護權的父親或母親固定保持接觸，能得到較良好的調適。

拾貳、離婚後關係的品質

　　影響青少年能否調適的因素，包括了：第一，青少年與共同生活的家長保持緊密關係，家長善盡監督之職，並對青少年生活相關事宜做出決定。第二，青少年不覺得自己被夾在雙親的衝突中。第三，對青少年造成的影響取決於父母親處理衝突的態度，以及青少年因雙親衝突所感覺到的進退兩難的程度。

　　兒童傾向於仿效父母親的行為：有相當的證據證實，相較父母有穩定婚姻關係的人，父母離過婚的人比較容易離婚。

　　如我們所見，離婚對於不同的青少年產生不同的影響，其決定因素相當多。姑且不論單親狀態是由離婚、分離、死亡、遺棄、忽視或不合法婚姻造成，單親狀態會產生何種影響呢？

　　以下是一個小的案例：

> 我和我哥都在談戀愛的過程中因為單親而被嫌棄。
> 我哥談戀愛七年了卻不敢踏進女生的家門。
> 我談戀愛談到一半，也是因為家裡是單親，對方家裡一開始不能接受，所以鬧分手。我們並沒有做錯什麼，什麼也沒做啊！

　　另一案例：單親是否會造成婚姻恐懼症？

> 我會。而且愈隨年紀增長，愈明顯。
> 我不相信婚姻。
> 小時候媽媽不在身邊，國小四、五年級後就跟外婆住。
> 以前住外婆家，都會被阿姨、外婆他們灌輸一些觀念。
> 說什麼你媽媽不要你，要把你送到孤兒院……怎樣、怎樣的。
> 因為家裡的因素，在國小那時我很自卑，不敢讓別人知道家裡的狀況。
> 小時候要偷偷見媽媽會被我爸打……大概國中後，這種事才沒有發生。
> 我不知道是從小環境還是我原先就這樣……我很不會去表達自己心裡的話，我常常悶著。久而久之，自己也成了這種孤僻的個性……

拾參、心理健康

　　兒童時期缺少雙親中的一方，比較容易產生情感與人格問題，接受精神諮詢的比例較高，更容易產生自殺的念頭和行為，使用酒精和藥物，擁有較低的自尊或自我形象，在學校事務上表現出較差的能力。並且，相較於來自完整家庭的兒童，對於父母親有較低的評價。

拾肆、與青少年犯罪的關聯

　　父親缺席似乎與少年犯罪有關聯。家中缺少父親的青少年犯罪比例較高，然而，這並不表示父親缺席會促使青少年犯罪。

　　從家庭型態、家庭衝突的劇烈程度，能預測青少年是否會犯罪。而在犯罪的青少年，比較可能有冷漠、嫌棄子女、會處罰子女、漠不關心、疑心重的父親。分居或離婚後，可能因為生活的貧窮而引發青少年犯罪問題。子女對於父母離婚不能接受，而表現出一些心理問題。

拾伍、對於在校表現、學業成績和職業志向的影響

　　首先在學業方面，有些兒童不受影響。但是，也有些青少年因此而在學業上成績低落，這可能與母親和前夫在青少年面前發生衝突，以及母親和青少年子女經常爭吵有關。其次的研究顯示，多數單親家庭中的青少年取得較低的教育程度，因此步入成年後也獲得較少的收入。

拾陸、對於自我與父母親的態度

　　根據加拿大的一項研究，來自父母分居或離婚的家庭之青少年，相較於來自完整家庭者，更常有過傷害身體的行為（包括吸菸、不繫

安全帶、飲酒不節制），其主要原因在於藉著採取大膽的態度來提升自尊。父母離婚後，青少年通常會比較不受父母的控制，顯示缺乏父親在側的青少年，相較於來自完整家庭的青少年，比較容易發生酗酒、吸大麻，以及性活動方面的問題。

拾柒、離婚所造成的問題

離婚影響到青少年對自己與父母親的態度，自我形象似乎因而受損，如果因父母離婚而使青少年產生自卑、罪惡感，或在社交上的任何尷尬，情況會格外嚴重。離婚雖不再是一種恥辱，但仍是在社交上造成尷尬的一種因素，離婚後青少年對於父母親感覺的改變，從憂慮或同情，轉變為憤怒或敵意，往往對於非自願下遭遺棄的母親感到有歉意，而對於要求丈夫離開的母親懷有高度的敵意。

或許會和離婚後的母親維持良好關係，直到她再婚為止，然後突然對於母親感到非常嫉妒、憤怒，其反應多半取決於婚姻破裂的理由，以及青少年對於離婚的看法。此外，我們認為，要讓青少年知道父母離異的原因，父母親得花費時間辛苦地解釋，彼此為何愈來愈疏離，或者不再相愛的原因，對未來的親子關係，父母的坦誠和願意解釋是很重要的。

拾捌、濫用藥物

有一項研究檢視青少年使用藥物的情況，研究者選取五百零八個家庭作為樣本的青少年，青少年被分成三個群組（童年時期經歷過父母離婚者、青少年時期經歷過父母離婚者及來自完整家庭者）。研究發現，整體而言，在青少年時期經歷父母離婚的青少年，涉及藥物使用的程度超過其他二組。

另一項研究則選取美國東南部十座城市，十二至十四歲 2102 名青少年及其母親，家庭結構區分為完整、單親、繼親家庭與曾經嘗試香

菸、酒精、大麻和性行為兩者之間的關聯。其研究結果顯示，來自單親與繼親家庭的青少年擁有較多嘗試經驗，若控制年齡、種族會得到相同結果，相較於來自完整家庭的青少年，來自破碎家庭（單親與繼親家庭）的青少年處於較高的風險中。

拾玖、自治能力的發展

生活在單親家庭中會刺激青少年獨立自主，這是青少年在單親家庭中所受的其中一項影響。如果家庭在經濟、社交和情感上不穩定，青少年可能會質疑父母親的能力，例如，提供情感支持、經濟支持的能力。在父母分居期間，以及離婚過程中，青少年會察覺到父母作為家長的能力下降。

父母親作為家長的能力下降的表徵有：父母親控制能力變差、溝通能力變差、影響力變小、要求青少年更獨立、更自主。相較於來自完整家庭的青少年，單親家庭的少年比較有責任感、更獨立、更有能力做決定，青少年為了應付情況，可能變得與家庭更疏離，這有助於加速情感與行為的自主性發展。

貳拾、混合家庭

根據 Hne 的再婚率研究，其發現 83% 的離婚男性以及 76% 的離婚女性會再婚，高離婚率與高再婚率意味著有 46% 的婚姻對於雙親中的一方或兩方而言，屬於第二次的婚姻關係。在二度婚姻中，配偶的中位數年齡是三十出頭到三十中旬；當父母再婚時，其子女正好就讀小學或處於青少年前期。

再婚後的家庭關係可能變得相當複雜，兒童可能擁有親生父母、手足、繼父、同父異母、同母異父的兄弟姊妹、祖父母、繼祖父母，再加上其他的親戚，家庭整合是一件困難的事。配偶關係交互作用，一面與對方的父母親、祖父母，以及姻親產生關係；另一面又和前姻

親，以及其他家庭成員維持關係。再婚家庭中的青少年若對於他們的家庭更有彈性的看法，會比較滿意再婚家庭，以及血親─繼親所組成的次系統具備彈性，讓家庭能適應整個家庭，以及家庭個別成員不斷改變的需要。

貳拾壹、再婚後又離婚的可能

再婚後又離婚的可能性略微高於在第一次婚姻後離婚，離婚與再離婚的比例已經開始下降。資料顯示，未來再度離婚的發生率可能略同於第一次離婚，再度離婚又結婚的理由通常是再婚者年齡較長，經驗較豐富，也比較成熟，而且往往願意維持良好的婚姻關係，再婚者通常不會像在第一次婚姻關係中處在不愉快的婚姻中。

成功的再婚者會覺得新婚姻通常比上一次好，覺得與一個可以讓你做自己的人結婚，覺得處理問題的方式更成熟，學會溝通和做決定，及在勞務的分配上更公平。

貳拾貳、二度婚姻的問題

二度婚姻最大的障礙通常發生在子女身上，前次婚姻所留下來的子女增加再婚配偶離婚的可能性；再婚者離婚是因為他們想離開繼子女，而不是配偶。

多數案例中，再婚時至少有一個配偶是有子女的，母親多半得到監護權，所以她的子女是與她和丈夫一起生活，丈夫成了繼父；丈夫的子女通常是跟前妻住在一起，與她的家庭產生聯繫，造成可能的敵意和衝突。妻子的前夫，也就是沒有監護權的父親常去探視他的子女，因此接觸到他的前妻和前妻的丈夫，可能導致問題的產生與緊張關係。做繼親的難度遠超過做親生父母親，因為兒童難以接受替代的父母親。

貳拾參、繼母面臨的困難

　　相較於撫養親生子女，繼母在撫養繼子女的過程中所遭遇到的困難，往往勝過繼父所面臨的困難，無論他們自己的親生子女是前一次或目前婚姻所生育，繼親家庭中新添親生子女（第一胎或其他），並不會影響到繼父母認為繼子女難以撫養的看法。未得到監護權的母親作為妻子，必須適應新丈夫的子女，還要設法在不太頻繁的探視時間內，與親生子女培養出友善的關係，是一項艱鉅的工作。

　　所有的成人都是共同的家長，一個家庭有二至四個父、母親（不止兩個）。子女得不斷地去適應兩個家庭，三、四位成人，以及二種或更多種關係模式。兒童與成人都必須應付其他家庭成員的態度與影響。難怪比起來自完整家庭兒童，繼子女會有較低的學業成績、在學校表現出行為問題，事實上，已有某些研究指出，繼子女在學校的生活進展大約只和單親家庭的兒童一樣，甚至更差。

　　處於青少年時期的繼子女格外難以接受新的繼父或繼母，他們可能會嫉妒自己的親生父親或母親對於其伴侶（現在成為繼親）的關注，他們也可能覺得他們的忠誠主要是向著自己的親生父、母，而繼親是闖入者，常見的例子便是如下的場景：

> 新婚妻子首次向丈夫的大女兒打招呼：「我是你的新媽媽。」（I'm your new mother）她柔聲地說。「下地獄吧！」（The hell you are!）女兒回完話後，踩腳走出房間。

　　繼子女對於繼父母的典型反應——拒絕，「你不是我的父親，你不是我的母親」（You're not my father. You're not my mother.）對於繼父母而言，這種明顯的拒絕是很難接受的，有時導致心理掙扎。如果父母離婚、再婚時，子女仍是嬰兒，他們長大後通常能接受繼父、母，將他們當成替代的母親或父親。

　　童話故事和民間傳說裡有殘酷繼母的刻板印象，研究指出繼母，

個案研究——理論與實務

248

以及沒有監護權的生母在調適上，比繼父—子女關係更困難，繼女尤其難以適應繼母。繼父通常比繼母更容易調適，這主要是因為，相較於繼父，在與繼子女的關係上，繼母扮演較積極的角色，花較多的時間與繼子女相處。沒有得到監護權的親生父母會刻意要使子女討厭繼親。被領養的青少年比不上在完整家庭中被親生父母撫養長大的兒童溫馨及有益成長的。

貳拾肆、同父異母或同母異父

如果父、母偏愛自己的親生子女，問題就會隨之叢生，憎恨與敵意可能隨之產生，配偶親生子女與新加入的配偶子女之間常常有競爭關係，子女可能嫉妒自己的親生父親或母親，將時間和注意力投注在繼子女身上。離婚的母親和子女、母親和女兒尤然，可能成為社交互動上的封閉系統，新來的繼父很難進入這個系統。

單身、先前未結過婚的女性在父親—子女關係中，也很難找到自己的位置，父親的子女可能怨恨她在成為繼母上所做的努力。為了結婚，她或許放棄了好的職務、高度的自由和獨立的自主，後來卻發現在封閉的家庭系統中，她被當作局外人對待。

令人滿意的繼子女—繼親關係的例子。有位母親提到其子女和丈夫間的關係：「他總是將她當作親生女兒而非繼女，絕口不提她是繼女的事，他比她的親生爸爸，過去和現在都要像她爸爸」。同父異母或同母異父的手足關係也可以是相當和諧，「他的兒子和我的兒子比親兄弟更像兄弟，他們像一家人」。

貳拾伍、被領養的青少年

另一類型的家庭是前面所未提到的，包含被領養的青少年，以及他們的父母。美國有超過一千六百萬個家庭，家中成員中有被領養的兒童。這些青少年生活過得如何？整體而言，相較放在單親家庭中成

長的青少年，被領養的青少年出現的問題較少、教育成就較高。可能會有好幾個原因，相較放在單親家庭中成長的青少年，被領養的青少年經濟上往往比較寬裕，就讀較好的學校，接受較高品質的醫療保健服務等等。領養家庭往往比單親家庭更穩定，而且養父母與子女之間的互動較佳。

在學校表現比較遜色的被領養青少年，比較容易有失調的表現，比較不受同儕歡迎，這些差異在兒童期中期與青春期中期最為顯著，往後差異就會逐漸縮小，如何解釋這些模式？Grotevanl 等人（1999）指出，領養與領養後的各項因素，可能在母親懷孕時沒有得到適當的產前照顧，母親極可能年紀輕而且貧窮，或者濫用藥物，被領養的兒童也有可能在出生後、被領養前遭到忽略或虐待。

更複雜的情感問題則是被領養後，被領養的青少年可能要面對更複雜的情感問題，並在行為規範上比其他青少年經歷更多的衝突，例如：

「你沒資格告訴我該怎麼做。」

「你不是我真正的母親。」

被領養者，如果他們覺得以前曾被遺棄，更加難以處理日益增加的自主權。

貳拾陸、身分的追尋

被領養的結果，往往使身分的追尋變得更加困難，若資料遺失，想要找出自己的身分，弄清楚自己是誰，更不容易。保密領養，被領養的青少年對親生父母所知極少或一無所知，格外難以追尋自己的身分。公開領養被領養，與親生父母有過接觸的青少年，雖然不會有同樣的問題，但是他們卻有可能面臨掙扎。

貳拾柒、跨種族被領養

　　跨種族被領養的青少年似乎這種風險格外大，畢竟，他們的身分追尋比被同種族領養的青少年更加曲折，他們的養父母或許無力讓他們對自己的種族身分感到自在；相反的論點，則是跨種族被領養者與被同種族領養者一樣優秀，他們對自己有良好的感覺，並且已經克服種族認同問題。

貳拾捌、實例問題

一、全台每十五分鐘一婦女遭家暴（2004.05.12）

　　根據內政部的統計，每十五分鐘就有一樁家庭暴力事件。一位四十多歲的王小姐小時候被繼母毆打，婚後被老公打，離婚後又飽受男友精神虐待。如今她走出陰影，用自身血淋淋的例子，呼籲受暴婦女勇敢走出來。

　　四十多歲的王小姐從小就在繼母拳腳相向中成長，結婚之後即使懷孕，丈夫對她動手動腳也沒少過。好不容易離了婚，又飽受之前的同居男友精神虐待（十六年來，好不容易擺脫暴力陰影）。王小姐的例子絕非單一案主，根據內政部的統計，每十五分鐘就有一位婦女因為忍受不了丈夫施暴，向警方求救。現代婦女基金會執行長說，遭受到暴力虐待的婦女，所遭到暴力的形式，有六成的婦女坦承遭到性虐待。現代婦女基金會指出，由於受暴婦女在家中多為經濟弱勢，一旦離開施暴丈夫，生活馬上出現問題。婦女團體在象徵再出發的早班車上貼上願望，期待能有更多社會資源投入關懷，讓受暴媽媽真正遠離讓她們心驚膽顫的暴力陰霾。

二、小孩分屬三父親，生母不養棄如屣（2004.08.02《聯合報》）

桃園縣中壢市一名二十六歲李姓女子，十一年來先後和三名男子結婚或同居，生了五個小孩，其中兩人由生父領養，三人由自己照顧，但她卻經常棄養；上個月孩子流浪在外被發現，社會局介入處理，她反悔領回，隔兩天又棄之不顧，社會局已將小孩強制安置。

桃園縣政府社會局蘇姓社工表示，李姓女子先和黃姓男子結婚，生下兩個男孩後離婚，接著和王姓男子未婚同居生下一男一女，最後和陳姓男子同居生一名小孩。除了老大和老么由生父領養外，其餘由她照顧。

李姓女子交往複雜，又有金錢糾葛，無暇照顧年幼子女。一年多前，分別將六歲（男）、三歲（男）及兩歲（女）小孩交給住在中壢市八十歲的父親撫養，自己偶爾回家探望，其父年歲已大，有病在身，體力衰弱沒有能力照顧撫養，致使三名小孩經常流落在外。上月初，三名小孩在中壢市區流浪，被民眾發現報警處理，社會局經徵得外公同意，將三名小孩送往安置。李姓女子三天後向社工表示，會好好照顧子女，社工決定給她機會，將小孩交還她撫養。

兩天後，社工員前往李家探視小孩情況時，發現三名小孩根本無人照顧，在家中任意大小便，衣著邋遢髒兮兮。社工認為，李姓女子領回子女後依然棄養，加上外公已無法看管，任由小孩在外遊蕩，已危及小孩生命安全，經外公簽字同意委託撫養，社工二度將三名小孩帶往庇護中心安置。

三、國三女生缺錢，結夥搶五十元（2004.08.02《聯合報》）

趙姓、程姓兩名國三少女涉嫌聯手向落單的少女勒索錢財，若不從，便以安全帽毆打。兩女前天在萬大路搶劫一名專科生時，被路人及萬華警方聞訊逮捕。其中趙姓少女具有韓國華僑身分，趙女父親前往警局時，原本還想安慰女兒幾句，不料卻遭她冷眼對待，甚至警告父親：「少跟我囉嗦，不要逼我在這裡罵髒話！」她的態度連警方都看傻了眼。

四、水塔性侵棄屍偵破，十六歲少年殺六歲女（2004. 07.31《聯合報》）

　　新竹湖口六歲女童遭性侵棄屍案，昨天晚間宣告偵破，令人訝異的是，嫌犯還是十六歲的國中生，因為串供被警方戳破，最後才在員警和父親面前承認自己先性侵六歲女童，再推入水塔，活活淹死她。

　　性侵又殺害六歲女童的國中生家屬，不但沒有責怪兒子，還在警局對著記者又踢又踹。不過有別於父親的激動，反觀這個冷靜的殺人少年，犯案三天還是一如往常的作息，連被抓了都記得保持緘默。

　　回到案發的那一天，六歲女童被父親發現陳屍在新竹湖口自家公寓的地下室水塔裡，疑似生前遭到性侵害。警方挨家挨戶清查，發現和女童住在同一個社區的這個大哥哥有嫌疑。竹北分局刑事組長張蒼宏表示：「最後釐清，最後接觸者就是這個涉嫌少年，我們把他的行蹤再一一釐清，發現他說謊，最後突破他的心防，他終於承認。」

　　有人看到六歲女童的最後一眼就是和嫌犯在一起，但嫌犯和同學串供卻露出破綻，最後這位單親的國中生終於在父親面前坦承先性侵，再推女童入水塔，活活淹死，全案終於偵破。

五、男童性侵，校方：家長溺愛放縱行為

　　男童性侵女同學的行為被揭發後，學校相當震驚，調查後發現確有其事，已經針對受害的六名女童和男童本身展開心理輔導，而男童的父親對兒子的行為並不驚訝，反而覺得學校大驚小怪。

　　老師說，這名男童家庭正常，雖然經濟小康，不過父母相當寵他，幾乎是有求必應。男童老師表示：「家長對小孩子很驕寵，要什麼給什麼，比較喜歡看A片。他有一個堂哥是國中生，常常在一起看A片。」男童的父親看到記者前來，不斷抱怨學校幹嘛大驚小怪。男童父親：「去年的事情，又不是這一年，代理校長把事情搞得這麼大，我有一些心裡是不服，對啊，小孩子都是自願，小孩子不懂事，那個東西也不會傷到裡面怎樣啊，你自己想看看，四年級的孩子能做什麼。」

學校表示，這名男童平常碰到不如意的事，就用肢體動作發洩，有暴力傾向，遇到老師訓誡則悶不吭聲，幾次的家庭訪問，也無法改善他的態度，對此相當的頭痛。而受害的六名女童，學校已經為他們心理輔導，希望不要成為心裡的陰影。

六、禽獸兄弟！交換兒女性侵國一女懷孕

性侵害案下毒手的是一對已經當父親的兄弟，二人藉口做錯事要懲罰，交換自己兒女，輪流性侵害，連兒子同樣受害，其中念國一的少女，還因此懷孕墮胎。受害的五名孩童，年紀最小才九歲，四、五年前開始，他們的爸爸，一個四十歲、一個三十五歲的李姓兄弟，以做錯事的懲罰理由，開始對他們性侵害，輪流遭逞獸慾。年紀最小的九歲，最大的十五歲，其中唯一的兒子也難逃魔爪，國一少女還因此懷孕墮胎。姑婆說，這對叔伯平時愛喝酒，感情也不順遂，老大結婚時，老婆才國一，所以生完二胎就離婚，老三婚姻也一樣悲慘，只是沒想到會把發洩對象選擇彼此還在發育的孩子。

北縣淡水水源里長說可能是他離婚了，離婚了也有這個性需求，他們算是低收入戶，找身邊的人比較容易下手，孩子的祖父母被蒙在鼓裡。

七、變態母親！九歲女送情夫性侵害

高雄一名已婚大學女教授，愛上一名實習牙醫，為了留住情夫，竟把九歲女兒當禮物，要送給情夫當老婆，不但逼女兒和情夫上床，還把過程拍成性愛光碟。

去年夏天，已婚女教授發生婚外情，對象是網友，在台中當實習牙醫。男方知道女方已婚，原本有意分手，但女教授為了挽留，竟然說要把九歲女兒嫁給他。去年九月，女教授讓女兒穿上小禮服，打扮成花童，和情夫約在台北華麗大飯店。女教授不但逼女兒和情夫上床，還把過程拍成性愛光碟當紀念。高雄地檢署主任檢察官說光碟內容不堪，男方有猥褻的動作，而且媽媽也在現場，還在旁邊配旁白。我們認為女童媽媽和牙醫有共犯嫌疑，牙醫情夫遭檢方拘提後以十六萬交保，女教授向檢警自首後交保。

八、逆倫關係！父親性侵國小女兒，侵女四年
（2004.03.13）

台北縣三重一個離婚父親從女兒國小一年級就趁黑夜猥褻她，時間長達四年，直到女兒寫信告訴老師，事件才爆發。國小一年級的八歲女童，被父親連續性侵四年，一手帶大小女生的祖母更氣得破口大罵，說兒子實在太過分。七十五歲的高齡祖母說，我說中和二母女睡不夠，還睡女兒來湊數，還會被硬拖硬打到樓上去。女童不堪父親和現任女友的欺凌，才把自己每天晚上遭父親猥褻私處性侵的過程告訴老師。

九、少女遭虐致死？父親：傷是自殘累積形成
（2004.05.31）

疑似遭到虐待致死的十六歲陳姓少女，父親拿出女兒寫給後母的信件，極力替太太澄清。他說老婆雖然是繼母，但絕沒有虐待獨生女，還幫女兒改了不少缺點，獎狀是最好的證明。不過學校表示，少女在休學之前沒有傷口，不了解為何休學後卻慘死在家。陳先生拿著女兒寫給後母的信向警察喊冤，要幫被羈押的老婆脫罪，死者父親手上信的內容是寫著一些她過去的借貸的行為，跟撒謊那一類欺騙的行為，以及跟他母親道歉。

少女寫給後母的信：親愛的媽媽，真的很對不起，我每次都要說改，都沒有做到。……我知道自己騙了太多，我會改掉。少女在信中也提到跟同學的債務糾紛：這樣的事被通報之後，我要加倍賠償債務，最後將會被退學，轉入少年監護所管束。更嚴重的是，我的生母必須把我帶走。

還特別註明我的人生就快完蛋了，自己錯了請媽媽原諒。

陳爸爸翻箱倒櫃找出一疊獎狀，他說女兒小學成績不好，這些都是後母用心教育少女的有力證據，但是為何會休學四個月後慘死在家，老師相當不解。國二輔導老師表示小孩滿成熟的，她常避重就輕，一直說不應該騙，才惹爸媽生氣。高中輔導老師指出，在一月休學之前都沒有傷，因為如果有傷口，我們學校一定會馬上處理。陳爸爸說女兒的傷口是一天一天，自殘累積形成，並非全是老婆管教造成。他後悔說，沒有早一步將女兒送往精神科就診，才會失去女兒，現在說什麼都要救回老婆。

十、家庭悲劇！砍妻子灌農藥夫仰藥自殺
（2004. 07. 21）

　　台北縣新莊清晨發生一起夫妻雙亡的家庭悲劇。一對年近六旬的老夫妻吵架，丈夫氣不過，拿水果刀砍殺妻子後，再強灌農藥，自己也仰藥自殺。親戚說，之前男子曾外遇，兩人離婚，後來和妻子復合，但從此就爭吵不斷。死者女兒說：我不知道該怎麼辦，一下子倒了兩個人。死者親屬說，男的在外有女人，帶女人在外住，在外住後兩人散了，男的跑回來，妻子也回來住，兩人又吵架。記者問為什麼常吵架？死者親屬回答為了女人，死者鄰居還說先生愛賭博、玩六合彩，我只知道他們住的房子就是玩六合彩買的。

十一、公婆逼她當乩童，女子訴請離婚獲准
（2004. 07. 14）

　　台中縣清水鎮一名鄭姓女子，公婆開設神壇，要求她也跟著學當乩童，女子受不了帶孩子逃回娘家，訴請離婚獲准，法官判准離婚，九歲孩子的撫養權歸母親。除了當不當乩童的各說各話，最主要的，是九歲孩子竟然不認識自己的爸爸和爺爺奶奶。鄭姓女子：「我說很可悲！孩子都國小二年級，居然都沒看過爸爸，（在法庭上）爸爸怎麼長那麼醜，講話還那麼兇，有一次我去學校，孩子說媽媽我跟你講喔，剛剛有壞人來看我，他們說是我的爺爺奶奶。」

　　婆婆委屈地說，每次去看孫子，媳婦都把孩子的眼睛遮住，不讓他們見面。婆婆說，媳婦二十歲生下孩子後才嫁到他們家，年輕愛玩常曉家，甚至離家出走。婆家多次登報尋人，視媳婦如己出，卻被她罵垃圾。鄭姓女子的婆婆說：「不想開一點還能怎麼辦，以後她當人家婆婆才會了解！」說到傷心處，婆婆老淚縱橫。

十二、難忍離婚恨，砍前妻男友，男子被逮
（2004.07.13）

台北縣新店一名男子因為不滿前妻另結新歡，拿著尖刀和鹽酸到前妻住處理論，卻撞見前妻和男友同進同出，當場怒火中燒，和前妻男友打鬥，兩人受重傷送醫，嫌犯隨後被警方逮捕。被員警從派出所押出來的男子，頭戴安全帽，不發一語，和被捕前的兇狠，殺氣消了一大半，公寓五樓門口血跡斑斑，現場凌亂，圍觀鄰居議論紛紛，說這戶人家交往複雜，才會導致兇殺。男子和前妻離婚三年多卻不願罷手，十二號下午，嫌犯林姓男子因為不滿前妻另結新歡，拿著尖刀、童軍繩，埋伏在前妻住所，等到前妻和男友一進家門，上前一陣亂刺。前妻男友奮力抵抗，兩人都雙雙掛彩，男友手部受創，兇嫌手部韌帶也斷裂，經過急救後，沒有生命危險。嫌犯隨後也被帶往派出所問訊。

警方表示，林姓男子和前妻離婚三年多，卻不願罷手，又看見前妻與男友兩人同進出，才會大發醋意動殺機，後悔也來不及。

十三、兩度離婚，母攜兩子自殺，師生不捨
（2004.06.23）

南投發生一位兩度離婚的母親，帶著兩個年幼兒子在車內引廢氣自殺身亡的悲劇，死亡的大兒子在校成績名列前茅，人緣很好，同學今天紛紛留言追悼他。他曾向班上最好的朋友說，他恨父親離婚後留下他們母子三人，讓他在破碎的家庭陰影下生活。就讀四年級的邱姓男童雖然轉到學校不久，但是他的人緣很好，班上最好的朋友說，他一直生活在母親兩度離婚的陰影中。邱姓男童同班同學轉述說，他會說爸爸很壞，離婚留下他們母子三人，他很恨他父親。大人自己的婚姻破碎，狠心的母親居然還帶著兩個孩子一起走黃泉路。邱姓男童的成績在班上一直名列前茅，考試幾乎都接近滿分。坐他旁邊的女同學拿出他做到一半的端午節香包，紅了眼眶。

邱姓男童同班同學說：「希望他早日投胎，投胎到好的地方，不要再投胎到那種媽媽，那種壞媽媽的地方。」同學們把追悼的留言寫在小紙片上，有人用注音寫上阿彌陀佛，希望柏揚平靜地走，留言當中充滿依依不捨的情感；至於就讀一年級同樣不幸死亡的弟弟，老師根本還不敢把這個不幸的消息告訴班上同學。

十四、媽媽不盡責，八個小孩前夫帶（2004.05.04）

　　三十八歲生下九個小孩的許小姐到底有什麼苦衷？前夫李先生說：「左鄰右舍都知道，小孩都是我在帶。」李先生好生氣，因為離婚快三年，前妻放著八個小孩子不管，這會還冒出個一歲半的兒子要他認，這口氣他嚥不下，嫌犯前夫李先生：「之前小孩都我在養，這個女人算什麼女人，還和人同居搞一搞，不能養還丟給我養，算什麼嘛！」分局裡許姓女嫌明明三十八歲，卻偽造成二十八歲的身分到處行騙，前科至少五、六件，所以一提起前妻，李先生就生氣。

　　擔任建築工的李先生說她當時根本都不在家，每天往外跑，搞什麼信用卡、大哥大，你問他們家人最清楚，問我們就不曉得，我每天上班，她每天亂搞，我怎麼知道搞什麼？十六歲生第一胎，八個小孩就這麼一個個出生，李先生又要靠苦力賺錢，還得當家庭煮夫，連鄰居都看不下去。鄰居說他們家最大的現在在當兵，今天抱回來的那個不是他的。李先生說，三兒子去年車禍過世，前妻也不管，離婚後的事也要他自己承擔。

十五、新新辣媽離婚觀，只要探視權（2004.08.11 《中時電子報》）

　　內政部統計每三對結婚就會有一對離婚，晚晴協會進一步發現愈來愈多七年級「辣妹」前往諮詢離婚，身材、學歷都一級棒，打破以往「黃臉婆」被拋棄的刻板印象；絕大多數強調要子女「探視權」，但不要「監護權」，和五、六年級生截然不同。

　　台北市晚晴協會根據上半年統計資料發現，協會接獲的「法律諮詢」有暴增趨勢，較去年同期成長達百分百。執行長許文青表示，七年級生離婚理由同樣以先生外遇最多，其次為爭吵、家庭暴力等。當初多因不慎懷孕匆匆結婚，孩子生下後婚姻破裂而有意離婚。許文青分析，七年級前往進行離婚法律諮詢者多為學歷好、身材棒的「辣妹」，和刻板印象中被拋棄的「黃臉婆」截然不同。

　　且因僅二十歲出頭，大多不涉及財產爭議，對子女處置則完全鎖定「探視權」，而非「監護權」。

許文青說，這些離婚辣妹其實都有不錯的條件，外表更是亮麗，但最後仍因先生外遇或爭吵不斷而宣告離婚。她們都希望將孩子讓給對方撫養，只要求固定探視即可。但因雙方年紀都輕，也常出現夫妻都不要「監護權」的尷尬處境。

　　根據晚晴協會輔導過程，五、六年級生離婚大多堅持要子女監護權，導致雙方僵持不下。三、四年級甚至年紀較大者，則因兒女已長大成人，爭執重點移往財產分配，顯示不同世代面對離婚有不同訴求。

參考文獻

吳齊殷（2004）。家庭結構、教養實施與青少年的行為問題。台灣社會學研究，**4**。

薛承泰（1996）。台灣地區單親戶的數量、分布與特性：以 1990 年普查為例。人口學刊，**17**，1-30。

余多年（1998）。各國學齡前兒童照顧支持政策之研究。國立中正大學社會福利系碩士論文。

李宜興（1998）。家庭與社區中非正式福利部門的動態關係——以嘉義縣新港鄉殘障團體為例。國立中正大學社會福利系碩士論文。

劉佳琪（1998）。從「就地老化」的理念檢視「中低收入老人住宅設施設備改善」補助。國立中正大學社會福利系碩士論文。

葉湘芬（1998）。失智症患者接受日間照顧服務之評價：失智症患者及家庭照顧者照護。長庚大學護理學研究所碩士論文。

楊嘉玲（1998）。護理之家機構照護品質指標：以老年住民、家屬、護理人員的觀點探討。長庚大學護理學研究所碩士論文。

邱月季（1998）。台北都會區長期照護機構營運之研究。大葉大學事業經營研究所碩士論文。

翁詩亮（1998）。影響醫院型態與護理之家接受居家照護給付之失能者對政府身心障礙。高雄醫學院行為科學研究所碩士論文。

黃秀玲（1998）。銀髮小家庭居住型態之比較研究。國立政治大學社會學系碩士論文。

陳雅琴（1998）。福利社區化與營利化之探討——以台北市課後照顧為例。國立政治大學社會學系碩士論文。

陳怡婷（1998）。台灣社會福利服務業社會工作員工作保障機制之研究，國立政治大學勞工研究所碩士論文。

趙大維（1998）。我國「社區照顧」之研究——以鳳山市服務網絡為例。國立政治大學中山人文社會科學研究所碩士論文。

趙璟瑄（1998）。台北市政府社會局公社民營政策執行之分析——政府觀點。國立中興大學公共政策研究所碩士論文。

林惠貞（1998）。慢性病老人家庭主要照顧者之困擾。需求與社區照顧支持方案期待之出。濟南國際大學社會政策與社會工作學系碩士論文。

鐘月梅（1998）。英國照顧管理模式之研究以三個老人社區照顧計畫為例。濟南國際大學社會政策與社會工作學系碩士論文。

（本章為研究生鄭聯芳、曾郁明、陳綺華資料蒐集整理）

第九章

青少年的兩性觀
與
兩性教育研究

壹、前言

在急遽多變的今日，青少年發展加速，性成熟早，再加上對於性的意識和價值觀，已趨向多元化，常使發展中的青少年無所適從。人格心理學家哈維葛斯特（Robert Havighurst）認為，展現適度的性別角色、與異性發展適當的人際關係，以為未來婚姻家庭做準備，是青少年身心發展的重要任務。因此，如何透過兩性教育的推動，增進國中、高中學生與異性和諧相處的能力，進而防範兩性交往悲劇的發生，正是我們輔導工作者積極努力規畫辦理的重點工作。

貳、青少年的身心發展

青少年是從兒童時期長大成為成人的一個過度期，而現代社會因為分工愈細，學習及受教育的期限愈來愈長，擔負起成人應負的社會責任期限就愈來愈晚了。因此，青少年期就相對的增長了。而身體的成熟愈來愈早，心理的成熟卻愈來愈晚。這是屬於兩性期的發展，一方面是身體的急速成長，另一方面性徵的顯現。因此，青少年此時的特徵是對兩性間性徵差異的好奇及兩性相處的困惑。身為人師要提供適切的兩性方面之教育時，不能不先了解此時期青少年的身心發展特徵。

一、身體發展

青少年期的身體會有重大的改變，不只是身體的急速增長，特別是性生理的成熟。使個體最後能由兒童轉變成具有生殖能力的個體。其主要的發展如下：

㈠內分泌

青春期是成長快速、生殖器官成熟的時期，這些急速的轉變與體內的內分泌腺有關。下視丘所分泌的荷爾蒙，可以刺激或抑制腦下腺

的分泌。腦下腺所分泌的荷爾蒙影響到其他腺體和身體各部分的細胞，因此又稱主腺。腦下腺分泌的性腺激素與青春期有密切關係。性腺則是促進性器官的發育及性徵的出現。

㈡性徵的顯現

由生殖器官變化而產生的身體相關變化稱為主性徵。女性的主性徵較為明顯，最明顯的即是月經的開始；另外，卵巢內開始孕育卵細胞，伴隨而生的是子宮增大及性器官的變化等。而男性則是睪丸增大，能製造成熟精細胞等現象。次性徵則是性器官以外的身體變化。例如女性的乳房隆起、臀部擴大等；男性的鬍鬚、體毛，出現嗓音改變等。

㈢身體的發育

身高方面，隨青春期開始，即出現生長陡增現象。身高及體重都會明顯而且快速的增加。而身體各部分的發育亦不均衡，發展的原則卻是長手先於長臂，長腳先於長腿，甚至身體左右兩半的生長不平衡。長相會突然變得相貌奇特，大手大腳，行動笨拙。因而有些青少年可能因此不喜歡自己的身體形象。

㈣生理轉變對個人的影響

1. 成熟早晚兩性影響不同

對男性而言，較早熟者，在同年齡群的發展中，會居於有力的地位，較被支持較有自信心。晚熟的男生，則較少受人重視，情緒較為緊張，自我意識較強。早熟的女生則有不利的影響，適應較為困難，但是太晚熟，在心理上的適應也有困難。

2. 月經所造成的衝擊

大多數的女孩對月經普遍缺乏生理衛生知識，因沒有預先準備，而在初經的經驗以害怕、驚慌及不知所措的居多。且多數青春期前後的女生視月經為他們必須接受的不愉快事情。在月經期間會腰酸背痛、乳房漲痛，心理上會煩躁易怒、多愁善感，因此有不舒服的感覺。大部分的青少女對月經的處理與適應是需要再學習的。而研究顯示，初經的經驗對以後月經態度及徵狀的痛苦程度，有極重要的影響。

3.對身體改變的反應

除了老年期外，青少年男女比任何階段更注重身體的變化，他們更在乎自己的外貌。大部分的女生比男生更不滿意自己的身材，尤以身高與體重的抱怨最多。青少年的身體特徵與自我觀念有密切的相關，對自己的外表覺得滿意的人，通常較有自信。而缺乏自信的人，對自己的評價較低，較不滿意自己。其外觀也會影響他們的人際關係。

二、心理發展

在性心理的發展上，說得比較清楚的理論，應該是精神分析學派。精神分析學派認為，青少年如果沒有停滯在早期的性心理發展上，則會進入性徵期，而性徵期原有的戀父或戀母情結等衝突會再度出現。此時的青少年對異性會產生興趣，進行一些性的體驗，並開始肩負起成人的責任。隨著青春期的度過，進入成熟的成人期，他們會發展親密關係，不再那麼受父母的影響，並發展出對別人產生興趣的能力。發展的趨勢是由自戀轉向利他與關懷別人的行為。根據佛洛依德的說法，成熟的成人之主要特徵是「愛與工作」，也就是從無拘無束的愛與工作中獲得滿足。艾瑞克遜認為，青春期主要的發展是跟個人身分發展有關。青少年掙扎於界定自己是誰，將往何處發展；如果未能加以澄清，將會導致「角色混淆」。而他們之所以未能界定其身分，原因是承受了來自父母、同儕，以及社會所加諸的各種分歧的壓力。

因此青少年要統整自我，形成一套價值體系，使自己有方向感，對於宗教信仰、性倫理、價值觀等方面，形成自己的自我哲學。

參、青少年兩性交往現況研究

一、台北市青少年調查資料（1996）

根據台北市女性權益促進會於一九九六年針對青少年進行「台北市中學生性態度問卷調查」的結果如下：

表 9.1

		國中男	國中女	高中職男	高中職女
性知識來源	師長及學校課程	34.5%	46%	18.7%	37.3%
	同儕團體	29.6%	18.6%	33.1%	22.4%
	大眾傳播媒體	13%-14%		14.5%	20.6%
可以交男女朋友了嗎？Yes！		男 78%、女 71%			
可以有性行為的理由	因為有愛情	女生 40.4%-46.5%			
	因為有性需求	男生 39.3%-43.0%			
不可以有性行為的理由	年紀太小	60%			
	結婚以後才可以	20-30%			
對於有性行為朋友的態度	不應該	26.6%	41.3%		
	無所謂	約 40%			31.2%
	可以接受			37.2%	40.4%
若有性行為，會選擇避孕		67.1%	73.1%	85.8%	88.8%
不避孕的理由	沒想過	62-87%			
	男生選擇「使用時感覺不好，不舒服」的比例遠比同齡女生多出數倍				
會採用的避孕方法	保險套			77.6%	60.6%
	女生卻仍有 20-25%的比例會使用避孕藥				
懷孕後，會傾向選擇怎樣的解決方式	找父母	34.8%	38.6%	33.7%	
	找朋友				39.4%
	不知如何解決	35.8%	43.3%		
和異性交往時的在意	1.胖瘦、身高、五官容貌都是男女相當關注的				
	2.男生比女生更注意胖瘦				
	3.女生還特別在意小腿的粗細				

二、基隆市、桃園縣國高中生兩性相處現況

　　為了解國中及高中階段學生對兩性關係的看法，本研究於二○○三年以自編「兩性教育問卷調查表」實施調查。本問卷施測對象為桃園縣大崙國中、基隆市信義國中的國二學生，及桃園市武陵高中高二學生（國中、高中各二百名左右），進行統計分析，並對每一題目提出看法與建議。

㈠你／妳獲得性知識的來源是

表 9.2

選項	(1)父母	(2)老師及學校課程	(3)兄弟姊妹	(4)同學、朋友	(5)書籍
國中	34%	*64%	20%	*50%	32%
高中	24%	*77%	8%	*58%	47%

選項	(6)報紙、雜誌	(7)電視電影的大眾傳播媒體	(8)醫護衛生專業	(9)其他
國中	33%	*40%	20%	0%
高中	52%	*68%	17%	3%

* 國中生性知識獲得的過程中，老師及學校課程始終扮演相當重要的角色，其受相信的比例超過半數（64%），其次從同學、朋友方面獲得的也很普遍（50%），而從大眾傳播媒體獲得的性知識也不少（40%）。

* 高中生性方面的知識，也是從老師及學校課程最多（77%），其次則為大眾傳播媒體獲得（68%），再者為同學、朋友（58%）。可見在性知識來源，以上述前三名為主，雖然國中生順序不同。有趣的是，從兄弟姊妹那裡獲得的性知識所占的比例（國中 20%，高中 8%）反而很少。

(二)你／妳贊成國（高）中生談戀愛嗎？

表 9.3

選項	(1)贊成	(2)不贊成	(3)順其自然	(4)沒意見
國中	29%	13%	*45%	13%
高中	28%	2%	*66%	4%

* 求學期間是否贊成談戀愛，不贊成的占少數（國中 13%，高中只有 2%），贊成及順其自然的比例，國中占 74%、高中占 94%以上。由此可見，「國高中生贊成談戀愛」的事實，的確值得重視。如何因勢利導青少年的兩性交往，是值得正視的問題。

(三)你／妳認為國（高）中生談戀愛的尺度

表 9.4

選項	(1)僅止於課業上的切磋	(2)牽牽小手就好	(3)可以有擁抱或接吻的行為	(4)宜禁止談戀愛	(5)可以有婚前性行為	(6)其他
國中	22%	36%	*39%	4%	3%	1%
高中	7%	14%	*69%	1%	9%	1%

* 國、高中生認為婚前可以有擁抱或接吻的行為占大多數（國中 39%，高中甚至高達 69%），與國中生比較，高中生對談戀愛尺度看法有更開放的態度。另外，不反對有婚前性行為看法的，國中有 3%，高中有 9%，雖然比例不高，但如何引導這類學生做價值澄清及角色定位，仍值得重視。

(四)你／妳認為可以有性行為的理由是

表 9.5

選項	(1)因為有性的需求	(2)因為有愛情	(3)因為好奇	(4)其他
國中	5%	12%	15%	2%
高中	8%	16%	3%	0%

* 以愛情為基礎的前提下，才可以有婚前性行為的發生，仍比其他選
  項的比例來得高（國中、高中皆是）。另外，國中部分因為好奇心
  的驅使下，而有性行為的發生之比例不低，占 15%；而高中部分只
  占 3%，是否因高中生年紀增長而較理性，但也不能輕忽這少數的
  比例，因為它也呈現出對兩性關係的不了解，因此性教育在學校傳
  授是有必要的。

㈤你／妳認為不可以有性行為的理由是

表 9.6

選項	(1)年紀太小	(2)擔心懷孕	(3)擔心感染性高	(4)結婚以後才可以有
國中	*54%	25%	10%	16%
高中	*47%	34%	8%	11%

* 國、高中有 47%以上的學生認為不可以有性行為的理由，大多是
  「年紀太小」，也有為數不少的同學會擔心偷嚐禁果後懷孕的發生
  （國中占 25%，高中占 34%）；至於結婚後才可以有性行為的必要
  條件，因此，如何落實衛教觀念，是一重要的課題。

㈥如果有性行為，你／妳會不會避孕

表 9.7

選項	(1)會	(2)不會
國中	*81%	19%
高中	*98%	2%

* 在認知上，絕大多數的同學（國中 81%，高中 98%）表示會選擇避
  孕的方式，而調查結果顯示，高中生選擇會避孕的比例明顯比國中
  成長了 17%左右，可見年齡愈長，愈有避孕的概念。

(七)你／妳會採用的避孕方法有哪些

表 9.8

選項	(1)保險套	(2)服用避孕藥	(3)體外射精	(4)測量基礎體溫	(5)其他
國中	*76%	42%	19%	11%	2%
高中	*88%	49%	25%	11%	2%

* 避孕方法有多種，其中國、高中會使用保險套機率最高（國中76%，高中88%），其次選擇服用避孕藥的比例（國中42%，高中49%）也蠻高的。至於「測量基礎體溫」這部分，國、高中皆占11%，比前述的比例都低，是否顯示學生在這個選項上不夠清楚，還是覺得麻煩？有待進一步的了解。另外「其他」的選項，國、高中皆占2%，由於都沒有進一步說明原因，因此不得而知。

(八)你／妳不會避孕的理由是

表 9.9

選項	(1)沒想過	(2)使用保險套感覺不好	(3)其他
國中	*40%	8%	3%
高中	*47%	5%	5%

* 學生不會避孕的理由，國、高中生皆以「沒想過」占最大多數（國中40%，高中47%），其他的原因比例很低，不過還是有國中8%，高中5%學生認為使用保險套的感覺不好，顯示學生的避孕概念有待加強。

(九)如果妳（或對方）懷孕了，便傾向怎樣的解決方式

表 9.10

選項	(1)找父母商量	(2)找同學朋友幫忙解決	(3)找老師（含輔導老師）幫忙	(4)自行到診所墮胎	(5)不知如何做	(6)其他
國中	*55%	32%	*55%	9%	16%	2%
高中	44%	41%	*56%	18%	21%	2%

* 在這題選項上，國、高中55%左右皆選擇找老師（含輔導老師）幫忙，或找父母商量（國中55%，高中略低，為44%），顯示不論國高中生在遇到狀況時仍會找其信賴的師長，要求其出面幫他們解決。除非擔心會遭嚴厲譴責，只好找同學朋友幫忙解決（國中32%，高中41%）。而「自行到診所墮胎」比例低（國中9%，高中18%），可能因害怕或經濟能力問題而不敢輕易去做。

（十）和異性交往，你／妳比較在意自己的哪一部分

表 9.11

選項	(1)胖瘦	(2)身高	(3)五官容貌	(4)內涵	(5)第二性徵方面	(6)其他
國中	18%	16%	44%	41%	6%	4%
高中	19%	7%	31%	56%	4%	6%

* 此題的數據顯示，「五官容貌」、「內涵」是國、高中生相當關注的部分，但國中生比高中生更在意自己的「五官容貌」（占44%），高中生認為「內涵」遠比其他部分來得重要，這是否因武陵高中為明星學校，較注重內在的充實勝過外表的美貌。

* 另外，我們也必須正視媒體文化中所架構的身體標準迷思以及瘦身的影響，雖然國、高中生這部分的比例不高，如「胖瘦」、「身高」占了7～19%，也許是受升學壓力的影響著重點不同，而有階段性的不同。

肆、兩性教育的基本理念及目標

一、高級中學兩性教育實施重點

在高級中學，目前「課程標準」並無「兩性教育」這門課。以武陵高中為例，學校輔導教師會利用自習課、聯課活動、班會等課程來實施。晏涵文教授提出，「兩性教育應使每個人能正確地認識自己在兩性生理、心理、社會各方面成熟的過程，以避免錯誤知識所帶來的

傷害」，因此兩性教育不僅是性知識的提供，我們應以「全人」的問題看兩性教育。而所謂的全人，就是包括一個人的一生。因此，高中兩性教育大概可分幾個重點實施：

(一)**兩性特質的認識**

1. 協助學生了解性別塑造的過程。
2. 讓學生了解兩性的身心特質及差異，以作為兩性互動的基礎。
3. 鼓勵學生培養具有彈性、剛柔並濟的性格。
4. 認識「同性戀」：對於日漸浮上檯面的「同性戀」，一般的同學應有基本的認識。再者，對於同性戀者也能以較健康的態度去面對。

(二)**兩性的交往**

1. **合宜的兩性交往態度：**在變遷的社會中，許多人愛得很辛苦，原因到底在哪裡？
2. **對兩性解放思想的因應：**個體的成熟，性荷爾蒙的衝動，再加上多元社會的多元性價值，擾亂了傳統的性禁忌。對兩性的解放思想推波助瀾，使濫性及縱慾都得到合理的藉口，愈來愈多人在愛情裡掙扎。該如何去因應？
3. **學習兩性相處的能力與技巧：**高中階段的青年男女，在兩性關係上，也常會產生某些疑問，例如，高中生適合談戀愛嗎？如何對婚前性行為說「不」？如發生婚前性行為，該如何處理？三角習題如何解？……透過有規畫的安排，協助他們學習在兩性相處中的能力與技巧。

(三)**性騷擾與性侵害**

1. **認識「性騷擾」：**不受歡迎的性接近、性要求，或其他具有性意味的語言或身體行為，以交換或達成某些目的的一些行為，均稱之。
2. **認識「性侵害」：**指在違背他人意願下，以脅迫、恐嚇或暴力強迫方式，對他人進行性接觸之行為。
3. **「性騷擾」與「性侵害」的處理：**如果被騷擾了、被侵害了，

如何協助當事人自處、調適、接受醫療及心理救助，甚至面對法律等問題，是很重要的。

㈣擇偶與婚姻

1. **認識「婚姻」**：讓同學了解婚姻的內涵、功能，以及它如何滿足人類各種心理及生理的需求。當然獨身或同居也是另一種「生活方式」的選擇。談擇偶之前，宜先對這些生活方式的利與弊作深入的了解與分析。

2. **伴侶的選擇**：人對伴侶的選擇，以愛情為依據，但事實上尚有其他的因素影響我們對伴侶的選擇，例如容貌、人格特質、教育、經濟能力與宗教等因素，哪一個占的比例較重？哪一個較輕？都因人、因時、因地而異。因此，澄清同學們的價值比重，是一件很重要的事。

3. **婚前的準備**：結婚前的準備，以及婚姻生活的適應，都是高中兩性教育學習及討論的重要主題。

二、九年一貫與兩性教育

㈠基本理念

教育部於一九九八年九月三十日公布「國民教育階段九年一貫課程總綱綱要」，決議將資訊、環保、兩性、人權等重大課題融入七大學習領域中（教育部，1998）。因此，基於教育政策的推動，兩性教育的理念與內涵，在這一次課程改革中融入國民教育階段九年一貫課程綱要中，並發展適宜各階段的兩性教育學習能力指標，以體現多元文化教育理念。

國民教育階段的「兩性教育」的核心能力應包含「兩性的自我了解」、「兩性的人我關係」、「兩性的自我突破」，三項核心能力的基本意涵分別解釋如下：

1. **兩性的自我了解**：了解性別在自我發展中的角色。
2. **兩性的人我關係**：探討性別發展與社會文化互動的關係。
3. **兩性的自我突破**：重建和諧、尊重的兩性關係。

（二）分段能力指標（國中階段）

1. 兩性的自我了解

1-4-1　檢視自我期望與傳統性別角色的衝突。

1-4-2　悅納自己的性別角色，培養個人的價值觀。

1-4-3　培養多元文化觀點，學習兩性良性互動。

1-4-4　探討個人發展受性別影響的因素。

2. 兩性的人我關係

2-4-1　尊重自我與他人青春期身心發展的差異。

2-4-2　適當表達自己對他人的情感。

2-4-3　認知兩性在家庭和職場中的角色，並共同擔負責任。

2-4-4　協助與支持學校和社會中受到性別歧視或性侵害者。

2-4-5　了解各國政治、經濟、法律及婦女運動對兩性發展的影響。

2-4-6　辨析公共決策與資源分配上的性別歧視。

2-4-7　探究現今社會中產生性別歧視和文化偏見的成因。

3. 兩性的自我突破

3-4-1　展現自我而不受性別限制。

3-4-2　規畫個人生涯發展不受性別、婚姻與家庭的限制。

3-4-3　追求終身學習與生涯規畫均等之機會。

3-4-4　建立兩性平等與尊重的互動模式。

3-4-5　思考傳統性別角色對個人學習與發展的影響。

3-4-6　規畫以兩性合作學習的方式來探索社會。

3-4-7　尋求突破社會文化中性別、階級與權力的結構關係。

3-4-8　積極投入科技資訊領域，不因性別而有差異。

3-4-9　熟悉與妥善運用兩性權益相關的資訊（例如：求助與申訴管道、資源與相關法令等）。

3-4-10　解析社會和歷史演變過程中的兩性關係。

3-4-11　主動探究兩性平等相關議題（例如：約會強暴、人身安全、性取向、安全性行為等）。

3-4-12 運用多元思考，解決性別的相關問題。

3-4-13 反省批判社會中性別刻板化印象和差別待遇，提出因應解決的方法。

㈢課程目標

兩性教育的課程目標，主要著重於認知、情意、行動三層面，在認知面，藉由了解性別意義、兩性角色的成長與發展，來探究兩性的關係；在情意面，發展正確的兩性觀念與價值評斷；在行動方面，培養批判、省思與具體實踐的行動力。整合這三個層面，可以推衍出以下六項課程目標：

1. 了解性別角色發展的多樣化與差異性。

2. 了解自己的成長與生涯規畫，可以突破兩性的社會期待與限制。

3. 表現積極自我觀念，追求個人的興趣與長處。

4. 消除性別歧視與偏見，尊重社會多元現象。

5. 積極拓展個人生涯選擇，不受性別角色刻板化之影響。

6. 建構兩性平等、尊重的互動模式。

伍、有效的在學校落實兩性教育之建議策略

一、課程及活動

㈠**直接在課程中討論孩子們關心的兩性議題**：不管是國中的健康教育及輔導活動（綜合活動）課程，或是高中安排的兩性課程，內容要以直接、健康、正向的方式做介紹及講解。如：中學生是否可以談戀愛？國、高中階段，兩性相處的界線為何？如何與異性朋友約會？何謂同性戀？如何做好避孕措施？……等議題都可以拿來討論。必要時可以社會事件、傳播媒體議題，輔以解說社會上對兩性看法的迷思。

㈡**兩性專題講座**：於週會時，聘請專家學者，做有關兩性的專題演講。同時舉辦有獎徵答，這樣頗能吸引學生的興趣及注意。

㈢**自我保護安全講座**：每學期要舉辦安全講座，對於男女生參加聚會時的自我保護要領，出外時要特別避免的時間、地點、人物等，性侵害事件應變和求助資源，都要加以教育，及做必要的提醒。

㈣**閱讀學習**：推薦並鼓勵學生閱讀有關兩性平等的優良讀物，激發學生對兩性議題的多向度思考。

二、班級經營

㈠**空間安排**：合理安排教室空間，使男女生有充足的互動機會，學習如何與異性相處、兩性互相尊重，並增進彼此的了解。

㈡**無性別的工作分配及行為處理**：班上的工作、公差的分配及指派要能公平，同時要避免受性別刻板印象影響。對於學生的優良表現或違規犯過處理，要公平適切，避免有性別上的差別待遇。

三、生活教育

㈠**教師的身教**：教師本身要破除兩性的偏見，同事之間的相處或是對待學生，都能適切地以身教示範對兩性的互相尊重。

㈡**隨時的提醒**：活動時或下課時，對於學生的言行要適時給與注意提醒。對於不當的互動或言詞，要立刻加以制止，以免學生產生教師默許的誤會。

㈢**與現實社會的接軌**：利用社會各種案例，或是媒體的兩性關係調查統計數字，作為機會教育，加以討論及演練，了解學生的想法及做法。

㈣**諮商輔導**：對於有兩性議題困擾的學生，能提供諮詢、諮商等協助。

陸、結語

　　從發展的角度來看，青少年處於急速性成熟的階段，其身心發展都與性脫離不了關係，因此，青少年對性有特別的好奇與渴望是可以被了解的。然而，目前社會處於教導角色的父母及教師，是比較抱持

保守的態度，而青少年在有關兩性相處的觀念上及行為都較為開放，所以，兩代之間有著代溝存在。也許我們可以說，現在的父母及教師所提供的兩性教育內容，可能已經無法滿足青少年所需要的了。特別是在扮演著重要角色的教師們，是否能有所覺醒，用心地去想一想，面對現在的學生，我們要如何來教導這些青少年們，同時也要考慮教些什麼。畢竟，社會的開放、知識的發達、學生要的知識性的資料，已經不太需要透過教師等學校教育的系統來獲得，那麼我們要教些什麼呢？

現在社會需要的兩性教育並不是單純的生理教育，或是道德教育，而是人格教育及生活教育。重視的是人格的陶冶而非知識的填充，因此，教師在實施兩性教育的過程中，如何保持一個健康、開放、接納的態度是很重要的。讓學生在課堂中的師生互動中受到兩性平等、相互尊重的薰陶，可能比一味地說教來得更有效果。

從網路的興盛到社會的多元化，我們可以深切了解到青少年的許多觀念，已經不再拘泥於傳統的教育內容了。因此，透過實際對青少年的調查及參閱許多文獻後，我們深深體認到要落實青少年的兩性教育，必須要先從了解青少年著手。利用更多的溝通交流的機會幫助彼此了解，能讓教師或父母了解青少年的想法及價值觀，再配合以接納、開放的空間彈性的實施，經過審慎規畫的教育內容，最後才能因勢利導，協助青少年建立正確而健康的兩性相處態度。進而達到兩性教育的目的，建立起青少年適當而健康的兩性觀念。

參考文獻

蘇建文、程小危、柯華葳、林美珍、吳敏而、幸曼玲、陳李綢、林惠雅、陳淑美（1992）。發展心理學。台北：心理。

張春興（1998）。現代心理學。台北：東華。

李茂興譯（1998）。諮商與心理治療的理論與實務。台北：揚智。

黃德祥（2000）。青少年發展與輔導。台北：五南。

陳均珠（2000）。青少年性教育在班級中的實施。學生輔導，**69**，36-43。

翁士恆（2000）。國中性教育之現況。學生輔導，**69**，44-49。

賴友梅（1998）。影響國中教師性別角色刻板化態度與兩性教育平等意識相關因素之研究。教育部兩性平等教育季刊，**5**，48-65。

劉慧君譯（1998）。可以真實感受的愛。台北：女書。

江雯娟紀錄（2002）。兩性平等學術研討會紀實（上）。杏陵天地 **12** 月號。

（本章為研究生廖政成、羅容璧、王碧瑤資料蒐集整理）

第十章

青少年網路行為研究
與
輔導策略

壹、前言

　　隨著資訊社會的來臨，青少年的學習、休閒與娛樂都產生了許多的轉變。資訊充分的新時代，能夠帶著走的知識遠勝於揹著書包地死讀書，不過，e 世界這個多媒體圖書館的資訊真假莫辨者所在多有；網際網路也可以是一個超大型的遊樂場，提供 e 世代的青少年前所未有的休閒生活和娛樂方式，不過沉迷於虛擬世界，出現「網路成癮」症狀的青青學子，亦時有所聞。

　　時至今日，父母、教師已經不可能期望青少年學生完全不使用網路，生活在成人們為他們精心規畫的安全堡壘之中。二〇〇一年五月教育部「中等學校以下學生學習及生活概況調查報告」中，上網已經高居第二位，僅次於「看電視、錄影帶及聽音樂」，網路在青少年的生活中已經快要成為不可或缺的一部分。

　　眾所周知，網路在青少年學校教育的積極功能，大致有如下數項：

㈠**教學研究**。例如網路輔助學習、線上共同出版、作業與評論傳送和遠距教學。

㈡**資料查詢**。例如生活資訊（氣象、旅遊等）查詢以及線上軟體使用等。

㈢**通訊交友**。如電子郵件、BBS、線上筆友交談、特殊團體討論。

㈣**休閒娛樂**。如網路遊戲、流行資訊以及網路購物等。

㈤**校務行政**。如電子公文傳遞、資料庫連線取用等。

　　青少年網際網路的使用也有其負面的影響，可能包括了以下的數項：

㈠**思想污染**。吸收了不當的想法，進而慢慢影響行為。例如奇特的宗教、怪異的言論等。

㈡**色情污染**。台北市曾有某調查顯示，青少年瀏覽色情網站的地點，以家裡占 61.4%為最多，其次為朋友、同學家，占 25.6%。

㈢**網路成癮**。一些心智性格比較脆弱，原本就容易對物質或活動上癮

的人們，網路成癮現象可視為一種症狀的轉移，也許具有避免衍生藥癮或酒癮的緩衝功能。但是長時間久坐，也有許多問題會發生，例如肺栓塞甚至中風的生理傷害，以及剝奪了正常的人際社交的心理功能等。

㈣**侵犯智慧財產權**。網路上的圖片、文章、檔案通常都屬於他人的智慧財產，但要複製它們卻非常容易，網友一輕忽便會侵犯到他人的智慧財產權。

㈤**結交不當的網友**。近年來偶爾會聽到一些青少年學生，因為想要與網友見一面而逃學逃家，甚至失蹤的新聞。

　　近年來，網路無論在規模或是影響力上，都呈現了倍數成長的趨勢，許多人在虛擬世界裡尋找他的需要；我們可以說，網路相當程度地改變了溝通的模式，由於溝通管道的多元進而更深層地改變人際互動的方式與內涵。人們不再需要透過傳統上緩慢而細緻的溝通，似乎只要上網，一切就搞定。交友、聊天、聚會、商機、購物……等等在實體社會中會發生的人際互動行為，都在網路上一一上演。

　　根據研究調查可以發現，台灣地區的網路使用者以年輕的男性、未婚、職業以學生及專業人員為主。值得注意的是，上網男女性別的差距正逐漸縮小中，且隨著電腦應用與資訊教育的普及，網路使用者的人口分布有愈來愈接近真實社會的趨勢，如國高中及以下的學生上網比例正大幅成長，因此，對青少年上網族群的關心與輔導，便顯得特別重要了。

　　根據蕃薯藤在一九九九年所發表的「青少年暨兒童網路使用行為」調查統計顯示，電腦和網路已成為國內青少年與兒童娛樂、學習、溝通的重要平台。在網路上最常進行的活動，除了搜尋資料和瀏覽生活休閒資訊外，交友聊天也是最重要的活動；在網路使用的方面，青少年最常使用的功能仍以資訊瀏覽為主，電子郵件居第二位；而在網站瀏覽類型上，則以占27.4%的搜尋引擎類，和占24.9%的生活休閒資訊類居多。另一項由台北市議員謝明達等人所做的「青少年對色情網站的看法」的網路民調顯示（1999），青少年使用網路，瀏覽

色情網站的地點，以家中61.4%最多；其次為朋友、同學家，占25.6%。

根據研究調查顯示，青少年上網從事活動排行，以資料搜尋、看BBS文章、收發e-mail、隨意瀏覽www、聊天交友、玩線上遊戲居多（梁朝雲、劉守信，2001）。

隨著全球資訊化的時代來臨，網際網路的普遍使用，無論蒐集資訊、工作、休閒、購物、訂票、玩遊戲、交友、聊天及通信，為現代人創造了便捷、效率、新鮮、刺激、豐富及多元的生活天地，網路資源取之不盡，不僅讓人與人之間有機會快速連結，同時亦擁有無限想像空間，盡情地在網路的世界中虛擬出個人的一片天。網路彷彿具有一種神奇的魔力，吸引人的目光，流連忘返，卻也暗藏著危機，因為一種因網路發達所引起的文明病——網路成癮症正因勢而生。

專家綜合國內各項流行病學統計指出，目前國內有六百萬網路族，估計約有三十多萬人達到網路成癮的標準，成癮的比例為5-15%，以年輕夜貓族學生為主，男比女多，沉溺網路行為可能使青少年沉浸於網際網路的虛擬世界，缺乏處理現實生活壓力與人際關係能力，造成青少年高比例的情緒與行為障礙；而10-20%的青少年罹患憂鬱症，更有3-5%的青少年罹患重度憂鬱症亟需積極治療（民生報，2000.11.24）。此現象說明了青少年使用網路的問題，也令許多家長、教師十分憂心（蕭明珠，2000；黃有志，2000）。許多研究探究青少年網路重度使用的可能因素（施香如，2000；游森期，2000），甚而以「網路成癮症」之診斷名詞開始解釋許多網路族之成癮耐受、強迫性上網、退隱反應等成癮相關現象（游森期，2000；王沂槍，2000）指出，這些網路成癮者會經歷「想上網的衝動，愈來愈增加上網時間以求得同等滿足」、「出現一些與沉迷相關的問題，如隱瞞時數、夢到網路、手指顫抖等」，然後會有「戒斷網路的種種嘗試與退癮的不快」等階段。

貳、研究方法

　　本研究調查以南港高中、陽明高中、新店高中及板橋高中學生為對象，抽樣男女學生三百三十八人，採用問卷調查法，用以了解並分析青少年網路使用行為、使用動機、對生活影響、對輔導策略的想法。

參、研究心得

　　由上網的頻率來看，四所學校學生皆以平均一週上網超過一次，但非每天使用者為最多，最常在家上網。在最常上網從事的活動方面，以隨意瀏覽www、收發e-mail和資料搜尋居多；關於最常瀏覽的網站類型，四所學校學生均以線上遊戲或檔案下載類、生活資訊類和搜尋引擎類居多。大部分的受調學生從來沒有接觸網路色情及網路暴力的經驗，但接觸一二次者居次之。在網路使用的動機方面，南港高中及陽明高中學生上網動機依序為「可打發時間，當作娛樂」、「可不受拘束找到各種資料」、「可對大家發表自己的意見或想法」及「代替寫信或打電話」。

　　受調者對於上網能結交到更多志同道合的朋友均表示同意；對於上網讓課業退步大都表示不同意，但同意者居次。青少年最常玩的線上遊戲以天堂、CS 為最多。

(一)我上網的頻率 　　　　　　　　　　　　　　　　　(N = 338)

	男生		女生		合計		排序
	人數	%	人數	%	人數	%	
一星期少於一次	29	15.3	29	19.6	58	17.2	3
一星期超過一次，但非每天使用	92	48.4	93	62.8	185	54.7	1
每天一次	45	23.7	21	15.2	66	19.5	2
每天超過一次	24	12.6	5	3.4	29	8.6	4

㈡我最常上網的地點　　　　　　　　　　　　　（N = 338）

	男生		女生		合計		排序
	人數	%	人數	%	人數	%	
家裡	126	66.3	105	70.9	231	68.3	1
宿舍	0	0	0	0	0	0	6
學校	17	8.9	26	17.6	43	12.7	3
朋友同學家	10	5.3	8	5.4	18	5.3	4
網咖	35	18.4	9	6.1	44	13.0	2
其他	2	1.1	0	0	2	0.1	5

㈢我上網最常從事的活動（可複選）

	男生		女生		合計		排序
	人數	%	人數	%	人數	%	
聊天交友	53	27.9	58	39.2	111	32.8	5
資料搜尋	107	56.3	101	68.2	208	61.5	4
隨意瀏覽 www	115	60.5	101	68.2	216	63.9	2
到 BBS 看文章	26	13.7	32	21.6	58	17.2	6
收發 e-mail	137	72.1	139	93.9	276	81.6	1
玩線上遊戲	148	77.9	62	41.9	210	62.1	3
購物	2	1.1	4	2.7	6	1.8	7
其他	2	1.1	1	0.7	3	0.9	8

㈣我最常瀏覽的網站類型（可複選）

	男生		女生		合計		排序
	人數	%	人數	%	人數	%	
聊天交友類	58	30.5	57	38.5	115	34.0	5
星座算命類	48	25.3	70	47.3	118	34.9	4
求職類	21	11.1	19	12.8	40	11.8	8
新聞類	36	18.9	50	33.8	86	25.4	7
線上遊戲或檔案下載	156	82.1	88	59.5	244	72.2	1
寫真情色類	24	12.6	7	4.7	31	9.2	9
搜尋引擎類	113	59.4	107	72.3	220	65.1	2
生活資訊類	95	50.0	103	69.6	198	58.6	3
其他	48	25.3	40	27.0	88	26.0	6

㈤我對網路色情資訊的接觸經驗　　　　　　　　　　　（N = 338）

	男生		女生		合計		排序
	人數	%	人數	%	人數	%	
從來沒有	32	16.8	90	60.8	122	36.1	1
接觸過一、二次	68	35.8	45	30.4	113	33.4	2
偶爾接觸	76	40.0	13	8.8	89	26.3	3
常常接觸	14	7.4	0	0	14	4.1	4

㈥我對網路暴力或血腥資訊的接觸經驗　　　　　　　（N = 338）

	男生		女生		合計		排序
	人數	%	人數	%	人數	%	
從來沒有	62	32.6	87	58.8	149	44.1	1
接觸過一、二次	56	29.5	38	25.7	94	27.8	2
偶爾接觸	64	33.7	22	14.9	86	25.4	3
常常接觸	8	2.4	1	0.7	9	2.7	4

㈦我上網的動機（可複選）

	男生		女生		合計		排序
	人數	%	人數	%	人數	%	
結交朋友	71	37.4	69	46.6	140	41.4	5
跟外地的朋友聯絡	37	19.5	75	50.7	112	33.1	6
孤單時找人陪	30	15.8	24	16.2	54	15.9	11
避免面對面談話的尷尬	36	18.9	49	33.1	85	25.1	8
可不具真實身分，暢所欲言或做平常不可能做的事	40	21.1	40	27.0	80	54.1	9
發展自己隱藏的一面	27	14.2	27	18.2	54	15.9	11
打發時間，當作娛樂	155	81.6	140	94.6	295	87.3	1
代替寫信或打電話	62	32.6	101	68.2	163	48.2	4
可對大家發表自己的意見或想法	92	48.4	89	60.1	181	53.6	3
尋求別人的支持或重視	14	7.4	13	8.8	27	7.9	13
可不受拘束找到各種資料	107	56.3	115	77.7	222	65.7	2
網路世界比現實世界有趣	44	23.2	26	17.6	70	20.7	10
可以得到現實生活中得不到的滿足	47	24.7	39	26.4	86	25.4	7

(八)我上網能交到更多志同道合的朋友　　　　　　（N = 338）

	男生		女生		合計		排序
	人數	%	人數	%	人數	%	
非常同意	30	15.8	13	8.8	43	12.7	3
同意	104	54.7	80	54.1	184	54.4	1
不同意	30	26.3	48	32.4	98	29.0	2
非常不同意	6	3.2	7	4.7	13	3.8	4

(九)上網讓我課業退步　　　　　　　　　　　　（N = 338）

	男生		女生		合計		排序
	人數	%	人數	%	人數	%	
非常同意	10	5.2	5	3.4	15	4.4	4
同意	52	27.4	38	25.7	90	26.6	2
不同意	111	58.4	88	59.5	199	58.9	1
非常不同意	17	8.9	17	11.5	34	10.1	3

(十)我最常玩的線上遊戲名稱或單機遊戲名稱是　　（N = 338）

	男生		女生		合計		排序
	人數	%	人數	%	人數	%	
龍族	26	13.7	10	6.8	36	10.7	2
阿波羅棋廳	20	10.5	2	1.4	22	6.5	5
天堂	28	14.7	5	3.4	33	9.8	3
CS	32	16.8	5	3.4	37	10.9	1
RO	15	7.9	0	0	15	4.4	7
暗黑破壞神	14	7.4	0	0	14	4.1	8
金庸	4	2.1	3	2.0	7	2.1	11
世紀帝國	14	7.4	4	2.7	18	5.3	6
石器時代	7	3.7	3	2.0	10	3.0	9
炸彈超人	5	2.6	3	2.0	8	2.4	10

軒轅劍	2	1.1	2	1.4	4	1.2	12
大富翁	2	1.1	0	0	2	0.6	15
仙境傳說	2	1.1	2	1.4	4	1.2	12
打老人	1	0.5	3	2.0	4	1.2	12
小賽車	1	0.5	1	0.7	2	0.6	15
Yahoo	1	0.5	1	0.7	2	0.6	15
不玩	7	3.7	26	17.6	33	9.8	3

肆、父母及教育輔導人員如何輔導青少年使用網路

有關父母教育輔導人員如何介入青少年的網路使用行為，塑造健康而正向的網路使用，提出以下幾點建議：

一、慎防網路成癮

過度沉迷於網路，所引起類似藥癮、酒癮、病態性賭博等上癮行為的嚴重性，已經漸漸受到世人重視。Greenfield 的研究指出，約有6%的網路使用者是網路成癮者。台灣地區的網路使用者大約有六百萬人，其中學生占 40.9%，如果依照此比例估計的話，台灣地區大約有三十六萬人符合網路成癮的標準，其中大約有 14.4 萬人是學生。由此可知，網路成癮問題已經成為教育輔導人員及家長不可輕忽的重要課題。學者們認為，網路成癮主要包含下列幾項行為特徵：

㈠顯著性及調節情緒

顯著性是指上網已經成為當事人日常生活中的重要活動，而且會影響他們的思考（全神貫注於網路之中而且有認知扭曲的現象）、情感（渴望上網），以及行為（社交行為退化）。調節情緒是當事人利用上網來逃避壓力、麻痺痛苦，並且帶來高峰經驗（high）等。

㈡耐受性

耐受性是指必須持續增加上網行為的「量」，才能與之前得到相

同的滿足效果，而且上網時間常常會超乎自己的預期。以網路連線遊戲為例，耐受性是指必須持續挑戰難度更高的遊戲，才能得到和過去相同的滿足感。

㈢戒斷症狀

當減少或停止上網時，會產生心理狀態的不舒服（憂鬱、焦慮）或生理狀態的影響。

㈣強迫性上網行為

強迫性上網行為是一種難以自拔的上網渴望與衝動。只要一接近電腦，就會有想要上網的衝動。一旦上網之後就難以脫身，渴求能有更多的時間留在網路上。

「否定」是判斷成癮的重要標準，亦是上癮者拒絕承認他們的行為已經失去控制，並刻意隱瞞其上網行為。否定是一種心理防衛機制，讓人可以專注於上網行為，而不管上網對其家常生活所造成的種種負面影響。

㈤因網路沉迷而引起的相關問題

是指因為過度沉迷於網路，引起家庭、社交、身體健康等問題。包括減少親子互動時間、其他休閒活動時間、因熬夜上網而睡眠不足、工作表現及學業成績的衰退等。

如何判斷青少年是否過度沉迷於網路呢？Young曾編制了一份「親子網路成癮問卷」，來協助父母親了解是否自己的兒女過度使用網路而不自知。此量表共有二十題，每題依照「總是如此」、「常常如此」、「經常如此」、「偶爾如此」、「甚少如此」分別給予五分到一分，如果該量表的得分超過八十分以上，則是網路成癮的高危險群。

上述是簡單的網路成癮自我評量工具，如果青少年有嚴重的網路成癮傾向，並造成嚴重的生活相關問題，則應尋求諮商輔導人員進一步的協助。

二、具備網路使用基本知識技術

父母並不一定要是網路高手，但是必須具備基本的網路使用知識

和技巧。最好能共同和孩子討論上網的相關話題，或者是共同上網，並且了解他們常去的聊天室或電子布告欄。

三、了解並接納青少年的網路使用行為

過去曾經有一句有關提醒父母注意深夜不歸兒女的名言：「夜深了，你知道你的孩子在哪裡嗎？」這句話引申到網路上，可以改成「夜深了，你知道你的孩子在什麼樣的網站流連忘返嗎？」網路是超大型的圖書館，但也同時潛藏了許多罪惡的淵藪（例如媒介毒品色情、過度偏激的宗教，甚至有教導製作炸彈的網站），可能會誤導青少年。但是，不要因為網路有潛在的危險，就反對青少年使用網路，這樣只會造成青少年的排斥及疏遠。應當接納他們的網路生活，但要告誡他們其中潛在的危險與應對的方法。父母必須了解自己兒女的網路使用行為、瀏覽網站類型，而且避免責難式的詢問，應該詢問他們最喜歡的網站類型以及原因。最好是和子女同坐在電腦前，讓他們帶領你去他們最常上的網站或聊天室，了解他們的網友、談話內容、在網路上的行為，而且以開明的態度，和他們聊聊他們的網友，了解他們的虛擬社群成員。

四、將電腦放在你可以看見的地方

青少年總會要求隱私權，但父母必須權衡輕重給予適當而不過度的隱私。但是，網路猶如是通往大千世界的一把鑰匙，不應賦予孩子使用網路有過度的隱私權。不要將有上網設備的電腦放在孩子的房間內，應該將它們放在例如客廳的公共區域，以便就近監控。如果電腦放在孩子的房中，則盡量避免孩子把門關起來上網。如果每當你一接近孩子的房間，他們就立刻切換視窗，你就知道其中必定大有問題。

五、訂定適當的規則

由於使用網路不只有娛樂的作用，更有教育學習上的意義。所以父母通常對兒女使用網路採取鼓勵及包容的態度。但是，過度的縱容

容易造成網路沉迷。因此，父母親應該訂定適當的使用規則，包括每次使用的時間限制。有許多網路沉迷的學生整夜上網而晚起，甚至蹺課，以至於荒廢學業。因此，限定網路使用時間及訂定適當規則是必須的。

六、色情網站的監控及限制：利用網路使用紀錄監控軟體

關於色情網站方面，除了給予適當的性教育外，還可以善用各種的網路使用紀錄監控軟體（例如 Spector 6.0 網路紀錄監控軟體），來紀錄孩子們的網路使用行為。這些軟體可以記下他們所瀏覽的網頁、每個網頁停留的時間、收發的電子郵件、聊天室的談話內容，還可以限定他們的上網時間，協助父母監控子女的網路使用行為。

七、網路社交的潛在危險：慎防網友的誘騙

匿名的網路世界，網友的年齡、性別均無從判別。單純的青少年遭受到成年網友的誘騙而離家出走的事情，在報章雜誌上時有所聞。父母應該小心自己兒女的網路社交活動，以下有幾點建議可供參考：
㈠絕對不可以給陌生網友個人資料。
㈡不要輕易接受網友的餽贈禮物或和網友以電話聯繫。
㈢除非父母陪同，不要和網友單獨相約見面。
㈣父母們應該知道孩子去哪些聊天室，並教導孩子適當的自我保護技巧（例如忽視他人不當的文字暴力、粗話、辱罵，或其他造成個人傷害的言論）。

八、慎防「網咖中輟潮」

近年來，提供網路連線遊戲、寬頻上網設備以及舒適環境的網路咖啡，已經成為時下青少年最常去的休閒場所。根據業者統計，網路咖啡的消費者從國小學生到上班族都有，但以未滿十八歲的高中職學生為主，其中有七成左右是玩電腦連線遊戲，另外，三成是瀏覽網頁

及上網聊天。由於管理不善以及法令未明，部分不肖的業者將網路咖啡變成媒介犯罪的溫床，包括網路援助交際與賭博性電玩亦時有所聞。近年來，有愈來愈多的青少年沉迷於網路咖啡上網聊天、玩連線電玩，造成學業荒廢，甚至中輟學業，形成所謂的「網咖中輟潮」，問題有愈演愈烈之勢。尤其每當寒暑假過後，「網咖中輟潮」的問題就特別嚴重。因此，父母除了應注意子女在家的網路使用之外，更應留心子女留連網路咖啡的問題。網路咖啡相關的管理法令也有待進一步的檢討。

伍、結論

一、網路特性對青少年行為可能的影響層面

㈠**親子疏離**：由於上網時數過長，或者常去網咖，結交朋友，亦使親子之間互動少，使網路成為親子關係不佳之導火線。

㈡**人際疏離**：由於網路的立即性，使個人自我控制降低，依賴性變高，習慣能獲得立即滿足的互動，並與不認識的人進行網路人際互動，網路提供另一種友誼團。

㈢**與現實脫節**：網路超越空間性，增加資訊多樣性，可滿足人類之心理需求，上網可使人進入充滿掌控與運氣的虛擬世界，使人覺得放鬆，因此降低了對現實之滿意適應程度。

㈣**性偏差概念**：網路情色資訊量多且複雜，愈常主動上網接觸性資訊，接觸色情頻率愈高者，對性行為與觀念等容易產生不良影響。

㈤**沉迷上癮**：正常使用與過度使用者特質不同，神經質、外向性愈高，謹慎性愈低者，愈容易沉迷網路。

㈥**報復行為**：由於網路匿名性的特性，造成自我誇張、隱藏、欺騙，並對其他人評價降低，對不滿之人利用網路出現攻擊言詞或散播謠言等行為，成為一種自我發洩。

二、學校所面臨的網路可能負面效應

(一) **網路濫交的陷阱**：網路所呈現的一夜情、網路援交、兩性交往問題等現象，都使學校在兩性教育的推動上增添複雜與困難度。

(二) **網路遊戲的沉淪**：網路遊戲成為學生的熱門討論話題，藉由網路遊戲尋找刺激與成就感，逃避真實人生的問題，使青少年自我概念與人際溝通之輔導更顯重要。

(三) **網路咖啡的誘惑**：網咖的管理或規範，網咖物理環境的安全性或去網咖取代其他休閒地點等，為了去網咖所引起的後續效應，都是要多加留意的問題。

(四) **網路犯罪的迷失**：常見的網路犯罪行為有思想污染、色情污染、暴力污染、侵犯智慧財產權、自設非法網站營利等，如何加強學生的法治觀念與道德教育，學校要多費心思。

三、學校教育可以有積極性的作為

(一) **親職教育的加強與觀念的提升**：如何協助家長處理與面對學生網路使用不當所引起的問題，將是親職教育的重點，也可使家長減少恐慌與排斥，增加對網路的了解與親子溝通相處的時間機會。

(二) **拓展網路的師生對話空間與開放環境**：利用網路匿名或電腦中介傳播的特性，開展使學生與老師之間有人性溝通與互動的機會，可收到良好效果。

(三) **尋求社會支援與資源共享**：對於網路使用所引發各種學生問題與現象，應保持與處理其他問題一樣的智慧及敏感度，多找相關社會支援與資源，不必單打獨鬥，才能收到較好之功效。

(四) **加強休閒生活教育的輔導**：安排多樣性的社團活動或才藝競賽，開發學生多元智慧能力，使學生有學習與發揮潛能的機會，教導學生壓力放鬆技巧與處理問題的能力等，增加人際真實互動溝通的空間。

四、教師面對網路世界衝擊應有的態度

㈠**網路健康輔導**：長期使用網路或電腦會對身體健康造成不好的影響，這種直接對視力或骨骼肌肉發育的影響，應該是最基本的認識。

㈡**接觸了解網路中流行的東西**：教師不應一味拒絕與學生討論任何網路相關事物或禁止學生去不良場所，了解青少年次文化，可以更清楚感受到網路吸引學生或滿足學生的何種需求。

㈢**安全與隱私**：網路的安全性與隱私，不分學生或教師其實都受到或多或少的影響，因此，如何加強對別人的尊重，是可以和學生多加以價值澄清溝通的。

㈣**自我教育與終身學習**：資訊科技的高度發達，確實使人要不斷充實進修，且為教育專業提供更多的可能性與想像空間，但是如何在使用網路工具的同時，充實學生人文思考素養，更是要多花心思與努力的。

參考文獻

李偉斌（2000）。談「網路生活」與「網路成癮」。輔導通訊，**67**。

游森期（2000）。「E世代」青少年的輔導。輔導通訊，**67**。

王垠（2000）。E世代青少年「網咖」的輔導策略。輔導通訊，**67**。

蕭明珠（2001）。接觸未來——談網路輔導。學生輔導雙月刊，**74**。

施香如（2001）。迷惘、迷惘——談青少年網路使用與輔導。學生輔
　　導雙月刊，**74**。

黃有志（2001）。網路上兩性互動的輔導。學生輔導雙月刊，**74**。

游森期（2001）。E世代青少年網路成癮及網路使用之輔導策略。學
　　生輔導雙月刊，**74**。

王沂槍（2001）。輔導教師如何介入學生之網路沉迷行為。學生輔導
　　雙月刊，**74**。

修慧蘭（2002）。網路使用狀況及其影響。載於2002諮商心理與輔導
　　專業學術研討會手冊，中國輔導學會主辦（台北，92年11月16
　　日）。

王意蘭（2002）。談網路的危機與契機。載於網路對台北市青少年的
　　心理影響、預防與處理方式工作坊會議手冊，台北市政府教育局
　　主辦（台北，91年6月5日）。

梁朝雲、劉守信（2001）。青少年網路行為與輔導策略——以新竹市
　　在學青少年為例。

（本章為研究生邱卉綺、林金釵、黃秀惠、劉秉正資料蒐集整理）

附錄

網路行為調查表

> 親愛的同學：你（妳）好！
>
> 為了解同學們從事網路行為的情形，增進對青少年的認識，以作為今後輔導的重要參考，請依自己的真實情形回答下列問題，請於各問題敘述後之空格，就符合你的情形在格內打✔或填入適當的答案。謝謝你（妳）的協助填答！
>
> 輔委會　敬上

學校名稱：　　　　　　　年級：　　　　組別：　　　　性別：

1. 我上網的頻率
   - ☐ 一星期少於一次
   - ☐ 每天一次
   - ☐ 一星期超過一次，但非每天使用
   - ☐ 每天超過一次

2. 我最常上網的地點
   - ☐ 家裡
   - ☐ 學校
   - ☐ 網咖
   - ☐ 宿舍
   - ☐ 朋友同學家
   - ☐ 其他（請註明：　　　　　　）

3. 我上網最常從事的活動（可複選）
   - ☐ 聊天交友
   - ☐ 隨意瀏覽 www
   - ☐ 收發 e-mail
   - ☐ 購物
   - ☐ 資料蒐尋
   - ☐ 到 BBS 看文章
   - ☐ 玩線上遊戲
   - ☐ 其他（請註明：　　　　　　）

4. 我最常瀏覽的網站類型（可複選）
   - ☐ 聊天交友類
   - ☐ 求職類
   - ☐ 線上遊戲或檔案下載類
   - ☐ 搜尋引擎類
   - ☐ 其他（請註明：　　　　　　）
   - ☐ 星座算命類
   - ☐ 新聞類
   - ☐ 寫真情色類
   - ☐ 生活資訊類

5. 我對網路色情資訊的接觸經驗
   - ☐ 從來沒有
   - ☐ 偶爾接觸
   - ☐ 接觸過一、二次
   - ☐ 常常接觸

個案研究——理論與實務

298

6. 我對網路暴力或血腥資訊的接觸經驗
   ☐ 從來沒有　　　　　　　　　☐ 接觸過一、二次
   ☐ 偶爾接觸　　　　　　　　　☐ 常常接觸

7. 我上網的動機（可複選）
   ☐ 結交朋友　　　　　　　　　☐ 跟外地的朋友聯絡
   ☐ 孤單時找人陪　　　　　　　☐ 避免面對面談話的尷尬
   ☐ 可不具真實身分，暢所欲言或做平　☐ 打發時間，當作娛樂
   　　常不可能做的事　　　　　☐ 可對大家發表自己的意見或想法
   ☐ 發展自己隱藏的一面　　　　☐ 可不受拘束找到各種資料
   ☐ 代替寫信或打電話　　　　　☐ 可以得到現實生活中得不到的滿足
   ☐ 尋求別人的支持或重視
   ☐ 網路世界比現實世界有趣

8. 我上網能交到更多志同道合的朋友
   ☐ 非常同意　　　　　　　　　☐ 同意
   ☐ 不同意　　　　　　　　　　☐ 非常不同意

9. 上網讓我課業退步
   ☐ 非常同意　　　　　　　　　☐ 同意
   ☐ 不同意　　　　　　　　　　☐ 非常不同意

10. 我最常玩的線上遊戲名稱或單機遊戲名稱是＿＿＿＿＿＿＿＿＿＿＿＿＿＿

第十一章

台北地區國中學生
性知識、性態度及
性行為之現況調查研究

壹、前言

近幾年來，隨著台灣個人電腦普及化，網際網路也掀起一陣子發燒熱，而青少年正是追趕流行的最大族群。他們在這無遠弗屆的人際網絡認識朋友，「網友」取代昔日的「筆友」，進而發展出「網戀」的虛擬愛情，接著「網路一夜情」也出現在許多網站或BBS站上。這種鼓勵性行為開放的風氣，在校園中蔓延開來，正值青春期的少年們對「性」充滿好奇，不僅在生理上有了很大的變化，心理上也開始對異性產生愛慕，渴望能與異性交往。數據顯示（晏涵文，1998）青少年婚前性行為的比例，男女分別為31.4%及26.7%。其中女性較十年前增加了近四倍。

而未婚懷孕的社會問題，在青少年族群中有所謂「九月墮胎潮」。以十二至十五歲的國中生而言，七月到九月間施行墮胎的人數占全年的一半以上；十五至十八歲的高中生部分，夏季墮胎人數也占全年總人數的38%。另外根據統計，國內每年由未成年媽媽生下的嬰兒高達一萬五、六千人，且這些未婚懷孕的青少年輟學比例偏高，造成教育與經濟的損失，也帶來醫療及心理上的問題。

在從事學校輔導教育的工作中，我們可以發現，除了教科書上零星散見的教學單元外，有關性教育的輔助刊物仍相當之少，顯見校園仍對性教育相當漠視。坊間能提供教師充實相關教育的教材也不多，並且能否真正符合個別學校的學生需求，恐怕也有待考驗。尤其將來教改推行九年一貫課程，強調教師自由自主地設計教材，教師更要注意以學生的立場出發，多方觀察與彙整資料，以編列出真正適合學生身心發展的課程。

貳、研究目的

一、了解台北地區國中生性知識的狀況。

二、了解台北地區國中生性態度的狀況。

三、了解台北地區國中生性行為的狀況。

四、探討台北地區國中生不同性別對其性知識、態度及行為之影響。

參、研究方法

本章旨在說明研究過程中所使用的研究方法和步驟。

一、研究對象

本研究擬採台北縣市各三所國民中學、每所學校每年級各一班，共九班國中生為受試者，總計六百三十九人。

表 11.1 是各校受試人數之分配狀況。受試者共有六百三十九名，扣除無效樣本（十一份）共得有效樣本六百二十八名，其中男生三百一十六名，女生三百一十二名。

二、研究工具

本研究採問卷調查法，研究工具擬使用：性知識量表、性態度量表、性行為量表。

㈠性知識量表

本研究擬採用吳秀惠（1996）所編製的性知識量表。此量表包含：「性教育」、「青春期的身體變化」、「青春期的身體保健」、「性騷擾」、「生殖的奧秘」。

本量表為是非題，分「對」、「錯」及「不知道」三種選擇。若該題所答之答案「正確」，則可得 1 分，若所答之答案「錯誤」或填答「不知道」者，則不給分。答對率愈高，則表示青年性知識愈充實正確。

本量表所測得的內部一致性α＝.87。效度檢核採項目分析之方式，選取得分最高之 25%為最高分，得分最低的 25%為低分組，分別求出每一題之鑑別指數。

表 11.1　各校受試人數之分配表

校名 \ 人數	性別 男	性別 女	總計
台北市			
信義國中	48	47	95
西松中學	47	47	94
永吉國中	46	43	89
台北縣			
樹林中學	58	61	119
永康國中	55	59	114
中山國中	62	55	117
總計	316	312	628

㈡性態度量表

本研究擬採用吳秀惠（1996）所編製的性態度量表。此量表包含：「性教育」、「性生理」、「性騷擾」、「異性交往」、「性別角色」、「人際關係」。

本量表採 5 點計分式量表，分別為「1＝非常不同意」、「2＝不同意」、「3＝中立意見」、「4＝同意」、「5＝非常同意」。其中第 3、4、5、10、11、14、16、17、22、25 題為反向計分題。受試者平均值愈高，表示受試者的性態度愈傾向於正向積極。

本量表所測得的內部一致性係數α＝.86。效度檢核採項目分析之方式。

㈢性行為量表

本研究擬採用秦玉梅（1987）引自 Altopp（1981）之性行為量表。本量表架構上將青少年性行為依各種不同程度而分為八個不同部分，依序為「約會」、「固定對象」、「接吻」、「撫摸胸部」、「撫摸生殖器官」、「口交」、「性交」、「自慰」等部分。其中除了「自慰」外，其餘部分乃分為「次數」（曾有幾次）及「頻率」（曾和幾

人）兩方面。

本量表採 Likert-Type 量表，在「次數」方面，分為「從來也沒有過」、「曾經有過一次」、「曾經有過二至五次」、「曾經有過五次以上」；若在「次數」方面為「從來也沒有過」者，則不需填答「頻率」部分。在「頻率」方面分為「曾經和一個人」、「曾經和二至五人」、「曾經和五人以上」。

其計分方式是將各種行為依深淺程度的不同而加權計分，各題加權計分比例總分在 0-504 分，分數愈高表示其性行為愈保守。

本量表所測得的內部一致性係數α＝.95。

肆、研究結果與分析

一、國中生性知識之現況

表 11.2 為國中生性知識之答對率。其中性知識包含五個因素：「性教育」、「青春期的身體變化」、「青春期的身體保健」、「性騷擾」與「生殖的奧秘」等。答對率愈高，表示在該項目之性知識愈正確。

表 11.2　國中生性知識之答對率

因素（N ＝ 628）	男生 %	女生 %	全體 %
性教育	61.80	65.10	62.80
青春期的身體變化	74.30	78.20	77.10
青春期的身體保健	68.60	84.30	74.50
性騷擾	84.40	89.50	87.30
生殖的奧秘	61.70	66.30	64.20
總平均	69.90	75.70	72.45

由表中發現：男生之「性知識」總答對率為 69.90%，女生之「性知識」總答對率為 75.70%；就全體而言，國中生性知識之總答對率為 72.45%。可見國中生性知識還算充足，但仍有待加強。

在男生方面，答對率最高的因素為「性騷擾」84.40%，其次為「青春期的身體變化」74.30%；「青春期的身體保健」68.80%；「性教育」61.80%；最低者為「生殖的奧秘」61.70%。

在女生方面，亦以「性騷擾」因素的答對率最高 89.50%，其次依序為「青春期的身體保健」84.30%；「青春期的身體變化」78.20%；「生殖的奧秘」66.30%；最低者為「性教育」65.10%。

就全體而言，國中生性知識答對率最高的因素為「性騷擾」87.30%，其次依序為「青春期的身體變化」77.10%；「青春期的身體保健」74.50%；「生殖的奧秘」64.20%；答對率最低的為「性教育」62.80%。

表 11.3 是國中生性知識之現況。在男生方面，答對率最高的前五題依序為：「夢遺在男生而言，是指睡眠時自然排出精液的一種自然現象」89.60%；「強暴就是對人施加暴力或性攻擊的行為」86.80%「女生進入青春期，有乳房隆起，長陰毛及腋毛、月經來潮等現象」85.60%；「性教育可以解答學生對性的疑惑」84.30%；「沒有人可以隨意撫摸我的身體或任何器官」83.90%。

就女生方面，答對率最高的前五題依序為：「女生進入青春期，有乳房隆起，長陰毛及腋毛、月經來潮等現象」96.80%；「女生必須注意性騷擾，男生則不須注意」93.80%；「性教育可以解答學生對性的疑惑」93.10%；「沒有人可以隨意撫摸我的身體或任何器官」92.70%；「懷孕時，月經的量會增加」89.10%。

而答對率最低的前五題男女均相同，分別為：「性成熟期間，心理與情緒穩定，不易有犯罪行為發生」46.80%、44.90%；「卵巢是胎兒孕育生長的地方」44.10%、46.90%；「精子和卵子結合的地方在陰道內」43.20%、43.59%；「報章雜誌上有關性方面的廣告是提供性知識的管道」36.50%、35.50；「性教育愈早開始愈好」33.70%、32.70%。

表 11.3　國中生性知識之現況

題目（N＝628）	男生		女生	
	f	%	f	%
1.性是骯髒、可恥的行為。	252	79.40	244	78.5
2.強暴就是對人施加暴力或性攻擊的行為。	274	86.80	278	88.60
3.性教育的內容應隨著年齡而不斷的改變。	256	79.90	274	87.90
4.性教育愈早開始愈好。	112	33.70	101	32.70
5.青春期的男女生比兒童時期需要較多的營養素。	240	76.20	251	79.90
6.女生進入青春期，有乳房隆起，長陰毛及腋毛、月經來潮等現象。	271	85.60	303	96.80
7.卵子的體積比精子大。	189	60.20	163	51.70
8.報章雜誌上有關性方面的廣告是提供性知識的管道。	115	36.50	110	35.50
9.卵巢是胎兒孕育生長的地方。	139	44.10	148	46.90
10.女生在月經來臨時，最好不要洗澡運動，以免流更多的血。	167	52.30	274	87.40
11.女生在月經來潮後，就表示她的生殖器官已有生殖能力。	207	65.70	243	78.10
12.正常情況下，嬰兒出來是腳先出來。	227	71.90	252	80.90
13.性教育可以解答學生對性的疑惑。	264	84.30	289	93.10
14.精子和卵子結合的地方在陰道內。	134	43.20	136	43.59
15.性成熟期間，心理與情緒穩定，不易有犯罪行為發生。	148	46.80	141	44.90
16.一般而言，男生的青春期比女生來得晚。	247	77.40	266	84.60
17.嬰兒由陰道口出生。	210	72.40	241	81.10
18.青春期的變化是受荷爾蒙的影響。	224	75.30	232	76.70
19.自己用手或其他東西撫弄或刺激性器官而感到快樂的行為稱為自慰。	240	81.40	240	80.20
20.女生必須注意性騷擾，男生則不須注意。	248	82.20	287	93.80
21.月經所排的血是因子宮內膜剝離所引起的。	184	58.70	184	64.70
22.月經來潮時應多補充含鐵質的食物。	168	55.70	244	80.20
23.懷孕時，月經的量會增加。	191	62.50	260	89.10
24.夢遺在男生而言，是指睡眠時自然排出精液的一種自然現象。	275	89.60	269	89.00
25.性騷擾除了指性器官被別人撫摸或玩弄外，還包含語言上的騷擾。	250	82.70	254	85.30
26.與女性卵巢有相似功能的男性生殖器官是睪丸。	244	78.80	244	74.20
27.沒有人可以隨意撫摸我的身體或任何器官。	257	83.90	261	92.70

由上述結果可以發現，國中生不論男生或女生，均對與自己「切身性別」有關之性知識內容較為了解。例如男生對夢遺的了解；女生對月經常識的了解等。此研究與王瑞琪（1992）之研究結果相似。此外，國中生在「性騷擾」的知識方面有較正確的認識；但是在「性教育」及「生殖的奧秘」的知識方面，男女均顯出不足。

二、國中生性態度之現況

表 11.4 是國中生性態度之平均值與標準差。性態度包含六個因素：「性教育」、「性生理」、「性騷擾」、「異性交往」、「性別角色」及「人際關係」等。平均值愈高，表示青少年性態度愈趨於「正向積極」；反之，平均值愈低，則表示青少年之性態度愈趨於「負向消極」。

由表中可以發現，男生之總平均值為 3.64，女生之總平均值為 3.91，而總平均值為 3.82，表示國中生之性態度傾向於正向積極，而女生之性態度比男生之性態度還正向積極。

表 11.4　國中生性態度之平均值與標準差

項目（N＝628）	男生		女生		全體	
	M	SD	M	SD	M	SD
性　教　育	3.15	.49	3.34	.45	3.16	.58
性　生　理	3.48	.80	3.62	.69	3.51	.75
性　騷　擾	4.14	.80	4.45	.59	4.28	.67
異性交往	3.30	.59	3.57	.28	3.48	.64
性別角色	3.49	.76	3.95	.79	3.90	.79
人際關係	3.92	.91	4.24	.75	4.25	.87
總　平　均	3.64	.44	3.91	.41	3.82	.48

註：本量表為 5 分量表，1＝非常不同意，2＝不同意，3＝中立意見，4＝同意，5＝非常同意

在男生方面，性態度各因素之平均值由高至低依序為：「性騷擾」4.14、「人際關係」3.92、「性別角色」3.49、「性生理」3.48、「異性交往」3.30 及「性教育」3.15。

在女生方面，性態度各因素之平均值由高至低依序為：「性騷擾」4.45、「人際關係」4.24、「性別角色」3.95、「性生理」3.62、「異性交往」3.57 及「性教育」3.34。

就全體而言，國中生之性態度以「性騷擾」之平均值最高 4.28，其次依序為「人際關係」4.25、「性別角色」3.90、「性生理」3.51、「異性交往」3.48 及「性教育」3.16。

表 11.5 是國中生性態度之現況。在男生方面，性態度平均值最高的前五題依序為：「夜間夢遺是非常可恥的事情」4.21；「路上有人向我展示性器官時，我應該立即離開」4.11；「即使是認識的長輩撫摸我的身體，我仍應該要拒絕」4.09；「對別人性騷擾是非常可恥的行為」4.09；「我認為性教育可以培養男女生在性方面互相尊重及彼此負責的態度」4.05。

而男生性態度平均值最低的前五題分別為：「月經排出來的血是骯髒不潔的」3.21；「我認為青少年開始交往，最好單獨約會，以增進彼此間的了解」3.16；「我認為性關係是表示愛的一種方式」2.89；「我認為自慰對身體健康有害」2.87；「我認為青少年獲得避孕知識容易造成婚前性交行為」2.76。

在女生方面，性態度平均值最高的前五題依序為：「即使是認識的長輩撫摸我的身體，我仍應該要拒絕」4.54；「我認為性教育是一種對自己的行為負責任教育」4.35；「路上有人向我展示性器官時，我應該立即離開」4.28；「我認為年輕人交朋友，信任感的建立是很重要的」4.27；「對別人性騷擾是非常可恥的行為」4.27。

表 11.5 國中生性態度之現況

題目（N＝628）	男生		女生	
	M	SD	M	SD
28.我認為性教育可以培養男女生在性方面互相尊重及彼此負責的態度。	4.05	.93	4.15	.74
29.我認為性教育是一種對自己的行為負責任教育。	3.69	.91	4.35	.78
30.我認為重大事情的決定應由男人負責。	3.21	1.04	3.83	1.06
31.我認為學校實施性教育會造成性的氾濫。	3.75	1.11	4.01	.89
32.我認為「性」是與生俱來的本能，和動物一樣，不需要教導。	3.96	1.02	4.11	.78
33.即使是認識的長輩撫摸我的身體，我仍應該要拒絕。	4.09	1.12	4.54	.86
34.夜間夢遺是非常可恥的事情。	4.21	.78	4.18	.88
35.我認為父母應該負起子女性教育的責任。	3.59	1.01	3.88	1.11
36.我認為男主外、女主內是不適合現代社會的兩性生活方式。	3.24	1.18	3.58	1.19
37.我認為自慰對身體健康有害。	2.87	1.07	3.08	1.21
38.我認為青少年獲得避孕知識容易造成婚前性交行為。	2.76	1.12	2.84	1.12
39.路上有人向我展示性器官時，我應該立即離開。	4.11	1.13	4.28	.85
40.對別人性騷擾是非常可恥的行為。	4.09	1.04	4.27	1.03
41.我認為青少年開始交往，最好單獨約會，以增進彼此間的了解。	3.16	1.17	3.64	1.21
42.我認為女性可以和男生一樣在各行業中擔任重要職位。	3.69	1.20	4.12	.91
43.月經排出來的血是骯髒不潔的。	3.21	1.08	3.36	1.24
44.性騷擾只會發生在女生身上，男生不需要擔心這個問題。	4.03	.94	4.25	.79
45.我認為性關係是表示愛的一種方式。	2.89	1.23	2.54	1.148
46.我認為男女之間不論感覺多好，婚前性交是不應該的。	3.44	1.22	3.91	1.13
47.我認為性交只能發生在已婚的夫婦之間。	3.40	1.21	3.69	1.18
48.我認為情緒穩定會使友情更穩固。	3.71	1.05	4.11	.88
49.我認為婚前性經驗有助於適應未來的婚姻生活。	3.30	1.09	3.64	1.12
50.我認為年輕人交朋友，信任感的建立是很重要的。	3.85	1.17	4.27	.76
51.我認為青春期男女不適合嘗試親密接觸。	3.24	1.21	3.72	1.03
52.我認為外表會決定男女交往的成功或失敗。	3.33	1.07	3.54	1.20
總平均	3.58	.78	3.84	.73

註：本量表為 5 分量表，1 ＝非常不同意，2 ＝不同意，3 ＝中立意見，4 ＝同意，5 ＝非常同意

綜合以上之研究結果可以發現，國中生在「性騷擾」主題上，不論男女都有十分正向積極的態度，也就是說，國中生能以較正面的態度來看「性騷擾」這個主題。而對於生理轉變所產生的生理現象，如月經、自慰等的態度，則較為負向消極。究其原因，可能因為傳統觀念認為經血不潔、自慰導致陽萎，仍留存於國中生的刻板印象中。

三、國中生性行為之現況

表 11.6 是國中生性行為總分之平均值及標準差，性行為總分是由「性行為量表」中，依各題目之程度差異而加權計分，得分範圍為0-504 分。得分愈高，則性行為表現愈保守；反之，得分愈低，則表示性行為愈開放。

由表中可以發現，就全體而言，國中生性行為總分之平均值為405.56，男生平均值為 399.15，女生平均值為 409.83，足見國內青少年在性行為上仍是十分保守；而且，女生比男生在性行為上更傾向保守。此研究結果與魏彗美（1993）、秦玉梅（1987）之研究結果相似。原因可能是因為我國傳統道德中仍較重視女性之「貞操」，因此女生之性行為比男生傾向於保守。

表 11.6　國中生性行為總分之平均值及標準差

項目（N ＝ 628）	男生		女生		全體	
	M	SD	M	SD	M	SD
性行為總分	399.15	28.62	409.83	10.95	405.56	21.63

表 11.7 是國中生性行為經驗之次數分配與百分比。結果發現：在約會方面，大多數的國中生沒有以下之經驗：「深深的接吻」84.30%；「擁吻」78.90%；「淺淺的輕吻」86.90%；「兩人約會，無第三者參加」86.10%；「兩人約會，有第三者參加」78.50%；「固定交往對象」72.29%。

在撫摸方面，大多數國中生沒有下列經驗：「在衣服內被異性撫

摸過生殖器官」97.60%；「在衣服內撫摸過異性的生殖器官」96.80%；「在衣服內被異性撫摸過胸部」96.30%；「在衣服內撫摸異性的胸部」95.10%；「在衣服外被異性撫摸過生殖器官」95.70%；「在衣服外撫摸異性的生殖器官」95.40%；「在衣服外被異性撫摸過胸部」91.60%；「在衣服外撫摸異性的胸部」87.40%。

在口交及性行為方面，大多數國中生沒有與同性或異性發生口交或性交行為的經驗：「與同性發生性交行為」98.90%；「與同性發生口交行為」97.60%；「與異性發生性交行為」97.60%；「與異性發生口交行為」96.00%。

表11.8是指國中生「性行為頻率」之現況。此表乃是表11.7之延伸，特別針對「曾經有此經驗」之國中生，在該項「性行為之頻率」上做更進一步之分析。

在約會方面，有一百三十八人有「兩人約會，有第三者參加」的經驗，其中與「曾經和一個人」者為最多。八十三人有「兩人約會，無第三者參加」的經驗；一百七十二人有「固定交往對象」之經驗；七十八人有「淺淺的輕吻」的經驗；四十六人有「擁吻」的經驗；四十三人有「深深的接吻」的經驗。綜合言之，上述各種情形，其「性行為頻率」均以「曾經和一個人」為最多。

在撫摸方面，有五十九人有「在衣服外撫摸異性的胸部」的經驗；有五十二人有「在衣服外被異性撫摸過胸部」的經驗；二十六人有「在衣服內撫摸異性的胸部」的經驗；二十人有「在衣服內被異性撫摸過胸部」的經驗；二十六人有「在衣服外撫摸異性的生殖器官」的經驗；十一人有「在衣服內被異性撫摸過生殖器官」的經驗。上述各種情形中，其性行為頻率均以「曾經和一個人」者為多。

在口交及性行為方面，只有二十二人有「與異性發生口交行為」的經驗；十三人有「與異性發生性交行為」的經驗；十二人有「與同性發生口交行為」的經驗；以上三種情形之「性行為頻率」以「曾經和一個人」者為多。另外，只有五人有「與同性發生性交行為」的經驗；其「性行為頻率」以「曾和二至五人」者為多。

表 11.7　性行為經驗之次數分配與百分比

題目（N＝628）	從來也沒有過		曾經有過一次		曾有二至五次		曾有六次以上	
	f	%	f	%	f	%	f	%
約會方面								
53.兩人約會，有第三者參加。	493	78.50	64	10.70	50	7.90	21	3.30
54.兩人約會，無第三者參加。	541	86.10	53	8.40	21	3.30	12	1.90
55.固定交往對象。	454	72.29	111	17.60	45	7.20	18	2.86
56.淺淺的親吻。	546	86.90	42	6.90	22	3.50	16	2.50
57.擁吻。	496	78.90	29	4.60	9	1.40	14	2.20
58.深深的接吻。	530	84.30	28	4.40	5	0.90	13	2.10
撫摸方面								
59.在衣服外撫摸異性的胸部。	561	87.40	29	4.60	26	4.10	10	1.60
60.在衣服外被異性撫摸過胸部。	575	91.60	24	3.80	16	2.50	13	2.10
61.在衣服內撫摸異性的胸部。	597	95.10	12	1.90	10	1.60	9	1.40
62.在衣服內被異性撫摸過胸部。	604	96.30	10	1.60	9	1.40	4	0.70
63.在衣服外撫摸異性的生殖器官。	599	95.40	9	1.40	14	2.20	5	0.80
64.在衣服外被異性撫摸過生殖器官。	601	95.70	15	2.40	7	1.10	3	0.40
65.在衣服內撫摸過異性的生殖器官。	608	96.80	7	1.10	7	1.10	5	0.90
66.在衣服內被異性撫摸過生殖器官。	613	97.60	9	1.40	0	0	4	0.60
口交及性行為方面								
67.與異性發生口交行為。	603	96.00	10	1.60	8	1.30	5	0.80
68.與異性發生性交行為。	613	97.60	11	1.70	0	0	3	0.40
69.與同性發生口交行為。	613	97.60	5	0.80	6	0.90	2	0.30
70.與同性發生性交行為。	621	98.90	1	0.20	2	0.30	2	0.30

表 11.8　國中生性行為經驗之次數分配與百分比頻率之現況

題目 (N = 628)	曾經有此經驗	曾經和一個人		曾和二至五人		曾和五人以上	
	f	f	%	f	%	f	%
約會方面							
53. 兩人約會,有第三者參加。	138	46	33.33	72	52.17	20	14.50
54. 兩人約會,無第三者參加。	83	57	68.67	24	28.91	2	2.40
55. 固定交往對象。	172	102	59.30	62	36.04	8	4.65
56. 淺淺的親吻。	78	62	79.48	11	14.10	5	6.41
57. 擁吻。	46	33	71.74	10	21.73	3	6.52
58. 深深的接吻。	43	31	72.10	10	23.26	2	4.65
撫摸方面							
59. 在衣服外撫摸異性的胸部。	59	34	57.62	18	30.50	7	11.86
60. 在衣服外被異性撫摸過胸部。	52	37	71.15	13	25.00	2	3.85
61. 在衣服內撫摸異性的胸部。	26	11	42.30	9	34.62	6	23.08
62. 在衣服內被異性撫摸過胸部。	20	13	65.00	3	15.00	4	
63. 在衣服外撫摸異性的生殖器官。	26	15	57.69	5	19.23	6	23.07
64. 在衣服外被異性撫摸過生殖器官。	26	12	46.15	12	46.15	2	7.69
65. 在衣服內撫摸過異性的生殖器官。	16	9	56.25	1	6.25	6	37.50
66. 在衣服內被異性撫摸過生殖器官。	11	6	54.54	3	27.27	2	18.18
口交及性行為方面							
67. 與異性發生口交行為。	22	15	68.18	2	9.09	5	22.72
68. 與異性發生性交行為。	13	6	46.15	3	23.08	4	30.77
69. 與同性發生口交行為。	12	7	58.33	4	33.33	1	8.33
70. 與同性發生性交行為。	5	1	20.00	2	40.00	2	40.00

　　綜合上述結果,國中生性行為經驗仍不算活躍,大多數的國中生都還沒有過上述之經驗,而有這些經驗者也都以曾經和一個人者為最多。

伍、輔導上建議

一、給父母親的建議

㈠家庭教育是所有教育中最重要、最具影響力的一環。父母親如果主動提供青少年正確的性知識，不僅有助於青少年及早建立正確的生理衛生保健常識，也建立了親子間對性的議題有良好的溝通管道。

㈡父母親應該意識自己本身在婚姻關係中所扮演的角色是，提供青少年對兩性關係最直接的楷模。隨時注意平時身教，不斷修正與學習，以期培養青少年健康正向積極地認同自己的性別，並獲得尊重異性、學習兩性相處的藝術。

二、給學校及教育者的建議

加強青少年性教育課程的設計，建立青少年性諮詢網路系統，培訓教師專業能力。

本研究發現青少年性知識普遍不足，而性知識又與性態度有高度相關，教育者不得不重視青少年性教育問題。因此，研究者建議學校應規畫性教育課程，積極培訓教師專業能力，並與社會相關機構合作，建立完整之青少年性諮詢網路系統，有效解決青少年不同程度的性問題。

如何增加教師性教育輔導知能研習，對於就讀師範院校之準教師，則應將性教育課程納入通識課程。此外，建立一具公信力之性教育講師證照制度，將性教育推至更專業的領域。

三、給制度決策者的建議

加強青少年保護輔導等方面之立法，將青少年性教育視為國家教育重要方針。

青少年性行為已有日漸開放之勢，對青少年全面施行性教育已勢

在必行。而性教育乃全人的人格教育，故自學齡前的幼兒教育，以迄高等教育，甚至成人教育及社會教育，都應提供一系列完善而實用的課程；同時，特別加強青少年保護及輔導方案之立法，有效降低青少年危險行為之涉入。

參考文獻

一、中文部分

晏涵文（1998）。性教育。台北：性林文化。

行政院青年輔導委員會編（1996）。青年白皮書。台北：青輔會。

王瑞琪（1992）。台北市高職三年級學生避孕行為及其相關因素探討，國立台灣師範大學衛研所碩士論文。

秦玉梅（1987）。高職三年級學生性知識、態度、行為及家長教師對性教育之看法調查研究。國立台灣師範大學衛研所碩士論文。

林燕卿（1988）。性教育教學對高中學生性知識、性態度和性憂慮之研究，國立台灣師範大學衛研所碩士論文。

楊煥烘（1980）。我國大學生性知識、態度、行為之調查研究。國立政治大學教育研究所碩士論文。

魏彗美（1993）。高中學生性格及性知識、性態度、性行為對其性教育需求之調查研究。國立高雄師範大學教育研究所碩士論文。

簡為政（1993）。青少年性態度及性行為影響因素之研究。中國文化大學兒童福利研究所碩士論文。

吳秀惠（1996）。親子溝通、父母管教方式與青少年性知識、性態度及性行為之研究。中國文化大學生活應用科學研究所碩士論文。

歐玲華（1982）。國中學生的性知識、態度和行為調查報告。教育資料文摘，**52**，52-119。

林芸芸（1978）。台北市立國民中學三年級學生的性知識、態度、行為調查研究。學校衛生，**3**，1-17。

魏彗美（1995）。國中學生性態度之現況調查研究。高雄師大學報，**2**，111-129。

楊瑞珍、黃璉華、左如梅、伊祚芊、黃子庭（1997）。台北市兩所國民學學生性知識、態度及行為之探討。國立台北護理學院學報。

二、英文部分

Altopp, D. P. (1981). A Study of Sexual Attitude, Sexual Behaviors and the Religiosity of the High School Students in Free Methodist Church Youth Group. Southern Illionis University at Corbondale. (PHD.) (DAI42/10A, NO. AAC8206444)

Cernada, G. P., M. C. Chang, H. S. Lin, & T. H. Sun (1986). Adolescent Sexuality: "Implication for a National Secondary School Education Policy. " *Journal of Population Studies, 13,* 1-20.

Fisher, T. S., & Pollack, R. H. (1982). Parent-Child Communication and Adolescents' Sexual Knowledge and Attitudes. Paper Presented at the Annual Convention of the American Psychological Association, Washington D. E. (ED 225068).

Fisher, T. D. (1986). An Exploratory Study of Parent-child, Middle, and Late Adolescent. *The Youth of Genetic Psychology, 147* (4), 543-557.

Fisher, T. D. (1988). Parental Sexual Attitudes, Family Sexual Communication, and Adolescent Sexual Behavior. Paper Presented at the Annual Meeting of American Psychological Association. Atlauta, G. A. (Ed 303711).

Huichang, C. (1987). The Development of Sexual Knowledge and Sexual Physiology and Psychology among Middle School Students. *Chinese Education, 20* (3), 63-85.

Kinsey, Alfred C., Pomeroy, Wardell B., Mastin, Clyde E. (1948). Sexual Behavior in the Human Male. Philadelphia: W. B. Saunders Co.

Kinsey, Alfred c., Pomeroy, Wardell B., Mastin, Clyde E., & Gebhard, Paul H. (1953). Sexual Behavior in the Human Male. Philadelphia: W. B. Saunders Co.

Miller, Patricia Y., & Simon, William (1972). Adolescent Sexual Behavior: Contex and Change. *Social Preblems, 22,* 58-76.

Padilla, A. M., & Baird, T. L. (1991). Mexican-American Adolescent Sexuality and Sexual Knowledge: An Exploratory Study. *Hispanic Journal of Behavior Science, 13* (1), 95-104.

Pollack, R. H., & Brown, I. S. (1981). The Relationship at the Annual Meeting of the Estern Psychological Assiciation. New York.

Sander, G. F., & Mullis, R. L. (1988). Family Influences on Sexual Attitudes and Knowledges as Reported by College Students. *Adolescence, 23* (84), 971-980.

Schofield, M. (1965). *The Sexual Behavior of Young People*. Boston: Little, Brown & Co.

（本章為研究生蔡美華、陳靜芬、徐淑媛資料蒐集整理）

第十二章

親子互動及
兒童虐待行為研究

壹、前言

　　青春期，有人稱之為人生的黃金年華，也有人認為是人生的狂飆期。在此階段，青少年的生理開始邁向成熟，展現著充沛的活力。在心理上，總想跳脫父母的羈絆，急於成為一個獨立自主的成人，卻又頻頻回首尋找父母的關懷與愛的保證。在自我觀念上，開始出現「我是誰？」「我要做什麼？」的一連串困惑，也常出現時而興奮跳躍、時而落寞沮喪的不穩定情緒。這是一個令人期待又令人失措的階段。由於身、心、社會各方面的改變，青少年必須面臨成長期的矛盾與不安，而是否能平安過渡至成人期，家庭對個人的發展及適應扮演著重要的角色。在本章節中，即以家庭系統觀點探討青少年對親子關係的期待、親子間的緊張關係，以及在此階段的青少年與其他家庭成員間的互動關係，最後探討不良家庭對青少年的虐待行為。以下分段說明之。

　　家庭是一個動力的關係系統，如同個人成長一般，它也會因時光推移而有所改變，而形成一個家庭生命週期（family lifecycle）。而不同的家庭生命週期會有不同的發展任務。研究顯示，有青少年的家庭所面臨的生命週期任務是，從青少年開始追求心理分離—個體化，而父母的權威會受到挑戰，整個家庭須做適度的改變與適應。換言之，二代之間的衝突可能會更明顯，而家庭的結構必須重組，家庭規則會有所改變，親子之間的角色可能須從上對下的權威——依賴關係，逐漸能轉換為相互的平等關係。

　　因此，家庭是否能重新調整人際互動的模式，以面對青少年追求獨立的需求，並因應家庭關係的改變與失調，關係個人的成長以及整個家庭的發展。家庭系統分化正是從人際距離調整模式的概念了解家庭對個體的影響。家庭系統的分化高者，家人之間對個體性和親密感二者皆有高度的容忍度，能提供情感的交融與支持，也能鼓勵家庭成員維持其自主性。反之，家庭系統分化低者，家人之間可能因過於疏

離而缺乏情感的支持，或因成員過於黏結而阻礙個人追求獨立自主。

再者，青少年階段是發展自我認同（self identity）的重要關鍵期。若要順利邁入自我認同的階段，必須先通過對人信賴、自動自發、勤奮努力、活潑自主等階段的發展任務及危機。要達成這些階段任務，其實都與親子互動關係的品質有關。從家庭系統理論的觀點而言，家庭的人際互動模式能維持情感的親密，也能尊重包容彼此的不同時，通常會鼓勵個體向外探索以發展自我的任務。反之，當個體陷溺在未分化的家庭情緒系統中，家庭成員之間的界限模糊，彼此的情感、思想、價值觀有過度涉入的現象時，個體將無法發展出明確的自我感。基本上，大部分研究皆肯定家庭對個人心理社會發展的影響，只是家庭系統中不同次系統對青少年自我發展的影響，則有不一致的結果。

所以，在「親子期待」的部分，即從家庭系統的觀點與家庭人際互動模式的角度，來了解家庭系統分化對青少年個體化的影響力。

貳、親子期待研究

一、家庭系統分化的概念及意義

㈠家庭動力系統的觀點

家庭系統的概念強調：個體是存在於一個動態的人際脈絡中，是整體的部分，無法單獨運作。他必須與他人有所聯絡，才能產生功能。在此人際關係中，個體與其他人互相溝通、互相影響，建立彼此適應的規則，調整彼此的異同，並與整個系統形成一個具有動力的互動模式。換言之，個體的問題，實際上是反映出整體家庭系統的互動失去了平衡點，而非只是個別的問題。所以，從家庭系統中可以看到個人在整個系統脈絡中的功能運作，以及個體和系統之間相互影響的動力狀態。

㈡家庭情緒系統與理性系統的概念

情緒系統中有二股力量會互相制衡，一是群體性的力量，另一則

是個別性的力量。而家庭分化的水準高低，則端視這兩股相對的力量能否達到協助與平衡。如果分化良好，系統能維持情緒的平衡，則能使系統有好的運作，在面臨轉變時，也較有能力吸收緊張及焦慮，能做有效應變及處理。

(三)家庭系統的互動模式

家庭系統之間應有一定的界限，以保護系統之間的分化。在此界限內，家庭成員彼此有一定的權力、互動模式、角色責任以及行為規範的原則。當家庭系統有清晰的界限時，系統之間在開放與封閉之間會有適度的平衡，能允許次系統中成員的自主性，也能維持系統之間情感的溝通協調。如果家庭系統界限不清楚時，可能形成糾纏型（enmeshment）以及疏離型（disengagement）的家庭。

(四)家庭系統的凝聚力與調適力

在家庭系統中，家庭成員的互動方式會形成兩個向度：一個是家庭的凝聚力（family cohesion），另一是家庭的調適力（family adaptability）。家庭凝聚力是指家庭成員之間情感連結程度。若家庭的凝聚力太強，會形成情緒糾結的家庭系統；家庭缺乏凝聚力，則會形成疏離的家庭系統。家庭人際互動能維持適度的凝聚力，才能維持家庭的良好功能發展，若過度偏於一隅，都會造成家庭功能的失調。

另外，家庭調適力是指家庭成員在必要時，能否有足夠的調整能力以改變家庭的權力結構、家庭角色及溝通原則。若家庭的調適力過於彈性，家庭成員的溝通及接觸會過於鬆散、疏離；家庭若缺乏調適力，家庭規則會流於僵化而不知變通。

二、青少年心理分離—個體化

(一)第一次心理分離—個體化

客體關係理論學者Malher觀察嬰兒與母親的互動過程，認為個體的成熟發展是能逐漸脫離與母親的共生關係而成為一個獨立的個體，這是個體的「心理誕生」，是人生第一次的心理分離—個體化歷程。此過程主要分為三個階段：

1. **自閉（autism）階段（0〜2 月）**：在此階段，嬰兒在一個封閉的心理系統中，類似子宮內的隔絕狀態，也還無法區分自體和客體。

2. **共生（symbiosis）階段（2〜6 月）**：嬰兒在共生階段時，可以逐漸覺察到母親的存在，但視她為能滿足自己需求的客體，是自己的延伸。

3. **心理分離—個體化（separation-individuation）階段（2〜4 月）**：本階段是嬰兒逐漸增加對自己、他人及外在世界的覺察及區分。心理分離—個體化的歷程又可分為四個次階段：孵化期（hatching sub-phase）、練習期（practicing sub-phase）、回轉期（rapprochement sub-phase）、客體恆存（object constancy）。

綜合上述，人生第一次的心理分離—個體化的任務，大約三歲以前可以完成。個體在此階段可以發展心理的自主，建立統一的自我形象，達成個人的自我統整。

㈡第二次心理分離—個體化

學者 Blos 承繼 Malher 的觀點，認為青少年須再經歷第二次的心理分離—個體化歷程。在第二次的個體化中，青少年須脫離對家庭的依賴，對內化的父母形象能做重新、合理的審查，不再被僵化的價值觀控制住，而能重新建構一個獨立的自我，才能在家庭以外建立新的親密關係。否則，當個體未能解決對父母的依附情感時，其所建立的親密關係只是一個替代性的依附客體罷了。Josselson 根據 Blos 的心理分離概念，指出青少年心理分離—個體化的發展與幼兒第一次個體發展的歷程相同，只是發展任務不同。這些階段依次分為：

1. **分化（differentiation）**：青少年會意識到自己和父母是不同的。

2. **練習（practicing）**：青少年在言行上會刻意表現和父母不同，並將重心轉向同儕，藉以達成與父母的心理分離及維持個人的自主。

3. **回轉（rapprochement）**：青少年會體驗到想追求自主，卻又怕與父母分離的矛盾心理，想尋求與父母的情感聯繫。

4. **情感客體恆常性**（emotional object constancy）：青少年能獲得
自主與自我認同，能建立一個穩固的個體性。

Blos 認為，當青少年可完成第二次個體化時，他能建立穩定而堅
定的人我界限，也較少依賴外在的支持，而有較多的自我支持能力，
也較少依賴外在的支持，而有較多的自我支持能力，能為自己所做所
為負起責任，並能維持穩定的情緒及自尊，終能成為一個成熟的自
我。而個體化的另一個含意是情緒上不再依賴父母，而能維持個人的
自主性，包括情緒自主：對自己是有自信的，能維持個體的獨立感；
功能自主：能有效地自我管理、自我控制；態度自主：能主導自己的
生活方式及目標。

Blos 強調成功的個體化透過與父母「分離」而形成，但近來的觀
點大都重視個體化是分離與連結間的平衡。換言之，個體化的歷程是
不須全然拒絕與父母的親近，也不必造成親子關係的破裂。當個人與
父母有正向的情感時，能分享彼此的情感與需求，也能認清彼此的差
異，則能在親子關係中發展出分化的自我。當父母能尊重、支持子女
成為一個獨立個體時，親子之間的關係是從二代之間上對下的關係轉
變為相互、平等的互動關係，反而有助於個體化的形成。

因此，個體的成長是在家庭系統與個人發展的交互影響下展開。
所以，個體化的歷程是在家庭系統的網路中發展的。如果家庭的人際
互動能維持分離與連結之間的平衡，即個體在家庭中能與其他人維持
和諧的親密關係，也能獲得個人的自主權時，孩童對自己的生活會有
較多的控制感，也有較多能力主導自己的思想、感情，建立自己的價
值觀，也有足夠的成熟度為自己的行為後果負起責任。所以，良好的
家庭的確對於青少年個體化的發展有相當大的助益。

參、親子間的緊張關係研究

美國詩人艾略特（T. S. Eliot）曾經如此描述一個典型的現代家庭，
他說：「兩個彼此互相不了解的人，養育了幾個他們不了解的孩子，

而這些孩子也永遠不會了解他們」。這一段話聽起來是很消極悲觀的，不過，卻也深深刻畫出在現在許多現代家庭中，父母與子女間關係的無奈。父母無法完全的了解子女，意味著父母無法與子女建立一個良好的人際關係，如此一來，父母也絕不可能可以適當地協助子女去開拓對外的交際或友誼空間。

一、中年人與青少年的人格差異

　　一般來說，青少年與父母之間的緊張關係會比年幼時期來得嚴重。不過，緊張的關係並非意味絕對的錯誤，因為青少年會試圖增加自己的自主性，因此與父母之間，一定的衝突是正常而且無可避免的。而衝突有時候對健全的發展也是有所幫助的。在 Rice 與 Kim Gale Dolgin 所著的《青少年心理學》一書中提到，親子間衝突的主要來源之一，就是人格的差異，什麼是人格差異呢？聽過非洲賣鞋子的故事嗎？在同一環境長大的兩兄弟，被老爸派到非洲落後國家考察，卻發現很少人穿鞋（這是一種刺激），而哥哥認為沒有消費市場（反應1），因為沒人穿鞋；但弟弟卻認為是銷售的大好時間，只要每人穿一雙鞋，生意必大展鴻圖（反應 2）。由此例可看出，同樣的刺激，卻有不同的反應，此即是人格的差異，亦可稱消極人格（哥哥）與積極人格（弟弟）。又或是如果手中有半杯咖啡，你會覺得是只剩半杯咖啡，還是還有半杯的想法是不同的。而書中也指出幾點中年人與青少年的人格差異（如表 12.1）。

　　通常父母親因為有豐富的社會經驗，而且擔心青少年的莽撞，會造成什麼意外發生，因此會對青少年多所限制，但是青少年的人格特質就是大膽而勇於冒險，所以會產生差異性。另外，中年父母對於慣例、道德或其他事物，通常都抱持著保守的態度；反之，青少年則是自由主義者，會有挑戰與顛覆傳統的想法，與體驗新的風俗習慣。前陣子溜鳥俠的風波，大家對此議題也是討論不斷，有的人聲援支持，有的人則是覺得這是一種行為偏差，應該要有所懲罰與修正，這就是差異性的表現。又例如現在的青少年流行穿低腰褲，或者是內衣外穿

個案研究──理論與實務

的舉動，常常會嚇壞或觸怒他們的父母，不過這正是這些孩子們所樂於見到的反應，因為他們正尋求一種有異於自己父母的認定，來區分他們和父母親的不同。

表 12.1

中年人世代	青少年世代
小心翼翼／充滿經驗	大膽而勇於冒險；有時候會做出愚蠢的選擇
停留在過往；會有拿今日與過去做比較的傾向	認為過去是無關的；生活在當下
現實主義者；有時候對於生命及人類感到懷疑	理想主義，樂觀主義者
對於慣例、道德或其他事物抱持著保守的態度	自由主義者；挑戰傳統想法；體驗新的風俗習慣
一般而言對現狀感到滿意、安於現狀	質疑事物的現狀；期望革新、改變
希望保持年輕；對年齡有所恐懼	希望長大，但不喜歡老化這樣的想法
對於什麼才是符合年紀的行為，傾向於保守、限制的看法	對於違反社會期待，所謂符合年齡應有的行為比成人有著更大的接納度

其實，許多邁入中年的父母親也常會受到所謂文化遲滯所苦，他們會拿今日的青少年生活行為風格與他們過去的經驗做比較，可是卻經常會讓他們覺得自己跟不上時代的腳步。當然這些人格型態，並不是就能夠代表天下所有的成年人與青少年都是符合這樣的狀況，而且父母親與孩子，彼此都是用帶有偏頗的角度來看待對方，這樣對家庭中的相處關係，是沒幫助的。

其實這些性格差異，也可以說就是所謂的代溝。代溝是翻譯過來的一個比較新的名詞，但這個東西是我們自古已有之的。自從人有老少之分，老一代與少一代之間就有一道溝，可能是難以飛渡的深溝天塹，也可能是一步邁過的小瀆陰溝，總之是其間有個界限。溝這邊的

人看溝那邊的人不順眼，溝那邊的人看溝這邊的人不像話，也許吹鬍子瞪眼，也許拍桌子捲袖子，也許口出惡聲，也許真的鬧出命案，看雙方的氣質和修養而定。因為雙方所處的時代背景不同、價值觀不同，再加上身體、心理的發展也不同，才會有衝突產生。

二、衝突的焦點

雖然父母與青少年間的人格有差異性存在，親子間的關係有大多數仍然是處於和諧的狀態當中。而根據研究顯示，當衝突產生時，衝突的焦點可歸納為五種：社交生活與風俗、責任感、學校、家庭關係及價值觀與道德觀。第一個衝突焦點，社交生活與風俗是引起親子衝突比例較高的原因，像是孩子的穿著，或是父母親常抱怨說「孩子出去就像丟掉的，回來就像撿到的一樣」。而且，父母親常會覺得孩子們沒有足夠的責任感。另外，最常成為衝突的焦點，則是學校方面的事務，父母親常會特別注意孩子的學校成績表現，或是在學校的行為，我想，這也是因為我們這個升學導向的社會所影響的。不過，如果給予孩子的壓力過大，則會導致孩子的自尊心低落，反而出現反常的行為，就會有負面的影響。在價值觀與道德觀的焦點中，父母親尤其擔心的是孩子的性行為，而有資料顯示，很有趣的是，母女關係愈良好，則女兒婚前性行為的可能性就愈低。另外，在我們現今的社會中，父母親與子女間常見的衝突焦點還有電腦的使用。這幾年來，電腦常成為親子間爭執的焦點所在，因為有的小孩迷戀線上遊戲，在虛擬世界投入過多的精力，為人父母的當然心慌、焦急，約束隨之而至，造成親子間的關係緊張而產生疏離。

三、衝突的類型

親子之間的溝通有衝突、有和諧，一般可以歸納出六種親子衝突的類型：命令者的角色、法官的角色、威脅者的角色、說教的角色、萬事通的角色及斥責的角色。

四、影響衝突的因素

　　影響親子間的衝突，其中最顯著的因素分別是：青少年性別、父母親性別、青少年年齡。而青少年的性別，感覺上在家庭衝突的比例中占絕大部分，其實並非如此，而青少年與母親的衝突跟父親的衝突相比較，就會發現他們是屬於不同型態的。在青少年的認知中，父親比母親具有權威性，而比起父親，孩子會較經常與母親爭吵，不過，衝突並不代表反感或是親密性不夠，許多孩子也都表示，跟母親的關係較父親來得密切。其他還有幾項影響衝突的因素，例如，家庭氣氛、家庭的社會經濟地位、孩子成長的整個大環境、父母對孩子行為的反應、家庭大小、父母的工作量等。一般來說，權威式的家庭在各方面的衝突都會比民主式的家庭發生頻率來得高。而家庭的社會經濟地位如果比較低下的話，一般比較重視服從、比較有規矩以及尊敬。在成長的整體大環境中，如果吸毒事件頻繁，父母親就會特別重視這個部分，並且會決定父母會擔心什麼。而父母親對孩子行為的反應，有時因事情不同而有不同程度的反應，反應的不同則會影響衝突的範圍與焦點。而家庭大小也是因素之一，研究顯示，愈大的中產家庭，衝突程度愈嚴重，並且更多採身體上的處罰來管教孩子。最後，父母工作量的多寡也會影響衝突的程度，當父母都承受生活壓力時，衝突愈容易產生。影響親子間衝突的因素千百種，歸納與提出這幾點希望能藉以參考與警惕。

五、青少年與父母、同儕衝突之比較

　　青少年不只是會與父母起衝突，與同儕的衝突也是經常會發生的，只不過比起跟父母的衝突是有些許差異存在的（如表 12.2）。

　　簡單地說，當你與父母起衝突的時候，永遠不用擔心父母會把你趕出門，即使趕出門，跟父母親之間的關係仍是恆永不變的。若與朋友起衝突，我們卻不能保證朋友之間的友誼可以永遠維持。其實親子間的衝突，雖然受到許多因素的影響，但是只要用心，是可以調整

第十二章　親子互動及兒童虐待行為研究

331

的。有效的溝通，就是一個很好的方式。

表 12.2

與父母的衝突	與同儕的衝突
爭吵的內容較為情緒化、激烈	爭吵內容較為理智、平和
更多的事情（更多的期望）	範圍不廣
親子關係是非自願性的	友誼關係是自願性的
親子關係永久不變	友誼關係隨時可以結束

肆、與其他家庭成員間的關係研究

一、青少年與兄弟姊妹的關係

　　手足之間的關係是多元的。兄弟姊妹朝夕相處，彼此擁有共同的親人、生長環境與生活方式，由於相處時間長，而且又是可以隨時一起玩耍的夥伴，自然會產生親密的感情。而通常年長的兄姊對弟弟妹妹而言，他的角色是多重的，首先，兄姊們扮演模範的角色，不過這種影響可能是正面，也可能是負面的。再者，兄姊們也常扮演著代理父母或弟妹的照顧者，而往往年長的兄姊們也能透過照顧弟妹的行為，進而學習到成人應有的責任，並且對於自我價值有正面的影響。除了照顧者與模範的角色之外，兄姊們還須提供手足間的友誼。有研究顯示，如果兄弟姊妹之間的年齡差距在六歲以上，則孩子們會像獨生子一般獨立成長；如果差距在六歲以內，則在於對父母的權力及控制這一方面，每個人對其他人而言都是一個威脅。因此，競爭會變得頻繁，而衝突也會變得嚴重。在兄弟姊妹間最常見的紛爭原因有很多種，所採取解決的方法也可歸納出幾點，而通常男孩多選擇以武力或是威脅來解決衝突的問題（如下表）：

表 12.3

與父母的衝突	與同儕的衝突
嘲弄	吼叫
所擁有的	爭辯
責任與雜務	忽視
稱呼	妥協
穿了其他人的衣服	坐下來討論紛爭
侵犯隱私	
父母特別對待	
在朋友面前丟臉	

　　而當手足發生爭吵時，父母如何處理？其實，兄弟姊妹間發生爭吵是常有的現象，從小就開始了，主要是因為孩子總是以自我為中心，孩子的判斷也是取決於「喜不喜歡」，而不是「對」或「錯」。因此，孩子們以自己的意見為本位而發生衝突，是難免也是自然的現象，父母應該採取幾種方式處理：

㈠手足衝突時，最好盡量讓孩子們自己去處理，除非孩子出現危險性的行為時，才需要出面加以處理。

㈡以公平的態度來面對子女，而不是以「大讓小」的原則來解決糾紛，以免造成孩子的委屈感，也影響了孩子的自我評價。

㈢請尊重孩子的「物權」，盡可能讓孩子們各自擁有一份屬於自己的玩具或設備，並鼓勵及培養孩子間輪流共享的習慣。

㈣平日就需要為孩子們搭設感情的橋樑，教孩子們真誠互愛，讓孩子有機會去學習「自己解決問題」和「如何」與人相處。

㈤與孩子一起制定家庭規範，可將手足間起衝突時的獎懲原則予以明確訂定之，並執行之。

二、與祖父母間的關係

　　另外，家庭中還有其他成員，不過一般多是討論到祖父母。內政部（1992）所完成的「兒童生活狀況調查報告」顯示，對老年人而言，

約有五分之一的生活主要在照顧孫子女，其實與祖父母的關係對青少年是有正面的影響力的。比如說：

㈠祖父母可以在青少年的生活中扮演著喚起傳承感的關鍵性代表，連結過去與現在。

㈡祖父母可以藉著將父母的訊息傳給青少年的機會，而對於親子關係造成正面的影響。所以，當青少年與父母親發生衝突時，青少年則會轉向祖父母，把他們當知己。

㈢祖父母幫助青少年了解老化的過程，並接受上年紀這件事。

　　一般而言，祖父母對於孫子女的成長與生活扮演著重要的角色。許多研究與實際的經驗都指出，祖父母在孫子女成長過程中扮演著老師、家族歷史學家、知己、照顧者與老年人的楷模。美國的一個研究顯示：60%、70%的青少年認為，他們從祖父母那裡學習到很有價值的技術與嗜好，而這些都是無法從父母或是同儕獲得的。由於祖父母沒有直接負責孫子女社會化的責任，因此他們比較容易在自然、公平的情況下，成為子女與父母之間衝突的調停者。不過，千萬不要成為反對父母陣線聯盟的一員，而且青少年真正還是應以父母親的規範為行為準則。

伍、兒童虐待問題研究

　　隨著經濟不景氣、失業率持續攀升、社會福利預算刪減的外在變化，又逢多起孩童被親人虐殺的報導，不禁令人好奇惡質社區環境對家庭會有怎樣的衝擊？兒童虐待近年在台灣成了炙手可熱的話題，然而對我們而言，兒童虐待究竟是個別家庭獨特悲劇，抑或常例的社會現象呢？然而，目前所延伸建立出來的兒童保護策略，是否就能避免扭曲的親子關係？目前的兒保處遇對家庭內成員的影響是什麼？到底怎樣的公權力介入能積極預防兒童虐待？這些都是過往十年台灣的兒童保護風潮，時常浮現腦際的困惑。以下我們將針對兒童虐待先行定義，再將以民間機構歷年（1992-1998年）票選的十大兒虐新聞做內容

分析，來反映社會建構的兒童虐待形貌。另外，根據所尋獲之資料來源，試圖挖掘在台灣地區家內的兒虐現象的本質，來呈現目前台灣社會中兒童虐待及兒保處遇的現況。國外有關兒虐的社經脈絡研究，持續展現較高預測力的社經變項，有家戶貧窮率、政府支持服務等，我們也將整理類似整體資料（aggregate data），並透過兒童、少年福利法相關條文分析，來剖析國家對兒虐現象的回應——如何再次規訓家庭功能及親子關係，以廉價的兒虐通報等於兒童保護。透過以上分析，嘗試釐清台灣地區兒童虐待現象的面貌，重新定位家庭在社區的位置，進而找出現行兒保措施的盲點，及其他介入策略。

一、兒童虐待定義

　　一般而言，虐待兒童的定義是對十八歲以下兒童之照顧者，因疏忽或不當行為，使兒童遭受身體的傷害、心理的創傷或性虐待等，致使兒童的健康及福祉受到威脅或傷害。

　　我們基於社會的標準和專業知識，去衡量這些行為是否對兒童造成傷害。這些行為是由個人利用本身的特殊地位（如年齡、身分、知識、組織形式），而有能力單獨或集體地對兒童施以虐待。虐待兒童並不限於發生在子女與父母／監護人之間，任何受委託照顧及管教兒童的人士，例如兒童託管人、親戚、教師等，都可能是施虐者。

　　虐待兒童的形式包括：

(一)兒童虐待（child abuse）／身體虐待

　　指對兒童造成身體傷害或痛苦，或不做任何預防使兒童身體受傷或受痛苦〔包括故意使用暴力、蓄意下毒、使窒息、火燒、照顧者假裝兒童生病求醫（Munchau-sen's Syndrome by Proxy）（「照顧者假裝兒童生病求醫」指兒童的父母或監護人為求該名兒童獲得醫療診治，而虛構兒童的病歷，或改動兒童的化驗報告，或實際上令兒童患病或受傷，因而可能導致兒童不斷接受有害的醫療療程）〕。而我們可以肯定或合理地懷疑，這些傷害是非意外造成的，或因沒有任何預防措施所引致的。

335

㈡**性虐待（sexual abuse）（含亂倫）**

指牽涉兒童的非法活動，或雖不屬違法，但所牽涉的兒童不能做出知情同意（任何依賴他人照顧、發展不成熟的兒童和青少年，假如牽涉入他們不能完全明白的性活動，即視作為不能做出「知情同意」。舉例來說，如果兒童為了換取零食或金錢而牽入性活動，則即使該名兒童向施虐者表示「同意」，也不能認為該名兒童已做出「知情同意」）的性活動，就是兒童性侵犯。這包括：(1)無論發生在家中或其他地方，任何人士直接或間接對兒童做出的性利用或侵犯；(2)侵犯者是兒童的父母、照顧者或其他成年人，甚或其他兒童，個別或有組織地進行；或(3)以獎賞或其他方式引誘兒童加以侵犯；以及(4)侵犯者是認識的或是陌生人士。（兒童性侵犯個案不同於男童與女童之間的隨便性關係，雖然男童可能會觸犯猥褻侵犯（非禮）罪行或與未成年少女非法性交的罪行。）

㈢**情感虐待（emotional abuse）／精神虐待**

指嚴重或長期忽視兒童的基本需要（例如足夠飲食、衣服、住宿、教育及醫療照顧），以致危害或損害兒童的健康或發展（包括因生理因素以外的原因造成兒童不能正常成長），或在本來可以避免的情況下，令兒童面對極大的危險（包括飢寒、長期缺乏照料、強迫兒童從事其體力或年齡不相稱的工作等）。

㈣**兒童疏忽（child neglect）（包含身體疏忽、精神疏忽、教育疏忽）**

指危害或損害兒童情緒或智力發展的行為及態度模式。例如羞辱、驚嚇、孤立、剝削／賄賂、漠視兒童的情緒需要。精神虐待會即時或長遠損害兒童正常的行為、認知、情感或生理表現。

二、社會建構下的兒童虐待形貌

在台灣兒虐現象的發掘、建構及知識引進及宣導上，民間機構「中華兒童暨家庭扶助基金會」（Chinese Children's Fund，簡稱CCF）為我們發現了許多不為人知的寫實真相。其下所屬二十二個位於各縣市的家庭扶助中心，率先蒐集一九八七年下半年間台灣報章刊載的兒

虐資訊六百八十二件案例，並創設兒童保護專線，受理各地民眾對疑似兒虐案例的通報。

然除了民間機構先期推動兒童保護，帶動政府的立法措施跟進外，媒體報導無疑也扮演推波助瀾的角色，相對地形塑兒童虐待的樣貌，呼喚民眾由媒體的眼目來解讀兒童虐待——是個別家庭獨特悲劇，抑或例常的社會現實？CCF自一九九二年起即由各地家扶中心彙集當年相關的兒虐新聞（通常數百則），然後經總會工作人員篩選出數十則，再邀集會外學者專家選出當年十大兒虐新聞，所以可說是相當程度融合了實務及學術界對新聞重要性的看法。隨著一九九三年二月的兒童福利法修正，更炙為十大兒保新聞，至一九九七年再分列兒虐及兒保新聞。

表 12.4　歷年十大新聞（則數）內容實質及分類名稱變化（1992-1998）

實質 ＼ 分類	1992 兒虐	1993 兒保	1994 兒保	1995 兒保	1996 兒保	1997 分列	1998 分列
兒虐	11	6	5	5	10	10	10
兒保	-	4	5	5	0	10	10

台灣媒體對兒虐事件的報導內容通常含括以下特色：強調施虐者與受虐孩童的關係，是親生父母或繼親／同居人，還是家外成員？受虐孩童父母之婚姻狀況，是再婚、離婚、同居，還是未婚生子？施虐者是否有附帶的偏差行為，例如精神疾病、吸毒、酗酒、嗜賭等。

其實，兒童虐待發生的情境並不限於家庭內，究其影響幅度而言，「機構式虐待」及「社會式虐待」更不應被忽略。在一般人認知中，仍視兒童虐待為與家庭暴力相關聯的事件，將之局限於父母或負有照顧責任者對孩童所造成的身心傷害，只是少數家庭悲劇特例。此一現象同質化的報導，隨著家外案例明顯的增加，然而強調施虐者個人特質的報導，仍然未能揭露兒虐背後的社會結構問題，例如社區環境中的貧窮、資源匱乏、族群歧視，及視婦女為性玩物之父權意識等等。

有幾件家內的虐兒案例頗引人深思，例如男子施虐同居人兒女、甚至亂倫，記者在標題上直指母親，意即縱然施虐者非母親，但孩童受虐母親就脫不了干係，被視為共謀者。反映出社會中根深柢固「母親是孩童守護者」的期望，忽略了婦女在家庭暴力的地位中，可能也是受害者，並沒有能力保護孩童。至於母親成為施虐者的背後機制就更複雜了，林方皓在〈生命中不可承受之母職〉一文中，即剖析女性在父權社會中的弱勢位置，如何使其在成長過程、婚姻及家庭結構中容易受剝削，隨之而來的身心壓力，又如何加深女性在執行社會所期望之「母職」時的困難，以致容易淪為施虐母親。

表 12.5　1992 年兒虐十大新聞（1992 年）

日　期	兒虐新聞標題（內容摘要）
02/27	**人倫慘案無獨有偶，親生老爸殺兒殺女** （三十一歲男子因車禍精神異常，與太太仳離，早已厭世，怕八歲幼女無人照顧乃勒斃，自殺未遂；二十六歲男子與同居人吵架，以毒藥餵五歲幼子，自己則切腹獲救。）
03/19	**八名老翁聯手摧殘六名國小女學童，利誘猥褻強暴** （六名國小女童遭八名附近老翁利誘限制行動，強迫行使猥褻及賣淫，受害有的長達一年，家長、學校均不知情。）
06/19	**枉顧人倫，暴力姦淫三名年幼外孫女，年近花甲外公自食惡果送法辦** 〔因女婿去世，女兒出走，花甲外公為三名智障外孫女（11、16、17歲）監護人，脅迫其看色情錄影帶再予玷污。〕
07/29	**吃糞便、喝污水、針刺指，親爹晚娘心好狠，凌虐兩幼兒** （繼母凌虐兩名幼子，逼其吞食屎尿、舉椅半蹲、抓頭撞牆、以皮帶抽打、細綁雙手懸吊及香菸燙灼二千餘種方式，生父目睹多次未曾制止，二人均為高學歷且任職航空公司。）
08/09	**烙燙、挖肉、強暴，十歲女童慘遭繼父繼兄凌虐，家扶中心提出告訴** （酒店工作女子未婚生女，後與已育有子女離婚男子結婚，攜女出走後託保母照顧女兒，後阿姨攜回，繼父又帶回，但繼父脾氣暴躁、嗜酒，不顧其三餐且酒後施暴，多次與其十三歲兒子強暴並凌虐此繼女，繼女不堪凌虐常逃學逃家，學校曾對繼父表輔導之意遭拒，十歲幼女向眾姨求助。）

（下頁續）

（續上頁）

08/26　**六歲女童深夜歸不得，生父後母逼迫至酒店賣花養家**

（六歲女童穿上破舊髒衣，父及繼母每天深夜載至特種營業場所賣花，有時月入上萬，持續兩年方有人向警察報案，父肢體殘障，後母肢體健全，均無業。）

09/25　**六歲男童長得像離婚的媽媽，疑遭生父凌虐毒打已呈腦死狀態**

（六歲男童因長相似母親，自三歲半即受父親經常毆打，父脾氣暴躁並有吸毒惡習，離婚母親曾向社工單位求助，但未能防止，男童後被父凌虐成腦死狀態。）

10/29　**逃避家庭暴力，十一歲女童跌入狼口，半年內慘遭三名男子踩躪**

（母離家出走，父常施虐亦不照顧衣食，十一歲女童離家流落街頭半年，遭人猥褻，又被一男子帶回宿舍與其二名同事輪暴。）

11/24　**公寓小火警兩幼童葬身火窟，媽媽外出買菜，痛失愛兒**

（父上班後，母到附近買菜，二歲及四歲幼子玩火罹難。）

12/03　**四歲女童遭母親同居人持塑膠皮管凌虐致死，緊急送醫卻回天乏術**

（四歲女童哭鬧，母親同居人以塑膠軟水管體罰三小時，母返家見異狀送醫無救。）

12/25　**父看病、母掃街，家中突傳大火，兩小兄妹活活被燒死**

（家計貧困，父看病，母上工掃街，六歲及四歲兄妹睡夢中葬身火窟。）

整理自：兒童保護十大新聞五年回顧，鄭基慧、尤幸玲主編，1997，頁39-58

表 12.6　十大兒虐新聞中施虐者與孩童之關係（1992-1998 年）

	家　　內	家　　外
1992	父、外公、繼母、繼父／兄、母同居人	鄰居、陌生人
1993	父、母	-
1994	父、母	親戚友人、幼稚園隨車員
1995	繼母、外婆、父、父同居人	-
1996	父、母	老師、保母、廟祝、遊民
1997	父、母、母同居人	綁匪、陌生人、鄰居、同學、老師
1998	父、母、母同居人	鄰居、女修行者（母友人）

三、兒童統計及其蘊育環境

　　根據台灣兒童暨家庭家扶基金會（C.C.F），在一九九九年提供的兒童保護服務所做的分析如下：

㈠受虐類型

　　在九百三十位受虐兒童、少年中，發現他們所受到虐待類型數達1185件，顯示兒童受到多重虐待之現象。在1185件虐待類型中，以受到「嚴重疏忽」所占的比例最多，達34.75%；其次為「身體虐待」，占25.54%；「管教不當」之比例則為11.56%。此三種類型一直在虐待類型中占有較高之比例，原因可能是未受到正常之生活照顧、身體遭受鞭打、顯現燒傷與瘀青痕跡的孩子，較容易被他人發現與辨認。此外，「性虐待」與「精神虐待」各占9.38%、7.56%，精神虐待將對兒童、少年帶來身心創傷，同樣，受到性虐待的創傷更為嚴重，對人格發展與人際關係之建立的負面影響亦最為深遠。

㈡個案舉報來源

　　從個案舉報來源的數字顯示，本會之兒童、少年保護個案多由社政單位轉介，占23.98%，此乃與本會有多所家扶中心接受當地政府委託執行兒童保護工作有關；次之的舉報來源為學校，占19.46%，除了家庭之外，學校是兒童、少年的第二學習環境，透過學校老師及輔導人員的關注，兒童、少年虐待事件容易被發現。除此之外，母親、鄰居、親戚亦是兒童、少年虐待個案的主要舉發者。至於由醫院所通報的案件較去年增加一倍，顯示本會與醫療機構之合作關係較往年密切。

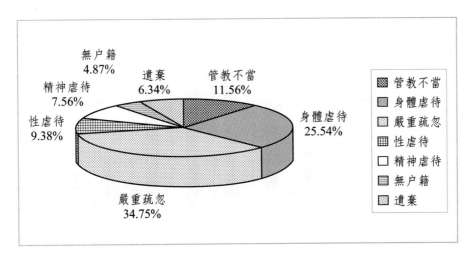

圖 12.1　家扶基金會 1999 年兒童保護案件受虐類型分析

㈢受虐兒童、少年之性別及年齡分析

在受虐兒童、少年之性別分析上，仍發現以女孩為多，較男孩多了近七個百分點。

從受虐兒童、少年之年齡分配情形觀之，在九百三十名個案中，多數的受虐兒童、少年為國小與國中學生，占 63.34%；若以年齡組區分，則發現以九到十一歲所占比例為多，占 24.95%；其次為六到八歲，占 20.11%。國中及國小的學生因與學校接觸機會多，受虐情形較易被發現，此亦說明了有許多兒童保護案件是由學校單位舉發之原因。至於兩歲以下的幼童，或許是因與外人的接觸較少，表達能力低，若遭受虐待則較不易被發現，因此個案量並不多。

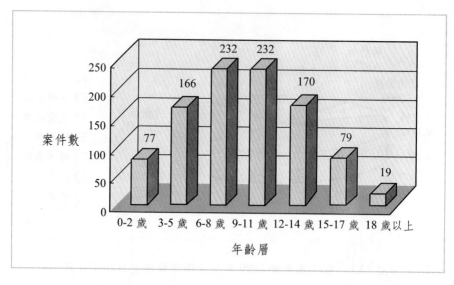

圖 12.2　家扶基金會 1999 年兒童保護案件受虐兒童年齡層分析

㈣受虐因素分析

　　兒童、少年受虐的原因通常與環境因素、父母因素、施虐者因素以及受虐兒童、少年個人特質有關，並且兒童、少年受虐待的原因常常不是單一的，而是合併一種以上的因素。但是，目前並無確切的實徵性研究，可明確指出發生兒童、少年受虐的主因為何，但或可由施虐者與受虐者的個人特質中查知端倪。

　　在施虐者的個人特質分析中，以「缺乏親職知識」所占的比例最高，占施虐者人數的近六成；其次有半數的施虐者面臨「婚姻失調」。在受虐兒童、少年的因素方面，所占比例最高的是「偏差行為」（18.64%），被照顧者認為「教養困難」者占一成多，「不被期望下出生」者亦有十分之一的比例。

㈤受虐者與施虐者關係分析

　　歷年來，在所舉發之兒童、少年受虐事件中發現，施虐者多與受虐兒童、少年共同居住之家人，在本年度亦有相同的趨勢，施虐者幾乎為親人。其中，有近半數的施虐者是受虐者之父親（48.41%）；施虐者為「母親」者亦有超過三成的比例；換句話說，施虐者身分為受

虐者之親生父母的比例統計高達 80%。

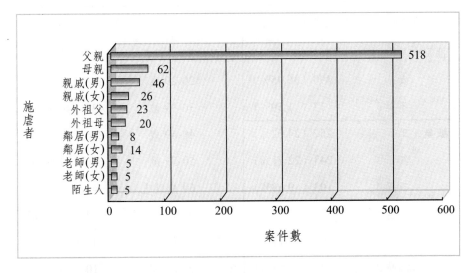

圖 12.3　家扶基金會 1999 年兒童保護案件受虐者與施虐者關係

㈥兒童、少年保護個案施虐者基本特質

　　由施虐者的性別觀之，以男性為多，占六成的比例；施虐者的年齡則多分布在三十到四十九歲之間，所占比例為 64.30%。如此的狀況或許是因此階段是父母工作事業開創時期，加之子女年幼，父母在家庭與工作間所負擔之壓力頗重，若無法有效調適並扮演適當之角色，則容易有家庭內的兒童、少年受虐事件發生。

　　施虐者之教育程度以國中畢業者所占比例 28.13% 最高，其次為國小畢業者 16.64%，施虐者所從事的職業以勞力工作者居多，占 24.02%。當工作上、經濟上面臨壓力，若再加上婚姻失調、親職知識不足等因素，無形中增加了子女受虐的機會。

第十二章　親子互動及兒童虐待行為研究

343

表 12.7

類別		個案數（百分比）	類別		個案數（百分比）
性別	男	663（63.96%）	年齡	20 歲以下	29（2.71%）
	女	390（36.45%）		20-29 歲	148（13.83%）
	不詳	17（1.59%）		30-39 歲	432（40.37%）
職業	工	257（24.02%）		40-49 歲	256（23.93%）
	無	243（22.71%）		50-59 歲	30（2.80%）
	家管	103（9.63%）		60 歲以上	43（4.02%）
	服務業	76（7.10%）		不詳	132（12.34%）
	商	66（6.17%）	教育	不識字	47（4.39%）
	臨時工	49（4.58%）	程度	識字未入學	10（0.93%）
	自由業	52（4.86%）		小學	178（0.93%）
	特種行業	18（1.86%）		國中	301（28.13%）
	公	14（1.31%）		高中職	162（15.14%）
	學生	13（1.21%）		專科	34（3.18%）
	軍	9（0.84%）		大學	7（0.65%）
	教	7（0.65%）		研究所以上	1（0.09%）
	家庭代工	5（0.47%）		不詳	330（30.84%）
	其他	16（1.50%）			
	不詳	111（10.38%）			

㈦綜合整理

　　綜合各地家庭扶助中心於一九九九年的九百八十七名兒童、少年受虐個案統計與分析，顯示本年度兒童受虐待趨勢如下：

　　1. 受虐待之類型仍以「嚴重疏忽」居首位，身體虐待次之，另兒童受虐待類型是多重的。換言之，一個受虐待兒童或少年所受之虐待類型不只一種，有時含有多重虐待。

2. 兒童、少年受虐個案之來源以政府轉介為多,顯示本會與政府
   單位之合作關係;其次,學校單位亦為主要的舉報來源,再次
   之為受虐兒童、少年之母親、親友與鄰居。由醫院所通報的案
   件較去年增加一倍,顯示本會與醫療機構之合作關係較往年密
   切。

3. 受虐待兒童、少年之性別以女孩居多,且較男生多出七個百分
   點。且被舉發的受虐者多數是學齡中的兒童與少年。

4. 有近半數之施虐者身分為受虐者「父親」,施虐者為「母親」
   者所占的比例亦有三成,顯示本會所輔導之兒童、少年保護案
   件所屬家庭內之虐待事件。

5. 施虐者的性別以男性為多,年齡以分布三十到三十九歲間為多,
   教育程度以國中畢業者為眾;並且有四分之一施虐者是勞力工
   作者。若以施虐者的個人特質觀之,則發現以「缺乏親職知
   識」、「婚姻失調」與「缺乏支持系統」為主要原因。

四、兒虐問題的政府回應——少福法及兒福法

由於缺乏相關立法依據,早期兒童保護工作可謂舉步維艱,直到
一九九三年二月修訂的「兒童福利法」,才對兒虐通報、安置保護、
監護權異動及主管機關之權責有更明確的規定。保護其實是規範兒童
及少年行為,並認為父母、養父母或監護人應為主要「管教、監督
者」。以下即為就兒童福利法及少年福利法中所訂各類兒童與少年行
為規訓及相關責任人整理。

表 12.8　少年福利法中所訂各類少年行為規則

行為規則	誰該負責？
不得吸菸、飲酒、嚼檳榔（18-1）	（養）父母、或監護人應禁止；營業者不得供售（違者科百元以上、二千元以下罰鍰）
不得吸食或施打迷幻藥品（20）	（養）父母、監護人（違者科一千元以上、五千元以下罰鍰，並公告姓名）
不得觀看有關暴力、猥褻之錄影帶或書刊（20）	（養）父母、監護人
不得出入酒家等有害身心健康場所（19-1）	（養）父母或監護人禁止（違者科二百元以上、一千元以下罰鍰、公告姓名）；業者應拒絕（違者科二千元以上、一萬元以下罰鍰；可勒令停業、歇業或吊銷執照）
不得侍應於不良場所或從事有害身心健康行為（21-1）	（養）父母或監護人（違者科一千元以上、五千元以下罰鍰、公告姓名）；利用、雇用或誘迫者（違者科三千元以上、一萬五千元以下罰鍰、公告姓名）

　　由少福法及兒福法條文中，反映出政府對父母與孩子行為之關聯的假設有二：現今未成年之犯罰成因與出入不良場所、沾染不良習性有關，而父母並未予以規範；父母或監護人對孩子之行為規範非不能也乃不為也，所以要強制父母發揮功能。此二假設除了忽略孩子的偏差行為可能是社會結構下的產品，父母未必有能力規範；更大的謬誤是倒果為因，對未成年人犯罰防治以消極禁止行為，並未積極提供有利他們身心發展的措施，如針對他們所居住的社區、學校、家庭作業處遇方案。

表 12.9 兒童福利法中所訂各類兒童行為規則

行為規則	懲處對象	罰則
未禁止兒童吸菸、飲酒、嚼檳榔、吸食或施打迷幻藥、麻醉藥或其他有害身心之物質（31-1）明知兒童出入酒家、舞廳、賭博性電動遊樂場及其他危害身心之場所，卻不加制止（33-1 所列場所）	父母、養父母、監護人或其他實際照顧兒童之人	6000-30000 罰鍰並公告其姓名（45-1）接受四小時以上之親職教育輔導
未禁止兒童出入酒家、舞廳、賭博性電動遊樂場及其他危害身心之場所（33-1 所列場所）未禁止兒童充當前項場所之侍應或從事危害身心之工作（33-2）	父母、養父母、監護人或其他實際照顧兒童之人	1200-6000 罰鍰並公告其姓名（45-1）接受四小時以上之親職教育輔導
雇用或誘迫兒童在酒家、舞廳、賭博性電動遊樂場及其他危害身心之場所工作（33-1）所列場所供應迷幻、麻醉藥或其他有害身心物質	場所雇人	30000-300000 罰鍰，並公告其姓名，情節嚴重得勒令停、歇業，或吊銷執照（46-1）
未拒絕兒童進入酒家、舞廳、賭博性電動遊樂場及其他危害身心之場所（33-3）	場所之負責人及從業人員	12000-60000 罰鍰。情節嚴重得勒令停、歇業，或吊銷執照（47-2）
利用、雇用或誘迫兒童於前項場所工作或從事其他危害身心之工作（33-4）	任何人	
與從事賣淫兒童做性交易	性交易者（嫖雛妓者）	30000-100000 罰鍰並公告其姓名（46-2）施予輔導教育（46-3）
供應菸、酒、檳榔予兒童	菸酒、檳榔商	3000-15000 罰鍰（47-1）

五、兒童保護的出路——環境介入策略

　　除了個體特質外，還有家庭結構、支持網路、社區環境、文化價值等等都有份形塑兒童虐待，因此，保護兒童之機制，則都需要由政府立法、社區搭配協助父母的育兒重擔等多方面角度從中協調，以發揮最佳功能。而由社會改革的策略介入蘊育兒童虐待的環境，可分為以下三個面向。

(一)**增加家庭經濟的自足**：如搭配托育設施、學前幼兒教育方案；宣示國家願分擔育兒的責任（例如所得稅制中明列育兒扣除額，以及提供普及式的育兒津貼……等等）；針對特殊需求家庭給與經濟補助、就業輔導、臨托／托育服務、家事服務等輔助。

(二)**強化社區意識及資源**：台灣民間團體（性虐待的社區預防方案）；鳳凰花專案以學校宣導為主；百合專案、雛菊行動及綠洲減壓方案（以原鄉社區守望的概念結合外來的社福資源降低社區風險）。

(三)**建構完整的兒童保護網路**：將親職教育及兩性教育排入中學常規課程內，及早預備未來的準父母（會比發生兒虐後的數小時親職教育有效）；發展對涉案的原生家庭服務方案，特別是施虐者的服務。持續宣導兒虐通報；加強培育兒童心理輔導人員，及篩選寄養家庭並持續提供督導及在職訓練。成立健全輔導中心（家扶中心）。

參考文獻

任以容（2003）。國中生所知覺的父母教養態度、親子衝突因應模式與其人際困擾傾向之關係研究。

邱秀燕（1999）。請少年家庭系統分化、心理分離—個體化、自我發展及情緒適應之相關研究。

薛學萍（1999）。青少年家庭功能、親子衝突、因應策略與生活適應之相關研究。

新苗編譯小組譯（2000）。Aiden Macfarlane & Ann Mcpherson 著。如何與青春期孩子相處 2。台北：新苗文化。

盧美貴（1991）。天才父母。台北：業強。

左鴻毅（1999）。我家有個小大人；面對青春期孩子的尷尬。台北：婦女與生活社。

余漢儀（1996a）。兒童虐待——現象檢視與問題反思（增訂版）。台北：巨流。

余漢儀（1996b）。兒虐保護模式之探討——兼論社工決策與家外安置。國科會研究計畫，NSC86-2412-H002-004。

鄭基慧、尤幸玲編（1997）。生命中不可承受之母職。中華心理衛生學刊，10（1），61-70。中華心理衛生協會。

兒童保護十大新聞五年回顧。台中：中華兒童福利基金會。

陳若璋（2000）。兒少性侵害全方位防治與輔導手冊。

黃惠玲、郭明珠、王文秀（1994）。兒童虐待——如何發現與輔導「兒童虐待」家庭。台北：心理。

陳守正（1997）。我國兒童福利法對於受虐兒童保護措施之研究。國立台灣師範大學公民訓育研究所碩士學位論文。

劉于華（2003）。「家暴施暴者」：家庭危機裡的堅強小孩？國立台灣師範大學心理與輔導研究所碩士論文。

內政部（1996，1997，1999）。中華民國台閩地區人口統計。內政部

統計月報。

F. Philip Rice 與 Kim Gale Dolgin 著（2004）。*青少年心理學*。台北：
學富文化。

（本章為研究生呂翔甄、蔡明澤、胡雪芳資料蒐集整理）

第十三章

親子問題探討與實例

壹、前言

「親子關係」是許多人常掛在嘴上的用語，但親子關係的本質到底如何，則很少有人用心去思考。每一個人在世上無可避免的角色是為人子女，而長大成人之後，有可能為人父母或為人之師，而父母與教師所面對的複雜人際關係裡，「親子關係」無疑是相當重要的一環。因為父母自己要面對自己的子女；而教師則須了解教育的對象——學生，每位學生與其父母之間的親子關係，將是提供教師了解學生的重要線索。

貳、親子關係研究

一、親子關係的定義

孩子與父母親的關係是狹義的親子關係，如果做更廣義的解釋，則親子關係可包括孩子與祖父母、外公、外婆，甚至叔伯姑姨、保母等長輩間的關係。親子關係乃一個人一生中最早經驗到的關係，也是人際關係中最重要的一環，假如這層關係發展良好，它將成為孩子一生中一連串和他人良好關係的基礎；反之，則對以後人際關係的發展，可能會有不良影響。

二、親子關係的重要性

許多年來，心理學家一直強調早期親子關係對嬰兒之態度及其行為發展，有極大的重要性。例如，大人從嬰兒期母愛被剝奪的事實去研究親子關係的重要性，發現生活於收容機構中，因雙親雙亡或無力被撫養的孩子，常顯現出智力功能低落，且有時會有嚴重的精神困擾。心理學家們更指出，如果幼兒與母親分離的時間不超過三個月，則親子關係容易再建立，嬰兒的發展也很快可以恢復；若在五個月以

上，則親子間的關係易受到很大的阻滯，孩子的發展與同年齡幼兒比較，會有繼續衰退的傾向（胡海國編譯，1976）。

總之，我們確信一個人的基本態度、行為模式、人格結構，在嬰兒期的親子互動過程中，已奠定基礎，再經其後的兒童期、青年期等身心發展的重要階段，逐漸形成個人的獨特人格。親子關係直接影響子女之生理健康、態度行為、價值觀念及未來成就，茲舉其對孩子之語言發展、人格形成與社會人際關係等三方面之影響，以說明其重要性。

㈠對語言發展之影響

每個人在學習自己媽媽的話時，是在最自然、最輕鬆、最愉快、最沒有壓力的情況下進行，所以可以自由、自主、自在，沒有窒礙、沒有恐懼的學習，因此，語言的學習是親子關係所產生之重要教育功能。語言是連接自然與文化的重要工具，也是聯絡人與人之間感情與思想的工具。在代代相傳之接替間，也要用語言來說明，因為傳統的文化內容是以語言作為媒介的。語言本身是客觀的，沒有主觀的成分在，它可以用一種社會的溝通工具來比擬；同時，語言也是教育的媒介，父母與子女之間是用語言來對話，語言包括肢體語言在內，對聽覺障礙或語言發音困難的孩子，則常運用肢體語言來表達意思。在一個需要一種共通性的生活裡，語言促進了社會關聯與共同生活，所以，語言成了思想的表達、意見的溝通、輿論的形成，及陶冶協同體中最重要的工具體性（詹棟樑，1983）。

兒童的語言學習，首先接觸的通常是母親，然後是家人，再其次才是玩伴。兒童語言學習最初要靠母親的教導，採用重複、簡單到複雜、單字到成句，及耐煩的矯正錯誤（包括發音、意義、字的順序等錯誤）。兒童把語言的正確使用方法學好，就是奠定以後接受教育的有利基礎，在學習方面可以達到事半功倍的效果。根據Hurlock研究，幼兒的語言能力發展有很大的差別，主要是由於學習機會多寡的不同，很少是由於智力的差別。例如，很多家庭中的老大，因為有較多與父母互動學習語言的機會，所以比弟妹們會說話。生長在救濟院、

慈善機構或生病住院太久的兒童，語言方面的發展會較為遲滯，因為那些環境無法給孩子較多練習說話的機會，也較無親子互動溝通的可能。社會經濟階層較高家庭中的兒童，由於有良好的語言模範可仿效，又受到較多長輩鼓勵，所以語言發展較好，句子的使用也較正確（胡海國編譯，1976）。可見父母與子女的親子關係，如果互動良好，常可教給子女較正確優美的語言，促進孩子的語言發展。

㈡對人格形成之影響

根據近代心理學家，如佛洛德、艾瑞克遜等的研究結果，認為人類在四歲之前，尤其自出生到週歲這一段時間，是一個人一生人格基礎的建立時期，這一時期中嬰兒的境遇，將決定其未來人格的趨向。兒童出生的最初教育場所是家庭，而家庭中以母親為中心的各種活動對孩子的人格發展影響最大；沒有獲得母愛教育的兒童，其心理的正常發展將受到很大的影響（陳幗眉、洪福財，2001）。例如，在育幼院裡的兒童，由於沒有父母的照顧，缺乏感覺刺激，而且情緒反應也不豐富，不僅表情呆板，也顯示出一些特殊的癖性。又如一般家庭中的兒童，常會因父母喜好無常或多愁善感，或家中缺乏溫暖喜悅的氣氛，而有情緒困擾、緊張易怒，甚至產生口吃現象；再如父母失和、家庭破碎，往往也會造成孩子長大後，容易產生精神官能症和少年犯罪傾向。可見在兒童人格的形成與發展過程中，親子關係是多麼重要。

㈢對社會人際關係之影響

孩子在良好的親子關係中感受到被愛、被需要、被欣賞、被接受，就奠定了孩子與他人間良好適應的基礎。親子關係不和諧，或常被家長冷淡對待的孩子，長大後不易信任別人，常產生和別人相處困難的情形，當然也就不易和他人建立和諧的友誼。親子互動，不僅提供家長教育子女的機會，也為孩子提供行動的榜樣，讓孩子藉由親子互動，與父母相處，逐步發展合宜的社會行為模式與觀念，以及如何與他人合作的態度。這對孩子的社會人際關係有莫大的助益。而一個有人緣的孩子，能和別人和睦相處的孩子，其學業及其他方面的表現皆能維持一定的水準。

可見良好親子關係的維持，不但可增進父母與孩子之間的感情，幫助孩子語言正常發展，有效教養孩子人格的健全發展，對其社會人際互動能力的提升亦頗有助益，親子關係的重要由此可見一斑。

參、類型

世界上沒有兩個家庭是完全相同的，各種家庭型態的親職教育也應有不同的重點。隨著工商業發達，科技進步所帶來之社會變遷，使得家庭的類型增多。在此本組以「家庭形式」與「父母的教養態度」兩種分類方式來探討親子關係。

一、家庭形式

過去的家庭結構概括分為三類：(1)大家庭；(2)小家庭；(3)核心家庭（Nuclear Family）：係指只有夫婦二人同住，或夫妻與其下一代未婚子女同住之家庭。

近年由於社會變遷影響，家庭出現了一些新的形式，若以父母親及家庭分子的組成來區分，可為下列家庭：

㈠單親家庭：指家庭內只有一個父親或母親。這種單親家庭形成的最主要原因是離婚或喪偶，還有些是因未婚而生育子女。單親家庭中又以母親為主的單親家庭最多。

㈡繼親家庭：指雙親之一與子女並無血緣關係的家庭。例如，再婚家庭，由養父或養母與子女共同組織的家庭。

㈢雙職家庭：以往的家庭是男主外，女主內，但是近年婦女在外就業日多，再加上經濟上的需要，乃成夫婦均在外就業的雙職家庭。

㈣雇用外勞照顧子女之家庭。

㈤根幹家庭（Stem Family）：係指由直系親屬關係所擴展而成的家庭，即由祖父（母）親、父（母）親和已婚子女的核心家庭所組成的家庭。

㈥聯合家庭（Joint Family）：係指由旁系親屬所擴展而成之兩個或兩

個以上的核心家庭所組成的家庭。

(七)擴展家庭（Extended Family）：係指由二對或二對以上有旁系親屬關係的同輩夫婦及其直系親屬所共同組成之家庭。

(八)身心障礙子女之家庭。

(九)隔代教養家庭。

(十)頂客族家庭（Double Income No Kids）。

(十一)同性戀家庭。

二、父母的教養態度

父母的不同教養態度，會產生不同的效果。馬寇比與馬丁（Maccoby & Martin）將父母管教的態度分為四個基本類型，加上國內學者（黃倫芬，1992；蔡春美、翁麗芳、洪福財，2001）所分類，整理成八種類型：

(一)權威型（authoritative parenting）：此型的父母通常會以權威方式來要求孩子配合自己的意見，否則就會處罰孩子。

(二)溺愛型（permissive-indulgent parenting）：此型父母給予孩子過度自由，任意放縱需求，當孩子有任何事沒有做好時，都歸因於外在因素，導致子女無法克制其違法、不合理的行為。例如，父母對孩子隨意罵人，認為還小沒關係，長大就好了，就會造成以後孩子任意批評別人，絲毫不在意別人的感受。

(三)過度保護型：父母因為治安太壞，或孩子太少，經常擔心孩子會發生意外狀況，而經常會呈現一種不安，於是想盡量用自己的力量去保護孩子。

(四)期待型：此型的父母是對孩子經常有高過孩子能力的期待，期待孩子經常往前進，比自己更好，更優秀，做許多自己做不到的事，讓孩子長期處於必須不斷努力追求更高標準的生活裡。

(五)拒絕型：此型的父母常使用威脅（拿愛不愛來要脅）、或否定忽視孩子的感覺，親子之間常處於不可以這樣做、不要做那樣的戰爭中。例如，「早知道我就把你送到孤兒院」、「你是不是要把我的

頭髮都氣白呢？」

(六)冷漠型（permissive-indifferent parenting）：此型父母對孩子不良的行為視而不見，也排斥子女的需求，造成子女有被忽視、沒有溫暖的感覺，以致會有逃家、叛逆等行為的出現。

(七)矛盾型：父母對於孩子的事，有些時候可以，有些時候不可以，沒有一定的原則，因此孩子在行為上沒有一定的準則，要揣測父母的心情，看臉色行事。例如，股票族父母的小孩。

(八)民主型：父母以民主理性的態度執行親權，期待子女表現成熟的行為，訂定合理的行為標準供子女遵行，能尊重子女也能給子女合理的約束，親子間較常採用開放的溝通。

肆、親子關係的危機

行政院主計處二〇〇一年六月公布「台灣地區婦女婚育與就業調查報告」，顯示新世代的幼兒由父母扶育教養的人數急速減少，取代父母的是祖父母、外祖父母、保母或外籍女傭。另外，台北馬偕醫院的協談中心，二十多年來服務的個案達十萬多名，發現近年來家庭問題的重點已由婆媳問題轉為親子問題，那麼什麼樣的父母容易發生危機呢？國內學者林家興（1997）引用 Forward 於一九八九年提出「有毒的父母」之說法來形容高危險群的父母：

一、無法勝任教養子女的父母，經常只顧自己的問題，把子女當成小大人，反而要求子女來照顧他們。

二、主宰慾強的父母，使用罪惡感來控制子女，甚至過度地照顧子女的生活，讓子女沒有自己的生活。

三、酗酒的父母，把大部分的時間精力用在否認自己的問題，否認家裡的問題，置子女的生活與成長於不顧。

四、精神虐待的父母，經常嘲笑、批評、挑剔、數落、吼叫或侮辱子女，打擊子女的自尊心。

五、身體虐待的父母，動不動就發脾氣，責罵子女，用體罰來控制子

女的行為。

六、性虐待者，對子女毛手毛腳。

隨著社會變遷，在二○○○年開始出現新的施虐身分者為同居人，通常是指沒正式結婚的同居者，這是值得注意的現象。施虐行為直接影響孩子的身心發展，近年來有母攜子自殺的新聞，突顯台灣社會「危機家庭」愈來愈多。

表 13.1　對兒童及少年施虐人數統計

年別及省市別	施虐者人　數	按　身　分　別						
		父母	養父母	照顧者	親戚	同居人	機構	其他
1998	4099	3414	62	148	141		21	313
台灣省	2852	2337	50	122	102		3	238
台北市	891	791	3	8	24		15	50
高雄市	356	286	9	18	15		3	25
1999	4955	3970	56	183	227		16	503
台灣省	4202	3386	45	161	159		3	448
台北市	600	462	9	20	63		10	36
高雄市	153	122	2	2	5		3	19
2000	3933	3175	46	185	162	95	13	257
台灣省	3552	2848	40	176	150	86	12	254
台北市	258	229	3	5	9	9	0	3
高雄市	123	98	3	4	3	0	1	14

資料來源：蔡春美、翁麗芳、洪福財，2001，內政部兒童局

伍、如何做好親子溝通

和孩子溝通，是身為現代父母所必須具備的條件。尤其當你的孩子升上國中之後，更會發覺管教孩子的確是非常的不容易。固然，我們也可以看到一些較乖巧的孩子，那都是奠基於小時候的教育，因為責任感養成和健全人格等價值觀，是不能等到上了大學以後培養。如果青少年時期還不能建立對自己的行為負責，父母沒搭好親子溝通的管道，往往到不幸事件發生時，就已經來不及了。

但是要如何做好親子溝通呢？根據國內學者洪有義（1992）提出下列建議：

一、了解孩子成長的過程、發展心態和青少年階段的人格特質

小學階段有小學生的特質，國中至高中的青少年亦有其不同的特質，不可能要求每一個孩子都有同樣的資質，了解每個人不同的特質，才能知道如何溝通造就他存在的意義。青少年正值風暴期、狂飆期，聽起來似乎很恐怖，而事實上，大家也很安然地走過這個時期。此時的青少年身心發展快速，心理不穩定，情緒易受外界影響而起伏不定，兒時很聽話，但上國中、高中以後開始叛逆，意見相左，並不意味他是個不孝順的孩子。

小時候，父母的判斷即是全部的價值標準，漸漸地，孩子的世界開始增加朋友、社會等新的價值指標，加上他們自己亦試圖建立自己獨立的思考體系，是身心發展逐漸成熟過程中的特徵。但因經驗不足無法設想周全，此時的父母若仍然強迫行使以往的單一標準，而不懂得溝通的話，往往會使雙方之間的關係惡化、爭執，不是使孩子對自己徹底放棄，就是引發強烈反彈，對親子關係造成致命的傷害。所以，明智的父母應該了解孩子發展的特質，將之轉為成長的契機，良好的溝通使孩子成為身心健康活潑開朗的青少年。

二、了解個別差異

每個孩子各有不同的個性差異，你有二個孩子，你就得扮演二個媽媽角色，千萬不要把他拿來和他的兄弟姊妹或朋友比較，天下沒有兩個人是完全一樣的，每個人都是獨立的個體，把他拿來和別人比，會減低他的自尊心，使他的努力受到嚴重的挫折。父母常常忽略了每個孩子所具有的不同能力、興趣、性向個性均不一樣，父母必先了解其差異後，方知如何溝通。

愛孩子的方式是一樣的，但溝通相處的方式卻不同。例如，某案主家中有二個孩子，大哥個性較散漫，小妹對任何事都充滿了興趣，可是父母感覺到自己愛他們的方式是一樣的，但態度卻顯然不同。針對兩個個性不同的孩子，就要用不同的溝通方式。即使是同一父母所生，男女孩亦有不同的個別差異，了解他會成功地使二人之間的溝通過程更順暢。

三、了解孩子的行為動機，比注重行為表面重要

孩子所呈現出來的偏差行為，要深入了解為什麼他會這樣做？從心理學的角色來看，同一行為有不同的動機，要用不同的方法分別處理。例如，偷竊，了解他偷竊的動機及需要，正視事件本身的警示訊號，探討其背後行為的原因，可能你因此發覺，他只是想要表現或肯定他自己的成就感，或想吸引你的注意而已。這時，父母就得檢討自己以往對孩子關懷或相處的方法，同時，以關切的心情與孩子溝通。

陸、結論

國內外相關研究都指出，親子衝突點大多在金錢（孩子們要求多一點零用金）、家事的分配產生了衝突，價值觀的改變，兩國論的定義改變，就孩子而言，父母與孩子即分屬兩國，孩子們所擁有的網路世界是大人們所難理解參透的，新語彙新語意更是父母所不能了解

的，在網路上，孩子們已擁有自己的版圖、領域、語言……等，大人們是難逾雷池一步的。

父母常會以不同的方式來讓孩子符合父母的期許，像是各種才藝班等，父母將自己小時未能擁有的諸多事物強灌在孩子身上，並且認為它是一件好事，其實並不是如此的，古諺云：「人各有命」，父母親可盡所能提供相關應給他們的事物即可，但不可強求他們有所成就，與其發生衝突，造成親子問題，不如保持一個良好的家庭關係，如此孩子至少回家時會向父母求助，現在的年輕人屬性上須有碰釘子的經驗，非得有挫敗感方能長進，父母們適時地放手一些，如此，付出的代價可能少一點。另一方面，也須培養孩子自我負責，並告訴孩子無論發生什麼事，「家」永遠在背後支持他。

柒、實例

一、家庭暴力個案分析

㈠案主情況概述
姓名：小力

年級：高中二年級

籍貫：台北市

㈡主要問題行為敘述
1. 在家時，常因為動作緩慢（比方說吃飯及洗澡時間過長），遭到父親毆打成傷，有醫院驗傷證明。
2. 曾有過自殺念頭（經由案主母告知），學校密切觀察她的言行舉止。
3. 當事人原本成績不錯（本來在學校最好班，後因成績因素調至本班），但因為家庭因素，導致無法專心於課業上，成績退步。成績太差，又遭到父親痛毆，惡性循環。
4. 當事人在學校與在家呈現兩極化的表現。在學校擔任幹部、小

老師等職務，頗受教師好評；回家後，變成一個叛逆、頂撞父親的小孩。

5. 喜歡到學校上課，不喜歡回家；喜歡同儕，不喜歡家人（尤其父親）。

㈢家庭狀況與生活

1. 在家排行老大，有一弟弟（就讀國小三年級），兩人相差十歲。
2. 父親失業在家，母親在醫院擔任護士。
3. 平常父親負責家中事務，包括打掃、煮飯、接送小孩上下學等。

㈣輔導方法

1. 剛帶這學生時，前任導師告知這學生有家暴問題，建議通知家暴中心，請社工人員來處理，但因當事人母親不願意（認為家醜不宜外揚），因此拖了將近半年的時間，才報請家暴防治中心，派社工人員來處理。社工人員做過一次家庭訪問後，便無下文（當時我也很好奇社工人員的處理態度）。

2. 輾轉又拖了一陣時間，當事人母親又打電話來向我求助，希望我出面解決他們的家庭問題。後來，與學校輔導親自到當事學生家裡做過一次家庭訪問，並與案主父親當面溝通，了解問題癥結。經過這次訪問，我們赫然發現，案主父親不但不是想像中那種凶神惡煞，而且還是一個蠻能溝通，能接受別人建議的人。此時的我不禁懷疑，之前是不是太過於聽信片面之詞，忽視了很多事情的真相，而誤導了整件事情的處理方向。

3. 回到學校後，和輔導主任討論很久，得到幾個結論：

   (1) 案主父親之前失業，是因為其母身患重病，需要有人在家照顧，所以才辭掉工作。後其母過世後，適逢社會景氣低迷，所以一直無法找到工作，但案主父親負擔起大部分家中事務，並非是一個無所事事的人。

   (2) 案主父親會每天送當事學生上學，若說案主父親不喜歡當事學生，並不合理。

   (3) 案主母親之前給我們的資訊是邱先生比較喜歡老二，所以對

老大或不聞不問，或拳頭相向。但就我們所知，邱先生對當事學生開始施暴的時間，與老二出生時間也不吻合，所以若以男女差別待遇來解釋此家暴事件也不合理。

(4)案主父親並非無收入，每個月的房租也都有拿來貼補家用，並非如案主母親所言，家中經濟負擔全由她一個人負責（案主母親後來也同意我們此一看法）。

(5)邱先生並不喝酒，所以此暴力事件，也非由「酒後亂性」所導致。

4.真相大白：案主父親的媽媽曾在當事學生小時候說過：「養狗都比養女孩好，養狗可以賺錢，女孩只是賠錢貨。」案主母親聽到後懷恨在心，後來還告知當事學生，並教她不用認這個奶奶。案主父親在其母過世後，得知此事，心裡很是不愉快；再加上案主母親常在當事學生面前訴說其父親的不是，促使當事學生內心看不起其父，而導致一連串的親子衝突，也讓外人誤以為是一般的家暴事件。

5.告知案主母親，請她務必要跟案主父親找個時間，把這件事情的始末說清楚，化解彼此心裡難解的結。並輔導當事學生，導正其對父親的言行態度。

㈤**輔導結果**

自從了解原因後，才發現問題的癥結在學生的母親，若其母親能修改她的態度與觀念，給小孩一個正確的家庭觀念（不要再說父親壞話），那當事學生的問題自然能解決。目前都會定時給當事學生面談，給予心理建設，但小力能否走出此一暴力陰影，關鍵還是在於案主母親，若案主母親一日不改其言行態度，此家暴事件就一日不能解決。

二、親子教育不良型

㈠案主基本資料

姓名：陳××

年齡：十五歲

性別：男

家中排行：老二

年級：國中二年級

㈡主要問題行為敘述

案主自本人尚未接觸時，便持續有一些狀況出現：蹺課、抽菸、打人、勒索、用髒話罵人、說謊、上網咖……等，有諸多來自校內外的聲音。當時的導師深感相當無力，其後該導師因身體不適，便由本人接任該班導師，在經由一段時間的深入了解與觀察，發現其偏差行為約略如下：

(1)**蹺課、逃學**：在上午的上課時間幾乎鮮少看見人影，到校時間大約都是第四節下課吃中飯之前，導師尋獲案主之處，幾乎均在校外之網咖。

(2)**學習意願低落**：案主為資源班學生，只有上電腦課或任課老師不上進度給予自由上機的時候，才有興趣坐在電腦前面，其餘課程睡覺，課本、習作不帶是常有的事。

(3)**生活習慣不良**：案主早上起床，父親早已出門或未起床（因其職業為漁夫，作業時間隨漁獲不同而定），母親則在工業區上班（三班輪班制），因此早上亦常不在家。案主則因祖母疼愛之關係，多跟祖母要零用錢與早餐錢（大約一百元上下），但案主拿了錢，通常早餐都不吃，也未直接到校，會在家附近逗留（通常是抽菸，而且是由叔叔直接供應），直到升旗前後時間，才會坐車到學校外網咖逗留，直到把錢花用完才進學校（或用中餐之前進校），天天如此。而放學後，

因案主的大哥多已在網咖等待，所以案主也是直接到網咖報到；如果大哥沒來，便會直接向低年級甚至國小學生勒索，以供花用，直到晚飯時間（大約七點左右）才回家。

(4)**價值認知是非混淆不清**：案主的雙親雖均有工作，但收入不甚穩定，並且無暇照顧案主之生活；大哥目前是高職學生，但辦休學在家，整天沉迷網路遊戲，其在就學期間就常因打架、勒索……而讓老師傷透腦筋，案主更把大哥視為偶像般崇拜；而案主之叔叔更是本地之地痞流氓，壞事從不缺席，此人更是案主之靠山，因而導致學生是非觀念不明，不認為自己所做所為是不對的。

(三)**案主背景資料**

1. **家庭狀況**

(1)家庭史

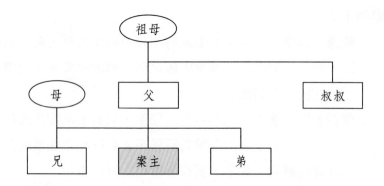

(2)祖母：平日生活作息正常，行動稍有不便，但大都可自理。

(3)父親：從事近海漁業，作息隨漁獲之不同而異，出海一星期十天不歸是常有之事；但天氣情況佳，或非漁獲期時，亦時有二、三個月未出海之情況。

(4)母親：在工業區當作業員，因工作需要必須三班輪班，但因景氣關係，近來半年亦常有做一個月休憩二個月的情況。

(5)叔叔：為本地之地痞流氓，主要經濟來源為向各攤販索取保護費、賭場、走私……等。

(6)哥哥：原為高職學生，但因沉迷網路遊戲，久未到校，現辦休學在家，但仍無所事事，整日遊玩。

(7)弟弟：現為小學六年級學生。

2. 家庭經濟狀況

家中的經濟收入雖由父母親共同經營，但因工作之性質，收入均不穩定；其餘成員均無「正當」之職業，因此案主之零用錢，多是祖母所供應。

3. 父母管教情形

家中長輩對於孩子採放任、溺愛的態度，雖說長輩對於學校及老師的建議多有所贊同，但因在家時間太短，雖偶爾負起管教責任，但慢慢地發現有反效果出現，最後便採取袖手旁觀的態度。

四分析與診斷

1. 家庭因素

案主之家庭，因父母親工作之關係，已失去親職之功能，這已造成案主唯一親情依賴的親屬，強化其價值觀的扭曲，是非觀念不明。

2. 學校因素

由於案主的是非觀念不清楚，甚至以「非」為「是」的行事風格，讓同學把他視為異類，因此關係更加惡化，導致「衝突」不斷發生。

五輔導策略與實施

1. 家庭方面

(1)藉由多次的電話訪問及家庭視訪，了解案主於家中日常生活之情形。

(2)肯定雙親在工作上、家庭生計上的貢獻，並提供雙親正向、對案主有幫助的管教方法。

(3)在校內或校外，如遇到案主犯錯，均都及時於當天查明真相，並設法通知學生家長。

2. 學校生活方面

(1)同儕輔導：教室之中安排幾位願意在課業上提供協助的同學，

只要上課中案主有參與學習活動便給予肯定。

(2)彈性作息：案主於午休時間，大多無法坐在教室，便讓他勞動服務，或到各處室幫忙。

(3)休閒輔導：案主最喜歡與電腦相關之活動，透過輔導室特別安排資源班的電腦競賽活動，讓他參與校內電腦文書處理班，並擔任種子選手，使其生活有稍稍追求之目標。

三、單親家庭之案主分析

㈠基本資料

姓名：×××

性別：男

年齡：十五歲

年級：國三

個性：外向、開朗活潑、好動、講義氣、反應靈敏、散漫

才能：口才及領導能力、電腦組裝

家庭狀況：父母離異，與父親、祖母同住，但父親長期酗酒，無法工作，實際由祖母扶養

㈡主要問題行為敘述

1. 在學校：打架鬧事、欺負弱小、粗言辱罵老師及同學，上課期間破壞教室秩序；在學業方面學習適應欠佳。

2. 自暴自棄、消極不合作、冥頑不靈。

3. 遭受家庭的冷落及老師的放棄。

4. 晚上流連網咖。

㈢家庭史

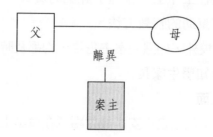

(四)家庭背景

1. 案主父親與母親在案主一歲多時已分開,案主從小與祖父、祖母同住,而祖父前幾年過世。

2. 案主父親因長期酗酒導致肝硬化,醫生吩咐不能太勞累;加上其經營餐飲幾年來虧損太多,乃結束營業,在家休養身體。這當中的經濟來源一部分是祖父的退休金,主要還是靠祖母資助。

3. 過去案主父親的管教方式為權威式,動不動就拳腳相向,祖母表示可能是父親把對妻子的怒氣發洩在案主身上。近年來,父親的管教態度由嚴厲轉為放任,親子互動很少。案主上課,父親則在家;案主回家,父親則出外喝酒。

4. 案主祖母是案主認為家中最了解他的人,其身兼母職,照顧案主之生活起居,但對案主的管教態度過於嬌寵。

5. 案主認為父母親對他而言不具任何實質上的意義,可有可無。

6. 案主每天有五百元的零用錢,放學後則常結伴到網咖,太晚回家遭門禁就爬窗進入。

(五)在校狀況

1. 成績屬於中下。

2. 就讀技藝班:案主三年級時就讀技藝教育班電子組,之前因案主死黨在××高職上課期間,起鬨破壞公物,案主替同學頂罪,加上案主擾亂其他班級上課,教官憤而請國中校方處置,並記大過及調回普通升學班就讀。

3. 師生關係:案主因上課時經常搗蛋,與老師關係緊張,老師打罵無用之下,最後採放任容忍的態度。

4. 同儕關係:案主與班上兩位死黨經常捉弄同學、騷擾他人,破壞上課秩序。案主也會偕同死黨向別班同學挑釁,並自認為主持公理與正義。

(六)問題分析

1. 家庭組織不完全,缺乏父親關懷:由於案主自幼缺乏母愛,父親則一直沉迷於喝酒工作,使得案主受到忽視,於是向外尋求

同伴來滿足被愛的需求，或是以不當的方式引起注意。

2. 父親及祖母管教方式呈現兩極化：由於案主從小被父親以嚴厲暴力的方式管教，與祖母寵溺的方式形成兩極化，使案主無法習得適當的行為模式。

3. 對老師的態度：由於案主一再表現不當，受到家長及老師的嚴厲責罰，因此認為老師不重視他，於是一方面對老師採取敵對的態度，讓老師難堪，也由於老師對其採取嚴苛的態度，使其產生不平衡的心態；另一方面，案主則將此不平衡的心態轉移到同學身上，藉由發號施令來顯現自己的重要。

4. 自卑、自暴自棄：在外在的形式上，由於案主成績表現不理想，因此產生自卑的心理；在內在實質上，老師和家長的不重視，使案主產生自暴自棄的態度，且案主藉著在學校的不良行為來引起注意，保護自己。

5. 同儕影響：青春期發展時會尋求自我認同及同儕之歸屬，案主尤其需要朋友，經常為同學頂罪、受罰。

㈦輔導方式

1. 以同理心和傾聽的真誠態度來表達對案主的關懷。

2. 透過團體的方式，提供人際交往應有的正確觀念，並協助案主與同學建立良好的同儕關係，取得認同。

3. 讓案主擔任某幹部，增加其責任感，並藉此改善案主與老師間的關係，在同學間也可增進友誼。

4. 利用家庭訪問之機會，了解案主與家人相處的問題，並與案主的父親多做溝通，告知案主面臨到的問題及需求。

5. 針對案主的興趣，輔導案主習得一技之長，以建立未來升學的方向。

參考文獻

李錦華（1998）。談兒童倫理教育——家長角色之扮演。社教雜誌，**238**。

林家興（1997）。*親職教育的原理與實務*。台北：心理。

洪有義（1992）。如何增進親子溝通，載於台北市教師研習中心主編，*親職教育*。台北：台北市教師研習中心。

胡海國編譯（1976），Hurlock 著。*發展心理學*。台北：華新。

陳幗眉、洪福財（2001）。*兒童發展與輔導*。台北：五南。

黃倫芬（1992）。親子溝通的技巧，載於台北市教師研習中心主編，*親職教育*。台北：台北教師研習中心。

黃慧真譯（1989），Olds & Papalia 著。*發展心理學*。台北：桂冠。

詹棟樑（1983）。從親子關係談親子教育，載於中國教育學會主編，*親職教育研究*。台北：華欣文化。

趙麗雲（2000）。如何建構和諧的家庭關係？吾愛吾家月刊，**270**，六月號。

蔡春美、翁麗芳、洪福財（2001）。*親子關係與親職教育*。台北：心理。

實例篇

第十四章

個案實例

壹、家庭問題個案實例

一、個案一

㈠基本資料

　　姓名：王××

　　性別：男

　　年齡：十八

　　年級：高中三年級

㈡個案來源

　　非自願性個案，由輔導室老師推薦；推薦原因為出席紀錄、學業成績不佳。

㈢背景資料

1. **家庭史：**父親為一建築師，母親為生意人，目前經濟狀況以母親較佳。父母已離婚分居。案主為家中獨子，目前與父親同住。自幼父母便因離婚鬧上法庭，並一度被父母委託監控對方行動；母親得到監護權後，便帶案主至美國居住至小學，回台灣後，因儲蓄不夠，便將案主交由父親照顧。案主目前家住大直（之前搬家兩次）。

2. **家庭關係：**父母管教方面，父母雙方都沒有負起實際的管教責任，對案主而言，兩人也都沒有真正關心他內心的感覺。案主的親子關係亦不佳，對父親有許多憤怒與不滿，雖然與母親較親近，但是伴隨著不滿與期待的矛盾情感。

3. **學校生活：**成績不佳，高一之後開始有低於五十分的學期成績，但是自認為自己比較擅長英文（因曾住國外）、對生物有興趣，不過，對於目前學校教的東西則是覺得無聊。案主對於學習抱持負面想法，且一度想要轉至社會組，但是父母不同意。案主認為自己一定考不上大學，且對於自己的未來、興趣並不清楚。

x

4. **社會生活**：沒有要好的朋友，平日主要消遣是到網咖，或在家上網、看評論性節目。在班上被視為怪人，而案主也認為自己的世界、成熟度和其他同學不同，認為其他人是幼稚、喧鬧的。對於異性，案主抱持著「不要惹禍上身」的想法，覺得自己沒有辦法想像男女交往之間的事情，覺得性是骯髒的。

㈣主要問題行為敘述

1. **出席度不佳**：案主身體狀況本就不好，加上家住士林，距離學校有相當一段距離，因此常常會請病假；但是到了高三下學期時，請假與曠課時數增多，最高紀錄一個星期裡只有半天來學校上課。輔導員接案時，案主的出席時數達不到學期最低出席標準，後因老師協助案主銷假事宜，而免於無法畢業一途。

2. **學業成績不理想**：高三之前學期成績都有及格，到了高三時，全年級以及類組百分等級最高只到二；對於學習本身沒有興趣，認為讀那麼多書也沒有用，覺得自己已經完蛋了。曾經想要轉讀社會組（覺得自己的興趣所在），但父母強烈反對，最後只好作罷；但是另一方面成績又不斷下滑，最後父母不得已只好同意，但因時至高三下，所以只能安排案主聯考時跨考社會組。

3. **人際關係**：和班上同學沒有交集，排斥與異性同學的互動。自認自己不會說話，只要話一出口，同學間的氣氛就瞬間冷掉，沒有人知道接下來要講什麼。案主一方面覺得自己目前屬於衝動時期，可能對異性只有性興趣而已；再者覺得與異性相處讓他覺得全身不自在，會有恐懼感（對輔導員也是有這種感覺）。

4. **家庭問題**：不只一次告訴輔導員，認真想過他的人生目標就是要殺了爸爸、再殺了媽媽、然後自己再自殺（恨爸爸所以想殺他，但之後自己會坐牢，怕媽媽難過所以要再殺了媽媽，自己再從大樓上跳下自殺）的想法。對於父親有相當大的憤怒，認為父親眼中沒有他，而只有一堆可以和他上床的女人；對於母親有相當矛盾的情感，一方面母親可以給予較正常的生活及較多的關心，但是一方面又恨母親當初因為沒錢，把他騙去父親

那邊住，而就這麼將他丟下來。目前案主在家，與父親除了拿錢、叫起床之外，完全沒有交集，父親常不在家，也不負責管教責任；母親則較關心學業，但是常常會自行為案主安排事情，沒有先詢問案主的意願。此外，有時聽到同學提起家裡的狀況，會很羨慕別人擁有一個健全的家庭，不了解為什麼自己要出生。

5. **沒有生活重心與方向**：認為自己的人生已經完蛋，不知道自己到底要念什麼科系，可是又不想去打工過一輩子辛苦的生活；討厭現實生活，覺得只有在睡覺作夢、在遊戲中的虛擬世界，可以得到安全與存在感。案主認為，現在來學校只是在履行和老師的約定而已，認為自己比較喜歡國外的學習環境，但是又覺得在那邊不會交到好朋友；現在的計畫是走一步算一步，反正會有人幫他做安排（因之前向父母表明過自己的意願，但是不被採納）。

㈤診斷與分析

就輔導員的了解，案主目前在學校的問題，有很大一部分是由家庭因素所影響。據了解，案主的學習及出席狀況不佳，與父母的管教態度有關：父親為建中畢業、考上中興大學，但是目前工作狀況不佳，生活習慣上有許多案主相當不滿之處；而母親雖然事業有成，但是觀念相當現實、較少溫暖關懷，且與父親兩人曾因離婚事件大鬧法庭，所以案主認為，念那麼多書到最後還不是這般潦倒與無用，所以在學習方面並沒有一個較好的楷模。此外，由於缺席狀況太嚴重，所以學校進度無法趕上，無法獲得學習成就感，如此惡性循環下，成績每下愈況。而在出席方面，案主本身體質較弱，睡覺不容易爬起來，所以常會睡過頭；再者，案主家住士林，距離學校有相當大一段距離（且父親不願意辦轉學），因此早上只要睡過頭二十分鐘，到校就已是第三堂課，所以一旦稍稍睡過頭，案主便不想到學校（頂多中午再來）。此外，案主會以病假消去曠課紀錄，即使父親不願意，母親一定會答應在假單上簽名，所以，久而久之，學校的曠課不會帶給案主學習上的壓力，案主平常也常會提到自己身體不適等等原因，作為學

習及出席狀況的一個說辭。

此外，案主對於大小事件常常無法自己做決定——小至當天與輔導員談話的主題，大至未來理想中的生涯方向，案主一直回答不知道；據了解，可能是因為自幼父母即為離婚一事而家庭不睦，在小孩子的心中很容易會出現一種無能為力之感。而與母親或父親同住時，多由家長代為安排行動（且多是先斬後奏），而高中轉組以及想念軍校的意願皆被父母強烈反對，因而在表達自己想法、做決定方面表現相當退縮。且案主自己的責任感不夠，遇到老師詢問學業、出席或是大學方向等問題時，一概舉出過去自己生病、家庭不和等例子，來合理化自己目前的狀況。

在人際關係方面，由輔導員和案主的相處過程中發現，案主在一開始接觸陌生人時，配合度相當高，回答問題也相當自然詳細，但是如果熟悉度增加，或是開始碰觸到案主的自我防衛時，案主容易出現一些聽者感覺有輕蔑性的話（如：「啊？你不知道？」），或是直接對他人挑戰（「你學那麼多輔導技巧真的有用嗎？」），或是對他人的外觀直接做評論（「你不覺得你的牙齒該戴牙套嗎？女生笑起來牙齒有縫真的很難看。」）……等。一方面可能是因為案主自覺成熟度、人生經歷為他人所不及，所以對年齡相近者言語中容易產生類似輕蔑的感覺；而對於輔導他的師長，可能是因為過去曾有一位信賴的老師為了處理個人事件，而沒有處理他想要放開防衛找人談的需求，所以對於輔導員或是輔導老師會有一種「你們是因為工作才關心我、根本不了解我」的情緒。另外，案主的一些處世、人際觀念受母親的影響非常深（案主非常佩服母親的商業能力），所以在言談之中常常會用「我媽媽說……」的句子，來直接面對面評論他人的外觀面貌，或是說話的內容——因為母親的影響，所以案主相當重視他人面相好壞、直接當面評論。對於同儕目前熱中的電影、逛街完全沒有興趣，且說話時一些較不尊重的態度，以至於在說話這個人際基本相處模式上容易被歸為不受歡迎的一群，影響到了人際交往。

在兩性相處方面，由於父母婚姻失敗的例子，以及父親現在生活

以女友為重心，所以案主對於兩性相處抱持著悲觀的態度，並且認為性是相當骯髒的；但另一方面，又覺得自己目前所以會對異性有興趣，是因為「性衝動」的關係——因為恨爸爸，所以怕自己變成爸爸那樣。對於異性是抱持距離而帶有恐懼的，對於女老師仍然會有不舒服的感覺，對於女生直視的眼睛也感到害怕，任何的肢體接觸都是不安全的……雖然案主與母親目前關係為正面，但情感上對母親有期待、背叛等等壓抑與矛盾的情緒，所以可能與女性相處時容易受影響。此外，母親與案主的對談多是圍繞在學業、經濟，或是批評父親方面，對於案主一些較為內心層面的需求並無多加關照，父親沒有把重心放在家中，而母親也較少心理層面上的教育，都可能造成目前案主對女性有所排拒的影響。

目前案主的生活，電動與電視是重心所在。據了解，案主在小學二年級就到網咖至深夜兩點回家，而父親仍未返家，在家裡沒有人互動，以及學校中沒有要好朋友的狀況下，自然電腦與電視就是可以脫離現實不滿的管道。儘管案主對於網路遊戲有所抱怨，但虛擬世界可以提供存在感，因此常常會在電腦前待至凌晨，甚至是幫父親打公文，因此，往往造成準時上課是因為一整晚沒睡，不然就是睡過頭而又一整天沒到學校上課。而在現實生活方面，因為父母的握有主控權，所以案主愈發不願意自己面對問題，一方面父母大權在握，一方面案主習於讓他人做決定，並且常以生病、家中不幸作為說辭，所以對於未來並沒有真正仔細計畫過。像是案主明確表示自己想念歷史系，但是輔導員做科系說明之後，案主知道有「台灣史」這項課程，馬上推說他不想念了。

就輔導員在晤談過程中的了解，案主目前生活中有相當一部分的問題是受到家庭的影響，特別是父親的影響。對父親的憤怒是相當明顯強烈的，其憤怒主要是來自於覺得父親重視女友過於他，且將家庭失和歸咎於父親，認為自己的人生是因為這樣而完蛋，不相信未來會改變。然而，目前的生活上，案主又盡量維持著和平相處的關係，壓抑自己的情緒——案主的能量似乎都擺在對父親的情緒，以及現在家

第十四章 個案實例

379

庭的問題與陰影，在學校方面又找不到寄託的點。因此，雖然表面看起來並無大礙，但是真正一碰觸到案主的自我防衛線時，案主明顯會有攻擊性以及不耐的情緒，可見案主的一些內在情緒（特別是由家庭延續到自我的一部分）並沒有被處理，因此若只是單純就學業、出席等方面做處理，可能無法真正解決案主的問題。

㈥輔導策略

由於案主習慣對他人講述自己的事件，因此有許多地方可能因為說太多次，所以直接帶過；輔導員採用許多具體化以及摘要、整理，將案主龐雜的句子作連貫，並指出前後回答的不一致，讓案主了解矛盾所在。再者，由於案主常常會對輔導員說「我覺得跟你說話很無聊，一點用都沒有。」等等類似挑戰的話，因此輔導員在處理問題時，主要的工作在於讓焦點鎖定在案主身上，並用以下一些策略讓案主對自己有所覺察：

讓他說故事。儘管一開始的焦點是放在學校生活，但是案主會常常提到家中以及自己的狀況作為解釋，於是乾脆就讓案主自己說故事；並且，試圖藉著讓案主完整地說故事來找到一些抒發。

從敘事中找到自己的真實感覺。由於案主已經太過習慣說自己的故事，所以所說的很容易變成在說「別人的事情」，而完全沒有提到自己當時的情感與想法。輔導員在了解時，針對案主自己的感覺、想法做探討，讓案主一些被壓抑的內在情緒與想法能跑出來。

以靜制動。在晤談過程中，案主有時故意會用言語激輔導員，特別是在輔導員作深入時，以及談話重心逐漸進入到案主與父親的憤怒（大約是談話第四、五次時），案主明顯地會表現出挑戰、不耐煩等情緒或是當面批評。輔導員當時並未隨著案主的行為多作回應，而是待案主稍微平復下來以後，了解當時為何會有這種情況。

發洩對父親與母親的憤怒。案主對於父親的不滿是明顯的，對母親則是較為壓抑而矛盾；晤談中，主要是讓案主作言語上的抒發，並且讓自己看到對父母不滿的原因，並且為自己紛雜的憤怒作整理，了解自己處事的模式與矛盾點。

提供願景。輔導員在與案主談話的過程中，常會介紹一些大學有趣的面向給案主，並且偶爾會帶案主想像未來大學的情境，讓他對大學，甚至是脫離高中、家庭的拘束生活後的未來，有個比較正向的憧憬。

(七)輔導經過

一開始與案主做接觸時，發現案主的配合度相當地高，對於輔導員的問題都回答地非常詳細，但是同樣地與輔導員帶有一段距離；一直到將談話焦點逐漸從學業、出席率轉到家庭方面時，案主才有較多的情緒反應出來。不過到了第四次晤談開始，話題開始進入對父親與母親的憤怒，可能是碰觸到了案主的核心問題，案主開始會做一些言語的挑戰與當面表達不滿，但是又不說原因，不然就是歸結於輔導員的談話技巧不佳。這樣的情況一直延續到倒數第二次晤談時，因為輔導老師當面告知個案這次是最後一次談話，所以當天案主一開始雖然仍在批評，但是最後要求輔導員留下當他一個談心事的對象。不過，因為接下來兩次因故無法見到面，連最後一次結案案主都忘記來學校，所以最後的結案動作並沒有完成。

綜觀而言，案主的配合度高，但是不容易相信別人，而且會為了自我防衛而以言語刺激他人；這過程中的確讓輔導員的心理承受不少壓力與負面感受，但是到最後幾次，案主開始會對輔導員的正向支持作反應，並且主動表示意見，雙方互動關係開始比較軟化。不過，最後因為案主的母親做主將案主送往考前衝刺班而無法來學校，造成輔導中斷，因而無法對案主的情形做一個比較完整的處理，就輔導員而言是個滿大的遺憾。

(八)輔導結果及未來可能發展

就這次晤談的結果，對於案主的出席狀況、學業並沒有明顯的改善，留連網咖的狀況也沒有改進，但是案主的部分情緒有被發洩出來，且較一開始晤談時更為放鬆，面對女性輔導員也不像一開始那樣拘謹（雖然還是會怕）。

就未來能處理的部分，輔導員已請教過輔導室的指導老師，根據

該位老師所說，由於案主的問題受家庭影響太大，因此最好的方法是等到案主上了大學或是出社會之後，在心理方面準備好面對自己的過去時，再自行去尋求解開心結的途徑。目前輔導員因所學有限，所做的較為偏向達到陪伴、抒發的目標，而要真正對案主的內在需求以及問題做處理，可能需要更有經驗的老師，針對案主的過去以及生涯規畫做進一步的協助與深入。

(九)追蹤檢討與輔導

在追蹤輔導方面，輔導員因是在學學生，而案主也已畢業，所以在此一部分主要將重點放在「檢討」部分。

對於這幾次的晤談過程，輔導員最大的問題可能是在於聚焦的工作並沒有處理地很好，以至於一開始很多時間會在「他人的事件」中打轉，而案主也會覺得無聊。再者，在與案主建立關係方面，由於案主與輔導員的年齡差距不大，因此輔導員在角色關係的拿捏上稍嫌過於僵化而不夠完善，在一開始為保持距離而較顯得嚴肅，在中間欲拉近關係時，又因碰到談話的主題引起案主防衛而變得有些緊張，雖然最後的情況改善，但是輔導員一開始的角色界定，以及說話方面的技巧仍需改善。

再者，對於案主一開始轉介至輔導室的問題（學業、出席狀況不佳），雖然有持續地提醒，但是焦點著重在於家庭問題，而沒有針對該狀況做處理，是比較不妥的。除了案主的意願因素之外，輔導員為了避免給建議或是指導而順從案主，對於解決案主近程的問題而言，效果不大。有關於「聚焦」、「角色拿捏」以及過於「擔心案主會有不好的感受」，這幾項都有可能造成晤談效果表面化，是需要改進的地方。

二、個案二

㈠基本資料

姓名：黃××

性別：女

年級：國中二年級

個性：活潑外向、個性主動、有點早熟、感情豐富、愛恨分明

興趣：有許多不同的興趣，但最愛的是運動類，特別是游泳

㈡個案來源

由班級導師轉介。

㈢背景資料

1. **家庭成員：**父、母、兩位姊姊、案主自己，以及一個弟弟。

2. **家庭關係：**父母離婚，孩子都跟爸爸住，但爸爸經濟能力不足，而且喜歡賭博，有金錢上的債務，脾氣不好。當初，案主的母親會想離婚的原因，就是因為男方生活習性不好，且有外遇的情況。案主的其中一位姊姊是殘障人士，需長期住院。

3. **學校生活：**學習態度低（不喜歡念書），但在學校的表現還算OK。

4. **社會生活：**在校人際關係良好，案主表示自己有點像大姊大。平常也有在校外打工，認識許多校外的朋友（包括網友在內）。案主也強調自己喜歡跟年齡大一點的人聊天，因為自己個性早熟，覺得班上的同學太幼稚，都無法真正的了解她。

㈣主要問題行為敘述

1. 在最初的時候，案主所煩惱的事，是有關感情方面的問題。案主非常喜歡在網路上交友，因此陸續認識了兩個男網友。

　由於案主在感情上是很主動的，所以都是她自己先跟網友告白的，表示想成為男女朋友的關係。當案主跟第一位網友（A君）開始交往不久之後，她就發現男方迷上了網咖，後來甚至都不太理她，覺得她很煩。案主在一氣之下，跟第二位網友（B

君）告白了，並且直接進入交往狀態。A君得知後很不高興，覺得自己的女朋友被搶走了，於是展開了挽回動作。案主雖然再次感到心動，但是她已離不開B君了，因為B君從未做出任何會傷害到她的事。案主卻也知道自己可能會永遠忘不了A君，因為A君所擁有的許多特質是B君沒有的。

案主覺得自己兩人都愛、都不想失去。因為不知該如何，案主說自己還曾經自殺過，認為只要自己死了就不用再做選擇。過了一陣子之後，案主就告訴我她已經做好選擇了（選擇B君），於是感情的問題也就告一段落了。

2. 接下來的問題反而比較難處理。案主父親嗜賭，案主也因此生活費不足，使她變成有一餐沒一餐的，此外也欠朋友許多錢（為了維持生活）。案主父親平日的工作是開計程車，但是賺到的錢都拿去繼續賭博，日復一日而無法自拔。案主表示連學費都是一直靠學校的補助費才有得念，因為爸爸根本沒有錢給孩子付學費。

案主很想直接休學去找工作賺錢，但是以她目前的學歷是無法找到好工作的，也不會有人願意長期雇用她（案主在自言自語時說的）。如今，她唯一的感覺就是無助，因為不知道如何改善目前的生活狀況（案主一面講一面哭了出來）。這主要就是我目前接案的進度，我們總共進行了八次晤談。

(五)診斷與分析

1. 案主在感情方面還不夠成熟，感覺上似乎只想有個戀愛的對象，一個可以讓她依賴、可以陪伴她的對象（愛情可以說是她的必需品）。也許，案主認為在現實生活裡很難找到男朋友，所以才透過網路來找尋partner（卻不懂網路的複雜世界，因為太天真容易相信別人）。

2. 此外，雖然案主有某些部分有早熟的傾向，可是從另一個角度來看，她像是在模仿成人的行為（如：發生性行為），想讓大家知道她不小了。

3. 案主的父親生活不當，造成子女的困擾，或許應該徵求家庭協助，尋求外在機構的幫助。

　　這一切的原因有可能都是來自於她原生家庭的影響。我個人認為，當一個人無法從自己的家庭裡得到滿足與愛的時候，他們往往就會選擇去外面尋找他們所缺乏的，不論是愛、關心、支持或是金錢（當然，並不是所有的人都是如此，因為會有個別差異）。案主交往的男友都是大她六到七歲左右的，也許是一種可以代替父愛的補償作用？

(六)輔導策略

1. 分析喜歡與愛的差異讓案主了解（同時促進她的自我了解）。
2. 解說正確的「性」知識與觀念（案主已有性行為經驗，卻不懂得要保護自己）。
3. 傾聽、陪伴、給予心理上與精神上的支持。

(七)輔導結果及未來可能發展

1. 案主希望晤談關係永遠不要結束，因為她喜歡跟我聊心事、交換生活經驗，把我當好朋友看待，也希望結案後能夠一直保持聯繫。
2. 案主的家庭生活有困難，需要外在機構的協助以及政府的幫助。
3. 學校教師們應持續給予鼓勵以及精神上的支持，或進行家訪。
4. 教導案主要往前看，思考自己的未來（雖然不容易）。
5. 培養案主正確的人生觀與價值，盡可能給予支持。

個案問題與處理分析圖

個人特質
1. 活潑外向
2. 個性主動
3. 有點早熟
4. 感情豐富
5. 愛恨分明

主要問題
1. 喜歡上網交友（有點沉迷於網路上的感情）
2. 太早有性行為
3. 家中經濟不穩定
4. 偶萌輕生念頭

家庭（父母離異）

母 搬到別處了

父 ◆ 開計程車維生
　 ◆ 沉迷賭博
　 ◆ 有外遇
　 ◆ 欠債

大姊：在外工作養家
二姊：重度智障住院
弟弟：中學就學中
（案主與姊弟都跟父親同住）

學習
1. 學習意願不高
2. 不喜歡數學與英文
3. 未來想念高職

興趣
1. 喜歡運動
2. 游泳

目前狀況

過去背景

案主

未來可能的發展

輔導策略

心理事件（可能發生原因）

◆ 缺乏安全感
◆ 對未來人生消極、沒有期待
◆ 尋求外界的心理補償（網路戀愛、性行為、依賴男友）
◆ 不想讀書，重視金錢，希望盡快工作賺錢
◆ 父母離異，缺乏家人關心與照顧

情緒方面
1. 給予支持與鼓勵
2. 傾聽與陪伴

學業方面
1. 學校老師可提供協助學習
2. 開導案主有關升學的問題
3. 增加案主的自信心

家庭生活
1. 尋求外在機構的幫助
2. 家庭訪問勸導家長
3. 持續陪伴與鼓勵

圖 14.1

三、個案三

㈠基本資料

姓名：陳××

性別：女

年級：國中三年級

年齡：十五歲

㈡背景資料

1. 家庭背景

(1)**家庭史**：案主與父母親同住，其家裡是做機車買賣，家庭經濟狀況不錯。案主的父親前一段日子到國外去經營生意，因此在家裡只有其母親一個人經營生意，非常地辛苦。目前其父親已經從國外回來。

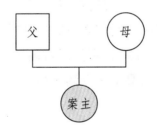

(2)**家庭成員相處狀況**：據案主表示，他與父母親的關係都不錯，但是與母親的關係較好。案主的母親在個性上較柔弱，時常被案主的父親打罵，似乎情況相當嚴重，案主的母親甚至有幾次吃藥自殺，幸好及時送去醫院治療才沒有什麼大礙，但是也因此而導致現在身體十分虛弱。案主對於其父親時常責怪及打母親的行為表示無助，說每次想要勸他們不要吵，但是自己反而會被罵。案主在父親出國的期間，則常常離家和朋友去玩，徹夜不歸，也常不去上課，雖然其母親苦口婆心地勸她，但是她仍然不理會母親，覺得反正母親管不了她。然而，案主其實對她母親的感情相當地矛盾。她會佩服母親

能夠在父親不在的時候，一個人把店裡的生意掌管得那麼好，可是卻似乎有點看不起母親時常被父親罵，可是卻不會反抗。另外，案主也曾經提到其母親是養女，從小就要幫養父養母做生意，時常刁難母親，可是母親現在仍然對他們很好。她覺得母親不應該對他們那麼好。

2.學校生活

(1)課業表現

根據案主的說法，她在小學的時候，成績還相當不錯，可是一上國中以後，科目變得很多而且很難，令她應付不來。學校的老師對於她課業的表現也只是給予消極的懲罰，使得她對於課業愈來愈厭惡，學習動機也十分地低落。國二在她父親出國的那段時間，她根本就時常蹺課，不想到學校來。其父母親對於其課業方面也沒有很大的要求，只希望她能夠到學校，對於成績方面的表現並不是很在乎。雖然案主有很多科目都不喜歡，但是表示對於英文還滿有興趣，所有科目裡面，英文科的表現最好。目前案主對於課業方面也抱著無所謂的態度，她表示對於老師的責罵和鞭打已經麻木了。然而很值得高興的是，案主目前已經申請到高職，念觀光科，而她也表示對這個科系相當有興趣。

(2)人際關係

案主在班上的人際關係還不算太差，尤其是與男生的關係特別好。案主表示比較喜歡和男生做朋友，因為覺得男生比較豪爽，不會那麼小氣，扭扭捏捏。此外，班上女生的成績較好，男生的成績較差，因此她和男生會較有話題，女生則不太看得起她。然而，她在班上還是有一個好朋友，成績不錯，只是她表示，好朋友的父母時常叫她的好朋友不要和她交往，令她覺得難過。另外，她和別班的一些女生時常發生口角，她表示那些女生時常講她的壞話，或是在她面前講一些難聽的話，令她覺得很難過。

3.社會生活

案主從國一開始就有打工，因而認識了一些高職的學生，之後常

和這些高職生出去玩。案主的男女關係有點複雜，她告訴我前前後後一共交了三十個男朋友左右。雖然案主沒有提及是否有性關係，但是學校輔導老師則告知案主曾經有墮胎的經驗。

㈢**主要問題行敘述**

1. 案主兩性關係複雜，對於性的價值觀有所偏差，曾經有過墮胎的經驗。
2. 案主學業成績不好，學習動機低落，有一陣子常蹺課。
3. 案主在人際關係上有些困擾，被同年級的一些同學排斥。
4. 在生涯抉擇方面感到困擾，不知道自己該往哪一方面發展。

㈣**診斷與分析**

1. **學習動機低落的分析與診斷**

案主小時候，學業成就還可以，成績中規中矩。但是上了國中以後，科目變多而且複雜，案主沒有辦法適應；再加上學校老師對於課業不好的孩子都是用消極的懲罰方法，令案主對課業十分厭惡，認為不管再怎麼樣努力都是於事無補的。曾經詢問過案主是否有參加校外的補習班，案主表示來學校上課之後已經很累了，不會想要到補習班去。到了國二的時候，也就是案主的父親到國外去工作的那段時間，案主更因為沒有父親的管教以及認識一些校外的朋友，而時常蹺課，並表示母親也拿她沒辦法。案主似乎是故意藉這種顯明的行為來向父母、師長表示抗議不滿的宣洩，也為了逃避學校枯燥乏味及不愉快的生活。到了國三，案主的學習動機依然低落，對於課業、考試、老師的責罵等等都表示已經麻木，希望能夠快點畢業。

2. **兩性關係複雜的分析與診斷**

在多次的面談中，案主顯然不太願意談到關於愛情的部分，只是提過她交過三十個男朋友左右，但是每個都不長久，分手的時候也不會覺得難過，而且幾乎都是由她提分手的。案主覺得情人與朋友及家人是不同的，情人可以在她需要的時候陪伴她，可是朋友及家人則不可以。此外，案主覺得戀愛是不太可能天長地久的，就算到結婚以後也可能會時常吵架或是離婚。由此可看出，案主的心理上是相當缺乏

安全感的，而且父親時常打罵母親的行為，也對案主有著很大的影響，讓案主在愛情方面對於男生不怎麼信任，甚至是有點怨恨，因此似乎都以拋棄男友來發洩心裡的不滿，讓男女關係的主控權操縱在自己的手上。至於案主的性行為及墮胎的行為，她並沒有提起，或許是因為防衛及覺得事情已經過去了，所以不願再提起。

3. 人際關係不良的分析與診斷

案主在班上的人際關係算是還過得去，但是同年級的一些同學相當地排斥她，常在她的背後對她有些語言攻擊。案主覺得來上課非常地無聊，在家裡也很無趣，因此結交了一些外面的朋友，大部分都是高中生，時常和他們一起出去玩。因此國二的那段時間，案主常不去上課。案主常不來上課的行為以及成績不好的情形，讓同學們不太願意接近她，覺得她是壞學生。此外，案主較喜歡和男生交朋友，覺得他們夠豪爽，不會扭扭捏捏，而其他人認為她的行為不檢點，喜歡和男生勾搭。此外，案主說話比較直接，可能因此傷害到別人而不自知。

㈤輔導策略與實施

案主的輔導主要是以個別晤談為主。

1. 輔導策略

(1)給予案主鼓勵與支持，使其了解有人在關心她。

(2)扮演大姊姊的角色，讓她知道當她有什麼煩惱與心事的時候，是可以和這個大姊姊討論與分享的。

(3)應用同理心的技巧，了解當事人的主觀世界，並反映出她的想法，讓她更加地清楚自己的想法及行為，增加自我了解。

(4)引導案主去探討自己的學習狀況、兩性關係、人際關係以及生涯規畫。

2. 實施過程

(1)輔導員第一次與案主接觸的時候，案主在還沒有開始談話之前就一直哭泣，然後等到她的心情比較平復之後，再詢問她是不是發生了什麼事情。案主表示來輔導室時，被一個女生用很難聽的話語罵她，讓她覺得很難過。案主給輔導員的第

一個感覺是滿脆弱，滿容易受傷的。輔導員說明自己與她面談的目的，並表示我們每個星期都會面談一次，她有什麼事情與想法都可以說，輔導員可以與她分享與討論。

(2)剛開始的幾次面談，案主顯得很防衛，當輔導員問及一些較深入的問題時，案主都會很有技巧地避開，似乎不想讓輔導員知道太多。輔導員心裡明白這是正常的現象，也順其自然地，讓她談談她想說的。剛開始的時候，案主也因為時常不來上課，所以花了滿長的一段時間去建立關係。當我們的關係慢慢地建立起來後，案主慢慢地能夠信任輔導員，比較能夠和輔導員談一些較私人及深入的事情。

(3)談到學習的問題，案主表示自己對學習完全提不起興趣，一方面是因為覺得學校教的科目太多，而且太枯燥；一方面是因為覺得自己的基礎很不好，怎麼學都沒有辦法學得好。此外，學校老師對於成績不好的學生的偏見，讓她覺得很不服氣，很不舒服。對於老師對於成績考不好的打罵，她都表示已經習以為常，已經麻木了。我曾與她討論說，我們是否可以一起想想辦法來改善這個情況，案主表示不可能，因為她對於課業完全沒有興趣，來上課已經很好了，更加不會想要去額外補習增加自己的困擾。於是，我和她討論到她比較有興趣的科目，她說她對英文比較有興趣，因此鼓勵她可以看一些英文故事書或者是補習英文。後來案主有請英文家教，英文的成績是眾多科目裡較好的一科。值得提起的是，案主在最後第二次的面談中，與我談到她在剛過的那次段考中，成績進步了很多，尤其是數學第一次及格。我問她覺得為什麼有這樣的進步，她表示自己有下了一點的努力，而且這些考卷比較容易。案主對於此事十分地興奮，我鼓勵她說，只要她肯努力的話，她是能夠做得很好的。

(4)談到自己的家庭，案主常提及自己的母親性格很懦弱，時常被她的父親罵，而母親對於自己的蹺家蹺課的行為也感到無

可奈何。我問及她在蹺家蹺課時，會不會想到母親的擔心，她表示有時會，但是那個時候太好玩，她就管不了那麼多。現在回想起來，覺得母親很辛苦、很能幹。對於父親，案主表示父親的脾氣滿暴躁的，有時會不講理，會管教她的行為。問及案主對父親的感覺，案主是覺得還不錯，不會非常地喜歡或是討厭她的父親，畢竟那是她的父親，而且可以了解父親管教她的行為是為她好。在與父母及師長關係中，案主常表示希望自己可以快點成長，因為大人總會說小孩子不懂事，認為小孩子沒有權力，沒有說話的餘地；但是又會提及說，其實自己對比自己小的朋友及學弟妹也會這樣，認為自己年紀較大，自己的想法會比他們成熟，覺得學弟妹應該聽她的。我把這種模式反映讓她知道，並且告訴她，很多師長會用這樣的方式來教導小孩，那是因為他們的長輩也用這樣的方式教導他們，他們並沒有去覺察到這樣的模式對他們的影響，提醒她在對待別人的時候，看看自己是否也用相同的模式與別人相處，這個模式是否會對別人造成傷害，或是對自己帶來什麼影響。

(5) 談到人際關係，案主表示自己的人際關係還算不錯，只是因為自己國二的時候很壞，時常不來上課，因此被很多人不喜歡，在她背後講她的壞話。在面談的過程中，有一次案主提到在學校網站的留言板上面，有其他的人攻擊她，以及有人用她的名字去攻擊別人，甚至有人把她的資料放在留言板上，令她覺得十分生氣。後來在面談後，輔導員和她一起到教務處去，向校方反映這個留言板上，同學們時常會做出人身攻擊，並希望校方能夠關注並處理這項事件。在接下去的一次面談中，案主表示留言板已經被關閉，但是仍然有點難過地說，她知道自己在國二的時候很頑皮，時常不來上課，所以難免同學會不喜歡她；但是，她覺得自己現在已經改善很多了，已經很少蹺課了，可是同學們仍然會說她的閒話，令她

覺得很傷心。案主覺得似乎不管怎麼去改變，別人都還是會以以前的看法來評估她。尤其是她好朋友的父母，時常叫她的好朋友不要那麼接近她。在這件事情上面，**輔導員提及我們並沒有辦法去控制別人的想法，當我們的行為不被別人所認同的時候，我們當然是需要去檢討與反省；但是當我們嘗試去改善之後，別人仍然不認同，我們也只有繼續地做好我們自己的本分。只要是做好自己的本分，知道自己有正向的改變，別人怎麼說自己其實是其次的。而且久而久之，他人也一定能夠看出自己的改變。**到了最後兩次的面談時，案主提及還是有一些人無緣無故地會在她經過他們面前時罵她，但是她都不理睬他們，而不會和他們對罵；因為她覺得自己已經成長了，和他們對罵只會顯得自己的行為和他們一樣幼稚。然後她表示，幾次之後，這些同學也自討沒趣了。

(6)在兩性關係上面，案主沒有提及太多，只是說自己曾經有很多男朋友，然後表示情人與朋友及家人是不同的，情人可以在她需要的時候陪伴她，可是朋友及家人則不可以。在愛情觀裡，案主曾經表示說，兩個人是不可能永遠在一起的，就算結了婚也會吵架，也會鬧離婚，而且同樣一個人相處久了之後，會覺得很厭煩。在這些事情上，我主要是提供一些想法給案主，告訴她雖然社會上有很多離婚的事件，可是也有很多夫妻是白頭到老的。愛情是需要兩個人共同去經營的。此外，案主表示以前一直換男朋友，可是目前卻不想要談戀愛，覺得自己現在需要好好地想想自己的未來。

(7)除此之外，在面談當中，我們也花了很多的時間在討論她的前途。案主表示自己要上高中是不可能的，所以只有申請高職，但是申請高職的話，卻又不知道要念什麼科目。在這個部分，輔導員和案主討論到她的興趣、個性、相關行業所需念的科目、狀況等等。在討論當中，案主也提及了其實不希望父母花太多的錢讓她去念書，她擔心如果自己念不好的話，

會對不起父母。案主最後選上的學校是稻江高職的觀光科。她在申請到學校之後，提及其實很感謝爸爸媽媽，在選學校這件事情上很尊重她的決定，讓她選擇自己喜歡的科系。

(六)檢討與建議

1. 在輔導大約半年的時間，案主的行為可說是變得比較適應。蹺家蹺課的行為與人際關係都稍有改善，而學習雖然沒有多大的起色，但是案主對於未來已經找到自己的方向。

2. 在輔導中，唯一較沒有辦法深入討論的，是案主的兩性關係。一方面是因為案主不願意多談，一方面是因為輔導員不知道該如何去引導。輔導員覺得這一方面的價值觀，是輔導員本身仍然需要去釐清的。

3. 在晤談的過程中，輔導員覺得比較困難的是，沒有督導可以尋求諮詢。有時在輔導案主上遇到一些困難不知該如何去應對，也沒有對象可以詢問，因此有時候會覺得有點不知所措與無力，不知道自己所說的一些話是否妥當，或是會對案主造成傷害。曾經有諮詢過該校的輔導老師，但是輔導老師因為時間繁忙的關係而沒有辦法詳談。因此，在晤談中，輔導員也只有保持最基本的真誠、關懷、無條件地接納以及同理心，至少讓案主覺得自己是被重視、被關懷、被接納、被了解的。

4. 總的來說，輔導員覺得這次的輔導可說是多多少少對案主有幫助的。在最後一次的輔導中，輔導員問案主：我們曾經談了很多問題，人際關係、學習、生涯抉擇等等，妳覺得自己目前還有什麼困擾嗎？案主表示說，現在一切都還過得不錯，覺得自己成熟成長了很多。聽到這句話，可說是得到最大的鼓勵了！

貳、學業適應問題實例

一、個案一

㈠基本資料

    姓名：林××

    性別：男

    年齡：十四歲

    年級：國中二年級

㈡案主來源

    非自願性案主。由導師向輔導室推薦，再由輔導室老師協助案主認領；推薦談話之原因為管教不易、對師長說的話漫不在乎、帶領班上起鬨。

㈢背景資料

   1. **家庭史**：家中有四人；有父、母、案主本人、妹妹。

   2. **家庭關係**：在家庭的此一部分，由於案主曾明確表示過不喜歡輔導員詢問有關家庭的問題，且明白地告訴輔導員「沒有什麼好講的」，所以在家庭關係部分，只能大約了解家中主要由父親扮演管教的角色，案主很怕父親生氣。在家中與父母以及妹妹似乎互動並不多，案主曾表示過回到家不知道要講什麼，平常爸爸開車載他上學時也沒有交談，甚至是為了避免尷尬而倒頭就睡。不過，案主似乎同時也是個配合度相當高的小孩，對於父母的管教並沒有反抗的行為，也不太為自己辯駁些什麼。

   3. **學校生活**：在學習態度方面，導師及案主本人都表示「不專心」、「心不在焉」是最大的問題；至於學業成就方面，案主的成績大約是在中間左右，不過似乎與念書的習慣、效果有關……在上課或念書時，常會想到某事而不知不覺出神，容易記掛著其他事而無法專注在目前正在進行的事上。此外，導師和

案主常因此而有不愉快；據案主的說法，其實心裡很在意老師對他生氣或是誤會他，不過，自己的確不知道怎麼改掉不知不覺神遊的習慣。

4. **社會生活**：案主在班上扮演著開心果的角色，常因為想要製造氣氛說笑話讓老師感到困擾；在班上的交友情況，因案主表明不願多談，所以似乎與異性同學的來往較為疏遠；班上一些看不順眼的人，儘管會做一些讓案主不舒服、討厭的舉動，案主也不願意明講、表示出來。就這一點，案主曾向輔導員解釋原因：怕會傷到人家的自尊心。

㈣**主要問題行為敘述**

1. **注意力不集中**：遇到較為枯燥或是沒有興趣的情境時，容易出神想自己的事情；不只是上課時間，連平常聽他人說話時也有這種狀況。

2. **不主動**：行為表現較不積極，需要較多提醒。

3. **對生活目標的計畫不夠**：案主的配合度高，願意上補習班、考試前念書、服從父母管教等，但是對於自己的讀書計畫，以及未來升學考試的準備，甚至是如何改善自己在導師眼中的形象，有動機卻沒有行動計畫。

4. **與家人較少溝通**：在家不知道要與家人說什麼，平常即使與父親獨處，亦會假裝睡著避免尷尬。

㈤**診斷與分析**

「注意力」不集中是案主在學校中最主要的問題之一。導師曾說明案主不易管教，常把大人說的話當成耳邊風。經過輔導員了解後，案主在上課時常會不知不覺出神想自己的事，或是在平常老師對其說話時，因在想事情而沒有聽到，並非蓄意不守規則。案主與輔導員談話時，亦會出現此種情形，即使經過提醒，但到下一次談話時又會出現。據了解，案主在遇到較枯燥或是沒有興趣的情境時，一旦聽到說話者提到某個「可以聯想的點」，便容易出神，且不光只是分心而已，常常是整個思緒已經跑到談話之外。再者，案主的專心度不夠是

造成學習態度、念書效果不佳的主要原因；案主曾表示考試的成績和前晚念書的效果差不多，而念書的感覺又只有預期的 70%，且晚上念書時常會掛念 NBA 比賽——因此，如何維持案主在靜態活動中的持續專注力，是一個頗為重要的課題。

此外，案主在家中最怕父親，因此平常雖然都由父親開車送案主上學，但是案主並不太會主動與父親交談；之後，兩人雖然同車卻幾乎很少說話，為避免尷尬，案主坐在後座，甚至有時候即使不累也會裝作睡著——與父親是較有距離的。平常在學校並不太怕老師管教，而是怕老師會打電話給父親而被父親責罵，這也可能是造成導師有時較管不動案主的原因。而在未來目標方面，案主是較為被動的，雖然已經了解問題的原因，以及認真思考過未來的目標，但是沒有具體的規畫，除了對案主的主動性需要再多做督促之外，此一方面可能是因為目前對自己的自我形象、信心不夠所致。

在談話過程中，輔導員發現案主有一情形對於問題處理較為不利：案主不願意對問題做解釋。即使是同學間的不愉快，或是老師管教上的小誤會，儘管影響到自己的權益或感受，案主仍不會多做說明（會有「反正就這樣吧」的想法）。據輔導員與案主談話中了解，在與父親相處時，案主的澄清動作都會被視為藉口，而在班級裡也會有「愈講老師愈生氣」的感覺（且之後有可能父親會知道，會不由分說被責罵），因此久而久之，案主儘管心裡難過，也不願多做說明。在這個部分，案主可能需要情緒上的支持以及一些人際溝通技巧，否則對於團體生活會較吃虧。

㈥輔導策略

晤談過程中，輔導員主要是採用摘要、整理以及具體的技巧，並增加案主對未來的期許，以及鼓勵案主的正面行為，讓案主了解自己在他人眼中的正面形象。

由於案主的表達並不是非常清晰，加上會有所不專注，因此會有答非所問的情形，因此輔導員使用許多具體化的方法，了解案主所說的事件內容。再者，對於一些案主較少碰觸的話題，在後來幾次關係

較為穩固，並利用晤談時一些臨機事件作為引導，拼湊整理前幾次談話內容，才有比較完整的了解。

另外，由於案主選擇「師生關係」作為晤談主軸，因此輔導員在此部分做較多著墨：案主在班級中滿重視導師對自己的感覺（姑且不論是否因為害怕父親生氣的緣故），輔導員的感覺是案主自己本身也在意導師對自己的看法。因此，在晤談時，輔導員會提到老師對他的期許及正面肯定部分（如：最近表現有進步），讓案主了解自己的形象並非如此負面，而希望進一步維持住（甚至提升）自己在老師心中的形象。

㈦輔導經過

與案主談話的過程中，許多時間是在開發話題與建立關係上面，因為案主並不會主動提問，且因為輔導員是陌生的「大姊姊」，因此在口語表達上較不清楚、會害羞，所以有一半的時間都在建立關係上。

談話主題是由案主決定擺在「與老師的關係」上，後來談到「管秩序」事件後，案主與輔導員的關係有所進步，但後來因觸碰人際話題，案主明顯表現退縮，之後再由案主主動鎖定談話焦點「師生關係」。不過，接下來的時間適逢期中考，案主狀況不佳，談話常出現「單人說話」狀況，談話進展一度膠著；之後話題延伸至高中目標，談話狀況又趨改善。最後一次晤談時間，輔導員分享自己的想法並鼓勵案主後，案主主動表示輔導員的了解正確，並謝謝輔導員，接下來的時間案主也顯得比較放鬆與主動。

綜觀而言，案主對於輔導員的態度是害羞、較為陌生的。雖然到學期末時，案主狀況明顯有改善，但是整體看來，案主比較不擅表達言詞（特別是對於輔導員），因此輔導過程雖然沒有特別的問題，但是在口語表達及不專心的情形一直沒有明顯改善的狀況下，晤談的過程中較費心力。但是，基本上案主很願意配合輔導員，所以七次談話下來，整體狀況仍有進步。

㈧輔導結果及未來可能發展

目前七次晤談的結果是，案主已經確實了解自己平日不專注的狀

況影響到了各個層面（師生關係、考試、念書、人際等）；對於未來的升學目標也已經認真確定，但是皆並沒有具體的行動計畫。不過由最後一次晤談，輔導員觀察到，案主在得到較多支持，以及正面鼓勵與期許之後，明顯變得活潑，並會主動關心輔導員，且也會較積極、願意配合輔導員（如對自己做個承諾），故在未來，除了在案主的動力方面做督促之外，可能需要：

1. 導師或輔導老師做個別性的鼓勵以及支持（這方面可能要多勞老師費心，因為案主不太會主動說出自己不舒服的感受），案主的自我形象、自我信心提升後，可能對於生活的重心較能掌握，且應該也會很願意配合老師的進度，而對自己的計畫有所行動。

2. 人際技巧的輔導：兩性相處以及溝通技巧方面，都是案主目前滿需要的協助。

3. 專注力訓練：由於輔導員目前的專業程度，以及可以運用的時間不夠，因此，此部分需要較有經驗的老師來做處理。目前案主的問題有相當大一部分是因為專注力不佳所引起，所以可能需要應用行為改變技術來增進案主的專注力，提升案主在校學習、與他人的互動狀況。

㈨檢討

本學期與案主總共晤談八次，但因有一次案主身體不適提早回去休息，所以實際晤談為七次。在過程中，輔導員花了很多時間在建立關係，以及尋找有延續性的話題，因此雖然有同理、支持，以及分享一些看法，但是似乎氣氛過於僵化，以至於效用並不大。最後一次案主具體明顯有所改變，可能是因為輔導員蒐集較多資料之後所做的回饋較多、較全面性，案主得到的增強強度較大，所以案主主動表示輔導員的觀察很對。針對這個問題，輔導員本身的檢討是在與案主的談話中太過於小心翼翼，以至於無法即時做出指導性的輔導，或是切入性的問題，這可能是影響到案主對自己的觀察，以及進步較為緩慢的原因。

另外，晤談時間每週一次稍微少了一些，因此對於本週的覺察或了解，到了下週再見面時，可能必須再做某種程度的複習；而在晤談外的時間，輔導員還需要再找時間向導師請教案主在班級的狀況，從導師與案主的談話中了解較多完整的資料，避免做出偏狹的判斷。

二、個案二

㈠基本資料

　　姓名：林××

　　年級：國中一年級

　　性別：男

㈡案主來源

　　由輔導老師轉介。

㈢背景資料

1.家庭史

　　家裡有父母、一姊一妹。父母從事小販，在市場賣水果，姊姊念護專，妹妹則念國小。

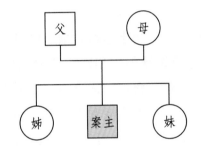

2.家庭關係

　　案主與爸爸的關係欠佳。他說，小時候爸爸就給他不好的印象。案主的爸爸很愛喝酒，小時候就已經和媽媽晚上騎機車到處找爸爸。他說，看到爸爸喝醉酒的樣子，胡言亂語，甚至還和別人打架，心裡就覺得不好受。此外，案主也覺得爸爸不講理，處罰時都沒有給任何理由，案主根本就不知道做錯了些什麼。他認為自己很無辜，要被打或罵完全都由爸爸的心情決定。

　　至於與媽媽的互動，案主也說還好。他說升上國中後，就較少和媽媽聊天，大家都各自過生活似的。不過，他會覺得媽媽不像爸爸不講理，媽媽都會告訴案主處罰的原因，讓他心服口服。姊姊與案主的年齡相差大，加上課業繁忙，所以沒什麼互動，但案主會照顧妹妹的

起居。

案主一天的生活作息是，早上上學，下午就到攤位幫忙，晚上八點就和父母回家，沒什麼戶外活動和特別要好的朋友。晚上回家後，就待在房裡一個人玩，比較喜歡玩電子遊戲，如GAME BOY，但不喜歡玩線上遊戲。

每天的零用錢是一百塊，包含一天三餐的費用，案主覺得不夠用。

3.學校生活

案主沒特別要好的朋友，與班上同學互動普通。學習方面需關切，因案主缺乏學習動機，不知道學習的意義何在，也不喜歡念書。我試著更進一步了解其原因，發現他的應答能力不差，有小聰明，所以我會覺得他不是不會讀書，而是之前曾有不愉快的讀書經驗，和無法了解學習價值，加上父母對孩子的學業成就要求不高，才導致他不喜歡讀書。

同時，案主是以老師來決定是否討厭該科目，並非因內在因素而拒學某科目，因為他說喜歡英文和數學的原因是，兩科老師都很親切，作業沒繳或忘了帶也不會特別嚴厲處罰，也喜歡與學生們互動；相對地，他憎恨地理，因為地理老師不講理，案主曾有兩次忘記帶學習單，結果當場被老師在眾人面前打耳光，造成案主內心很大的傷害。

經過這兩次不愉快的經驗，讓案主都把地理老師視為敵人，常在上地理課時，故意與老師敵對。

4.社會生活

案主本身的生理狀況沒多大的問題，但較擔心的是他吃不飽，而影響他的發育或造成偏差行為。案主每天的零用錢只有一百塊，他說早上買早餐就用了二十元，中餐的便當用了三十元，但覺得份量太少，吃不飽。晚餐就只能用五十元。有時候也會替妹妹買食物，而媽媽晚上九點才會煮晚餐。我會覺得案主目前處在發育時期，而且又是男性，相對地比同齡女生的食量還要多。

讓輔導員不解的是，班導師在上星期不斷強調案主在物質消費上不是問題，而且愛喝飲料。我猜想這或許是老師搞錯，不然就是案主

有所保留。需要觀察留意。

　　經過多次晤談中，才證明班導師的話是對的。案主都有多餘的錢買數位相機的記憶卡、寵物等，他說每天下午到市場幫爸爸做生意，爸爸都會給他薪資作為酬勞，所以他都會把錢存起來，買自己要的東西。

㈣主要問題行為敘述

　　課業：案主屬於學習低成就的學生，總平均幾乎是全班倒數前三名，不愛念書和做作業。爸媽對案主的課業要求不高，這學期也沒讓案主繼續去補習班。因此，案主放學後就到攤位幫忙，晚上才回家寫作業。

　　案主本身無法體會學習的意義，認為沒必要念歷史或地理等，只要懂得日常生活的技能就足夠。此外，他也覺得自己是過動兒，無法安靜的念書或寫作業，但看卡通或打電動卻能聚精會神。

㈤輔導策略

　　這是輔導員第一次接個案，抱著邊談邊學的心態，也沒有預設具體目標和計畫。用陪伴者的角色與案主聊天。我也覺得對象是人，人的情緒本來就是陰晴不定，所以我較重視案主當下的問題與情緒處理。

　　前三次的晤談為建立期，主要蒐集案主多方面的資料，且與他建立良好的關係，晤談內容多為日常生活的瑣事。第四和第五次的晤談是轉換期，找出案主核心問題，並試著了解案主的心情與想法，輔導員用了自我表露與傾聽等技巧，可惜第四次晤談被中斷，使進度受到影響。

　　第五次雖說是工作期，但案主似乎不願配合。後來，輔導員用了投射測驗，即用畫畫說故事，來檢視我們之間的關係和他的心情，他試著找出不愛念書的原因，他覺得自己有點像過動兒，坐不住，無法對毫無動感的東西產生興趣與專心。

㈥輔導經過

　　第一次晤談

　　案主對輔導員的第一印象還不錯，有問必答，而且我覺得他回答

得很誠懇。

當然還是有部分敏感問題，案主有所保留而拒答。此外，輔導員覺得與班導師的敘述有點矛盾。老師告訴輔導員說案主很愛喝飲料，愛花錢等。但案主卻否認，看來輔導員要好好觀察案主的行為。

案主也一直說不喜歡到輔導室，但都不說原因。他不敢正視輔導員，坐的姿勢也是斜的，感覺還是會把輔導員當成老師，保持距離感。

第二次晤談

這次晤談過程的氣氛挺不錯的，大家都有說有笑，開始培養之間的信任與蒐集更多案主的資料，整個感覺是愉快的。

輔導員覺得案主本身是位孝順父母也疼愛妹妹的孩子。放學後，先到××國小接妹妹到爸媽的攤位吃飯，之後再帶她到補習班，自己又回攤位幫忙，到晚上七點多才跟爸媽一起回家吃飯。吃完飯後，都會把自己關在房裡玩。至於玩什麼呢？他說玩電動、發呆、自言自語或玩寵物小老鼠等。反正他覺得這段屬於自己空間的感覺很自在、舒服，晚上都固定十點入睡。

第三次晤談

上週因老師要補課，所以輔導員只好與案主暫停晤談一次。這次我把重點切入他的學習狀況與學校工作。首先，輔導員想向案主道歉，並說明上次臨時暫停的原因，之後邀請案主分享這週在學校發生最特別的事情。

漸漸地，引導他進入主題。輔導員都是以詢問方式蒐集多元的資料，如問案主最喜歡和討厭哪些科目，喜歡哪些科目老師。在他不斷敘述的過程中，輔導員都用為什麼（why）和如何（how），讓問題更具體化。案主比較喜歡體驗性高的科目，如化學、童軍及生物等；不喜歡沉悶及無法與生活直接做連接的科目，如歷史、地理和英文。

至於老師方面，他非常討厭地理老師，因為他會覺得老師不講理。在上學期快放寒假時，有同學向地理老師打小報告，說案主沒有繳交學習單。老師就趁放學時間，跑到教室問案主沒交學習單的理由，案主誠實回答說忘了帶，於是老師在眾人面前打了案主一個耳

光。這件事情之後，案主非常憎恨這位地理老師，便處處與老師唱反調，如：上課睡覺、不繳交作業、頂撞老師和故意不回答問題等。

從案主的眼神和口氣，可以感受他的痛與無奈。而且他覺得許多老師都針對他，包括班導師。他說每次當班上有同學的東西不見或公物損壞，老師第一個質疑的人物就是他，而且都會在班上當場指責他，讓案主很不好受。聽到這時，輔導員心想無風不起浪，一定是案主有什麼行為才會讓老師質疑。

輔導員讓案主思考這個議題，問他為何會認為老師都針對你？案主當然說不知道，但輔導員堅持要他認真思考，一定要告訴輔導員至少一個理由。輔導員也試著換不同方式、問題來詢問他。

經過多次的檢討，讓我發現案主會讓老師引起懷疑的原因是，案主屬於學習低成就，成績自然就不好，加上青春期男生血氣方剛，平常與同儕聊天就會打打鬧鬧。

從案主口中，可以感覺一般老師都有刻板印象，即功課不佳和好動的學生就貼上不乖小孩。當然，這只是案主自己主觀想法，不過輔導員會有這樣的想法是，在未與案主會面之前，班導師要和輔導員晤談。在那次會談中，可以感覺到班導師非常注重學生的成績，只要功課好，一切都可以談。

而且案主轉介到輔導室的原因是偏差行為。當初輔導員以為案主有暴力傾向或者人際關係欠佳等，但親身與案主接觸後，發現案主並不完全如老師所說的。

晤談時間快要結束時，看到案主眼睛泛著淚光，輔導員可以感受案主所承受外人對他的眼光與壓力。輔導員沒有說什麼大道理，只想安撫和同理他此時此刻的感受。這次晤談還蠻順利的。

第四次晤談

這次又隔了一週才晤談，因為輔導員在前往營中的路途，突然傾盆大雨，又沒帶雨具，被迫困在街口。等雨勢變小就已快中午一點了，只好打電話取消晤談。

今天看到案主好像剛烤過似的，黑眼圈也很深。原來昨天是班

遊，老師帶他們到陽明山的一個牧農場做戶外教學。輔導員就知道他一定玩得很投入，一臉非常疲憊的樣子，所以輔導員不打算談一些較沉重的話題，也想提早結束讓他回教室休息。

輔導員只讓他分享昨天班遊的情形，純粹聊天。不過他倒是聊得興奮，與剛進來諮商室的表情完全不一樣。不過只聊半個小時，就由同學敲門要案主回教室，班導師要宣達重要事情。所以我們不到一點就只好結束。

第五次晤談

從第一次至今共五次，這學期的晤談也快要告一段落。雖說上兩次都中途結束，但輔導員想這次應該進入工作期了，即協助案主檢視自我的困擾、學習問題解決及自我的成長動力等。

昨晚輔導員在想要用什麼方法，才能讓案主覺得在一個有安全感的氣氛下，願意表露自己的想法與困擾。後來，輔導員覺得所有輔導方法與技巧的背後都是以愛與真誠為出發點，於是，輔導員選擇用自我表露與真誠。

案主進來諮商室還是如往常一樣和我鬧，有說有笑，聊一些生活瑣碎的事情。值得一提的是，原來我們的聲量都很大，連隔壁的老師忍不住敲門，要我們降低音量。輔導員想這就是打破諮商的刻板印象，誰說做諮商就不能吵吵鬧鬧。

後來，案主決定帶輔導員到後花園的涼亭聊天，因為他說現在是玉蘭花盛開季節。這次，是他願意主動離開諮商室，之前他都說討厭來輔導室，但又不想換到其他地點。很開心他願意帶我去看喜歡的玉蘭花，我想這就表示他對我的信任。

快要到涼亭就聞到清香淡淡的玉蘭花味道，在那麼舒服的空間裡，我就決定自我表露，試探他的想法。輔導員的臉色稍微凝重，就說我們還有兩三次的時間就結束這學期的晤談，不知道你對我們晤談有什麼想法？跟我聊天的感覺是什麼？喜歡跟我聊天的感覺嗎？

也許轉換太快，讓他覺得不自在，還是他本來就不習慣真情流露，所以變得很彆扭，隨便說說就敷衍我。輔導員還不死心，繼續給

予他肯定，告訴他輔導員對他的想法。可惜，那時在走廊遇到同學，他就移開話題跟那同學打招呼聊天。

雖無法聽到內心的聲音，但可以感受到他認真的思考。離開學校門口，看到賣玉蘭花的阿嬤，當下就買了一串送給他，希望下次會有更好的晤談效果。

第六次晤談

坦白說，今天真的帶著滿懷希望去見他，因為輔導員想知道上次送玉蘭花的效果如何。他來的時候拿著數位相機，與輔導員分享他拍的照片。很顯然地，輔導員的希望又再次落空。等他講完後，就稍微問他那串玉蘭花的下落。他剛開始反應有點大，他說對輔導員的行為感到很錯愕，並說那串玉蘭花一天之後就枯萎了，不過他還是向我道謝，看來輔導員期望太高了。

此外，輔導員也質疑為何他有那麼多錢買一張記憶卡，他說那是因為每天都在市場幫忙爸爸做生意，爸爸都會給他一些錢作為酬勞，平常大概一、兩百，生意好就三、四百。

之後，我們還是聊一些生活瑣碎的事情。今天並沒有什麼特別的事，到了一點時，案主向我哀求說他還沒吃中餐，可不可以放他去吃飯。我聽了又氣又好笑，並要他以後一定要先吃飽才跟我晤談。我們這次的晤談就提早十分鐘結束了。

第七次晤談

今天帶了圖畫紙和蠟筆，讓案主做類似投射測驗，了解案主的想法。我一直很想了解這學期的晤談對案主的意義，但問他，都沒有給輔導員很明確的答案，總是說不知道，不然就搖頭。我覺得溝通是雙方，不可能會沒感覺，或許案主不懂如何表達，所以讓案主透過畫畫來表達他內心感受。

理想和現實總有落差，案主剛進諮商室就跟我說，一點要回教室，因為老師要檢查清潔。我心想，距離一點還有半個小時而已，怎麼可能把這活動做完。於是，就調整活動內容與時間，只問一個問題讓他畫就好了。沒想到，剛開始他竟然說不喜歡畫畫，不願意與我配

合，後來輔導員說那我們都各畫一張，他才願意。

這時只剩二十分鐘了，不過他沒兩三下就畫完。他說和輔導員晤談可以不用午休，心情很開心；沒晤談要午休，他就不喜歡。輔導員也分享輔導員的畫，告訴我對他的期許。我稱讚他是一個很棒的小孩，幫父母做生意，也照料妹妹。在班上，也是一位負責任的衛生股長，願意承擔被隔離同學的工作。輔導員想他真的聽懂輔導員的話，表情也變得認真。他說自己有點像過動兒，總是坐不住，無法專心把作業寫完，也沒耐性安靜地念書。

聽到這些就真的很安慰，至少他自己也知道問題出在哪裡。因此，他不是抗拒讀書，只是傳統個人讀書的方法不適合他。只要找到適合的讀書方法，就可以讓他找回對念書的樂趣。

晤談的最後，輔導員給他一個星期的時間考慮是否下學期要繼續。也許下星期就是這學期晤談的最後一次，他沒有立即回到教室，一直陪輔導員到校門。輔導員也放下身段，和他打打鬧鬧，就像哥兒們，你追我逐，直到校門為止。要走的時候，他想要我的手機號碼，但輔導員婉轉扯開話題，因為輔導員當下無法判斷給他電話號碼是否恰當。

這次晤談給輔導員很深的領悟，自己認為好的一味要給對方，希望對方能照著自己的原意行事，卻忘了這過程中認真傾聽對方的聲音。這是他要的嗎？他喜歡嗎？我們這些大人都太自我，為何不願意與對方溝通協調，找出一個大家都適合的方法。

第八次晤談

今天是最後一次的晤談，原本想把氣氛營造出感性和感傷，不過想到案主的個性，還是打消念頭。果然，案主還是老樣子，總是愛挑戰我的能耐度。上次帶小老鼠又帶數位相機，這次竟然帶了兩位好兄弟來諮商室。案主說他們不想午休，所以就讓他們來。

剛開始有點氣，覺得這都是最後一次了，應該是我們分享這學期的心得，可是卻來了兩位同學，根本就不像結案。輔導員先請兩位同學離開，但他們還是不願意走，案主也用很多理由說服輔導員讓他們

留下。

　　這樣下去只會耽擱時間，輔導員突發奇想也可利用團體輔導的方式，了解案主在同儕團體的關係。輔導員就會問一些問題讓他們回答，如：為什麼他們三人會變成好朋友？怎樣的朋友特質才會讓你們喜歡，哪些又是自己不喜歡的。

　　輔導員都把焦點放在課業和生涯發展，發現同儕間會受到領導者的影響。案主算是他們之間的大哥，所以很多想法都和案主很像，如不愛念書，所以國中畢業後選擇念軍校、只溫習自己喜歡的科目、認為不懂的科目就是不懂，無須努力。

　　此外，輔導員也發現父母管教孩子的方式，也會影響孩子的觀念。案主和Ａ同學的爸媽都是在市場做生意，所以他們都不太重視孩子的課業，只要總平均及格就可以了，反而注重孩子的品德。

　　這兩位同學依照父母的話行事，成績尚可，在學校不鬧事，放學後到攤位幫忙。反而，Ｂ同學說父母很重視他的課業，並且管的很嚴，只要功課退步就家法伺候。他說父母認為成績好才能在社會上生存，才能被人尊重。也因這樣，Ｂ同學的成績是全班前五名。

　　可見父母對孩子影響遠及老師和朋友，讓輔導員體會到要輔導一個學生，並不是單憑老師的能力就可以解決的，而是需要整個資源力量所配合的，尤其父母。

　　這樣團體晤談形式的確讓人覺得時間過得非常快，他們依然送輔導員到校門，案主終於說不捨得，想下學期繼續和輔導員聊。不過我沒有直接答應他，因為覺得他不是很誠懇，輔導員想提高他的自願才繼續談，所以輔導員告訴他，若下學期想繼續晤談，可以告訴輔導室，由輔導老師聯絡輔導員。案主也點頭以示了解，就這樣結束了這學期的案主晤談。

㈦輔導結果及未來可能發展

　　對於一個學期的晤談，到底能帶給案主什麼影響與改變。這個問題或許連我自己都無法給予具體的答案，至少輔導員和案主建立了一個良好的關係，亦朋友亦大哥哥。他覺得輔導員像大哥哥，所以願意

與輔導員分享他的心情，和抱怨學校內遇到不滿的事情。

　　至於未來是否繼續還是結案，輔導員選擇由他來決定。因為輔導員覺得案主的自願性高，晤談才有明顯的效果。如果他願意，輔導員當然願意花更多的時間和方法幫他解決問題。

　　輔導員覺得案主主要兩大議題是：

　　1. 對於課業興趣不高。透過活動的設計，讓案主體會學習的重要與價值。此外，也提高他對課業的熱忱。就從建立他信心的方法著手。先了解他最在行或興趣高的領域，針對該領域給予鼓勵和肯定。之後，利用學習遷移的方法讓他對不喜歡的科目不會產生恐懼。

　　2. 案主脾氣暴躁。輔導員覺得這是男性青春期正常的行為，但需要找尋另外發洩情緒的管道，而不是利用與人發生衝突得到快感。

　　針對這兩大問題，我覺得並不能完全靠輔導老師就能解決，需要整個資源結合共同合作。

學業方面：班導師和任課老師要給予案主讚美與肯定，利用獎賞方式提高案主對學習的興趣，並且協助他找出適合本身的學習方式。父母恢復家教，多花一些時間陪案主學習，也讓案主在課後有更多學習時間。至於同儕團體，可以互相協助學習，利用良性競爭往上爬。

情緒方面：案主受不了班導師的嘮叨，覺得老師很煩，每天碎碎念。雖然老師的出發點是為學生好，或許可換一種學生喜歡的關懷方式，效果可能更好。任課老師也不要貼標籤，認為成績不好的學生就是壞小孩，應該接納案主，並讓他了解學習意義，提高案主的學習動機，才是上上之策。

（個人特質）

1. 外向、活潑、愛講話。
2. 善良、喜歡小動物和種花。
3. 孝順、幫忙父母做生意。
4. 講義氣，常是同儕間的領導者。
5. 情緒不太穩定、情緒化容易與人發生衝突。
6. 不懂得說話技巧，直言直語，讓師長覺得沒禮貌。

（偏差行為）

1. 脾氣不太好
2. 情緒化
3. 不太喜歡讀書

1. 家庭
父母無離異

父母：在市場賣水果，生意時好時壞，收入不穩定。
姊姊：唸護專，與個案年齡差異大，所以關係普通。
妹妹：唸小學，案主每天都會帶妹妹上下學，照料她的飲食。

2. 交友
國一上：普通，有幾位較好的朋友，不喜歡班上某些女生。擔任班上衛生股長。

3. 學習
(1) 學業成績不好。
(2) 學習意願不高。
(3) 不喜歡念書，覺得無趣。

4. 興趣
(1) 喜歡的科目，如：童軍、理化、家政等。
(2) 喜歡小動物和花。
(3) 打籃球。

（良性行為）

1. 孝順父母
2. 照顧妹妹
3. 懂得關心朋友
4. 愛上學
5. 喜歡交新朋友

目前狀況

過去背景

案主

未來可能的發展

輔導策略

心理事件
（可能發生原因）

1. 父親很兇、酗酒，案主對父親沒好感，互動不良。

2. 厭煩老師說教（尤其是班導師）。

3. 案主曾沒交學習作業，在同學面前被老師修理。造成案主痛恨地理老師。

4. 不知道學習價值，對生活缺乏目標。

（情緒方面）

導師：不要再念他，就已經能幫助案主很多，且能同理與包容他一些不良的行為，如講話沒分寸、恐嚇同學等。其實他只是好玩，並無惡意。

任課老師：不要貼標籤，認為成績不好就是不乖學生。接納並鼓勵案主對學業產生興趣。讓案主了解學習的價值。

同儕團體：利用互動和團體動力互相鼓勵學習。

（學業方面）

任課老師：給予讚美與肯定，利用獎賞來提高案主對學習的興趣。

同學：互相協助學習，利用良性競爭。

父母：恢復家教，讓案主在課後有更多學習時間。

（未來輔導策略）

1. 透過學習輔導，改善案主的行為。
2. 利用小團體，讓案主對課業產生興趣。

圖 14.2

參、學校生活適應問題個案實例

一、個案一

㈠基本資料

      姓名：吳××

      性別：男

      年齡：十四歲

      年級：國中二年級

㈡案主來源

      由導師轉介至輔導室。

㈢背景資料

1. 家庭史

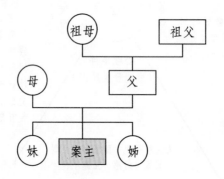

2. 家庭關係

  ⑴**父母管教**：父母對案主的管教態度屬於放任的方式，從來不嚴格限制他的所做所為，例如用功念書、準時到學校上課……。案主的祖父、祖母與他們同住，因為案主是家中唯一的男孩子，所以祖父、祖母都非常寵他。

  ⑵**親子關係**：父親從商，案主以前家境相當富裕，現在小康。母親和案主的關係似乎很不錯，常常會陪他講話聊天。

(3)**兄弟姊妹**：案主有個姊姊大他一歲，原本就讀國三，現在休
學在家中（案主說她交到壞朋友）。案主還有個妹妹，年齡
和他相差很多，目前就讀幼稚園。

3.**學校生活**

(1)**學習態度**：對學校課業的學習意願不高，平時不太用功念書，
不在乎成績。

(2)**能力**：案主有在外面學跳街舞，不過他說自己才剛學不久。
他覺得自己的外型不錯，以後想念華岡藝校，進入演藝圈。

(3)**成就表現**：案主的學業表現屬於班上的中下層，因為時有上
學遲到的情形，所以被老師記過幾次遲到。

4.**社會生活**

人際關係正常，與班上同學及校外朋友相處皆無困擾。但據其導
師說，案主曾經和班上一位人緣很差的同學打架，案主也承認和他有
過不合，但隱瞞打架的事。因為案主的外型出色，所以還會有些不認
識的女生仰慕他。

㈣**主要問題行為敘述**

案主當初是被其導師轉介來接受輔導的，導師說他很自我中心，
我行我素，想做什麼就做什麼，不配合團體生活，不理會老師的管
教。舉例來說，當全校都在操場做健康操時，他可以站在那兒一動也
不動，說什麼都不肯跳。對於老師口頭上說要處罰他、記他過，他也
都無動於衷。此外，他上課遲到的次數很多，屢勸不聽。他的防衛心
很強，問他問題都不太回答，導師覺得他很難溝通，是個令人頭痛的
問題學生。

㈤**診斷與分析──主觀判斷問題**

經過與案主八次的晤談，看不出他很自我中心，不過推論是因為
輔導員與案主之間無利害衝突，所以感覺不到。但是，倒能看出案主
的防衛心很強，有時候回答問題有些敷衍，尤其是講到他不想談的事
情時（與導師互動相處的細節、對導師的看法）；不過，逐漸與案主
建立關係後，他變得比較健談，看得出案主本性不壞，但有些固執，

他不會因導師的管教而改變行為，也不覺得自己的某些行為不適當。推論是因為案主父母的管教態度造成的，因為他們不太會約束案主的某些行為（上課遲到、不用功念書，有時幾乎每天放學都去練街舞到很晚，有時週末會到親戚經營的遊樂場打工，賺取學舞的費用和平日生活費……），在某種程度上，反而還有些助長（父母不會嚴格督促他早起，有時就算他睡得很晚，母親還是會做份量很多的早餐給他吃，並跟他聊天聊很久）。案主覺得導師的教學表現很好，但不喜歡她的個性，覺得她講話刻薄、愛多管閒事，他認為自己一點錯都沒有，全都是導師的問題。案主還說，他不欣賞導師，所以不想理她，但是他會願意聽自己喜歡的老師所說的話。

㈥**輔導策略**

    *1.***短期目標：**與案主的父母配合，約束案主，使其遵守團體規範。

    *2.***長期目標：**由輔導室擔任溝通的橋樑，使案主和導師更了解對方的想法，進而達到良好的溝通。

    *3.***未來輔導策略：**

    (1)改變案主對於導師管教他的看法，讓他體認導師的苦心和用意。

    (2)促進案主和導師間良好的溝通，輔導老師可擔任中間橋樑，讓雙方更了解彼此。

    (3)請案主的父母與導師配合，協助改變其行為甚或想法。

㈦**輔導經過**

    第一次晤談：(1)輔導員與學生建立關係；(2)家庭狀況；(3)學生平日的興趣；(4)最喜歡、最不喜歡的科目及老師；(5)交友情形；(6)未來的生涯計畫。

    第二次晤談：(1)週末假日的消遣娛樂、平日課後是否有補習或請家教老師；(2)對導師的印象；(3)導師與班上同學的互動；(4)與班上同學的相處情形；(5)父母的管教態度。

    第三次晤談：(1)週末打工的內容和情形；(2)家庭成員；(3)對導師的教學看法；(4)對課業的看法；(5)參與校內社團活動的情形；(6)生活

方面的困擾。

第四次晤談：最近的困擾及可能的解決方法。

第五次晤談：(1)常遲到的原因、父母對此的態度；(2)上次的困擾發展情況；(3)現在打工和補習的情形。

第六次晤談：(1)之前的困擾；(2)最近的煩惱；(3)最近的課業情形；(4)最近與導師之間的關係、最近遲到的情況是否有改善；(5)在班上的交友情形。

第七次晤談：(1)最近的煩惱；(2)最近上課遲到的情形、近來與導師的互動；(3)以後與導師的互動模式。

㈧輔導結果及未來可能發展

案主仍然認為自己沒有錯，他和導師間相處不愉快，全是導師自己的問題，不過案主的態度並不強硬，未來如果使用輔導策略得宜，可望改善其與導師間的關係。

㈨追蹤及發展

*1.*詢問導師以檢核案主的行為改變情形，及雙方的互動，藉以了解其關係是否有改善。

*2.*與案主晤談，以得知父母是否有對他的生活行為稍加約束，幫助他配合團體生活。

*3.*給予案主正向的肯定，鼓勵他的改變。

個案問題與處理分析圖

個人特質

1. 對自己的外表有自信
2. 拘謹、在熟人面前較放得開
3. 自我中心
4. 防衛心強

不合作行為

1. 我行我素，不遵守團體規範
2. 不理會老師的規勸和訓誡

家庭

祖父母：很寵案主
父母：從商
姊：原本就讀國中三年級，現休學在家
妹：就讀幼稚園

交友

1. 班上朋友
2. 校外一起學街舞認識的朋友

學習

1. 學習成績中下
2. 學習意願不高
3. 不在乎學業成績

興趣

1. 跳舞
2. 打球
3. 以後想進演藝圈

目前狀況

過去背景

未來可能的發展

輔導策略

案主

心理事件
（可能發生原因）

未來輔導策略

1. 改變案主對於被導師管教的看法，設法讓他體認導師的苦心和用意
2. 輔導老師擔任中間橋樑，促進學生和老師彼此間的了解，並發展良好溝通
3. 導師可請學生家長聯絡，使其了解學生的行為破壞了團體規範，因此需要他們幫忙改變案主行為，並加以督促

1. 父母親管教放任自由，導致觀念偏差
2. 學習動機低落
3. 厭煩導師管教，師生關係交惡

圖 14.3

二、個案二

㈠基本資料

姓名：李××

性別：女

年齡：十四歲

年級：國中一年級

㈡案主來源

導師轉介。

㈢背景資料

1. 家庭史

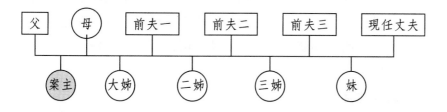

2. 家庭關係

⑴案主目前與三姊、妹妹及繼父（母親現任丈夫）同住。母親不在家中，生活由繼父供養。

⑵大姊已結婚有家庭，二姊已在工作並與其父親同住，三姊也已經踏入社會工作，妹妹還在就讀小學。

⑶案主在入學資料與晤談上，皆表示與家人少有接觸。三姊工作回到家約晚上十一點，繼父工作回到家約晚上九點。繼父下班回到家會陪同案主一起收看電視。

⑷由導師與案主口中得知，繼父對案主尚佳，願意支持案主求學等方面的作為，對案主管教態度較為民主。

⑸案主表示不喜歡母親嚴厲的管教方式，雖然母親不在家中，但有時回到家中會嚴厲責備案主，尤其是責備案主房間凌亂。

3. 學校生活

(1)案主在學習方面，態度消極。表示只於上課聽講，下課不願意複習課業，覺得學習書本上的知識很無聊。受老師責罵會稍微讀書，成績表現在及格上下。

(2)導師表示案主能力不差，應是聰明的孩子。輔導組長表示，案主之前的學業表現尚可，這學期有下滑的趨勢，對未來較無目標。

(3)案主曾和英文老師起衝突，並且非常不喜歡受老師責罵，因此，對於和自己起衝突與責罵自己的師長，很不喜歡，並且不想學習或聽講任何這些老師的授課。

(4)案主表示較喜歡學習技能，母親建議其國中畢業後，就讀東方工商美容科，案主納入考慮。但是案主認為東方工商入學條件不高，並且覺得目前學校課業很多，做不完並學得很痛苦，所以即使不來學校上課也可升學，來學校沒有多大的用處。

4. 社會生活

(1)案主在校人緣普通，並不覺得有人際上的困擾。但由於案主行為表現偏差，導師會告誡班上其他同學勿太接近案主，這樣的做法使案主感到生氣，但由於國一國二的導師皆如此做，因此案主表示習慣不以為意。

(2)案主與班上一位中輟的學生交情不錯，導師認為其受到影響。

(3)由晤談上得知案主結交許多校外的朋友，有些是小學同學，假日會一起去烤肉；有些是朋友的朋友，有些一起去西門町玩DJ練習台。這其中有的朋友年紀已滿十八歲會騎車出遊。

(四)主要問題行為敘述

起初輔導室提報的問題是：說謊、與班上中輟生交友受其影響，原本國一時，學習情況有慢慢進步的情形，而現在國二下有下滑的趨勢，需要生涯規畫方面的輔導。主要的偏差行為是說謊。但經過晤談之後，發現案主對未來目標可說是毫無任何想法，此情形較為主要；

至於說謊行為，是屬於偶發，逃避學習參與課後輔導的藉口。導師認為案主的學習動機不強，學習成就不佳，與中輟生交友是主要的問題。案主目前兩天到校一天，形成技術性中輟。至於說謊行為，案主表示自己並無向老師說謊，沒有錢參加輔導課的藉口，是繼父幫其說出的。因此對於說謊行為，有待資訊的明確蒐集，再決定處理方式；而目前急迫的問題為輟學的行為。

㈤診斷與分析

1. 案主的家庭結構複雜，由案主描述與家人甚少接觸的說法，在家人的關心上是缺乏的。可能因此案主似乎不是很喜歡處於家中，在外結交不少朋友，晚上有時會和朋友一同出遊。

2. 在課業的學習上，案主表示非常不喜歡學習，很無聊，甚至覺得很痛苦，為什麼母親要把自己生下來到學校讀書。由此可知，案主對於學習感到很沮喪。而詢問其是否在學習上感到吃力或是課業繁多，案主回答沒有，純粹是不喜歡讀書。而詢問其沒來學校都做些什麼，案主表示不可能天天玩，自己喜歡睡覺。觀察案主來校時，導師表示案主也常趴在座位上睡覺。由此，可看出案主逃避學習，但也不是喜歡做其他的活動，只是睡覺，可能有憂鬱的傾向。

3. 案主的父母親及姊姊對其的管教不多，認為若她想學習便供給學習，如果案主真的不想學習也不強求。干涉不多，可能與不常親近有關係。

4. 至於說謊行為，目前案主否認，因此有待建立更深層的關係後，再與其討論處理。

5. 此外，案主對師長的態度強硬，與導師談話面無表情。來談時也大多如此，問其問題時，大多回答不知道，情況似乎為叛逆行為。在輔導員詢問時，多回答無所謂、那就算了、沒關係等話語，觀察其表情，雖多僵硬，但聽到問題時，有些變化；因此，輔導員認為其有受到問題的震撼，但故意避開回答。所以，有待輔導關係更進一步的建立。

(六)輔導策略

1. 建立關係，和案主談其想談的事情，並由其中蒐集相關訊息。
2. 給予支持和關心，以期減少反抗和叛逆的情緒反應。
3. 讓案主宣洩情緒，包含課業上及與師長間的不滿情緒。
4. 幫助案主探索對課業的種種感覺、生涯興趣，及對於老師責罵的過度反應。
5. 了解案主的說謊行為。
6. 了解案主的技術性輟學行為，並認識其輟學的原因與在校外的行為。
7. 案主無目標且行為逃避，因此請導師觀察在校行為是否以睡覺逃避，並了解案主在家是否也呈現逃避行為。如是，請輔導組長聯絡家長及相關人士，轉介給精神科醫師進行相關憂鬱的鑑定，再採取進一步的輔導策略。
8. 鑑定後，如果有憂鬱情形，則進行治療；如果無憂鬱情形，則更進一步建立關係，並了解案主平時的行為狀況（包括校內外的行為），與造成行為形成的影響因素，再針對各個因素進行輔導。
9. 必要時，希望能與案主的母親溝通；目前與導師溝通的為案主的大姊，根據導師表示，大姊是較為理睬案主各方面生活與行為的人。
10. 有時與導師聯繫，了解案主的情況。

(七)輔導經過

1. 與案主談平時的休閒，案主表示會去網咖或與小學同學於假日時烤肉。詢問很多事情都說不知道，反應冷淡，關係還未建立。向案主表示自己是來陪伴及幫助她。
2. 詢問案主家庭生活，案主直接表示家人往來冷淡，現在的父親是繼父及母親管教嚴厲。
3. 案主講到有陣子和母親逛街很快樂，但現在很少和母親一起逛街。

4. 談學校方面，案主談及與老師的衝突，這時有各說各話、各有理由的情形。案主表示非常不喜歡被老師責罵，被責罵之後便更不願意學習，不念書又被責罵，形成惡性循環。

5. 想與案主更深入探索上一點，未果。案主表示老師罵，自己不想理老師，以沉默來應對。不知是案主不願意思考，還是諮商方式的詢問對於國中生太難理解，無法了解問題及回答方式。

6. 詢問案主對於課業上，哪些較不討厭；而在其他方面，喜歡什麼類型的活動、未來想做什麼。案主表示小學喜歡吹直笛，小時候參加舞蹈比賽（這是她的一項成就感的經驗），現在喜歡打排球。因為排球似乎學不完，一直都很新鮮。以前還學直排輪，但受傷受挫折後便放棄了。

7. 想深入探索上一點的受挫經驗與課業上學習的相關經驗，未果。

8. 詢問案主是否有打過工，案主表示有，並且表示喜歡動作的工作技能，不喜歡學習書本上的知識。案主提及母親建議就讀東方工商美容科。

9. 案主給輔導員自己的手機號碼，並表示端午節是自己的生日。由此可知，關係有進一步的建立。

10. 案主表示上學沒有用，東方工商零分也可以入學。打算兩天來一次學校。詢問其沒來學校都在做什麼，案主表示不可能天天玩，喜歡睡覺，在家的日子都常在睡覺。並表示母親生下自己，自己現在必須上學，很痛苦。

11. 如果國中沒畢業也無所謂，就讓母親養到十六歲後找工作。

(八)輔導結果及未來可能發展

1. 案主目前與老師衝突似乎較少，有可能是因為案主技術性中輟，較少來學校，而導師也不敢再多加責罵。

2. 案主表示會考慮就讀東方工商美容科，但不完全肯定，不過就讀高職是其確定的方向。

3. 目前案主的學習動機非常薄弱，並沒有考慮到面對學習的辛苦，即使就讀高職也會遇到。

4. 未來輔導方向為繼續給予支持，增強學習動力，並使其了解到自己身遇困難則退縮的反覆行為模式，而這行為模式會一再出現。

5. 此外，或許可以盡力聯絡案主的父母親，協助其建立良好的家庭親子關係。

㈨追蹤與檢討

1. 在開始晤談之時，應以建立關係為優先行動，太早深談，案主可能未準備好，或信任感不夠，因此無法回答詢問，只以不知道帶過。但，在起初建立關係之時，想與案主談一些她感興趣的事情，案主的態度冷淡，且似乎覺得談這些不重要，來談是有關學校生活的事情。

2. 在談的時候，案主皆以中性回答閃躲，例如：不知道、無所謂、沒關係、到時候再想。或許案主並不是故意以這樣的回答反應，有可能是一時間被挑戰，不會也不知道如何回應。

3. 應努力建立關係後再進行深談，輔導員風格容易落入工作取向，應小心避免太過問題解決導向，以支持、關心案主為主。

4. 輔導員應避免被案主挑起情緒反應，應做到空白螢幕的效果。也許輔導員應先自我處理，反思在何種情況易受案主挑起情緒。

5. 案主有留手機號碼給輔導員，輔導員應主動聯絡案主，了解案主近況。也許可以利用暑假時間帶案主出遊，以增進關係。

個案問題與處理分析圖

目前狀況

1. 有說謊行為（出現短暫）。
2. 學習無目標、無動力，覺得上學很痛苦。
3. 考慮畢業後就讀東方工商，案主覺得零分也可入學，因此覺得來學校沒有用。形成技術性中輟，兩天來校一天。
4. 上課多在睡覺，在家時也多在睡覺。
5. 不喜歡老師，採不理睬的態度回應老師。

1. 家庭史

父
母
案主
前夫1 — 大姊
前夫2 — 二姊
前夫3 — 三姊
現任丈夫 — 妹

2. 家庭關係
母親不在家中，案主與現任繼父、三姊、妹妹同住。家人與案主接觸不多，繼父下班後會陪案主看電視，對案主的管教較民主，支持其學習活動。母親管教嚴厲，案主不喜歡。

3. 學校生活
學習態度消極，動機不強。較喜歡學習技能而不喜歡念書。曾和英文老師起衝突，非常厭惡受老師責罵與罵自己的老師。國二學習狀況下滑。

4. 社會生活
案主不覺有人際交友困擾。老師會告誡其他同學勿和案主太接近。案主和班上一位中輟生交情不錯。於校外有結交朋友，常會一同出遊。老師認為案主的校外朋友有中輟生。

案主

過去背景

輔導策略

未來可能的發展

心理事件（可能發生原因）

1. 家庭複雜，唯一有最深與直接血緣關係的母親卻不同住家中。案主可能缺乏家庭的溫暖與關懷。
2. 在談話時發現案主表情僵硬，不太善於表達情緒，多有壓抑，笑的時候也只淺淺笑一下。可能是青春期叛逆或是缺乏關心所致。由此及對老師強硬的態度，發現案主很倔強。
3. 生活無目標，可能和缺乏親人的關係與深入互動有關。似乎沒人和案主談過未來想做什麼。導師繁忙也只能盡力鼓勵案主學習，認為學習是較佳的途徑。

輔導策略

1. 多和導師聯絡，以了解案主狀況。
2. 給予案主持續的支持和關懷。
3. 讓案主有窗口宣洩情緒。
4. 幫助案主探索對課業的學習、生涯興趣及對老師責罵的過度反應。
5. 了解案主輟學之因及還願意來學校的動機為何？
6. 案主常以睡覺來逃避，疑有沮喪情形，應請輔導組長聯絡家長或相關人士，暫時將案主轉往精神科進行相關鑑定。
7. 盡可能與案主的母親聯繫，目前導師是和較願意理睬案主生活各方面的大姊聯絡。也許應和案主母親溝通，並期許能改善案主家庭親子關係與氣氛。

圖 14.4

第十四章　個案實例

三、個案三

㈠基本資料

姓名：陳××

性別：男

年齡：十五歲（國三）

外型：體型中等略高

個性：外向活潑，口語流暢，表達能力佳。個性隨和好相處，亦
　　　與人建立關係。不習慣表露情緒及個人事件（說自己重視
　　　隱私）

㈡案主來源

國二下導師推薦，非自願性案主。

㈢背景資料

1. 家庭史

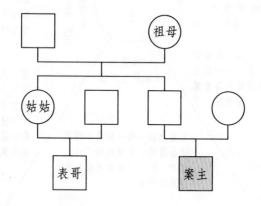

2. 家庭關係

(1)**父母管教與親子關係**：父母離異後，案主與祖母同住。案主
較少提到祖母，而家中另有一名大案主兩歲的表哥。父親已
再婚而母親則無，父親經常回祖母家，但管教案主屬於威權
式教育，會限制案主零用金及關心課業狀況。不重視案主之
興趣（文學創作如新詩、散文）發展，讓案主對其反感。反

而與母親相處較融洽，週末會去母親住所，母親會給予額外零用金。

(2)**兄弟姊妹**：案主與親戚中之同輩相處皆融洽。因為表哥在課業及才藝等方面有傑出表現，常讓案主感到壓力。

3. **學校生活**

(1)**學習態度**：積極準備學測。

(2)**能力**：中上。

(3)**成就表現**：中上，以台北市公立高中為升學目標。曾提到很想讀附中，但自覺能力尚不足。

4. **人際關係**

(1)**同性**：大都關係普通。案主認為班上男性同學大部分都比較幼稚，面對問題時，案主有時會以勸告的角色提醒他們，若他們不聽，案主也不會強制堅持己見。所以有時則選擇沉默。與同性相處無顯著問題。

(2)**異性**：案主目前無交往對象，有不少熟識之異性，可能同輩，亦可能年紀小於案主。善於與異性建立關係及相處，所以異性友人在案主的生活中占重要地位。

㈣**主要問題行為敘述**

1. 案主個性順從性高，為人隨和好商量，因此稍缺乏決斷力，常將決定權交由別人主控。

2. 人際方面，與異性朋友關係曖昧，與異性朋友經常不會保持適當距離，常造成不必要的誤會。

3. 對零用錢管理方面，常因請客（異性）而缺少節制。

4. 學業上，面臨學測（六月中），因此主要困擾來自於課業壓力，擔心自己成績差而無法考上公立高中。僅偶爾抱怨而無顯著問題。

㈤**診斷與分析**

1. 案主個性缺乏果決力，隨和的態度雖使得人際關係並不會孤立，然而也是致使案主與異性關係易形成曖昧，容易答應請客……

等等的原因之一。

2. 主要困擾來自於課業壓力及兩性交友，但案主因積極準備學測，目前亦不考慮交女友，所以現階段僅止於情緒之起伏。

㈥輔導策略

1. 鼓勵案主說出生活事件：引導案主試著述說自己的生活事件，而澄清不會出於探究隱私而詢問與主題不相干的問題。

2. 提供不同的思考方向，幫助案主了解事情的多面向。過程中重視彼此分享經驗，輔導員也不避諱地坦露自己亦出身於單親家庭，一樣可以讓自己追求向上的道路。

3. 肯定案主的良好表現、鼓勵案主雙向溝通：提供機會讓案主詢問輔導員，輔導不僅止於一味著重案主的生活，也同時注重彼此信任感及關係的建立。

4. 提醒課業準備、交友關係及時間管理的適當範圍。

5. 避免流於開玩笑及注意是否岔開話題。

㈦輔導經過

本學期晤談九次，督導一次。這學期與前兩學期不同之處是常以逛校園的方式晤談。因為個案就讀學校的地形是山坡地，加上是午休時間，所以並不會受到其他學生的干擾。藉由這樣的方式，讓案主以比較自在的空間來談話，大幅減少以往會趴在桌上或玩弄桌上飾品等……晤談室中可能的阻礙。

㈧輔導結果及未來可能發展

1. 案主目標在普通高中，若沒考上，則可能會去念電機或電子等職校科系。所以，案主亦很清楚學測分數的重要，讓他願意努力衝刺。

2. 案主信中提到：單親的小孩只要自己好，別人怎麼看你都無妨。可知輔導員對案主未嘗不是一個模範呢！這種潛在影響似乎遠大於晤談過程中使用任何其他的技巧。

3. 未來案主在高中將最需要的是生涯性向之探索，幫助案主為高中生活找到定位和未來課業努力的方向。

㈨追蹤與檢討

1. 案主很重視這段晤談時間，一旦輔導員遲到，案主會提醒下次要早到。

2. 然而，因為這學期的晤談關係已進入第三個學期，兩人有時會以開玩笑的口吻交談，雖然關係慢慢穩固，也建立一定程度的信任感，但有時容易流於閒聊。

3. 晤談時間只有二十五到三十分鐘，所以往往才剛進入正題，就必須結束，這是過程中最大的阻礙之一。

4. 此外，第二學期到第三學期初，案主似乎有被知道私人事情的顧慮，因此常迴避話題或故意開玩笑而不回答，形成一個瓶頸，而到最後幾次才漸漸消失，但已經接近案主畢業。迴避或不想回答問題的可能原因有：⑴對單親家庭環境不願多談；⑵本身個性也不喜歡「公開我」過大；⑶彼此的關係不夠信任；⑷害怕被其他老師知道自己的問題。

5. 輔導員發現比較少給予案主正向的讚美或回饋，可能原因是與案主的關係比較像大姊姊，較多關心和提醒。沒有注意到案主許多細微的需求，督導機會不多，缺乏很妥善的輔導計畫，亦非結構性的諮商關係。長期下來的工作效率不是很高，唯關係建立得不錯，讓案主願意把輔導員當成以後還可以保持聯絡的對象。

個案問題與處理分析圖

個人特質
1. 外向、口語流暢、表達能力佳、幽默
2. 易與人建立關係，好相處，可信任
3. 雖不習慣表露情緒，但生活態度樂觀、情緒穩定
4. 隨和。但缺少決斷力，常把決定權放在別人身上

偏差行為
無。但使用金錢方面易因「請客」（異性）而缺少節制

家庭
父母離異

祖母—姑丈 表哥
母—姑姑 案主
（男、國三）

祖母：主要照顧案主生活，但案主與祖母溝通不多
父：再婚，另組家庭。偶爾回祖母家（個性固執、對案主常落入僵化的禁止式管教）→ from 案主
母：未再婚。與案主關係良好，會提供案主額外的金錢
姑丈、姑姑：在大陸工作，偶爾回來同住
表哥：高二。成績等各方面表現皆很傑出，讓案主頗感壓力

良性行為
重視課業狀況。會提醒自己該認真唸書

目前狀況

人際
國二下：導師提報輔導室「人際問題」
同性：案主認為他們大部分都比較幼稚，關係普通
異性：有五個左右熟識的異性，可能同輩，也有年紀小於案主者。擅於與異性相處，目前並無交往對象

過去背景

案主

未來可能的發展

輔導策略

心理事件
（可能發生原因）

情緒方面
父：多鼓勵，肯定案主之表現，協助案主適性發展
母：節制案主金錢使用，關心案主生活狀況
父母：皆應增加與案主之間相處時間

交友方面
輔導老師：提醒案主應與異性朋友拿捏適當之距離，允諾請客也不宜過常

診斷與分析
1. 案主個性缺乏果決力，隨和的態度雖使得人際關係不錯，然而亦是形成與異性相處等問題的原因
2. 案主主要困擾來自於課業壓力及兩性交友，但案主積極準備學測，現階段亦不考慮交女友，故評估案主目前無顯著問題產生，僅止於情緒起伏

未來輔導策略
1. 生涯性向探索，訂定學習目標
2. 輔導員亦可定期關懷案主，提供案主不同的思考方向

學習
1. 資質不錯
2. 成績中上
3. 學習意願高，有升學動機及目標

興趣
電腦、文學創作（散文、新詩）

潛在可能問題分析：
1. 父母離異。案主皆不與二人同住，易缺乏認同感
2. 與父親關係不佳，可能沒有仿效的角色對象
3. 表哥各方面的表現傑出。一方面令案主感到壓力；一方面期許自己也能盡量符合理想的目標：師大附中……等公立高中

圖 14.5

肆、外向性行為偏差案例

一、個案一

㈠基本資料

姓名：小強

年齡：十三歲

性別：男

就讀學校：國中一年級乙班

㈡案主源起

1. **案主來源：**由導師發現該生精神萎靡不振，並連續曠課兩天，於是主動進行家庭訪視。

2. **接案來源：**家訪後發現該生因家庭問題，而曾犯下竊盜之不良行為，並且與校外幫派有所聯繫。因此導師有義務進行了解狀況。

㈢主要問題行為敘述

1. 上課沉默，甚至趴在桌上沉睡一整天。

2. 到校後又蹺課到校外。

3. 偷竊機車零件。

4. 家庭不睦，疏於管教。

㈣背景資料

1. **個人方面**

   (1)功課較差，但人緣不錯，極富正義感。

   (2)田徑方面表現十分優秀。

2. **家庭背景**

   (1)為原住民家庭，父母感情不睦。父親對母親拳腳相向，後終於離異，孩子由母親監護。

   (2)初期跟隨母親居無定所，後母親與「叔叔」同居，「叔叔」

對他並無好感。（若「叔叔」對母親動粗，他會為護衛母親而與「叔叔」發生爭執。）

(3)母親為照顧四個小孩，日夜兼差，少有時間接觸孩子，然四個孩子間感情仍十分要好、和諧。

3.學校生活

(1)因家庭環境的關係，令其頗為自卑，導致在校常沉默不語，但與同學相處平和。

(2)成績較差，但運動細胞發達。國小為體育班，國中後被選為田徑校隊。

(3)對老師非常尊敬，尤其對幫過他或關心過他的老師。

4.社會生活

(1)小學畢業後的暑假，因其父親生活潦倒，母親離家。於是與其兄聯手偷竊電腦賣錢，被送入警局，故入國中前便有偷竊紀錄。

(2)上國中後因頗富正義感，被校外幫派分子盯上並收為乾弟，且常為其乾哥辦事扛罪。

(3)因有案底，其乾哥利用他扛罪，集體偷竊機車零件組裝，再由他擔罪。之後，又偷竊機車供他們當交通工具。

(五)診斷與分析

案主的主要問題在缺乏父母關愛、交友不慎，再加上個性忠耿，容易被利用，採取下列輔導策略與技巧：

1. **有關老師聯繫**：聯絡導師及國小級任老師，了解其個性、發現專長。

2. **有關個別諮商**：了解其心理問題、交友情況，接納其情緒給予關懷，促使其發現偷竊的嚴重性，並擬定計畫達成其心理需求。

3. **配合行為改變技術**：若案主有按計畫實踐，便給予榮譽卡；若無法實踐，則扣一張榮譽卡。

4. **家庭諮商**：利用家訪機會，與案主母親溝通教育孩子的看法，並建議開個「家庭會議」處理全家性問題，並請家長與校方配

合，隨時與老師聯繫。

5. **利用同儕團體**：將案主安排在較樂於助人之小組，鼓勵其形成一個「友誼團體」，帶領案主參與班級活動。

6. **利用工作參與**：命其為班上風紀股長管理班級秩序，若得秩序獎便給予榮譽卡一張。（十五張榮譽卡可換優秀勳章一顆。）

㈥**追蹤輔導**

1. 媽媽天天到校接送案主放學，不讓校外人士有機會與其接觸。

2. 有榮譽感為班級秩序努力。

3. 對自己較有信心也較活潑。

勉勵案主繼續保持下去，並在日後生活上碰到困擾時，歡迎隨時找老師。

㈦**檢討與結論**

1. 一個家庭最重要的資源是愛，愛的資源若能充分交流，必能滋潤每位家庭成員的心靈。案主母親在天天接送孩子的當中，和孩子有較多的接觸機會，了解孩子的需求，彼此關係不再因「叔叔」的存在而疏離。

2. 孩子並非慣竊，只是因環境困苦犯下錯誤後，又因外面幫派分子見其純厚及有案底，而利用他扛罪。若能好好地加以輔導，脫離幫派分子的糾纏，仍是位有為的少年。

3. 讓他加入田徑隊可為校爭光，也發展其興趣，促使人生更富色彩。

4. 案主輔導需要相關人員全力加以協助，才能獲得具體成效。

二、個案二

㈠基本資料

姓名：曾××

性別：女

年齡：十五歲（國二生）

㈡案主來源

因休學一年，復學後，由輔導老師推薦轉介。

㈢背景資料

1. **家庭史**：家中七人，父母之外，尚有五位兄弟姊妹：一兄一弟，兩個姊姊，排行老四。

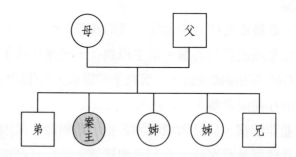

2. **家庭關係**：案主的哥哥及二姊皆因求學關係不在家中居住，與父母關係尚可，但父母對其管束力未能全然彰顯。在家中跟二姊最為親近，與弟弟則因同為電腦遊戲的愛好者，故交集增多，關係尚佳，與大姊關係不好。

3. **學校生活**：學習態度不佳，意願很低，對課業幾乎毫無興趣，學業成績不好。

4. **社會生活**：人際關係十分良好，朋友交往圓融，和全班同學關係都不錯，十分重朋友。除學校交友外，熱中於網路交友，與網友相約出遊或見面次數頻繁。校外同學亦多。

㈣主要問題診斷及分析

1. 求學意願低落，經常無故缺席

關於這點，從家庭及交友方面切入，會發現案主缺乏正向楷模，父母的教育程度不高，且兄姊在教育及求學方面並未積極投入，父母對於小孩的教育未投注太多心力。再者，大姊在休學之後即賦閒在家，上學似乎可有可無，就當下而言對生活影響不大。

朋友方面，因為所接觸的朋友多半中途輟學或求學意願低落，除去規律上學所需花費的時間，多了很多可以與朋友交往及在外玩耍的時間。

最後，是對學業興趣的問題，因為找不到求學的目的，所以不願意多花時間在課業及學校上。

2. 常與師長發生口角爭執

由於缺課問題嚴重，很容易就被師長盯上，尤其，對於校規極小細瑣的規定，案主常遊走校規邊緣。案主非常在意自己在班上同學面前的形象，以及人與人之間的尊重，加上其對校規及獎懲又不甚重視，於是，常因為態度與師生溝通間的語氣，與老師相持不下，甚至記過也在所不惜。就此點而言，在晤談中發現，其實她是願意認錯的孩子，只是需要對等的尊重。

3. 對生涯無規畫及目標

案主對於自己的未來及生涯規畫並無顯著的理想及目標，缺乏面對大家的升學取向，案主不確定自己的未來想往哪方面發展，分析其原因在於沒有多元的意見及正面想法的提供。

4. 與家人關係疏遠

從與案主的晤談中得知，案主與家人關係疏遠，在家人面前不輕易吐露心事，與大姊關係尤其不佳，常有爭執、口角，甚至肢體衝突的情形發生。案主對於大姊休學之後賦閒在家，未上學也無工作的生活方式，不甚認同。父母對其經常遲到或常缺席的情況也無從約束。家庭認同感不高，已有離開家庭獨自生活的念頭。

5.有自我傷害的情形

自我情緒管理的方式不當，若心情低落或不知如何發洩不滿，即會出現自我傷害的情形，曾經使用美工刀在手臂上刻劃直到流血。再者，因為過於重視朋友，追求新鮮感及與眾不同的感覺，會跟同儕一起嘗試以美工刀刻劃身體。

6.偶有喝酒情形

晤談之間發現，案主很嚮往成人的世界，渴求長大，認為學校環境太過幼稚單純。嘗試喝酒是為了體驗成人的滋味，也為了證明自己已經長大。

㈤輔導策略

提供案主對生活不同的想法，引導案主在面對問題時，以更多元的角度去思考，嘗試更多的解決方式。師生衝突方面，則提供關於老師方面的思考，並引導其正視老師與學生角色立場不同，所須注意的尊重，必須跳脫單一同儕之間的思考。

㈥輔導經過

第一次與案主晤談為去年十月八日，時間跨越將近一年，但晤談過程並未持續，曾結案轉介中斷後，又恢復接案。

剛開始從學校生活及休學經驗開始談起，希望了解其對學校生活的想法，及復學之後在新班級的生活適應狀況。案主在新班級的適應良好，休學期間，曾赴美住過一段時間，對於休學及與舊班級的同學分離，有一份遺憾，因案主不願意深入討論，所以並無更深入的資訊。在晤談中發現，其對新班級的歸屬感較舊班級強，休學原因根據案主少部分透露，是與班級人際及交友情形有關。

其後，案主有一陣子情緒十分不穩定，開始在手上的舊傷疤上發現新的刀痕，經過晤談，發現是因為心情不佳不知道如何抒發，所以傷害身體。與案主討論之後，一起嘗試不同的新方法發洩情緒，其後，自殘狀況有所改善。

然後，案主出席晤談的情況愈來愈不穩定，甚至出現喝酒的情形。

學期結束前，案主未出席最後的晤談。

經過上學期的晤談，確認彼此的關係，依朋友方式分享彼此的生活，她習慣這樣的談話方式並不抗拒，較為被動，極少談及家庭。

第二學期，剛開始她對彼此的關係有所懷疑與不安，經過再次保證及確認之後，才開始晤談。

這個階段採取的晤談方式主要以分享生活為主，不在意圖改變其求學的想法或行為，而在於提供不同的楷模，引導其自行思考與比較。話題多半在朋友、學校生活與師生衝突間打轉，剛開始都要由我主動詢問，漸漸地她會願意談到比較深入的感覺，對事情的看法。

我們之間關係最大的進展在於，她開始願意主動分享她的心情，並且，願意談及她與家人的關係。

㈦未來可能發展

經過一年來的相處，彼此建立了較穩固的關係，如果晤談可以繼續，我想從家庭方面談起，了解其家庭對問題行為影響。

但因為求學興趣的關係，案主有可能轉至青年學院接受不同課程的職業培訓，倘若如此，還是要建議可以持續晤談，可以加深對案主的了解，以及建立對生活的方向及目標。

三、個案三

㈠基本資料

年齡：十四歲

性別：女

年級：國二

外觀：短髮，有修眉毛。染髮但不明顯，穿了數個耳洞，但用頭髮遮住，其餘部分與一般國中生差不多。

學業表現與師生關係：不愛讀書，但因父母重視成績，且有去補習，所以成績保持在中等。師生關係不良，案主不喜歡導師，採相當反抗的態度，認為導師愛道人長短，且把她貼上壞學生的標籤。導師認為案主愛逃避上課，交友複雜，時常反抗父母與師長，且有蹺家紀錄，很令人頭痛，擔心她帶壞班上其他同學。

㈡家庭史

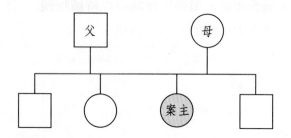

㈢相關心理測驗資訊

1. 基氏人格測驗。

2. 國中生涯興趣量表：分數最高的分別為社會型、藝術型，其餘類型分數相當低，興趣傾向高度分化。案主表示很準，可藉此了解自己喜歡從事的職業。

㈣案主來源與主訴問題

案主來源：導師推薦。

轉介原因：交友複雜，叛逆心重，有蹺家紀錄。

(五)案主問題發展相關史

1. 家庭關係

(1)父母採權威式管理，親子缺乏溝通，多用命令或罵的方式來管教子女。

(2)案主與母親的關係緊張，兩人都固執不易退讓，因此常吵架。

(3)父母對案主的學業期望很深，並且常拿案主與優秀的哥哥姊姊比較，讓案主感到自己不如哥哥姊姊好，較不受疼愛。

(4)案主有蹺家紀錄，表示在家常常被罵、被限制（如不准長時間上網、講電話、看電視），所以很悶想出走，心情不好時會萌生蹺家念頭。

(5)案主表示自己是家中小孩最叛逆的一個，也最常被父母責備。

2. 師生關係

(1)案主曾與輔導老師因蹺家問題產生衝突，輔導老師未事先說明保密限制，事情發生後表示因職責所在，無法為案主保密，主動聯絡家長，使得案主有被出賣的感覺，對輔導處感到不信任。

(2)案主曾經很信任導師，把心事都告訴她，但導師卻在辦公室把事情都講出去，便再也不信任導師了。

(3)案主與導師有競爭關係，對彼此負面看法不易改變，且根深柢固卻似乎又都想改變彼此，所以時有衝突。

(4)案主覺得導師都很討厭她，給她貼上壞學生的標籤。導師曾經在班上表示希望案主轉學，彼此都快樂，可見師生關係並不好。

(5)案主對導師感到失望，覺得導師沒有身為一個老師應有的胸襟，愛與學生計較，很幼稚。

3. 人際關係

(1)對朋友很好，卻時常因為無法得到回應，而感到很失望，因缺乏面對失望的能力，因此容易在人際關係中受傷。

(2)很容易交到朋友，也認識很多網友，其中有些是中輟生。

(3)因為朋友分屬在不同小團體，所以常夾在團體的衝突中，裡外不是人，感到很累。

(4)有很多異性朋友，認為男生好相處，不會像女生愛計較，但沒有固定的男友。

(5)本學期知心好友轉學，使得案主感到很寂寞，在班上顯得安靜不少。

(六)問題分析

案主的困擾主要來自人際關係的不適應：家庭關係中，案主希望父母不要一直叫她讀書，還規定非公立高中不讀，希望父母能夠以溝通取代命令，主動了解她的想法，給她更多自主的空間，不要管這麼多。師生關係中，案主希望導師不要那麼愛講學生的事情，不要找她麻煩，把她當成壞學生。同儕關係中，案主希望朋友能珍惜她的付出，並且給予回應，但她常常覺得對朋友好，朋友就視為理所當然，付出有去無回。

案主把希望放在改變他人身上，期待透過這樣的方式改善自己的生活，談話的過程中，案主的焦點常在他人身上，並且顯示改變他人的企圖：與父母爭執、反抗師長、希望對朋友付出可以得到回報……，使得案主常與周圍的人陷入控制或競爭的關係，而感到很疲倦，因為事情往往無法如她所願。

(七)案主特質分析

1. 自我概念

(1)覺得自己就算聰明，也不是用來讀書的那一種，不愛讀書，卻很在意成績，對自己缺乏信心。

(2)認為自己的想法大多是對的，卻得不到認同。

(3)很容易相信別人，覺得雖然世界上有壞人，不過大部分的人應該是好人，不喜歡懷疑別人，頗相信人性本善。

(4)為人處世方面，對自己感到滿意，喜歡幫助別人，替人著想。

(5)很愛胡思亂想，有時覺得想太多很煩。

2.人際關係型態參照「案主問題發展相關史」

3.認知思考

(1)案主對人際關係與自我覺察兩方面，有很深的覺察力，表達能力也相當好，表達意願也相當高，超乎同年齡的國中生。

(2)對身邊的人有許多期待，無法被滿足時，即感到很失落。遭遇問題時，傾向將責任歸咎在他人身上。

(3)對權威、命令等上對下的態度感到相當排斥，採取反抗態度，嚮往平等溝通的關係，吃軟不吃硬。

(4)喜歡自由不受拘束，但又會做出令人擔心的事（如表示要蹺家）。

4.情緒處理

(1)憂鬱的時候，在班上顯得安靜漠然，覺得自己像行屍走肉。

(2)喜歡用找朋友出去玩、講電話、上網聊天的方式抒發情緒。

(3)諮商情境中，很能表達並且抒發情緒，覺得說出來比較舒服。

5.行為表現

案主的行為問題參見「案主問題發展相關史」，案主頗喜歡上學，可從她即使蹺家也還會來上學看出，因為在學校有很多朋友，即使與導師關係惡劣，而有轉學念頭，還是捨不得離開。

案主也相當在乎家庭關係，可從她不愛讀書，但還是乖乖去補習，維持一定課業水準看出。雖然案主曾經有蹺家紀錄，但本學期曾經因為母親受傷行動不便，打消蹺家念頭，可見家人對案主來說還是很重要的。

案主的適應策略為與父母師長討價還價，希望透過對朋友好，使得朋友也對她好，將心力花在改變他人身上，但效果不彰。

諮商的重心放在陪伴案主發現並了解其人際關係模式，尤其是重複遭遇困難的部分（如時常對人感到失望），進一步幫助案主將焦點回到自己身上，增加覺察部分，並且討論促進生活適應的方式。

㈧環境因素評估

1.**家庭：**案主的家庭經濟尚可，父母所受教育不高，因此對子女

學業期待很高，例如不准案主讀高職，非公立高中不讀。不願意退讓，採取權威式管教子女的態度，使得案主常常感到不自由、鬱悶，加上案主反抗心重，常萌生蹺家念頭，想去網友家，頗令人擔心。

2. **學校**：案主從同學那邊得到很多支持，因此不曾考慮過中輟，惟師生間彼此的偏見和印象已經形成，加上導師對案主似乎感到無力而想要放棄（如公然表示希望她轉學），是比較不利的地方。

3. **居住環境**：不曾聽案主提及，似乎對案主來說不是很重要。

㈨案主問題概念化

1. 輔導員對案主問題之來龍去脈分析

請先參照「案主問題發展相關史」的問題分析，可看出案主相當堅持己見，不願意改變自己，而希望透過自己的行為改變他人。案主對人有所期待，但不善於處理期待落空時產生的失望；希望別人能夠了解自己，接納自己，但不見得能夠接納別人與自己的差異，會為了想要證明自己是對的，處在與人對立的狀態。案主花了相當多時間和心力在這些事情上，卻無法得到她想要的，讓她感到相當挫折，時常覺得「為什麼他要……」、「我又沒有錯，是他自己……」、「他每次都這樣……」等。

2. 輔導員對問題處理之正向與負向因素分析

輔導員與案主感覺起來相當合，很容易就建立好的互動關係，正向的因素在於輔導員的諮商風格展現出自由、真誠、尊重、信任的態度，而這正是案主很需要，卻無法在生活中獲得的，因此輔導員重視諮商關係的取向，讓案主在自我探索的歷程中感到自在與安全。

負向因素至今並不明顯，不過由於輔導員與案主的合作，顯示出兩人的共同點，輔導員必須「以案主為中心」，而非「偏袒案主」，否則可能不知不覺鼓勵案主投入與人的競爭關係。

3. 訂立諮商計畫

第一階段為提供自由、真誠、尊重的空間，與案主建立關係，並

個案研究——理論與實務

440

且探討諮商關係，了解案主的期待並加以澄清。

第二階段為廣泛的探索時期，由案主自由地說生活中發生的事情，輔導員加以整理，給予回饋。若案主表示對測驗有興趣，亦可以安排施測，促進案主的自我了解。

第三階段為聚焦時期，由案主提供的資料彙集，與案主討論之後，進一步加以探索，從家庭關係、同儕關係、師生關係中尋找出案主與人互動的模式，並探討這樣的模式可能遭遇的困境。

第四階段重點為發展新的適應策略，在案主對自己、遭遇問題以及環境限制之後，加以評估，尋找和選擇對自己最有利的生活方式。

註：結案時，案主似乎已經開始發展新的適應策略，與母親和導師的關係逐漸有改善的跡象（例如決定不跟老師爭，免得又要花時間寫悔過書；與母親建立共識，只要案主做好本分，若導師故意為難，母親會幫助她），案主逐漸將注意力放在自己以及喜歡的事情上，如職業興趣探索。

㈩**成效評估**

1. 案主自我覺察有所增進。
2. 案主在晤談過程中，情緒逐漸傾向正向、穩定，建設性的想法有所增加。
3. 自我表達的能力在諮商歷程中顯示出穩定的進步。
4. 可從諮商關係中體驗不同的人際互動模式，作為參考。

四、個案四

(一)基本資料

姓名：林××

年級：國中三年級

性別：男

(二)背景資料

1. 案主父親於案主國小六年級時肝癌去世，生前與案主最為親近。

2. 案主母親於父親去世之後，精神恍惚不濟，熱中鬼神之說，亦曾擔任乩童，無固定職業，無法負擔家計。

3. 案主現為國三生，國一、國二時母親管教甚嚴，期望頗高，但自案主逃學問題劇增下，母親目前的期望只希望案主能順利畢業即可。

4. 母親對家中成員關懷不高，對其子女之動向、近況皆不甚了解。

5. 案主大哥因工作於遊樂場，早出晚歸，與案主鮮少有互動機會。

6. 案主大姊無故離家，或有自傷傾向，與案主亦無接觸。

7. 案主二姊因就學中，作息時間與案主較相同，是家中與案主最常接觸與溝通的人。

8. 案主國一、國二功課平平，但導師及家人對其要求較嚴格，所以常被師長打，遂於國二下起開始逃學。

9. 案主以前在學校常遭同學莫名其妙地侵犯，剛開始有去報告老師，但是老師都沒有處理，甚至會說活該。

(三)主要問題行為敘述

1. 案主在校表現內向、沉默，朋友不多，且因為逃學，造成同學對案主有疏離與排斥現象，致使案主在班上更形孤單。

2. 朋友不多，平日消遣是看電視、打球、做家事。

3. 案主在校經常被某一位同學欺負，導致案主上學意願低落。

4. 本學期因換新導師，班級定期考查成績不佳（以為會被老師打），因此逃學四次。

5. 案主對自己的成績每況愈下，無法接受，產生自暴自棄心態，認為只要畢得了業也就算了。

㈣診斷與分析

1. 案主認為父親的英年早逝，家中經濟拮据，在其心中造成很大的傷痛，也因而有些自卑。
2. 以前父親是最疼愛案主的，但自父親去世後，母親精神不佳，哥哥姊姊也很少在家，案主覺得不受重視與關心。
3. 案主國中一、二年級時因學業表現不理想，屢受師長之責打，導致案主畏懼到校考試與上課。
4. 同儕關係薄弱，又經常受同學欺負，得不到師長的關心，因此學校無法滿足其心理需求（獲得關懷），所以逃學。
5. 學業成績低落，造成自暴自棄的心態。

㈤未來可能發展情形及輔導策略

1. 與案主母親進行溝通，希望能多給案主關懷，對案主課業仍要寄予期望，使案主感到仍受尊重，提高其自信心與榮譽感。
2. 約談母親，請其轉達二姊在家能協助輔導案主課業，並建議改善居家環境。
3. 協助改善案主的人際關係，增強其到校的動機。
4. 安排案主與新導師進行溝通，使案主以溝通代替逃避的方式（逃學），來處理與新導師的關係。
5. 約談欺負案主的學生，了解實際的情況，確定該學生日後不侵犯案主。
6. 協助案主學習習慣、學習計畫、考試準備與技巧等能力之養成，以期提升其學業成績，減少其心理壓力。
7. 應陪伴案主克服舊經驗所造成對分數及考試的心理障礙，持續地給予支持，鼓勵並適時給心理建議。

表 14.1　心理事件結構

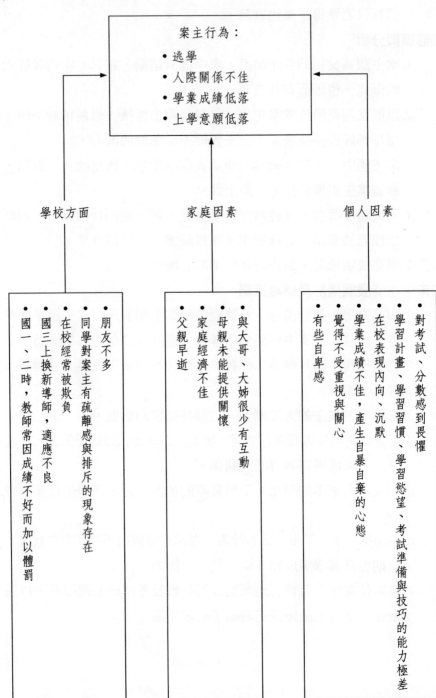

表 14.2　行為發展結構

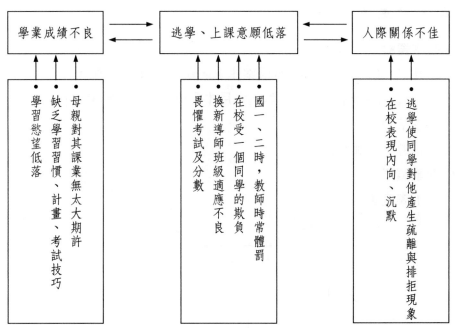

表 14.3　未來發展結構

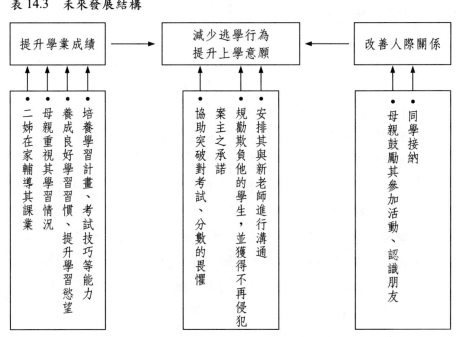

五、案主五

(一)基本資料

　　姓名：陳同學（以下簡稱案主），國中三年級女生，今年十六歲，升國三時休學一年，於隔年九月才繼續完成國三學業。

(二)案主來源

　　輔導室老師轉介。

(三)背景資料

　　1. 家庭史

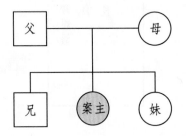

　　2. **家庭關係**：父親是商人，母親則是家庭主婦，哥哥目前就讀高三，從上學期到現在很少回家，都住在朋友家裡。案主曾經描述母親哭打電話叫哥哥回家的情形，但最後哥哥仍沒有接受，而母親也沒有再強迫他。案主的妹妹目前就讀國中一年級，案主形容妹妹是家裡最聽話的小孩，每天回家，課業也表現最好。案主鮮少提起父母的相處模式，但曾經描述小時候父母親吵架會摔東西的情形，大致是母親堅持不讓父親出門（個人揣測可能有外遇），這件事情帶給案主很大的恐懼感，但目前父母親的婚姻狀況穩定。

　　3. **學校生活**：案主的成績是全班倒數的名次，她對課業非常沒有興趣，表示曾經試著聽，但聽不懂，所以上課大多在睡覺、玩手機；有時會受不了老師的管束，而和老師發生衝突。任何考試都是用猜答案的方式完成，向其問及考試成績或日期時，皆表示不知道或不在乎。

4. **社會生活：** 案主有一群校外的朋友，大多是在輟學那一年認識的，年紀都比案主稍長。案主蹺家蹺課時，都會和不同的朋友在一起，她們常去打撞球，晚上聊天、唱歌，甚至喝酒、去pub，案主表示他們很重視她；相對於學校的社交圈，她是人人眼中的大姊大，有很多乾弟、乾妹、乾哥，身旁的人大多會聽她的話，但她覺得真正知心的朋友只有一個（這個朋友於這學期轉學，所以學校對案主更沒有吸引力）。

㈣主要問題行為敘述

1. 對感情的需求很強

這一年來案主接連不斷換男朋友，到了這學期後半才出現戀情上的空窗期，幾乎每次的晤談都會談到和男朋友相處的情況，或是期待新戀情的心情。這個學期初，案主談及其二十一歲男友，對方對她非常照顧體貼，但同時也管很多，對此案主感覺壓力很大。爾後案主連續兩個禮拜沒回家，也沒來學校，一部分原因是和這個男友分手導致，可見愛情對案主的情緒起伏影響很大。

曾和案主談及對感情的想法，她認為愛情提供她依賴、被關懷和照顧的感覺，從案主其他方面也可以看到，她雖然外表堅強，是學校中的大姊大，但她非常需要別人的注意和關心，顯示內心存有許多不安全感。

2. 對性很開放

和案主討論過對愛情的價值觀，她認為談戀愛只要彼此看起來不討厭就可以，因此至今她已有過十七個男朋友，而且交往時間都不久，只有一次維持約一年（初戀）。她認為性關係就是一種愛情的表現，而且是出於自願的，因為從中她自己也會得到滿足。

3. 極力反抗外在束縛與壓力

由上述可知，雖然案主很喜歡二十一歲男朋友的體貼，但是約束她不去做一些她想做的事，讓她感覺壓迫，所以最後她還是會選擇逃避這段關係，可見她對於外在束縛的反抗程度。案主最常說的是「想要自由」，因此她會逃離學校的管束（包括對校規和對課堂老師的反

抗）；另外，家人要求她和「外面的朋友」切斷關係，她因此不喜歡回家。在她的認知裡，好像很多都在和她作對，但她有自覺知道家人、老師是為她好，只是她實在控制不住校外朋友的吸引。

4. 對課業採取逃避的態度，對未來的規畫不切實際

案主對課業的自信非常不足，因為長期沒有用心學習造成跟不上進度，所以對課業採取完全不思考即否定自己的模式。

5. 同儕的吸引力很強

由於案主在課業上沒有成就感，家庭中父母親以嘮叨的方式希望她改進，最後案主蹺家，母親也都沒有再責備她，案主即認為父母對她已經完全失望；而哥哥的蹺家行為對她也有示範的作用，導致案主留在家中的意願不高。而在課業上沒有自信的感覺，只能從同儕給她的重視獲得彌補，朋友能給她鼓勵、支持、依靠，因此獲得同儕的肯定相對變得很重要。所以案主雖然很喜歡父母給的肯定，也很想重視父母的感覺，但是朋友對她有要求時，她仍會選擇依從，可能是朋友對她來說是比較能掌控，仍有希望與肯定的一個出口吧！

6. 體貼他人，偽裝堅強

談了一年下來，發現案主會注意小細節、體貼照顧別人，例如，她注意到我不停流汗，就會主動幫我調整電扇等。也因為如此，案主表示自己不喜歡把不愉快的事情和別人說，因為不希望讓朋友和家人擔心，所以她內心的脆弱一直是被掩蓋的。但除此之外，她認為這是保護自己的一種方式，她不會把自己所有的面向給同一個人看，她似乎有一種被看穿的擔心，所以她時常必須偽裝自己成為堅強的人、別人眼中的大姊，避免讓人看到內心的脆弱與不安全。

7. 對自己很沒有自信

從上述幾項即可看出，案主最核心的問題之一是自我肯定不足，因為除了同儕的肯定，其他方面都帶給她挫折，也因為如此，同儕的吸引力和支持才會特別重要。

㈤診斷與分析

1. **案主的情緒反應**：晤談一年，案主的情緒大多是哀、怒、懼。

她討厭所有的管束，包括父母、老師、課業，甚至是男朋友給她的，她的訴求一直是「我要自由」，所以對束縛很抗拒，一直不斷往朋友、遊樂場所逃。但是，內心深處她也知道那些朋友是不好的，她其實也很在乎父母的想法，但是不安全的恐懼感逼著她無法不選擇比較可以依憑、同一陣線的朋友們，所以，我可以深深感覺到她內心的掙扎與矛盾。

2. **案主的認知反應**：她認為自己沒有什麼能力，對自己的評價非常低落，再加上主觀認定父母對她也放棄希望，所以她更沒有動力去努力改變現況；她能夠自覺內在的矛盾，但會告訴自己，這些朋友也有好的一面等，所以不能誠實面對自己真實的感受。

3. **案主的行為反應**：雖然每次和案主晤談都很順利，因為案主對我的開放性很足夠，而且案主也會向我透露她知道蹺家蹺課並不好，但是這學期案主分別在學期初和末，連續兩個禮拜沒回家也沒來學校，而且打手機都找不到人的狀況。除了知道第一次是因為男友分手，在學校勒索人而產生逃避行為外，第二次確切原因則不得而知，但案主有透露都和朋友在一起玩的訊息。

4. **案主的內在需求**：案主想從父母親處得到肯定和親密感，但是父母和她自己都對此設下障礙，因此案主強烈的不安全感，需要從朋友提供的隸屬感、信任與安全獲得彌補；此外，案主有追求成就感的需求，所以在課業不順遂的前提下，努力成為同儕眼中的大姊大、堅強者。

(六)**輔導策略**

1. 建立關係。

2. 同理心與支持：協助她肯定自己的優點，並強調她的自主性。

3. 指出矛盾點：點出案主的自覺和行動間的差距，包括朋友和家人之間的拉扯；不斷想離開學校，卻又知道外面的世界也沒有適合她的地方。

4. 自我表露：和她討論對性的態度、她對外在的反抗，提供一些新的思考觀念。

(七)**輔導經過**

　　這學期因為案主學期初沒來學校，我寫 e-mail 關心她，而她說一星期後一定準時來晤談，但卻食言而肥。第三個禮拜案主有來學校，卻表示在睡覺不能來談，使得我對彼此的關係產生強烈的懷疑，所以自我表露對她的關心和不愉快感受之後，每個星期她都會準時來談，而且談的內容也很深入，氣氛也很好。

第一次晤談

1. 談及耳洞擴大話題，案主目前放棄繼續，因為覺得沒意義，對於開始擴耳的動機不清楚，只是好奇、想嘗試。

2. 談及案主新男友，目前已交往一個月，對方二十一歲，正在當兵，假日兩人會出遊在一起。案主欣賞男友（和他交往）的原因是對方很在乎她、照顧她，至於其本身則是「跟著感覺走」，感覺沒有很確定。案主自覺信任對方的專情，但不斷提及男友對案主本身的擔心（甚至懷疑）。輔導員向其述說男友可能的用心與感覺，案主反應一方面很喜歡被在乎的感覺，一方面覺得有些壓力以及不信任感。

3. 案主談及之前「抽菸」被抓，而接受輔導的經驗，感覺對其影響不大。

4. 案主目前很擔心升學問題，目前設定的目標是高職或五專的餐飲科。

第二次晤談

1. 前兩個星期案主沒有回家，也沒來學校，因此沒有晤談。

2. 這兩星期間輔導員曾用 e-mail 與案主聯絡，案主回信表示會來學校，但最後仍失約。輔導員對這段關係產生懷疑。

3. 今天案主一來即表示很煩，甚至請我等一下帶她蹺課。她述說整個早上不是睡覺就是玩手機的經過。輔導員也開始同理她這樣的心境。

4. 試圖探究案主前兩個星期沒來的原因，案主表示和很疼她的男朋友分手了，雖然對方一再要求復合，但她覺得無法承受對

的壓力和管束（和案主討厭壓力、管教一致）。輔導員可以感覺案主對「是否要復合」的問題很掙扎。

5. 談及案主未來的發展，她表示要去「三開」之中一所，輔導員問及她現在的學習狀況，她皆以「不知道」回答，案主說反正爛學校只要有錢就可以讀。（案主之前中輟，可見很不喜歡學校，但案主表示出去見識過一年，發現不是那麼容易，因此她現在雖仍對未來較不切實際，但已回歸「主流」。）

6. 談話過程中，案主的情緒是平穩的，但愈接近結束時間就愈顯煩躁，最後完全不想回教室，只想著如何蹺課。輔導員有點不知如何處置，因為知道回去上課，對她沒有益處，再加上她的情緒，因此選擇讓她待在原地安撫情緒。

第四次晤談

1. 前陣子蹺家的原因：(1)和之前交往一個月男友分手——雖然對方多次要求復合，但因為對方的感情給案主太大的壓力，所以沒接受；(2)覺得回家無聊——因為不想念書，所以覺得不如陪友人；(3)朋友也蹺家，所以陪伴對方。

2. 目前已有回家，上學由母親送，放學則會留在外逗留後回家。

3. 談及父母對其這次蹺家的看法。案主表示父母沒有說什麼，但給她的感覺很差（案主表情難過，但言語不在乎）。案主表示，父母從對她有期望到完全沒希望——原本認為案主是當商人的人材，但現在則不期待（感覺案主也有點自我放棄），因此我想試著肯定她，但似乎她不太能接受朋友，因為太沒有信心了。

4. 談及交友能力，我稱讚她此方面能力很好，也善於表達。案主的反應是：自己的勢力沒有其他人大，要「搬人出來」都找不太到人手，因此被其他人笑，案主雖口頭表示不在乎，但看得出來有些難過。

5. 案主表示曾經有想死的念頭，因為覺得人生沒有意義，目前仍有此想法，但不很強烈。

6. 此次案主遲到了十分鐘，加上前幾次經驗，輔導員向其確認是否不想繼續這樣的關係，但案主表示仍願意維持。

第五次晤談

1. 案主仍表示不喜歡受家人管束，不過現在都會回家。

2. 談及一個人逛街的感受，案主覺得找不到人陪她去，會覺得乾脆不要去，一個人逛街「會很奇怪」，因為平時都會有朋友陪伴。

3. 案主說之前丟垃圾，不小心丟到班上一個男同學，對方表示不愉快，進而打了案主的頭一下，案主便有衝動找朋友教訓此人；但後來覺得自己和對方都只是情緒，因此目前仍和對方是朋友。→輔導員極力稱讚案主能控制自己的情緒，更理性地面對生活，非常成熟！

4. 談及朋友，案主表示朋友有說她的組織力和分配能力都很好，所以想推她為大家的頭頭，但案主覺得做第二就好了。→輔導員稱讚其能夠好好保護自己，強調其被他人肯定的部分。

5. 案主表示不喜歡別人能看穿她的實力，但也不會刻意隱瞞。其表示自己透露了很多方面給輔導員知道，目前關係暫時穩定，案主有不斷的調適對於即將畢業，目前沒有太多負面的情緒存在。

第六次晤談

1. 談及畢業可能的發展，但案主不太想談這個話題。

2. 經過上上星期我對案主自我表露對這段關係的負面情緒後，案主似乎愈來愈放開，也用行動表示對這段關係的重視；也可能和案主最近與周遭關係和諧穩定有關。

3. 案主表示曾經吃過搖頭丸（我個人了解後，覺得沒有上癮等問題行為），但案主說自己吃了以後仍能把持，不做出非理性事情，且清楚自己在做什麼。→對此我姑且相信，不認為挑戰她會對關係有好處，因此沒有多在此話題停留。

4. 和案主討論「性經驗」及對性的概念。我向案主自我坦露與其

相對的兩極「性」概念，試圖溫和的挑戰，並提醒案主可能的危險，提出其「想玩慾望」和「注意安全」的矛盾，希望能提供其新刺激。最後以「我們只是不同而非誰對誰錯」做結束。

第七次晤談

1. 今天輔導室忘記通知案主面談，但案主仍準時出席，感覺目前關係穩定。

2. 談及案主在開學初，兩個禮拜沒來學校的原因和當時從事的部分活動。

3. 案主表示愛情對她有極高的重要性，因為愛情給她甜蜜的感覺，會覺得有人在乎自己（自己有重要性）。目前案主積極尋求新的戀情，案主覺得在感情事件不能有空窗期，所以戀情接續不斷。

4. 和案主討論她的情緒留給自己，因為案主很照顧、體貼別人；另外，案主表示不想讓別人知道自己所有「面向」，不喜歡被人看透，或是掌握的感覺。輔導員試著安撫她的內在情緒、真實的一面，使案主情緒穩定，並試著澄清和增強輔導員對案主的正面想法。

第八次晤談

1. 案主先談到目前自己喜歡的對象和過去的男朋友。案主表示現在非常想談戀愛。

2. 案主分享她上課的感覺。不喜歡被約束，覺得老師特別在找她麻煩，她很想離開這個束縛的環境，卻也知外面的世界，自己也不能做什麼。輔導員點出案主很不喜歡束縛的感覺，並點出案主的循環行為模式，因為不想順從所以反抗，遭到別人更強制的壓迫，最後沒有成就感，很難過。輔導員以分享自身經驗為媒介，傳達「有限度的符合社會標準」是會被稱讚的。

3. 討論「完全反抗」和「有些反抗（仍保有自己）有些不反抗」，最後雖無確切結論，至少提供案主新的思考方向。

第九次晤談

1. 今天是案主的複習考日，但她仍選擇來談話，她表示對成績的不在乎，並以快樂的語調述說，如何在題目卷尚未發下即填完答案。輔導員看得出來，她並不引以自傲。→或許在逃避「不會寫」。

2. 案主提到最近和家人相處情況，她星期日和妹妹一起打掃房間，媽媽便稱讚她是乖女兒（看得出來案主很高興），另外還提到媽媽做的便當和接她回家等事。輔導員給予立即反應，表示案主和其母互相深愛對方，才會如此在乎彼此的感受。

3. 輔導員反問案主，如果這麼喜歡母親的讚美，她會為此留在家中嗎？案主「苦笑」的表示不會，因為她交的朋友都是這種類型，如果要「抽離」恐怕很難。（案主非常在意朋友對她的重視。）

4. 最後談到，若案主最後陷在很深的地方，沒有朋友可以依靠，她會選擇求父母（案主表示不輕易求父母幫助，因為她知道這一切，她必須自己負責）。輔導員提問她是否可以在陷入最糟的情境前（假如一定有那樣的情境存在），案主是否可以先「自救」？輔導員進而強化她，如果可以不要在乎別人的想法，永遠記住，自己的想法才是最重要的！

㈧輔導結果及未來可能的發展

　　兩個學期下來，輔導員看見案主有進步的地方，包括她比較明理了，能控制自己的情緒，壓下衝動行事的怒氣；另外，輔導員稱讚她的優點，她不會如以往極力否認。從她對我的開放性可以看出，她對我們關係有一定的信任程度，輔導員有向案主確認過兩三次，她認為我們的關係對她有幫助，只是確切的實際助益，可能比較屬於思考方面的衝擊，不太能看出來行為上的改變。未來可能的輔導策略是，不時發 e-mail 給予其關懷和鼓勵。

個案問題與處理分析圖

個人特質
1. 外向
2. 偽裝堅強
3. 情緒不穩定
4. 對自己沒有自信
5. 對感情的需求很強
6. 對性開放
7. 極力反抗束縛

個人特質
1. 曉家
2. 曉課

家庭

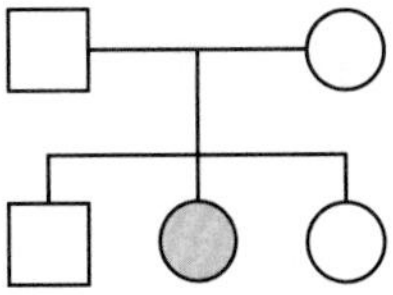

爸爸：商人
媽媽：家庭主婦 } 目前婚姻狀況穩定
哥哥：十八歲，高三，目前都
　　　住朋友家
妹妹：國一，每天準時回家，
　　　專心課業

過去背景

目前狀況

案
主

輔導策略

未來可能的發展

◆ 同理心與支持
　　肯定案主的優點；
　　強調案主的自主性
◆ 點出矛盾點
　　朋友和家人之間的拉扯；
　　想離開學校，但也不確定
　　如何在外生存
◆ 自我表露
　　和她討論對性的態度
　　對外在的反抗

交友

◆ 有一群校外朋友，會一起曉課、
　　曉家，年紀比案主稍長
◆ 校內沒有知心朋友，但，
　　是同儕眼中的大姊大

心理事件
（可能發生原因）

未來輔導策略

◆ 追蹤輔導；透過 e-mail
　　給予關懷和鼓勵

學習狀況

◆ 無心學習
◆ 學業成績不好
◆ 對未來想法
　　不切實際

* 國二輟學
　一年

1. 課業表現不好，導致沒有信心
2. 校外朋友吸引力大
3. 厭煩父母親管教
4. 缺乏生活目標
5. 缺乏安全感

圖 14.6

伍、人際欠佳個案案例

一、個案一

㈠基本資料

國一男生，十三歲，身材微胖，原來是左撇子，在國小時被老師及家長強迫改為右手寫字，所以雙手靈巧度較差。平日衛生習慣差，需要師長提醒才會注意。案主的家庭史如下：

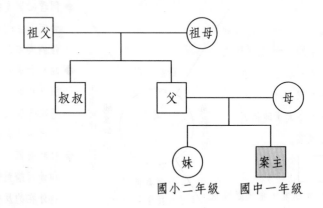

國小二年級　　國中一年級

㈡主要問題行為敘述

與輔導員建立關係後，案主談到自己一直受班上某位同學欺負，很生氣，卻不知道怎麼辦；而且他也很討厭母親，覺得母親一無是處。

㈢案主困擾的過去發展史

案主與這位會欺負他的同學在國小三、四年級時也曾經同班，那時候的導師對於這位同學會欺負案主，並沒有做徹底的處理，使得案主一直不能釋懷，覺得自己沒有受到保護；再加上案主的母親雖然曾經與這位欺負案主之同學的家長聯絡，但是溝通過後，案主反而被欺負得更嚴重，所以對於母親也一直採取不友善的說話態度，覺得母親也沒有辦法保護他。升上國一後，又和這位同學同班，這位同學會對案主說一些奇怪的字眼，例如：戀母情節、同性戀等帶有兩性色彩的

字眼,或是逗弄案主(沒有受傷的情形出現),令案主非常不能忍受。所以,上學期剛開學時,只能讓自己生活作息不正常,到學校之後整天趴著睡,以避免人際互動的機會,來加以躲避這位同學的騷擾。

㈣案主的人際關係型態

在上學期剛開學時,案主的人際關係是屬於逃避型的,寧願趴著睡覺也不願和同學打交道,在班級上課時,眼神非常呆滯,無法自己完成抄寫的工作;如果有老師交代他去做一些工作,也必須有同學帶著他,案主才能完成。學校的功課無法如期完成,必須母親在旁指導,案主在學校的衛生習慣差,所以同學都不喜歡接近他,也不知道如何去與同學建立關係。被同學欺負之後,也不知道如何表達出生氣的情緒,或是採取保護自己的措施,只能用逃離的方式來避免被欺負,所以案主覺得自己是不需要朋友的,也不跟別人有什麼互動。

㈤案主的環境因素

案主的現任導師對於案主非常關心,現在每次案主被同學欺負之後,會跑來跟導師說,導師就會馬上做處理,不會只用言語安慰案主,會對欺負案主的同學有實際的處罰,所以案主非常信任現在的導師。案主的母親對於案主在學校的狀況非常關心,也會隨時跟導師保持聯絡,輔導員每個禮拜會與案主進行晤談一次,協助案主抒發生氣的情緒。不過,案主在學校並沒有信任的朋友,會欺負他的同學有時候也會聯合其他同學一起欺負他。

㈥案主的人格因素

案主在小學一、二年級的成績不錯,但是從國小三年級之後,成績就有很明顯的退步;上了國中之後,成績維持在中間偏後,雖然上學期剛開學時上課精神狀況不佳,不過學科學習經過師長指導後,有穩定在一個水平。據案主的導師表示,案主在家裡會對母親發脾氣,所以母親擔心如果哪一天案主忍受不了同學的欺負,會做出傷人或自傷的行為。案主在學校的衛生習慣較差,會將擤完鼻涕的衛生紙亂丟在地上、將垃圾塞在抽屜,或是用衣服袖子擦臉,所以有些同學覺得他很噁心。上學期剛開學時,案主完全不記得別人的名字,而且案主

第十四章 個案實例

457

在下課時間並不會主動與同學打交道，不是睡覺，就是靜靜在一旁看別人在做些什麼，對於與別人互動，案主的警戒心很強。下學期實際到案主班級上輔導活動課時，案主並不會去參與小組的活動，只是自己玩自己的東西，不理會別人。

(七)輔導員對於案主問題的看法與概念化

輔導員認為案主的問題在於對處理人際互動缺乏彈性的因應策略，一碰到他不能接受的狀況，他會採取退縮的應對方式，生氣的情緒很容易累積起來，卻無法找到適當的抒發情緒的方式。案主在國小三、四年級被同學欺負之後，並沒有人可以給他很大的協助，案主感覺沒有人可以幫助他，也沒有人信任他，所以案主在諮商過程中，剛開始提到某位同學會欺負他時，他的情緒是非常強烈的；這樣的情緒也連帶使得他對於其他想要表達友善的同學，採取不信任的想法，認為別人都是來者不善，所以在行為表現上都是負面的，讓大家不敢接近他。

(八)輔導員對於案主的諮商策略與方法

輔導員運用傾聽接納的態度與案主建立關係，將心中困擾說出來之後，輔導員一直保持與導師的聯絡，確定案主在班級裡的狀況，並討論可以協助案主的方式。導師做的部分是，會讓案主說清楚被同學欺負的事件，接納案主的情緒，並做適當的處理，獎勵班上其他同學與案主打招呼，並每次都要介紹名字給案主認識，直到案主能記住名字。導師及其他科的老師在案主表現良好的行為上，能有公開讚美的機會，建議家長多讓案主有手部肌肉活動的機會，例如游泳。

輔導員針對案主的狀況，會挑選適合的繪本，藉由裡面的故事與案主自己繪圖的方式，讓案主將自己的情緒說出來，並由案主自己在圖畫中所創造的人物，增加案主的自我價值感，讓案主覺得自己是有力量的，能控制整個局面的。之後，再由認知層面，與案主討論可以保護自己的方式，並確定案主落實於生活中的狀況，鼓勵案主與其他同學互動。

㈨諮商步驟與摘要

上下學期總共和案主晤談過二十一次。上學期已經談過十一次，談話摘要請看附錄。

下學期晤談，都是案主自己到輔導室，最後三次晤談時間都是案主自己提早到輔導室外面等（以前需要同學或我去帶他過來晤談）。第一次分享寒假生活點滴。第二次案主畫了班級密度點圖，談到他自己在班上的情況，以及其他同學的互動情形。第三、四、五次開始談到案主和那些會欺負他的同學的互動情形（包括國小及國中），以及國小導師，有不滿、生氣的情緒產生，案主想要畫圖，拿到筆就開始畫。從第四次開始，案主會主動要求在較隱密的諮商室晤談，案主不喜歡外面都是窗子的普通小教室。

第六次案主在晤談時，將自己所討厭的人都畫成「金豬」，金豬包括欺負他的同學，也包括母親，案主生氣時，金豬就會分裂增加，輔導員開始和案主討論遇到這種情形時可以怎麼辦。第七次談到讚美母親好的行為。第八次一來，案主是非常生氣的，原來班上有同學作弊卻受到老師讚美，所以案主自己拿起畫筆就畫，情緒就緩和許多，對於前兩次討論到實際可以怎麼保護自己，案主可以自己說出來，並覺得效果還不錯。第九次回顧這一學期所談到的部分，之後便讓案主畫畫，案主將他討厭的人化成合體，只是色彩沒有前幾次明亮，整個畫面較黑。最後一次晤談，案主談到他和班上同學一起玩潑水的活動，顯得非常開心，輔導員鼓勵案主繼續和同學保持互動，也將前面討論如何保護自己的方式，讓案主複述一次，再確定案主有無疑問，結束一學年的談話。

㈩案主行為評估

經過一學年共二十一次的晤談，以及與班級導師討論之後發現，案主生活作息及課堂表現上有很大的進步，在家裡與母親的關係也有進步，不過當案主生氣時，仍會對母親發脾氣。在與同學互動方面，可以比較主動走出自己的位置和同學互動，當有同學欺負他時，他生氣的情緒還是會有，需要有人聽他說他的委屈，讓他將生氣的情緒抒

第十四章　個案實例

459

發出來，對於那位長久欺負他的同學，案主對他的情緒已經慢慢減弱。在手部動作不靈活方面，請家長多讓案主去運動（游泳），或去醫院做進一步的檢查。

㈠追蹤

輔導員下學期不會繼續待在原校，所以與導師討論案主狀況後，希望導師可透過聯絡簿及電話訪問的機會，與家長確定案主的狀況，如果下學期情緒行為表現不穩定，可以再繼續到輔導室與輔導老師晤談。

附錄：上學期晤談步驟與摘要

上學期第一、二次晤談是在建立關係及蒐集資料，案主對於來輔導室有排斥感，等輔導員解釋過後，開始和案主進入主題時，對於案主有興趣的，例如電玩遊戲，會滔滔不絕地說，無法讓案主停止。案主也把被抓傷的手提到輔導員眼前晃，輔導員真誠給予關懷，這是建立關係的一個關鍵點。

第三次晤談，輔導員和案主討論到課業狀況，發現案主非常能說，與第一次在導師辦公室見到的案主（眼神呆滯，由同學牽著走）有很大的不同，但是對於輔導員給他的讚美，案主覺得不能接受。第四次晤談，這一次開始談到案主與母親互動的方式是屬於指責型，也提到案主國小時的課業表現。第五次晤談，與案主談到平常生活作息，發現案主一直在找事情讓自己不要早睡。

第六次晤談案主提到自己的夢，並編了一個故事，故事的情節裡充滿打、殺、死等字眼，輔導員讓案主第一次畫圖，畫的是老鼠，案主說老鼠要打架、吃東西，別人就不會欺負他，這是案主第一次提到同學欺負他的事情。第七次晤談案主提到他寫了一篇作文，輔導員邀請他先畫下來，然後說故事，輔導員讚美案主能說出如此嚴謹、有趣的故事，對於輔導員的讚美案主不置可否，沒有出現強烈的否認。第八次晤談和案主分享繪本故事的前半段，邀請他畫下故事主角，案主將自己內化成故事裡的角色，長出許多爪子保護自己，這些爪子是導師、同學欺負他，他會氣在心裡，案主在圖畫中顏色大部分使用黑

色，然後又用了許多深色圍繞在周圍，案主說這樣可以嚇跑別人。第九次晤談，案主自己提早到諮商室，和他分享上一次的畫，談到導師保護他的方式，並看見案主主動拿起畫筆在那張紙上，畫出欺負他的同學，並且告訴輔導員他的名字，案主用許多武器去摧毀畫中的這個新角色，但是這個新角色卻永遠不會消失，死亡與復活的概念不斷在這個畫中，這次案主畫得很快樂，笑得很開心。第十、十一次晤談，案主介紹他喜歡吃的食物與他國小、國中的同學給我認識，並將前幾次的畫加以回顧後還給他。上學期晤談結束。

個案問題與處理分析圖

1. 上學期剛開學時,在學校的時間幾乎都是趴著睡覺,除了午休吃飯時會醒來
2. 衛生習慣差,無法記住同學的名字,班上沒有人當案主的好朋友,案主也不願主動認識新朋友
3. 抄寫動作慢、易忘記,老師交待的事情常無法獨立完成,課業表現中間偏後
4. 在家生活作息較不正常,對母親說話態度差
5. 手部動作不靈活
6. 班上有同學用帶有性別色彩字眼取笑案主,惹得案主生氣 (ex:戀母情結、同性戀)
7. 不願主動參與課堂小組討論

案主的家庭史

祖母 ── 祖父

叔叔（未婚） 父 44歲 自由業

母 42歲 台北地方法院檢察署科員

妹　案主

國小二年級　國中一年級男生

過去背景

1. 小學三、四年級,班上有兩位同學會欺負案主,當案主尋求導師協助時,剛開始導師會注意一下,後來導師覺得案主很煩,就不再處理
2. 母親有幫助案主去跟那兩位同學的家長說,家長也處罰小孩,但到學校之後會找案主算帳,案主被欺負得更嚴重
3. 案主課業從國小三、四年級往下掉,尤其是語文科,而且本來是左撇子,也被強迫改成右手寫字
4. 國小五、六年級時,那兩位欺負他的同學一位轉學,一位被分到別班,直到國一才又同班

目前狀況

案主

心理事件（可能發生原因）

| 同學欺負案主,有情緒產生 | 小學導師沒有處理案主的事 | 母親介入（又被欺負得更慘） |

案主國小三、四年級的問題行為
1. 成績退步　2. 人際行為退縮
3. 不信任母親

↓

上國中進入青春期,又遇到以前會欺負案主的同學,母親管教變嚴

↓

案主國一的問題行為
1. 上課睡覺　2. 生活作息不正常
3. 衛生習慣差　4. 頂撞母親
5. 學習表現差,缺乏與人互動

問題行為分析:
1. 躲避人際關係,避免被欺負　2. 缺乏情緒宣洩管道
3. 缺乏求學動機　4. 對人與環境易不信任

一、輔導策略

(一)建立關係——讓案主盡情地說,對於案主會反駁輔導員的論點也欣然接受,並開始引導案主說出「自己」以蒐集資料

(二)工作階段
1. 說故事:包括夢境、作文,並給予肯定
2. 畫出故事內容:由其中有投射的人物,產生自我操控的心理能力
3. 生活事件分享:包括欺負他的同學母親、班上發生的事,讓案主可以抒發自己的情緒,之後再討論可行的解決之道

(三)結束階段
1. 回顧諮商過程,並鞏固討論出來的解決之道,鼓勵案主實際去做
2. 與導師討論在班上可以幫助案主的方式,ex:鼓勵同學與案主接近,公開讚美案主好的行為。並尋求家長支持,在案主有情緒、受欺負時,能耐心聽案主說。並帶案主去游泳,以增加手部肌肉靈活或接受檢查

二、輔導目標
1. 增加對環境的控制感與信任度
2. 尋求自我保護及抒發情緒的方式
3. 調整生活作息
4. 增進案主的自信
5. 拓展人際關係

未來可能的發展

輔導策略

二、個案二

㈠基本資料

　　姓名：王××

　　性別：女

　　年齡：十五歲

　　年級：國中二年級

　　外型特徵：身體各方面發育均正常

㈡背景資料

1. 家庭史

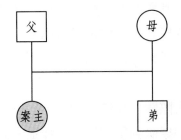

　　案主與父母同住，案主是老大，下有一個弟弟，為雙薪家庭，家人相處和睦。父親很在乎案主的運動行為，母親則希望案主可以多為未來準備，給予案主在外補習。母親常希望案主可以多監督弟弟，督促弟弟做功課。基本上，每個週末全家都會到外運動或郊遊。

2. 個人生活

　　⑴案主身高一百六十公分，體重四十五公斤。

　　⑵案主對寫作、網路、漫畫較有興趣。案主有在網路上發表文章。

3. 學校生活

　　⑴案主在班上只有一位比較好的朋友，和她比較好的朋友都是她媽媽同事的女兒。

　　⑵案主在班上嚴重被排擠，班上人緣較好的同學會開始語言、行動上的攻擊，進而讓班上其他的同學也討厭起案主。

(3)只要有分組的活動，案主自然不會被分到組別。除了班上的同學欺負她，其他班級的同學也會用語言攻擊她。

(4)案主曾經被班上的男生用石頭扔她，那位男生被記過，案主似乎對於班上同學的舉止和行為無多大的情緒反應或表示。

(5)案主的成績基本上屬於中上，對於課業滿有興趣。

(6)案主在校成績：期中考成績（92.04.01～92.04.02）：數學87，國文90，英文85，理化96，歷史95，地理87，公民88。

4. 身心特質

案主是一位在思想上滿成熟的女生。她可以控制自己的情緒，在自己容忍的範圍內，不會對班上的同學發脾氣。當她被欺負時，她會採取的措施是打電話到對方的家裡，然後告知他們的父母。由於他們班上有發展出罵她的模式，他們都沒有指名道姓，因此老師也不知道案主被同學欺負，所以案主採取的方式是不直接和同學衝突。

㈢主要問題行為敘述

1. 問題源起：人際關係欠佳。

2. 案主由於被同學看到她挖鼻孔，而遭受到班上同學的排擠，並給予她言語、行為上的攻擊。

3. 由於班上大部分的同學都很明顯地攻擊她，由輔導老師認輔並分配案主給實習生。

㈣診斷與分析

1. **個人因素：**案主是一個思想成熟的女生，希望不要和同學起衝突，因為覺得大家都是在同一班級上課，沒必要惡化同學間的關係。案主似乎比較少談到同學欺負她的感受，情緒表達的部分較少。案主本身是一個比較沒自信的女生。

2. **家庭因素：**父母均在工作，家人的關係融洽，父親會關心案主是否有出外運動，而母親則會關心案主的課業。週末時，家人都會一同去玩，相處很愉快。

3. **學校因素：**基本上，導師知道案主被班上的同學欺負，而那一位向她扔石頭的男生亦被導師記過。其班上的輔導老師也有在

其班上了解狀況，並希望他們可以接受案主。輔導老師覺得案主班上的同學基本上是比較不成熟的，而案主本身則是算乖巧、成熟的女生。案主滿喜歡輔導老師，而且會主動過來晤談。她可以主動地說話，是一位滿願意配合的學生。

(五)**輔導策略**

1. **同儕關係**：增加助力──戴××同學善良助人，及班上願意主動關心幫助的同窗，皆是助手。

2. **影片、書籍**──以人際關係影片、相關書籍開導。

3. **價值澄清法**──「班上還是有其他的同學願意和你交朋友的」、「可以和同學多分享」等等的，讓她可以有良好交友技巧的培養，表示出自己的誠意，減少同學對她的攻擊和排擠。

4. **人際技巧、溝通表達的訓練**──如：「我的訊息」、「勇敢表達自己的感受」等等的溝通和表達技巧的練習。

(六)**輔導經過**

輔　導　經　過	
晤談次數	輔　導　紀　要
第一次晤談	一、行為觀察：案主面帶笑容，輔導老師替我們做介紹，案主主動坐下，感覺她還滿放鬆。 二、晤談內容 　1.建立關係：輔導員請案主自我介紹。輔導員本身自我介紹。輔導員蒐集相關資料。 　2.輔導員詢問案主本身的交友狀況，案主的好朋友是和她同樣被班上同學欺負的女生。案主說自己的衛生習慣不佳，但她已經改過了。輔導員問案主當時感覺如何？案主說沒什麼感覺，當她在忍無可忍時，會打電話給對方的家長。 　3.輔導員詢問案主下星期會過來嗎？案主表示願意。 　4.晤談結束。

（下頁續）

第十四章　個案實例

（續上頁）

第二次晤談	1.案主主動談到她創作的文章。她寫的是關於哈利波特的故事，她加入一個悲哀的角色。輔導員覺得案主似乎把自己的感覺投射在自己設計的角色上。 2.案主主動談到同學對她的排斥，她會想像他們被她打一頓，但是不會實際去 K 他們，因為礙於校規。輔導員鼓勵案主在班上舉手告訴他們真正的感受，案主試過，但沒效。 3.案主說不會和他們一般見識，因為彼此的心境是不同的。輔導員肯定案主的成熟，並鼓勵她。 4.晤談結束。
第三次晤談	1.案主主動談到她把自己被欺負的感覺，當場告訴他們，她覺得滿有效的，因為有阻止行為。但第二天又重蹈覆轍，輔導員鼓勵案主具體表達自己的感受，且多些嘗試及練習。輔導員問案主有沒有想到其他的方法去應對，案主說暫時還沒想到。 2.輔導員鼓勵案主可以主動幫忙班上同學做事情。案主說她有主動幫忙設計班上網頁，但知道的人不多，且知道了也沒什麼表示。 3.晤談結束。
第四次晤談	1.案主覺得有一件事令她很討厭，因為在體育課時，班上的同學在籃球場上寫英文罵她。 2.案主不想告訴老師，她不想破壞同學關係。她只會打電話給對方的家長。輔導員問她有這樣做過嗎？案主說她在前幾天有打電話給其中一位男同學，她告訴對方「你這樣很不道德。」對方一聽，馬上掛上電話。輔導員覺得案主表達的語句太抽象了。 3.輔導員問案主有想過用什麼方式來面對班上同學的欺負，案主說她有在班上試著表達，但都沒有效。輔導員覺得可以請案主具體說明她的表達方式。輔導員鼓勵案主以較溫和的語氣表達她的情緒。 4.晤談結束。

（下頁續）

（續上頁）

第五次晤談	1. 案主說最近班上的同學比較少欺負她，所以她不知道要談些什麼。 2. 輔導員建議案主用「我的訊息」表達自己的感受情緒。案主說，對方一聽就會嘲笑她，輔導員鼓勵案主練習用「我的訊息」表達。案主練習用語生澀，輔導員覺得案主要多練習。 3. 案主說，班上的女生在英文課時用腳踏她，她也回踢對方。旁邊一位女同學就指責案主。案主不爽，與欺負她的同學吵架。輔導員問案主這樣的方式有幫助嗎？案主覺得沒有，情況更糟糕。輔導員建議用柔克剛，以溫和柔性的態度去應對。案主覺得這方法也滿有道理的，她願意嘗試。 4. 輔導員鼓勵案主把自己的想法、感受、心情寫給輔導老師。案主擔心同學聽了會覺得案主和老師串通，且會說這不是真的。輔導員告訴案主這是她自己的真實感受，班上的同學不能評斷真或假，輔導員給案主信心。輔導員鼓勵案主真誠表達自己的感受，案主會說自己很堅強，輔導員問案主她最真實的感受，案主想了很久，她覺得很討厭。輔導員鼓勵案主發現自己最真實的感受。 5. 輔導員告訴案主下星期是最後一次晤談，並告訴案主可以想想下星期要談的內容。
第六次晤談	1. 案主說她買了一張很好聽的 CD。 2. 輔導員問案主最近班上的同學有沒有欺負她，案主說有一次早上上課前，有同學在班上倒水在她的桌上。案主說不知道是誰做的，她覺得對方很幼稚，她收拾到早自習結束。 3. 輔導員問案主有沒有用「我的訊息」來表達她的感受，案主說好像成效不彰。輔導員問案主實際實行狀況。案主說有一次她打掃完，她就叫一個同學過來：「××，你過來一下。」案主就立刻被對方痛罵一頓。輔導員說由於案主在不是很恰當的時機說，而且也沒開始談到重點，所以當然無法發揮功效。輔導員鼓勵案主在當同學欺負她時，再用「我的訊息」表達。

第十四章　個案實例

（續上頁）

	4.案主說她和同學分享她看到的好笑網路圖片，輔導員鼓勵案主多和其他同學分享。 5.輔導員告訴案主下學期再繼續，案主答應。 6.結束。
第七次晤談	1.輔導員問案主假期怎麼過？案主的假期在台中的外婆家，案主和表哥表妹相處很愉快。 2.輔導員問案主學校開學適應的情況，案主說可以適應。案主主動談起欺負她的同學被老師處罰，因為案主在聯絡簿上罵欺負她的同學，所以老師知道案主被他們欺負。那三位同學每天中午都被老師叫去罰站。案主和她的朋友很想去安慰他們，因為看他們情緒低落。輔導員告訴案主說她很善良，案主說她只想安慰其中一位她喜歡的男生。基本上，案主班上的同學沒有再欺負她，除了一位較胖的同學會在體育課時罵她，而案主則不理會他，案主透過網路轉移注意力。 3.輔導員問案主可否換晤談時間？案主可以在星期三過來。 4.晤談結束。
第八次晤談	1.案主主動談起她家裡發生的事情。案主談起她弟弟不主動做功課，回來不是打電話就是教樓下的小弟弟做功課，而自己卻不做功課，而讓案主被媽媽罵她不會管教弟弟。她說她的弟弟要到晚上十點多，邊瞌睡邊做功課，因此她媽媽看到了，就會連案主一起罵，案主覺得很困擾。輔導員問案主會做些什麼來幫助她的弟弟。案主說，她能做的只是請樓下的小弟弟不要來找她弟弟玩，因為她弟弟很愛面子，肯定不會把自己的功課做到十點多的事告訴別人。輔導員覺得案主似乎很無聊及無奈，我覺得可以進一步問案主困擾的是什麼，然後再請案主具體說明。 2.案主又談起她和爸爸的相處，她爸爸會要求案主一起去晨跑。案主有去運動，但是她爸爸總覺得案主不夠積極運動。當案主向她爸爸解釋時，她爸爸總會拿案主和以前的自己

（下頁續）

（續上頁）

	做比較。因此案主只好氣在心上，不理爸爸說的話。輔導員覺得下一次可以問案主如何向她爸爸表示其感覺。 3. 案主談到她媽媽要她多補學測保證班，案主覺得很累且壓力很大，但卻要服從媽媽的要求。輔導員問她有沒有告訴媽媽她的感受，案主說她媽媽聽不進去。 4. 由於時間快要結束，因此輔導員請案主下次再繼續談。 5. 晤談結束。
第九次晤談	1. 案主主動分享她昨天從網路上列印的漫畫合成體。輔導員詢問她是否有和班上的同學分享，案主和三位同學分享，只有一位覺得好笑。 2. 輔導員問案主上星期過得如何？案主談到她上星期日和媽媽及弟弟去爬山。案主覺得上星期日過得很充實愉快。 3. 案主談到剛剛上體育課的情況，她可以接到球傳球，她覺得自己有一點成就。輔導員看得出案主很高興，且慢慢建立其信心。輔導員鼓勵案主繼續維持下去。 4. 案主談到明天及後天是學校的段考，而今天又得要去補習班。輔導員問案主準備得如何。輔導員聽到案主準備很充分，預祝案主考試順利。 5. 晤談結束。
第十次晤談	1. 案主主動分享她從網路上下載的文章。此篇文章是關於一位男生強迫其女朋友墮胎，而且還對她拳打腳踢。輔導員問案主看了這篇文章有什麼感受。案主覺得那男生很不尊重女性，如果案主是該位女生，絕對不會讓自己一直受那男生傷害，案主會把自己心裡的話告訴對方。 2. 案主談到她不喜歡、生氣那一位帶頭欺負她的男生，因為他不尊重女性。該位男生會以那種沒關係或是輕視的態度在看墮胎。輔導員問案主有否把自己不喜歡的感覺告訴對方。案主沒把感覺告訴對方，因為覺得說了也沒用，或是不想再和他有衝突。該位男生還是平均罵她五次，尤其是在國文課時。案主選擇忘記罵她的內容，而且會幻想該位男生下一輩子當個女生，才能體會那種不受尊重的感覺。 3. 晤談結束。

（下頁續）

（續上頁）

第十一次晤談	1. 案主談到她和家人過了一個很愉快的週末。 2. 案主談到她下星期一要參加英文演講比賽。她認為是被班上的同學陷害。輔導員問案主怎麼會有這樣的感覺，案主說他們選她是為了讓她出糗。輔導員請案主多說一些，案主說英文比她好的同學多得是。輔導員讓案主發洩，並鼓勵她把擔心都說出來。案主害怕上台，而且緊張。 3. 案主請輔導員下一次可以在她未上台前，看有什麼方法讓她放鬆心情，不再那麼緊張。 4. 輔導員答應案主會盡量幫她，讓她不那麼緊張、害怕。 5. 晤談結束。
第十二次晤談	1. 輔導員問案主上星期一的演講比賽進行得如何，案主則提到她昨天和家人到烏來泡溫泉。案主說她沒進入決賽，她覺得這樣也不錯，因為不用參加暑假英文訓練。輔導員請案主多談一點，案主說自己在即時演講太緊張，她比較滿意自己在事前有準備的演講。 2. 案主對於班上另一同學的表現感到不滿，因為他的準備態度很不認真。 3. 案主還說班上那一位常在她耳朵旁大吼的同學已經沒再欺負她了，因為被班導記過。現在他只會在經過她的位子時咳嗽，案主問對方是不是感染到 SARS，對方的女同學則反問案主難道咳也不行，案主反駁回去。由於晤談快要結束，輔導員覺得可以讓她知道其他的溝通技巧。
第十三次晤談	1. 案主主動談她上星期過得怎樣，由於 SARS 的關係，學校請學生經過萬芳醫院要戴口罩。輔導員覺得案主似乎都會談比較安全的話題、比較幽默的話題。 2. 輔導員問案主學校生活過得如何，案主說除了理化老師常講冷笑話之外，其他的課還上得不錯。至於班上的同學欺負她的次數有減少，而且她不會反擊回去，因為覺得他們的做法很低級。 3. 案主有透露出因為他們的關係，讓她沒辦法過天真無邪的學校生活，總算聽到案主的情緒反應，輔導員可以覺察到案主對同學的不滿。

（下頁續）

（續上頁）

第十四次晤談	1.案主今天遲到，她解釋因為做值日生，所以比較晚來。 2.輔導員覺得案主今天看起來不開心，案主說今天被其他班上的男同學欺負，她覺得有點難過、生氣，但又覺得麻木。她不想反駁回去，覺得自己應該忍下來。輔導員問案主會如何處理，案主說可知會我們班導師。之前，案主也有告狀過，但也只能阻止一陣子。案主本身覺得效果有限。
第十五次晤談	1.案主主動談到她今天過得滿開心的，因為她破了老師的關卡。輔導員覺得案主似乎不開心，心事重重。 2.案主談到她的主述問題，她喜歡的男同學又欺負她，以前這男生曾打電話給她，向她道歉。 3.輔導員感受到案主的難過與失望，案主本身也覺得很討厭，對那男生很失望。她覺得要把自己變得更好，讓那男生後悔沒有喜歡她。 4.案主覺得自己所採取的方式，對他們都無效。輔導員問案主在這些方法裡，哪一種最有效，案主覺得是告訴他們老師就在旁邊，但治標不治本。案主還說過：「你們這樣做，讓我很不舒服。」但他們的回答是：「妳算老幾。」 5.輔導員覺得應增加案主用「我的訊息」的技巧。 6.晤談結束。
第十六次晤談	1.案主談到她上星期到台中玩。案主過了一個充實又快樂的週末。 2.輔導員詢問案主班上同學欺負她的情況，她覺得情況有改善了。 3.輔導員請案主具體化說明，案主覺得比以前的次數少很多。輔導員問她覺得是什麼原因改善這種情況，案主本身的分析結果是她運用婉轉的方式，告訴他們她的感覺。輔導員鼓勵案主多嘗試運用這種方式。 4.晤談結束。

(七)輔導結果及未來可能發展

本案主的輔導進行至今已有一年，目前尚在進行之中。下列是進行至今已見的改善行為：

1. 案主與班上同學的人際關係有改善跡象，班上同學欺負她的次數變得比在未接受輔導前少很多。

2. 案主本身情緒的部分，她可以覺察到自己的感覺和情緒。她知道自己是可以生氣、難過和悲傷的。

3. 案主了解同學欺負她的原因。她可以運用更有效率的溝通方式，她可以掌握「我的訊息」的技巧，委婉地向欺負她的同學說出自己的感受和心情。她還曾經寫過信，把自己的感受告訴欺負她的同學。

4. 案主會嘗試和其他同學分享，主動和班上同學接近，增進自己的朋友圈子。

5. 案主個人的衛生部分已經改善了，她不在他人面前做些不雅觀的動作。

未來：

1. 案主發展出本身有效的人際相處模式。

2. 案主自我肯定，願意學習主動接近人群。

3. 追蹤輔導（案主和老師；老師和老師之間的聯繫），隨時給予關懷和鼓勵。

(八)檢討與建議

1. 一開始接受這個案主時，常常看到案主很不開心，而且也聽到案主常被欺負的情況，我很想和她一起找出原因。經過這一學年的輔導，案主已經可以找出原因，而且也希望可以改善。其實，案主是一位很成熟的女生，因此要改善案主人際關係的問題，可以透過一些人際技巧、態度、時間等去改變。

2. 目前輔導室所接的案主，有很多人際方面的問題，被同學排斥、欺負的情況滿多的。這樣的氣氛和環境下，對於案主學習的狀況、情緒、適應的狀況等，都會有不良的影響，因此他們是需

要鼓勵、協助和輔導的。輔導人員真誠地給予他們關懷、協助和輔導,可以讓他們得到支持而非挫折的經驗。

3. 人際的問題是來自各種各樣的因素,有些時候,人際關係也是互動而來的。因此,非但案主本身需要改變,欺負她的同學可能也需要輔導和改變。

陸、師生衝突案主實例

一、案主一

㈠基本資料

姓名：×××

性別：男

年齡：十九歲

年級：高職三年級

㈡案主來源

案主多次與任課老師發生衝突，不服管教，曠課次數太多，故案主之導師將案主轉介至輔導室。

㈢主要問題行為敘述

1. **不守規矩**：上課吃東西，發出聲響，或任意於上課中走動、吼叫。

2. **打架**：在班上常為了一點小事與同學大打出手。

3. **遲到或蹺課**：有時無法準時到校，或到校後不入教室上課，而在校園內遊蕩。

㈣背景資料

1. **家庭史**

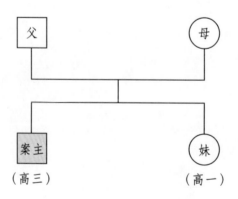

2.**家庭狀況**

　(1)案主父母親於案主五歲時離婚，兩位子女由父親扶養，但父親常在外地工作（建築工），孩子們由祖母帶養，父親平均每週回家一次，母親自離婚之後，未探視子女。

　(2)家庭經濟靠父親在外做工維持，屬小康。

3.**個人狀況**

　(1)案主身體發育良好，身材高大，健康情況不錯，體能佳。

　(2)缺乏恆心與毅力：不論做事情或做功課，馬馬虎虎，性情浮躁，無耐心。

4.**學校生活**

　(1)服裝不整、破壞公物、口出穢語、打架鬧事。

　(2)經常受訓導人員、導師及任課老師處罰，但毫無懼怕。

㈤**診斷與分析**

1. 父母離異、家庭破碎、缺乏親情與管教。

2. 管教方式不當：案主祖母溺愛縱容的管教態度，養成為所欲為、蠻橫的案主。

3. 案主對班級、學校沒有歸屬感。

㈥**輔導策略**

1.**個別諮商：**諮商的目的在藉與案主直接的商談，使其了解自己，研擬解決問題的辦法與計畫，協助與鼓勵達成目的。

2.**親職教育：**利用家庭訪視、電話聯絡、家長約談等方式，使案主父親與祖母了解適當的管教方式，並積極配合學校的輔導策略。

㈦**輔導經過**

　個別諮商：（自 88 年 10 月 5 日至 88 年 12 月 5 日，共十次）重要摘記如下。

　第一次晤談

　了解案主的家庭狀況、學校學習情形、交友狀況。案主認為，班上有些同學喜歡和他作對，並找他麻煩，所以才和班上同學打架，而

老師們也不信任他。

第三次晤談

案主最害怕父親回家的日子：如果父親心情不好，或知道案主又在學校或校外做錯事，即會遭到毒打與責罵。案主最喜歡祖母，因為祖母會哄他、接納他，並給他零用錢。

第六次晤談

案主坦承今天與教官發生衝突是自己不對，事後向教官認錯，並願意於午休時間勞動服務，希望同學與學校老師能認同他。

第八次晤談

案主口述自己一週勞動服務心得，訓輔人員給予獎勵，非常高興，希望每天都能得到同學與老師的鼓勵。

家庭訪視

了解家庭狀況，與案主父親、祖母溝通孩子的管教方式，並交換意見。

第十次晤談

與案主約定，距離學期結束還有一個月的時間，盡量把握時間學習看書與技能；輔導期間表現良好，贈送一本相簿。

(八)檢討

1. 案主之會有偏差行為，來自破碎家庭，自覺得不到關懷與溫暖，尋求同學認同，結交不良青少年。
2. 案主本性不壞，對案主宜多鼓勵，並以勸導代替責備，且加強有關教師聯繫，隨時糾正案主行為。
3. 利用親職教育座談會，溝通家長觀念。

二、個案二

(一)基本資料

    1. 姓名：李××

    2. 年齡：十六歲

    3. 性別：女

    4. 年級：高中一年級

    5. 興趣：上網、打撞球、唱 KTV

    6. 個人特徵：外向、活潑、喜交朋友

    7. 經濟狀況：極佳

(二)問題行為

    1. 不遵守上課規範。

    2. 上課與老師頂嘴、爭吵。

    3. 恐嚇、毆打同學。

(三)行為發生原因

    1. 案主在上學期剛入學時，對老師相當有禮貌，學習情形也完全正常，成績在班上算是中上；但是到了下學期，情況完全轉變，不僅成績一落千丈（英文除外），老師心目中彬彬有禮的形象也消失無蹤。給老師的印象就變成了上課常不專心、睡覺、說話，或做其他事等等，故時常受到老師的指正與處罰。

    2. 今年剛到職的數學老師——×老師，是一個充滿抱負的年輕老師，所以在上課秩序以及成績要求方面，都一絲不苟。案主在上課時常常被×老師指正，且成績都在及格邊緣。

    3. 在第一次月考成績公布之後，對於自己的成績極不滿意，便找老師求情，結果碰了一鼻子的灰；到了第二次月考前，索性上數學課時就再也不攜帶課本了，這在要求嚴格的×老師眼中，成了一種挑戰。×老師：「××，妳好久都沒帶課本了，妳是不想上課嗎？」案主回應：「我就是不想上數學課！怎樣！」×老師便請她出去教室罰站，如此的情形造成了日後×老師在

上課時總會注意她，案主也覺得上數學課受到老師「特別禮遇」。而後來在一次的糾正下，案主情緒不穩，脫口而出：「我知道你看我不爽啦！※！」隨後被×老師以「不尊重師長」的名義記了一個小過，其間並有幾位成績名列前茅的同學因出面做證，事後也遭該生恐嚇並毆打。該生因不承認錯誤，所以再被記了一支大過，並強制停學兩週；復學後，每節下課被規定要去教官室報到，但案主依然故我，不知反省，終於又和×老師爆發了更激烈的口角：「×老師，你一個月是賺多少啦！我媽媽……」當然，又被扭送教官室處理，這次並且還連其他老師一起罵：「＃￥＆，沒看過是不是！」

(四)處理方式

1. 會同導師就學生的問題與之溝通（與導師、學生在教官室會面，並就問題當面溝通）。
2. 告知主任，並請示主任意見（主任提出到輔導室接受進一步的情緒控制）。
3. 學生與輔導老師進行會談，學生仍認為老師有偏見，輔導室建議任課教師與家長溝通（家長數次到校）。
4. 復學後情況仍無法控制，該生被勒令轉學。
5. 老師在自我認知上的調適。

三、個案三

㈠基本資料

　　小玉父母已離婚，屬單親家庭。案主監護權屬母親，另有一弟弟，監護權歸父親。就讀台北市某私立高職。案例發生時間：高三。

㈡案例說明

　　小玉從小生長在單親家庭，由母親獨自撫養長大，母親從事保險業。由於小玉的母親只有這一位女兒，所以不管在生活上、物質上，一向是極盡所能給予最好的，因此，小玉的個性表現上就有好強、愛面子、愛出鋒頭等特徵出現。

　　小玉雖然念的是私立高職，但從高一開始，她的成績就一直名列前茅。由於她愛出鋒頭的個性，班上的團體活動、學校舉辦的比賽，甚至是校外的活動，幾乎少不了她，而她實際上也替班上爭取不少的光榮。可是因為她的個性很好強，許多的觀念與班級的氣氛並沒有辦法很融洽，雖然她也沒有和班上同學有太激烈的衝突發生，但同學們對於她的個性大部分都是避著她，盡量不要和她有太多的交集，因此小玉在班上的狀況顯得有點孤立（同學們並不是排擠她、討厭她，只是單純地不想和這種個性的人有多深的友誼）。這種狀況一直維持到高三上學期，發生作弊事件後，改變了全班同學及所有教過她的老師對她的看法。

　　在高三上學期一次月考中，小玉考英文作弊被老師抓到，她的導師接獲通知後，馬上和小玉約談，但在約談過程中，老師尚未將問題點帶出之前，她就一直急著否認她自己作弊的事情，頗有欲蓋彌彰的反作用。當然，在小玉極力否認的狀況下，老師並未多作任何「說教」的動作，在小玉離開後，導師馬上和小玉的母親聯繫。但在和小玉母親聯絡的過程中，小玉的母親不但不相信老師說的話，還打算將事情就這樣算了。小玉回家後，母親問起作弊的事，她不但沒將事實說出，反而還欺騙她的母親說是老師誤會她，也欺騙母親說她已經將事情解釋清楚，老師也不會再追究。隔天，導師又約談小玉，小玉就

顯得很不耐煩，擺出一付「反正我作弊都作了，你們要怎樣就怎樣吧！」這種心態。當下老師的心情就有點不愉悅，在約談過後，導師就請小玉的母親到學校來，欲處理這件事，但小玉的母親來到學校後，本來應該先到導師那邊了解所有的狀況，可是小玉的母親竟直接跑到訓導處去吵鬧，直說學校的不是，指一定是老師故意栽贓給她，還指責一定是英文老師對小玉有偏見，所以才故意讓小玉蒙冤（事實並非如此，由於小玉功課不錯，還擔任英文小老師，學校老師對這個問題學生及問題家長也都不置可否）。雖然後來這件事情就在家長無理的吵鬧之下不了了之，最後小玉獲特准調到隔壁班（事實上，在高中三下調班的狀況是幾乎不可能的）。在調班之前，小玉在班上給人印象及表現就變得和以前不一樣，在老師面前不斷有小動作產生，犯錯後時而裝無辜，時而顯得無所謂，時而和老師有激烈的言語爭辯，但也都在家長的強力干預及過分溺愛之下，讓學校一直姑息學生的偏差行為，無法進行輔導工作。

㈢分析

- 小玉很愛面子，常有不認錯的心態，一旦犯錯行為很明顯而被指正的時候，會引發防禦的心理為自己辯護。
- 小玉的不誠實，讓母親一直以為她是個好孩子，使得母親不相信小玉在學校會做出不正當的行為。
- 母親的溺愛，造成小玉對偏差行為的認知變成理所當然的事。
- 小玉和老師之間發生衝突時，校方來不及輔導，即轉為家長的干預，更由於小玉的調班及發生時間太接近畢業時段，使得校方對學生一直沒辦法進行有效的輔導。

柒、特殊個案問題案例

一、自我傷害問題實例

【個案一】

(一)基本資料

姓名：陳××

性別：男

年齡：二十一歲

教育程度：高職

職業：超商服務員

案主來源：單位轉介

主述問題：自我傷害（身體健康、適應不良）

(二)背景資料

1. **家庭史**

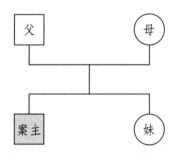

2. **家庭關係：** 案主家中不太和諧，母親較疼愛案主，案母曾表示案主因疾病纏身而忍耐力較薄弱，恐怕難以接受團體生活訓練及生活。

3. **個人史：** 案主經醫院鼻喉科診斷有肥厚性鼻炎併鼻中隔彎，另案主自述有輕微氣喘及頭皮撕裂傷。

4. **心理測驗結果：** 「國軍身心狀況評量表」施測結果為適應良好群。

(三)主要問題行為敘述

案主因鼻子疾病開刀情形已療養完畢,身體狀況應可回單位休養,隔日凌晨,案主藉去上廁所,不久跳樓自我傷害。

(四)評估與分析

1. 案主由於長期病痛纏身,挫折忍耐力較低,歸建回單位僅一夜時間,因不適應團體生活及誤解單位中同儕的嘲諷,導致一時情緒失控,做出自我傷害行為。
2. 案主屬於「逃避型自我傷害」,不適應團體緊張生活,遂以自我傷害來逃避現實,試圖解決所有的問題。案主自我傷害後,曾轉介醫院精神科鑑定其精神狀況,診斷結果無精神違常疾病。
3. 案主進入新職場前曾接受錯誤訊息,誤認自己的病症可達驗退標準,使其深陷「將要離開團體生活」的幻想,但體檢結果使幻想破滅而無法接受。
4. 案主目前身體狀況恢復良好,但對歸建單位一事產生排斥,對團體生活出現抗拒,案主因本身疾病困擾,常藉裝病如頭痛、記憶力喪失等來逃避訓練。

(五)輔導策略與實施

1. 輔導目標

(1)自傷行為未遂後一至二週仍屬危險期,所以首要目標在排除案主再次自傷的想法,並避免使案主的情緒陷入低潮。

(2)其次目標在降低案主對於團體生活的恐懼及不適應感,並協助案主改變行為模式,以增進其人際關係和生活適應。

2. 輔導經過

(1)在初次晤談中,案主有些排斥的態度,但仍試著引導案主說話,並從其言語上找尋線索,以發現案主問題所在,運用傾聽、同理心,與案主建立信任關係。

(2)由於案主表示其記憶力尚未完全恢復,有喪失記憶的狀況,常一問三不知或答非所問,輔導中盡量以關懷、安慰的態度,鼓勵案主重新面對人生,並使其有信心重新面對困境。

(3)案主仍然不想面對團體生活，藉由自傷事件達到驗退的願望，除分析案主現在狀況，並運用「行為改變技術」，協助練習有關人際應對技巧與應對方式。

3. 處置作為

(1)請單位上同事及其家人多給予正面鼓勵及支持，避免案主情緒再次陷入低潮。

(2)心輔官與單位輔導員將隨時注意案主適應及情緒狀況，並與家屬保持密切聯繫與配合。

(3)持續輔導兩個月後，若案主身心及適應狀況仍未轉好，將透過三級防處機制，轉介至心理衛生中心接受進一步深入輔導。

(4)協助家屬將案主轉院，以符合家屬需求而能方便看護。

(六)檢討與建議

1. 案主有不適應行為及情緒低落時，若有人加以關注或輔導，則自傷事件可能不會發生，然大多數同事對於同事間的敏感度常不足，而導致原可避免的事件發生。

2. 案主家屬在事發前就極擔心其子在團體中的生活，單位與家屬間的聯繫與溝通關係應加強努力。

3. 案主女友於案發前曾與其通過電話，當時女友即發現案主情緒相當不穩，但女友未及時通報告知家屬及部隊，導致此不幸事件發生，故建立對重要他人溝通管道的暢通，亦是未來加強方向。

4. 對長期休養於醫務所的病患，在其歸建回單位前，應先將病患帶至心衛中心做身心評估，以便判斷病患身心狀況是否適合歸建，並持續輔導病患調適情緒及適應團體生活。

5. 對於抗壓耐力較低人員，與單位主管協調，避免讓其承受過大壓力，以延緩並提供足夠時間逐漸適應。

6. 加強案例宣導，提高同事間安全警覺，若其他同事有不合常規行為時，應迅速反應與處理。

【個案二】

(一)**基本資料**

姓名：李××

性別：男

年齡：二十三歲

教育程度：大專

職業：電信維修業務員

案主來源：經幹部反映而轉介

主訴問題：自我傷害（適應不良、身心健康）

(二)**背景資料**

1. **家庭史**

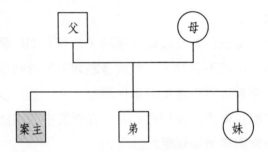

2. **家庭關係**：案主父親從商，母親為家管，有一弟弟及一妹妹，家中經濟富裕，目前祖父、祖母與全家同住。另案主表示，父親對於其生涯發展常予干涉，曾想學習美術，但父親不同意，而要求就讀工科，使案主覺得活在父親陰影下；但在服役期間，又希望父親能為其解決生活困擾，如調單位或辦理驗退。

3. **學校史**：案主在求學期間表現平平，未接受過輔導或違犯重大過錯，平時甚少與同學來往。

4. **社會史**：案主在外工時間不長，在與他人共事經驗方面較為不足。

5. **個人史**：案主小時候曾溺水、從高處摔落及車禍受傷，服役後於醫院精神科就診，經醫師診斷患有環境適應障礙合併憂鬱症。

6. **心理測驗結果**：「國軍身心狀況評量表」施測結果為需中高度

關懷群;「賴氏人格測驗」施測結果為 E 型。

㈢主要問題行為敘述

案主原服役於軍艦,在艦上時自覺難以與弟兄相處,本身又不斷犯錯,認為他人因而對自己有異樣眼光,並因怕水畏高,而對艦艇生活極不適應。調至裝備中隊後,因生活作息不適應,自覺為新進人員會被欺負,要多做很多工作,因而產生壓力,而出現想以自我傷害方式調離單位的想法。

㈣評估與分析

1. **人格特質**:案主因個性缺乏獨立、孤僻內向,常以自我為中心,自我認知有矛盾,遇有困難,習慣以逃避方式因應。

2. **家庭評估**:案主家庭狀況普通,對父母期望過高,認為父母會幫其解決在軍中的一切問題,依賴性甚高。

3. **身心狀況**:案主於目前單位有睡眠不佳、食慾不振現象,且經醫師診斷有環境適應障礙合併憂鬱症,不久前手部曾受傷,目前正復健中。

4. **部隊評估**:案主排斥與他人相處,對團體生活極不適應,工作上有畏苦怕難的情形,缺積極態度,甚至想以自我傷害方式而調離單位。

5. **綜合評估**:案主遇挫折時常有逃避心態,依賴父母親解決一切困難,認為自己的障礙皆來自於他人,自己本身並無責任,認知常出現矛盾。

㈤輔導策略與實施

1. **輔導目標**

(1)協助案主澄清自我思考,使其早日適應團體生活。

(2)使案主學習良好情緒管理,培養獨立自主觀念。

2. **輔導經過**

(1)第一次晤談在建立良好關係,並蒐集家庭、社會等相關資料,協助案主穩定情緒,了解案主環境適應能力、壓力產生來源,教導身心鬆弛方法以抒解壓力,鼓勵案主做正向思考,不以

自我傷害方式解決問題，建議單位安排案主至精神科複診。

(2)第二次晤談以角色扮演方式，使案主能了解對自身看法的形成原因，並藉由自我暗示方法，讓案主了解自己是能改變的，誘導其思考問題形成原因，另轉介心理衛生中心持續輔導。

(3)第三次晤談藉由挑戰及面質策略，使案主思考個人不理性想法，案主於此次晤談中不願以正面態度面對。經賴氏人格測驗施測結果為 E 型人格。

3.**處置作為**

(1)案主仍於艦上服役時，建議單位讓案主調整環境，幫助案主能適應軍中生活

(2)告知單位幹部多關心案主狀況，防止以自我傷害來解決問題。

(3)協請單位安排案主持續至精神科複診，幫助案主治療環境適應障礙合併憂鬱症，維持身心健康狀況。

(4)請單位列為重點人員輔導，並與案主家屬保持密切聯繫。

㈥**檢討與建議**

1.與案主之專業關係需再加強，以促使案主對輔導人員之信任感，避免過早面質案主，使案主排斥與輔導者建立合作關係。案主自我控制薄弱、依賴度高，在鼓勵案主對自我成長期待方面仍需加強。

2.與案主家屬保持聯繫，使其支持部隊輔導作為，避免給予案主過度想像的期待，使案主逃避本身應有的責任，同時蒐集案主在家中生活情形及互動模式，對其家庭生態再進行深入了解，以正確評估案主逃避行為因素，作為診斷問題之參考。

㈦**問題討論**

1.與案主晤談時，針對首次會談應多蒐集家庭、學校、社會詳細資料，作為未來擬定輔導計畫之依據。而每次晤談都應有目標，在第一次晤談時就需擬定輔導目標，使輔導具有定向；並且不時地了解案主的需求，使在輔導過程中，可以案主步調的速度和韻律，進行輔導目標的修正，以更具意義性。

2. 對於自我肯定不足之案主要加強建立專業關係，當案主正處於理性及情感糾結時，往往容易產生自貶心理，此時對任何輔導作為都會產生抗拒，故給予案主無條件正向支持，將對其產生治療作用。另應確立專業分工，針對問題較複雜的案主，由專業心輔人員做治療性晤談，而初級輔導者本身則從事支持性晤談。

3. 在改變案主的非理性信念方面，可從案主的語句中評析，藉由改變語句結構，使案主明瞭問題是可改變的，接受在當下自己正被困擾的現實，願意逐步改善問題。

4. 案主提出需求時，應協助案主澄清動機，在未解決情緒問題前，貿然給予資源將造成案主依賴，故不應過早給予環境改變的承諾，避免混淆案主對問題的知覺，也妨礙案主適應環境的能力。

【案主三】

(一)**基本資料**

　　姓名：呂××

　　性別：男

　　年齡：十五歲

　　年級：國中三年級

(二)**案主來源**

　　學校輔導室轉介。

(三)**背景資料**

　　1. **家庭史**

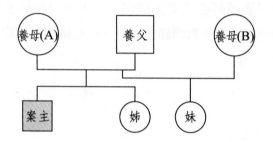

　　2. **家庭關係**

　　(1)智力中等，身體略胖。喜歡打桌球，打電動，看漫畫。

　　(2)小學成績不錯，自四年級起，發現自己是養子，行為表現便有所改變。

　　(3)與其父親關係最差，每與父親碰在一起，只有吵架，父親一開口就會說一些難聽的話。與父親無法溝通，他跟父親的溝通都是透過母親或姊姊。

　　(4)與母親的關係也不太好，母親溺愛年紀最小的妹妹，時常忽略妹妹的錯處。當子育與父親吵架時，母親有時候會維護他。

　　(5)與其姊姊感情最好，姊姊放假時會帶他出去玩。

　　(6)妹妹時常纏著案主要與他玩耍，當他不跟她玩時，妹妹會向媽媽告狀，媽媽便要求案主陪她。妹妹任性且自我中心，案主跟她的關係也不好。

(7)父親會對案主說一些很傷人的話，例如說放棄他的話。

3.**學校生活**

(1)小學開始跟同學打架，並曾有偷竊的行為，但不多；到了國中後，打架行為較少。

(2)跟班上同學關係不好，沒有什麼朋友，同學都不太喜歡他。

(3)上課不專心，看課外書或睡覺，但卻看了不少課外書。

(4)不在乎測驗考試，測驗時睡覺或隨便作答。

(5)對電腦比較有興趣，時常會在家玩電腦遊戲，能把電腦拆開後，再重新組裝。

(6)雖然成績很低落，但知識卻滿豐富，談物理、歷史方面的東西頭頭是道。

4.**社會生活**

(1)在以前居住的地方，認識了一位朋友，雖然大家不同校，但還有聯絡。

(2)常到外面的地方打電動。

(3)父母會管制他的外出。

㈣**主要問題行為敘述**

1.厭惡家庭，感覺不到家庭溫暖。常跟父親發生衝突，以前父親會打他，但現在長大後，就沒有再打他。他會回到房間，用力擊向牆壁，引起巨響，把他父親嚇到。

2.完全不在乎學業成績，對自己生涯沒有規畫。

3.曾想過念完國中之後，繼續念高職，但父親不想讓他繼續念下去，希望他出來當學徒。他也不在乎能否念高職，他無法反抗父親的決定。

4.對老師的態度如同對待其他同學一樣，不把老師放在眼裡。

5.偶然會做出一些怪異的行為。

㈤**診斷與分析**

1.案主的變化均始自其得知自己是養子身分。父親與第一任太太離婚後，父親帶著案主與其姊姊娶了第二任太太，並再收養一

位妹妹。父親脾氣暴躁，案主本來就與其父親不合，再加上家庭多次重組，他跟新的媽媽與妹妹未能建立良好的關係，而跟他關係比較密切的只有和他一起被收養的姊姊。

2. 由於案主知道自己是養子的身分，他心中頓然失去了歸屬感，就像失去了根一樣。並開始表現偏差行為，希望引起注意，但換來的，只是父母對其之厭惡。

3. 案主感覺到父母對其的不在乎，於是他也不再在乎自己，不在乎成績，不在乎未來，過一天算一天。

4. 案主感覺到父母都放棄他，他覺得自己是被遺棄的，沒有人愛他，覺得自己不重要。雖然他曾想過念高職，但父親卻不允許，他打算按照父親的安排去當一個學徒，直到自己有獨立能力後，便離開家裡。案主心中懷有報復的心理。

5. 每當談到有關家庭的話題時，案主會很快地把話題轉移，有逃避談家庭問題的傾向，因為他覺得那是令他不舒服的回憶。

6. 家對案主來說，只提供生理上的需求：吃、喝、睡覺，還有玩電動、看電視等，卻無法滿足他心理上愛與隸屬的需求。

7. 每個人都需要別人的支持，無論是來自家人、朋友還是師長，可是，案主卻缺乏這樣的支持系統。而輔導員也只能給予他一點支持，當然，他更需要的是，與他有親密關係的人的支持與關懷。

㈥輔導策略

1. 輔導員盡量讓案主自己選擇話題，他喜歡談什麼就談什麼。由於他不是一位自願的案主，因此，無法在開始時，就深入探討其核心的問題；另外，他也不視自己的問題為問題。

2. 輔導員鼓勵其多看課外書、多畫畫，以培養案主正向的興趣。

3. 同理他的感受。

4. 輔導員盡量從晤談的內容中，找出案主的優點、可讚賞的地方，毫不吝嗇地稱讚他。肯定他的能力，如對於電腦、理化等知識的豐富，並肯定他的獨立能力，從而讓他肯定他自己，覺得自

己是有價值的，並達到懂得珍惜自己的最終目的。

5. 鼓勵案主用日記把自己的想法、心事記下來，以抒發心中的情感。

6. 鼓勵案主看一些愛惜自己的書籍。

7. 輔導員提供案主各種可選擇的方向，並澄清其想法；並重申其必須為自己的選擇負責。

(七) 輔導經過

第一次晤談

輔導員了解其家庭狀況。案主告知輔導員其曾有被輔導的經驗，以及描述其喜歡玩的電腦遊戲。與案主談起兵馬俑展覽、故宮博物館的文物來源，從中發現案主對歷史的知識滿豐富，輔導員藉此機會讚賞他。

第二次晤談

案主告知輔導員其上課的一些情況，並說到其父親不讓他念下去，而他卻想念高職。輔導員鼓勵他多與父親溝通。案主表示討厭學校、討厭老師、也討厭同學，更討厭學校的課業、考試。

第三次晤談

案主表示他滿意基本學力測驗的成績，因為他贏過平常成績比他好的同學。輔導員給予鼓勵與支持。

第四次晤談

案主告知其對《基度山恩仇記》這本書的一些心得，輔導員傾聽，並鼓勵他多看有益的課外書。輔導員談及中美南海事件，案主發表其一些看法，輔導員讚賞其關心時事。輔導員嘗試把話題轉到他的學業上，但案主有所抗拒。

第五次晤談

案主告知最近看的一本書：《前世今生》，並說這本書給他很大的震撼，並開始相信人會一直輪迴。輔導員向他指出，那只是某一作者的個人看法，不能盡信。案主表示，他父親希望他去當一個學徒，輔導員讓他回憶起他曾說過想念高職的事，希望他好好思考自己的去

向。

第六次晤談

案主時常跟學校的兩隻狗玩耍，並幫牠們取了名字。並告知其以前養過的小動物，輔導員肯定他是一個有愛心的人。案主表示他有一位朋友，雖不同校，但還有聯絡，輔導員鼓勵其多與這位朋友聯絡。他最近為了讓電腦升級，自己動手把電腦重組，輔導員讚賞其能力，並鼓勵其可朝電腦這方面發展。

第七次晤談

案主最近在畫畫，並給輔導員看，分享其畫畫的一些心得，輔導員鼓勵其多畫，將會有所進步。最近有一所高職打電話到他家談有關錄取的事，但他父親一口拒絕了。輔導員建議他可透過其母親或姊姊與其父親溝通，或求助於可以協助他的成人，如學校的輔導老師。

第八次晤談

輔導員與案主打桌球，作為最後一次晤談的結束儀式。輔導員面質案主一直在逃避家庭問題，案主承認。輔導員告知，雖然家庭問題令他感覺不舒服，但探討其中原因，可找出改善的方法。對於畢業後去向的問題，沒有一個決定是絕對的，只要覺得那是適合自己的就好了，但必須對自己的決定負責。

㈧輔導結果及未來可能發展

與案主晤談了八次，雖然很快就建立起關係，卻很難碰觸其核心問題，每次談到有關家庭問題，他都會轉移話題。案主沒有明顯的行為改變，依然不在乎學業成績，但輔導員的陪伴、鼓勵與支持、肯定與接納，令他開始接納自己、肯定自己。由於案主的核心問題來自於家庭，若要有效地協助案主，必須與其家庭聯繫及配合，才能做有效的輔導與協助。可是，這是我們無法做到的事情。案主不願意把晤談的內容透露給其他人聽，尤其是輔導老師，他擔心會惹來麻煩，他覺得講出來會舒服一點。

㈨追蹤與檢討

由於每次都是案主主導話題，因此，輔導員發覺話題有時候愈拉

愈遠，當輔導員想拉回話題時，案主又會把話題轉移，這可能由於在晤談之初，無形中已定下這樣的一個模式，因此，之後想改變就比較困難了。在關係還未穩固之前，輔導員沒有直接碰觸其核心問題，這亦是案主可以主導話題的其中一個原因。因此，在晤談之初，應小心訂定晤談的模式。輔導員可轉介案主到張老師諮商中心，繼續接受輔導，並追蹤其發展。

二、團體生活適應不良問題案例

【個案一】

㈠基本資料

姓名：王××

性別：男

年齡：二十歲

教育程度：高職資料處理科

職業：加油站員工

案主來源：主動發覺

主訴問題：適應不良

㈡背景資料

1. **家庭史**

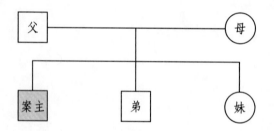

2. **家庭關係**：案主父母感情不好，數次提及要離婚，案主有心事時只會告訴案母，與弟妹關係尚可，與案父關係惡劣疏離。而案父經常指責案主不該說謊、逃避兵役等。

3. **學校史**：學業成績中等，對讀書興趣不高，求學生活多在玩樂。

4. **社會史**：案主交往的朋友在五人內，且少有聯絡；畢業後曾從事便利商店、加油站員工。

5. **個人史**：曾罹患胃潰瘍、胃炎、痔瘡出血等。

6. **心理測驗結果**：「國軍身心狀況評量表」施測結果為需中高度關懷群。

㈢主要問題行為敘述

1. 案主在部隊適應欠佳，有時會固執己見，對單位約束感到不習慣，常以健康不佳（胃痛、頭痛、腹瀉、失眠）等為由，要求至醫務所休息。

2. 案主目前除有胃炎外，健康狀況良好，惟放假就醫態度消極，會藉故不去門診。

3. 單位同事多排斥案主的諉病行為，案主少與同事互動，經常獨處於庫房、休閒室等，只跟少數新同事講話，而人際疏離且個性防衛。單位長官礙於規定，不敢排斥案主，採取放任態度，只要案主作息正常即可。

4. 案主表示不是不想認真服勤，健康因素影響表現，對同事的責備感到憤怒，認為他們因為健康良好無法體會病人困擾。

5. 當謊言揭發時，案主表示知道自己不該欺騙長官，但因為團體生活環境惡劣，不得不說謊以求自保。

6. 案主面對人際衝突，傾向用爭辯或「我不是故意的」說詞來處理。

7. 案主傾向不預約來談，且過程中經常抱怨或談論瑣事，至晤談時間結束前才提出主要問題，而影響用餐時間。

㈣評估與分析

1. 案主較為自我中心，防衛心較強，經常指責他人帶給自己痛苦，缺乏人際互動技巧與體會他人情緒的能力，影響人際關係的建立。

2. 基於早年家中變故，親戚冷漠以對，案主父母經常告訴案主外人皆自私，不可信任，故案主對他人較有防衛，不想與同儕熟悉交好。

3. 案主有非理性信念，認為「人都是自私的」、「弟兄對我有偏見」、「別人應該體會我的痛苦」，加上低自尊，因此容易感受到負向情緒。

4. 案主缺乏改變動機，寧可用逃避、被動態度承受環境壓力。

5.案主缺乏規範觀念，希望跨越輔導界線，及時滿足需求。

(五)輔導策略與實施

1.輔導目標

協助案主建立規範性，增進人際關係，提升環境適應能力。

2.輔導經過

先期多由案主主動來晤談，尤其在情緒不穩、心有不平時，近半個月來為心輔人員主動輔導。心輔人員也與案父（重要他人）保持聯繫，另經常與其直屬長官保持聯絡，協助緩和情緒，加強對案主的管理。

3.處置作為

(1)透過測驗協助案主覺察自我防衛與過於主觀對自己造成的傷害，進而學習修正。另運用角色扮演協助案主辨識他人情緒，並討論較恰當的人際溝通方式。

(2)透過舉例實證方式來挑戰案主的非理性信念，調整為符合現實與合理的信念，以減少負向情緒。

(3)同理案主面對情緒失衡的痛苦，並協助宣洩煩悶心情，教導案主情緒管理與壓力調適技巧。

(4)幫助案主不用藉口方式面對問題，經常引導案主思考希望如何度過團體生活。

(5)協助案主找出自己的優點與表現良好的行為，並學習欣賞自己。

(6)安撫其他同事心情，建議其遇案主稱病時便送醫，並通知家屬（將程序告訴案主），以維繫單位與家屬的關係。

(7)對案主重新進行場面構成，告訴案主不預約來談可能影響心輔人員的工作進度，建議案主來談前先以電話詢問或預約。另提醒案主宜運用任務以外時間，並把握晤談時間切入主題，以避免影響生活。

(六)檢討與建議

1.案主焦慮、害怕犯錯而被指責，因問題的複雜性超過其能力的

負荷，故傾向以防衛態度面對衝突。評估案主的自我狀態經常處於兒童狀態，心輔人員可嘗試將案主提升至成人狀態。

2. 由於案主缺乏規範性，又傾向把心輔人員當作替代父母，心輔人員除應提供穩定安全的心理空間，亦可將晤談結構化，提醒案主應配合輔導規則。

3. 案主對同儕有防衛心，要求同儕主動接近案主，可能造成對同儕的傷害，可鼓勵案主主動接近同儕，再請特定同儕關懷案主。

4. 案主自發性不足，且個性防衛、對個人空間需求高，容易引起同儕的批評，在輔導上難度較高，心輔人員宜持續以耐心、恆心陪伴案主，並理性討論，等待案主成長的時機，不宜有過高的期待。

(七)問題討論

1. 案主無心學習又諉病，面對同儕與長官的排斥，持續適應不良，對此狀況原希望協助案主設定目標以激發動機，但案主個性的成熟度偏低，情緒尚未平緩，目前難以設定具體目標，宜於持續輔導中慢慢尋找改變的契機。

2. 對於缺乏改變動機、經常說謊又防衛的案主，確實增加諮商的難度，亦在考驗心輔人員的耐心。而案主會發展出這種性格，係自幼與環境互動衍生出來的生存之道，心輔人員必須提供一個安全的心理空間，靜待案主提升自覺。輔導過程中，可以現實治療法三不政策——不藉口、不處罰、不放棄，陪伴案主尋找成長的契機。

【個案二】

(一)**基本資料**

姓名：林××

性別：男

年齡：二十一歲

教育程度：高中畢業

職業：送貨員

案主來源：單位轉介

主訴問題：適應不良

(二)**背景資料**

1.**家庭史**

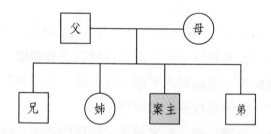

2.**家庭關係**：案主父親職業為開計程車，母親為家管，哥哥仍在就學中，姊姊與弟弟於電子工廠擔任技術員，案主於服役前從事送貨員。父母感情良好，家境小康，但家庭成員忙於工作，彼此互動時機甚少。

3.**學校史**：案主求學期間成績尚可，人際關係平淡，無特別要好之友人。

4.**社會史**：案主於高中畢業後就至社會工作，曾於 KTV、加油站、速食店等場所工作，均以工作無聊為理由換工作，閒暇時間最常至網咖打電玩。

5.**個人史**：案主言行特立獨行、不拘小節，與醫務隊同事互動甚差。歸建前後不願接受事實，到處找長官陳情，希望能繼續支援醫務隊，此舉造成建制單位多數同事不悅。

6. **心理測驗結果：**「國軍身心狀況評量表」施測結果為需中高度關懷群。

㈢主要問題行為敘述

案主支援醫務所期間表現不佳故歸建，案主擔心不能適應單位的人際相處及團體生活訓練，因而心生畏懼，造成困擾。

㈣評估與分析

1. 案主因工作態度不佳，並曾私帶手機等違禁品，經長官約談後，仍屢勸不聽，因而將其以不適任現職，調回原單位，案主目前困擾行為的原因，係個人內心對「自由」的需求及認知無法符合單位標準。

2. 案主擔心回到連一無法勝任單位的體能訓練及人際適應，因此對於歸建感到相當排斥和恐懼，若從案主個人史及學校史相互對照分析，更加印證案主對「自由」的需求及認知無法符合單位標準，因而衍生問題。

3. 評估案主對於自己被調回的原因缺正確認知（工作態度上不積極及缺乏紀律），反而歸咎於長官的刻意刁難，再加上逃避部隊訓練的心態，因而造成情緒上的困擾。

4. 案主於晤談中自訴歸建後的恐懼感，讓他有自我傷害的念頭，且長官獲知案主於單位內蒐集近期因精神疾患而停役同儕之症狀等資料，並以「國軍身心狀況評量表」施測結果為高度關懷群，綜合評估案主可能以工具型自我傷害或偽裝精神疾病的方式來逃避歸建的事實。

㈤輔導策略與實施

1. 針對案主問題以協助其盡速適應單位生活為輔導目標。

2. 協助案主面對繼續支援一事已無法挽回的事實，並學習如何與單位同儕相處融洽，維繫良好的人際互動。

3. 鼓勵案主應以正面積極的態度看待團體訓練生活，並增加案主的榮譽感，袪除逃避的心態。

4. 輔導案主多與家人分享自己的想法，並請單位長官與家屬聯繫

了解案主近況，督促案主利用休假期間從事抒解壓力的活動。

5. 請單位長官加強案主軍法紀教育，以打消其出現自我傷害及裝病等念頭。

6. 請單位遴選雙輔導人，就近關懷並導正案主言行，隨時與長官及心理衛生中心保持聯繫。

㈥檢討與建議

1. 輔導案主原則：改變可改變的觀念，接受你不可改變的理念，找出案主過去適應機制的正向因子。

2. 重視案主所想要的目標，而非輔導者一開始即預設目標，協助案主建立真自由是對自己負責的正確認知，加強對案主本身錯誤行為的認知輔導，否則輔導過程將事倍功半。

3. 輔導者可使用空椅法催化，引導案主發洩情緒，或利用雙方對話之方式，使案主與衝突能夠和解，另使用行為改變技術時，切記「削弱伴隨增強」。

4. 輔導者與單位進行協調時必須達成共識，否則造成多頭馬車的情形，易使案主無所適從。

㈦問題討論

1. 因單位生活原本就存在著團體規範，輔導工作仍需依循相關法令規定來推展，就任何案主而言，必須以法令為前提下執行輔導工作，故針對本案主，若在不能改變單位人事行政的情況下，仍應直接將輔導目標置於適應單位生活。

2. 若採用現實治療法，比較不重視案主的過去經驗，直接以解決問題為目標，因此輔導過程中，對於案主長期人際互動欠佳的問題並不十分重視，而置重點於讓案主面對無法繼續支援之事實，並評估自己對於目前行為困擾所能改善的程度，因此案主於輔導過程中受指導成分較多，而出自於自身意願的成分較少，效果亦較差。

三、精神疾病問題案例

【個案一】

㈠基本資料

代號：小君

性別：女

年齡：十四歲

年級：國二

㈡接案源起

小君進入國中後，就因在班上人際關係不佳，經任課老師轉介至輔導室。

㈢主要問題行為敘述

1. 案主主述

(1)在校時間感覺壓力很大，同學都因她的氣喘病而嘲笑、捉弄她，視她為異類；導師也叫同學少惹她。

(2)受同學刺激時，氣喘病會發作。雖持續就診中，但又常常擔心父母的收入不足以提供她看病所需。

(3)小君覺得她對姊姊很好，也照顧弟弟，但他們都不感謝她。

(4)身上總是帶著豆大般的汗珠，常常冒冷汗。

(5)感覺自己的父親會因在外賺錢不順利而遷怒到自己的身上。

2. 問題背景

(1)小君患有氣喘病，父母親的收入不足以應付日常所需（包括至彰化就醫的車馬費及補習英文的費用），使小君常常陷入「省錢」的焦慮中。

(2)小君在校處於壓力狀態（例如：被同學排斥、受老師責罵）時，她常常利用「氣喘」為藉口來逃避，想回家就回家，而愈逃避同學愈不喜歡她，使小君的人際關係陷入惡性循環。

(3)為了防衛同學們的排斥，小君在學校總是一副臭臉，當同學有侵犯她的行為出現時，她則大吼大叫，而氣又喘不過來，

同學們常覺得她不可理喻。

(4)因父親無固定收入，小君沒有足夠的安全感。

(5)小君對於他人的缺失有敏銳的觀察力，對自己則要求很少；
認為老師和同學應該保護她及照顧她。

㈣成長背景

1. 案主生長史

自幼體弱有家族遺傳之氣喘；相當能自我照顧。

2. 家庭關係

(1)母親有過敏症，從事家庭美髮，收入是全家的支柱，小君自
認她得自母親洞悉他人之遺傳。

(2)小君認為父親也有氣喘之病源，曾為木工，但所接的工作不
多，也曾在小學兼臨時工友。小君常和父親頂嘴，父親對小
君也多所指責。

(3)姊姊較乖巧，在家中人緣較好。小君有事會跟妹妹說，但對
妹妹也最容易情緒失控。

(4)弟弟也患有氣喘，小君常帶弟弟一同就醫。

3. 學校生活

(1)同儕關係——因小君在校常以氣喘逃避責任，發起脾氣時總
是大吼大叫、來去自如，置班規於不顧，沒有同學真正能和
她相處。男生大都覺得小君令人討厭，只有少部分的女生覺
得她可憐。

(2)師生關係——所有的老師都對小君一言難盡，但都覺得她是
個麻煩人物。導師告訴班上同學「少惹她」。小君從小學到
現在都很喜歡到輔導室找老師約談，輔導老師覺得她很願意
談，也很能談。一個禮拜會主動約談二、三次，下課時間更
是常在輔導老師周圍徘徊。

4. 交友情形

沒有真正的朋友，至多只是他人對小君的可憐。

㈤ **生理與心理健康史**

1. 就醫狀況

(1)氣喘，家族遺傳；情緒激動時胸口會抽痛，嚴重時會呼吸困難。持續用藥中。每兩週至彰基門診，小君都利用週三下午請假獨自前往彰化就醫。

(2)常冒豆般大小之冷汗，有時臉色蒼白。

2. 接受輔導情形

是輔導室的常客，但對所談內容數年來皆相同。

㈥ **心理健康檢查**

1. **儀表**：中等身材偏矮胖，體質虛弱，服裝還算整齊乾淨，但因總是滿身大汗，而稍有體味。同學認為小君不衛生，因為她把用過的衛生紙放在書包裡。對於任何活動都興趣缺缺，唯獨和老師約談講話的興趣很高。初談時，總是以帶著笑容的表情談論著困惑、生氣、焦慮的事情，好像對她所談到的人、事、物相當不屑。約在第六次約談時，才出現真正愉悅、希望之情。

2. **面談態度**：小君抱著聊天的心情來面談，經過我對輔導目標之澄清後，小君有兩次面談時表現出困惑與防衛，但之後也就對我相當信任與合作。

3. **行為動作**：小君不好動，坐著講話似乎可以說一下午，走路動作緩慢。說話時與人眼光接觸良好。常冒冷汗，不知是否與服用氣喘藥有關？

4. **說話**：小君想傳達她困窘的情境，常想反覆述說她所受的委屈，頗為囉嗦。音量、速度正常，口齒清晰。情緒失控時，會以吼叫防衛自己。

5. **心情與感受**：心情憂鬱的時候居多。常常壓抑著對家庭經濟的窘困、周遭他人排斥的不滿情緒，到了忍不住時便亂發脾氣，因此情緒變化很大。

6. **思想形式**：不容易自省，總是檢討別人。喜歡用一些少用的河洛語詞彙。

7. **知覺能力**：聽、視、嗅、味、觸等知覺皆正常。

8. **認知能力**：智力、記憶力、注意力、判斷力、領悟力皆正常，自制力稍弱，無法和同學一般作息。

(七)動力分析

1. 問題的形成

小君常用氣喘來逃避責任，她期待別人都應照顧、幫助她。

2. 問題未改善的癥結

(1)小君認為問題的癥結都在別人，因為氣喘並不是她的錯，家庭的經濟能力她也無能為力。

(2)之前的輔導老師對小君以接納、同理、勸導居多；而導師以面質、不處理做回應。兩者對小君皆未能有效幫助。

3. 症狀的心理涵意

小君以嘲諷的面具來面對班上同學的排斥，以許許多多的藉口來逃避責任，以獨來獨往的態度表現自己的堅強；小君用各種防衛的方式來處理生活中的壓力，其實，小君的內心極需要真正的友情及他人的肯定。

(八)診斷

適應性疾患（Adjustment Disorders）（以DSM-IV為標準）——對心理社會壓力源的適應不良反應。

(九)處理經過

1. 處理學派——現實治療學派

(1)小君一開始就想把她的故事好好說給我聽，而我卻想把焦點放在現在。我不想聽太多的「因為」和「所以」，就是現在。

(2)當我問小君來約談的目的及她想改變什麼時，小君說不出來。回去認真想了一個週末，才告訴我她希望老師能做公正的裁判官，告訴班上同學他們錯了。針對我們的約談目標，我花了三週的時間，才引導小君把焦點放在自己的身上。

(3)小君實在不知道自己需要改變什麼，但她確實希望同學不要排斥她，所以在小君同意的情況下，請班上同學把小君的優

缺點寫在紙條上，供小君參考。

⑷小君選擇數項具體行為做改變，我則持續提醒她不要找藉口，而且告訴她我不會放棄小君。

⑸對於壓力的處理，除了逃避、偽裝外，我教導小君更多其他的方式，提供她更多的選擇過更優質的生活。

2. 使用策略

⑴行動取向。

⑵問問題：這樣做對妳的人際關係有幫助嗎？有氣喘的人就一定能得到他人的幫助嗎？

⑶教導：挑戰不合理的想法，做自我行為的觀察，應付壓力的合宜方式。

⑷一起訂出改變的目標和計畫——每週的改變目標以小君能夠達成 85%者為佳。

㈩未來處理計畫

每週面談一次，針對改變目標做評量和觀察。若小君在人際關係上沒有進步，則考慮結案或轉介；若有所進展則可拉長見面日期，做追蹤即可。

(十一)輔導員的自我反省和評量

1. **輔導關係：**一開始頗為緊張，因小君想「聊天」而我想「工作」，所以小君同時又回去找輔導組長談。當我把步調調慢一些，且給予多一點的支持時，再加上我對她永不放棄的保證，隨著相處時間的增加，關係即轉為信任。
2. **情感反轉移：**小君的特質不討人喜歡，一開始我也察覺自己有「受不了」的情緒，尤其是她每節下課都來辦公室等待談話機會。一方面我把約談的時間和地點固定，一方面我把不舒服的感覺對小君做澄清，也就漸漸喜歡小君的勇氣。
3. **輔導效果評估：**從約談至今共六次，覺得小君有心想做改變了，尤其這兩週，我感受到她可愛的一面，而且見面時汗也流得較少（當然這仍需持續觀察）。是不是能夠把和我相處時的可愛活用在生活中，還需持續追蹤。

【個案二】

㈠**基本資料**

姓名：沈××

性別：男

年齡：二十四歲

教育程度：大學資管系

職業：學生

案主來源：主動發覺

主訴問題：精神疾病（精神分裂症）

㈡**背景資料**

　　1. **家庭史**

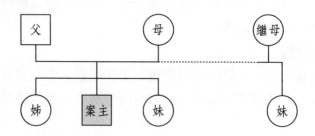

　　2. **家庭關係：**案主與家人互動情形良好，案母於生前患有精神疾病，母親過世後父親未再娶，僅與稱呼之後母同居。案主與後母的互動較少，因案主認為後母教育水準較低難以溝通，其休假時常去拜訪姊姊及女友。家人對案主亦相當關心，目前希望案主能盡早停役，不要在軍中受苦。

　　3. **學校史：**案主入伍前就讀資管系，據家人及案主自述，在學期間與同學互動良好、學習成績屬中上，僅個性較為內向。

　　4. **社會史：**案主於大學畢業後不久即入伍，故未曾在外工作，有一交往三年之女友，平時喜好的休閒娛樂為撞球，無宗教信仰。

　　5. **個人史：**案主於高中一年級時，曾因不慎失足而自三樓樓頂墜樓，並傷及頭部。

　　6. **心理測驗結果：**「國軍身心狀況評量表」施測結果為尚需關懷

群。

㈢主要問題行為敘述

1. 案主與長官談話時，長官見其反應過慢，疑有精神方面疾病，故將案主送至醫務所請醫生觀察，並未轉介心理衛生中心；醫生經過病房問候健康狀況時，亦發覺案主有異，故主動約談。

2. 案主經醫院精神科住院觀察二週，診斷結果為精神分裂症，並符合停役標準。

㈣評估與分析

1. 案母於生前亦患有精神疾病，疑有遺傳之可能。

2. 案主於高中一年級時，曾因不慎墜樓傷及頭部，疑有相關後遺症之可能。

3. 案主挫折忍受力不高，於學前訓練遭退訓後害怕被處分，加上甫回單位受到同事們異樣眼光，故引起病發。

㈤輔導策略與實施

1. 輔導目標

(1)短期目標：預防案主因情緒低落肇生自我傷害事件。

(2)最終目標：協助案主增強對一般生活的適應能力。

2. 輔導經過

(1)藉耐心、溫暖、同理，與案主建立互信關係。

(2)同理案主認為繼母沒讀書、不講理、無法溝通之想法。

(3)協助案主在他人面前表達自己的想法。

(4)協助案主了解目前單位辦理停役相關事宜。

(5)召開案主研討會，與單位主管研討輔導措施。

(6)持續追蹤輔導至案主停役。

3. 處置作為

(1)請醫務所持續辦理案主轉診和追蹤治療事宜。

(2)由案主之單位安排二位輔導人，隨時觀察案主是否有情緒突然變化之情形，以免發生自我傷害事件。

(3)持續與案主晤談，協助案主增強對一般生活之適應能力。

(4)請單位盡速辦理案主停役事宜。

(5)提醒單位主管，精神分裂症患者若遇生活壓力太強或生活上有太多挫折時，很容易產生惡化，應多加注意。

(6)請單位安排較簡單且無危險性的工作，並適時適度於公開場合表揚案主完成任務，以提升案主之自信心。

(六)檢討與建議

1. 長官見案主反應過慢，即懷疑案主有精神方面疾病，而未親自或請單位輔導案主約談之作法，對發掘案主之敏感度似不足。

2. 案主至單位報到後，當時表現正常並無異狀，後因於受訓時遭退訓，當時心中可能早已充滿恐懼，回到單位後因長官及同儕所給之壓力，使案主開始有發病症狀。

3. 因案主於高中一年級時，曾因不慎墜樓傷及頭部，單位將案主送往精神科就醫時應主動提供相關資訊，並請求實施腦部斷層掃描，檢視腦部是否有瘀血，請精神科及腦科診斷是否有後遺症之可能。

(七)問題討論

1. 單位將案主送至醫務所請醫生觀察及送至精神科看診時，並未提供案主平時在單位的生活狀況等資料，而無法有效協助醫療之介入。在案主適應不良初期，單位未能先行輔導並轉介至心理衛生中心，大多因幹部之敏感度不夠，或主觀意識太強所造成，單位應持續宣導各項工作之相關法令及規定。

2. 晤談前盡可能先蒐集案主資料，在初期給予溫暖及支持後，再切入重點，要避開閉鎖式的問題，而晤談過程中，事實不是重點，案主對事情的看法才是重點。另心輔人員要有病識感，對任何案主都要了解用藥史及自殺意念，需要評估案主危機或發生危險的程度。

【個案三】

㈠**基本資料**

　　姓名：莊××

　　性別：男

　　年齡：二十一歲

　　教育程度：高中職

　　職業：超商收銀員

　　案主來源：單位轉介

　　主述問題：精神疾病（憂鬱症傾向）

㈡**背景資料**

　　1. **家庭史**

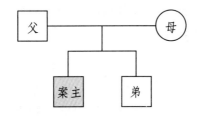

　　2. **家庭關係**

　　案主在家中因父母過度保護，且不曾獨自在外生活，對於父母具相當依賴性，父母表示案主身處陌生環境下，非常容易緊張。目前家中父親身體不好，須靠母親賣水果維持家計，此亦為案主的心理負擔。

　　3. **學校史**：正常。

　　4. **個人史**：醫院精神科診斷有憂鬱症傾向及環境適應障礙。

　　5. **心理測驗結果**：「國軍身心狀況評量表」施測結果為需中高度關懷群。

㈢**主要問題行為敘述**

　　1. 案主自進入單位來，即與單位同事互動不佳，經常獨來獨往行動，不太與人聊天，也沒有興趣加入他人的話題或活動當中，雖然對於單位所賦予的任務或勤務都能認真地去做，但是卻表示非常不喜歡團體環境及生活，晚上也常常失眠和想家，對於

進入單位的事非常不能接受。

2. 案主經常表示自己快要崩潰，在晤談中不斷出現逃避的語氣，如「完全沒辦法面對」、「這是逼不得已，沒辦法的」。另外，對於休假在家中寫下遺書一事，感到惶恐不安，害怕回到單位上會遭到不當看待，而單位亦擔心其有自我傷害傾向。

㈣評估與分析

1. 案主自小受家庭過度保護，造成案主挫折忍受力較低、依賴性極高，因而無法適應較嚴格的部隊環境。

2. 案主適應環境的能力培養不足，故對進入單位後的團體生活，無法接受其與社會或學校生活環境之差異，認為沒有能力適應，另外消極地逃避學習因應能力。

3. 據案主表示寫遺書一事只為藉此抒解壓力，但經晤談後，確認案主有強烈的自我傷害意念。

㈤輔導策略與實施

1. 輔導目標

首要目標在降低案主的緊張感與對單位的恐懼心理，認知團體生活與日常生活之差異及適應方式的不同，並確定案主如何產生自我傷害的想法，以引導案主能正視自傷行為與後果。

2. 輔導經過

(1) 由單位心衛中心轉介晤談輔導。

(2) 追蹤了解案主在進入單位狀況，案主表示仍對單位非常恐懼及不適應，試圖誘導案主主動熟悉環境與周遭朋友，並協調單位調整案主至其他單位。

(3) 案主因身體不適及環境適應障礙，轉診醫院精神科住院，晤談時案主情緒相當不穩且一直哭泣，無法達到溝通效果。另主動與案主母親聯絡，告知案主有危安情形，案主及其家人希望能辦理停役。

(4) 由案主及其父母、心輔人員共同至精神科與醫師實施會談。

(5) 協同單位輔導長、輔導老師醫院人員及醫官進行案主評估會

談，評估後案主仍須持續觀察，但未達停役標準無法辦理停役，案主於當日晤談中一直哭泣不語。

(6)追蹤輔導，案主已較以往有起色而情況穩定，在晤談過程中已有且能充分應對，且獲知單位交付案主的工作，其皆能如期完成且工作量不會過重，顯示案主在應付事物的能力亦有成長。

(7)在晤談中，案主清楚表示害怕回到原來單位，自覺仍無法適應單位生活，鼓勵案主接受服役事實，並引導其面對以後歸建可能面臨的問題，討論所尋求的解決方法，案主則認為在衛生營生活才能適應良好。

(8)心輔人員追蹤輔導後，案主已明顯適應團體生活，其心理與情緒方面呈現穩定狀態。在家庭支持系統方面，家屬在案主休假期間接送案主返家，彼此互動情形良好，案主亦會主動幫忙業務。

(9)持續追蹤輔導，案主仍擔心即將歸建，會無法適應單位生活，惟無法說出懼怕的原因為何。

3.處置作為

(1)請單位安排雙輔導人加強輔導，以掌握案主生活作息、學習、訓練勤務等動態。

(2)安排案主負責適當的工作勤務，提升案主處事能力。

(3)建議單位長官案主休假時，請家屬親自接送案主返家，確保人員安全。

(4)安排休假互助組之同事，主動邀約案主從事休閒活動。

(5)定期由單位同儕陪同案主至醫院精神科接受診療。

㈥檢討與建議

1. 案主經送醫院診斷，有憂鬱症傾向及環境適應障礙，案主感覺較以往輕鬆、壓力降低許多，並對於單位的環境已能適應，惟當與案主進行晤談時，其仍有些許緊張，不願對當初寫下遺書的意圖清楚澄清，依然以不清楚、不知道反應，而影響對危機

程度的判斷。

2. 輔導者可進一步分析案主自我傷害動機，了解自傷的類型，與其討論自我傷害的原因，以有效協助案主調適心態。若案主透露出現自傷企圖（留遺書），是為求救訊息（要找重要他人幫助），應協助找出支援輔導的系統；而發現案主自傷前發出的訊息（言語、行為……上的線索）要盡速處理，並尋找「重要他人」協助開導，穩定案主情緒，避免發生自傷行為。

3. 輔導者可讓案主學習提升挫折忍耐能力，討論如何應對自己面臨的問題，不可長期扮演保護者角色，不斷照顧及過度保護案主，會影響學習自我解決問題的能力。

(七)問題討論

1. 輔導員應由遺書中，大略了解案主自傷動機，重視自傷前所發出的訊息，並以親情、人情等對案主動之以情，讓案主有所牽掛，減低案主自傷動機；並增加案主自我概念及價值感，引導學習如何調適壓力及適應環境，遇有問題，主動尋求解決之道，不要消極地逃避。

2. 案主回原單位後，盡可能提供親和或柔性的環境，讓案主學習適應環境。若在大環境無法改變下，可以衡量案主的能力，給予適當的任務，協助循序漸進完成，讓案主對自我產生肯定，促進自我成長。另協助案主重新建構認知，加強其支援系統（如心輔人員、幹部、家人、朋友、同儕等），增強案主的安全感，不致對生活環境產生害怕和恐懼。

【個案四】

㈠**基本資料**

　　姓名：吳××

　　性別：男

　　年齡：二十一歲

　　教育程度：高中職

　　職業：學生

　　案主來源：單位轉介

　　主訴問題：精神疾病（精神官能症）

㈡**背景資料**

　　1. **家庭史**

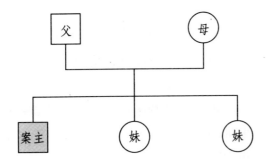

　　2. **家庭關係：**案主為家中長子，且為獨子，得父親寵愛，家庭環境為小康正常家庭，平時與家人溝通互動頻繁，經常將部隊中所遭遇問題告知家人，家長亦定期與本部心理衛生中心保持聯繫。

　　3. **學校史：**沉默寡言、人際互動差，成績平平。

　　4. **社交生活：**案主從小生活環境與交友狀況比較封閉，復因學習武術影響（學習時間有六年），人生觀愈偏獨來獨往，並將注意力多集中在自己身上。

　　5. **個人史：**案主自稱患有精神官能症，精神狀況不甚良好。

　　6. **心理測驗結果：**「國軍身心狀況評量表」施測結果為需中高度關懷群。

㈢主要問題行為敘述

1. 案主於新單位銜接期間均曾因精神狀況不佳，轉診至醫院精神科住院治療，而案主常自述受精神官能症影響，做事時無法集中注意力，恐因發生危安事件，而常至心理衛生中心尋求輔導。

2. 案主面對無法解決的問題或遇有無法宣洩的壓力時，容易發病導致出現瀕死感的恐懼，覺得自己全身發冷、心跳變慢、無法呼吸。

㈣評估與分析

1. 案主個性沉默寡言、少與同儕互動，進入新單位訓練第一週並未有異常情形；惟第二週操課三天後，案主便出現右手無力、無法拿槍操課等症狀，轉診至醫院精神科後，便住院接受觀察治療。

2. 案主曾接受為期八個月的療養，回單位後轉介至心理衛生中心接受輔導，仍常會表示自己具有精神方面疾病，排斥接受較繁重的勤務。

3. 案主雖從事汽車排之車輛保養，但因未受過第二專長訓練，無法融入汽車排的勤務執行，除容易造成危安因素，更不能由工作中得到正向回饋。

㈤輔導策略與實施

1. 輔導目標

(1)引導案主能以正向心態接受團體生活訓練，經由工作獲得回饋及他人認可，藉由執行任務獲得成就感而產生自信心，形成成功的自我認同。

(2)輔導其建構正向願景及目標，能順利破除心理障礙，漸進式地經一點一滴努力得到正向回饋，改善人際關係及工作信心。

2. 輔導經過

(1)至單位進行探視訪談，案主表示因家人投入過多關注，使自己深感歉疚，而家屬表示案主情況已有改善，其認同與感謝單位支持。

(2)第二次前往探視案主，並溝通單位生活作息、課程、療程安排情形，協助案主安心調養。此外，案主表示經服用家中帶來的中藥，身體狀況明顯改善不少，精神亦比往常好很多。

(3)案主表示在單位做長期療養，自覺虛度光陰，期待可達驗退標準，故協請長官轉知相關情形並協助輔導掌握，以避免可能的危安因素。

(4)案主近日精神狀況極為不佳，收假時常出現易怒、暴躁傾向，就寢時經常因情緒不穩導致失眠，自覺無法經由就診改善狀況。於療養期間鼓勵其多閱讀勵志書籍，以穩定情緒及避免自覺虛度光陰。

(5)案主完成初步療養，而轉至另一單位後，協請單位輔導員配合實施現實治療，不斷刺激案主思考人生存在之意義及責任觀，並且持續與家屬保持聯繫，定期回報案主身心發展狀況，適時擬定輔導策略。

(6)案主近來常主動至心衛中心輔導，自覺目前無法適應團體集訓生活，就寢時有失眠症狀。持續以現實治療刺激其產生正向想法，以建構未來願景。

(7)案主因擔心無法負荷訓練，而至心理衛生中心晤談，期待訓練期間能將其建制分發至其他單位，協請單位輔導長持續關懷輔導，增加案主自我強度，以順利度過基地訓練。

(8)案主因故遭單位罰勤二週作為懲處，致其心態極不平衡，表示將透過申訴管道反映。而案主父親近來常主動反映案主的身心狀況，並常責難單位管教制度，正視案主因患精神官能症而無法專心工作，但醫院醫生並無此診斷，只是疑似具有精神不穩定傾向。

(9)案主自述受精神官能症影響，做事時無法集中注意力，對本身所擔任之職務有所影響，恐會發生危安事件之虞。聯繫單位協助安排較細心之輔導員，從旁指導案主操作機械，避免案主因精神狀況不佳，導致危險發生。

(10)案主至心衛中心實施心理輔導時，常自述身心狀態不佳，並對於單位長官所分配的勤務工作，表示無法接受，認為自身工作量過重，產生較大壓力。故以正向認知刺激案主，使產生平常心及責任心，將適度的壓力轉化為因應能力。

(11)案主目前返回三級廠擔任車輛保養兵之職務，故輔導案主思考以順利畢業當作現階段的目標，並且做好畢業後的職業生涯規畫。

3. 處置作為

(1)請單位配合實施生活輔導，不斷刺激案主思考人生意義及責任觀。

(2)協調安排案主負責適當的工作勤務，以增進案主處事能力。

(3)由單位安排細心的輔導員，從旁指導案主操作機械，避免因精神狀況不佳，導致危安事件發生。

(4)請單位輔導員持續與家屬保持聯繫，定期回報案主身心發展狀況。

(六)檢討與建議

1. 與家屬保持聯繫，了解案主役前生活、人際、求學等情形，並透過弟兄觀察案主的生活言行，以利進行評估和追蹤。

2. 單位主管配合持續與案主重要他人及周遭同儕保持聯繫，以協助觀察案主身心發展狀況及行為改變，可適時調整輔導策略，訂出立即可行且有助於案主良好適應的計畫。

3. 輔導工作並非一蹴可幾，而往往無法得到立竿見影的效果，有賴於各階層有系統地配合，共同擬出適合案主之輔導策略。

(七)問題討論

1. 案主即將畢業，案主因長期缺乏他人關懷，導致身心發展不健全，並常出現情緒失衡現象，心理衛生中心可與其建立協同合作關係，協助案主明瞭自我價值，多予鼓勵，以克服長久積壓的精神壓力，能積極樂觀規畫生涯目標，輔導案主建構人生願景，以負責態度面對現實考驗；並引導案主以適合自己的方式

改善人際關係，為步入社會做好心理建設。

2. 對全單位實施「國軍身心狀況量表」施測，期使先前掌握需關懷群案主身心發展，防範各種身心疾病發生於未然；並加強宣導輔導人員之輔導效能，落實「雙輔導人制」及「三級防處功能」，加強追蹤輔導工作，以防杜危安情事發生。

【個案五】

(一)**基本資料**

　　姓名：杜××

　　性別：男

　　年齡：十九歲

　　教育程度：國小

　　職業：無

　　案主來源：主動發掘

　　主訴問題：精神疾病（併智能不足）

(二)**背景資料**

　　1. **家庭史**

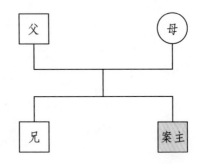

　　2. **家庭關係**：案主自小父母離異，案母於案主十一歲時就離開家
　　　庭，而案父經過十年之獄，於案主國小五年級時服獄期滿出獄，
　　　所以從小與父母相處機會不多而感情普通。其父在從事物件機
　　　器刨光工作，其兄則從事物件包裝，兄弟兩人感情很好。

　　3. **學校史**：案主表示自己很少到學校上課，也時常請假，不知為
　　　何能拿到畢業證書，又因不常到學校上課，所以在學校沒有什
　　　麼朋友。

　　4. **社會史**：案主的生活環境頗為複雜，因未能正常完成國民教育，
　　　又受到父親的影響，造成案主家庭功能與交友環境並不完善；
　　　加上成日在外遊手好閒而常認識不善朋友，目前有一女友，交
　　　往約十個月，感情漸穩定中。

5. **個人史：** 到單位後，案主的情緒就十分不穩定，排斥在外島當兵，一直想要回台灣，多次約談案主以了解其內心想法，得知案主本身時常有幻聽、頭痛等現象，因腦部曾經受過重擊，而當時並沒有做完善處理而留下後遺症。案主受到朋友的不良影響而犯下殺人未遂罪行，曾入獄服刑一年多。

6. **心理測驗結果：** 案主送醫院接受智力測驗及精神鑑定，結果因智能不足符合停役標準並判停役。

(三)主要問題行為敘述

1. 案主入單位前二年因結夥打架，使頭部受到重擊，會不定時感到疼痛，有時甚至有幻聽現象，其接受醫院藥物治療時，身體會產生無力感、厭倦等症狀。

2. 案主女友曾懷孕，但未經案主同意，私自將孩子拿除，使案主與家人十分不諒解，並且因此與女友及其家人鬧得不愉快，造成案主心情鬱悶不定。

3. 案主將外面處事態度帶進單位中，致影響團體紀律與管理，如用金錢交朋友又常發生借貸情形，或看同儕不順眼就想動手打人。

(四)評估與分析

1. 案主因入單位前生活環境複雜而染上惡習，且個性過於暴躁容易滋事，影響團體生活。

2. 案主因有幻聽、幻覺等症狀，造成同儕們對其莫名的病痛感到懷疑，而故意為難案主，導致其更加排斥部隊；另案主會有頭暈及頭疼症狀，也許並非全因遭意外所致，亦可能是因吸食毒品所遺留的後遺症。

3. 案主容易因女友關係而造成情緒起伏過大，使其在單位執行任務時不能專心，可能會做出不理性行為。有時因想了解女友情況，而花大筆金錢在電信費上，致出現金錢不夠使用情形。為慎防其與弟兄有借貸情事或發生偷竊行為，肇生單位另一困擾。

(五)輔導策略與實施

1. 案主到單位後即安排輔導人，透過多層輔導機制，以確實掌握其狀況。

2. 協請單位同儕不可讓其拿到利器，以免發生意外或危安事件。

3. 協助案主建立服役的正向概念，以減少對單位的排斥；而案主在外島休假時確實安排互助組，實際掌握狀況。

4. 與家屬密切聯繫，讓家屬成為最佳輔導橋樑，透過案主家屬成為「第三重要他人」，可從旁協助開導案主。

5. 案主至醫院接受智力測驗，診斷為智能不足，而協助其辦理停役事宜，取得醫院開立停役證明，立即上呈請示停役相關事宜。

(六)檢討與建議

1. 案主吸毒相關資料未蒐集完整，致無法進行研判，而資料齊全有助於追蹤案主行為，並可成為評估分析的參考。另外，因案主與女友關係複雜，而先將其摒除在討論範圍。

2. 剛到外島的團體生活訓練時，應先灌輸同儕們對於單位應有的認知與觀念，例如，實際案例宣導或實施長官談心活動，以落實心輔預防功能。

四、身體健康問題案例

【個案一】

(一)基本資料

姓名：葉××

性別：男

教育程度：大學畢

職業：學生

案主來源：單位轉介

主訴問題：身體健康

(二)背景資料

1.家庭史

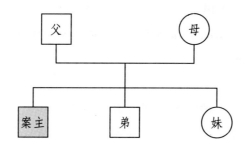

2.**家庭關係**：案主從高中至大學七年時均在北部就學，致返家機會少，與家庭成員互動不足。

3.**學校史**：案主個性內向沉靜，成績屬中上，就學期間表現正常。

4.**社會史**：案主曾在便利商店及速食店打工，無宗教信仰。

(三)主要問題行為敘述

1.案主在單位期間，因患有雙膝骨軟化症至醫院住院動手術，而後歸建休養。由於案主身體健康欠佳而無法正常操課，且體能亦無法跟上進度，導致單位同儕投以異樣眼光，並對其語多諷刺。

2.案主曾於原建制單位內，服食過量藥物，以水果刀割腕，出現

第十四章　個案實例

521

自我傷害舉動且留下遺書，而後人事調整至本部連，因具有電腦專長，協助單位行政業務，目前表現良好。

㈣評估與分析

案主於原建制單位，發生自我傷害行為且留下遺書等舉動，其肇因如下：

1. 案主於醫院動完手術後，主治醫生曾向案主表示其病症無法完全治癒，致案主心情相當低落和絕望。

2. 案主於遺書中，曾提及「你們生了我養了我，就是不了解我，我的心裡好寂寞……」等案句，經探究發現案主對於父母從小的安排，感到厭惡且無法接受，如對母親為其就學選系的安排仍懷恨至今。

3. 案主在單位上因生理痼疾的因素，導致無法正常操課，且體能方面跟不上進度，而長期受到其他同儕同事鄙視與譏諷，使案主心中長期壓抑不滿情緒，在人際方面出現退化、逃避現象。

㈤輔導策略與實施

1. **輔導目標**

(1)短期目標：預防案主再度肇生自傷事件。

(2)最終目標：協助案主增強團體生活適應能力。

2. **輔導經過**

(1)案主經單位轉介至心衛中心，於第一次晤談時，案主情緒平緩、語氣平靜，但言談之間，可感受到案主心中仍隱藏著壓力。

(2)晤談過程中，案主表現出沉默反應，因對晤談情境感到陌生、緊張、不自在，而先以話家常方式打破僵局，緩和其緊張情緒，漸漸導入主題，以開放性及專注、傾聽、同理、尊重、接納與關心等晤談技巧，與案主建立關係，使其感受真誠的接納與關心，引導其探索自我情緒，說出內心想法，藉以了解事件發生的心理歷程。

(3)協助案主了解其人際關係與團隊生活等問題癥結所在，並引

導案主思考如何解決或面對困難，以增強團隊生活適應與人際處理能力，而非一味地逃避、退縮。

(4)協助案主澄清不合理的想法，並灌輸紀律觀念；另以面質、立即性等技巧，使案主更認識自己及接納他人，能以積極正確的態度面對團體生活。

3. 處置作為

(1)案主經人事調整至另一單位，目前表現良好，無任何異狀，單位知道案主有自我傷害紀錄，故派任適當職務，並安排雙輔導人給予照顧和關懷，使其順利工作。

(2)因考量案主有痼疾影響，協調其休假時，須由家人簽切結書並負責親自接返單位。

(3)協請單位多注意心理、生理障礙人員的輔導，並多給予關懷、支持與鼓勵，並要求單位其他同事以正確態度相待，避免影響案主產生不適應行為。

(六)檢討與建議

1. 原建制單位有多次安排轉介案主至心理衛生中心及醫院精神科等紀錄，但紀錄卻未隨著人事調整移轉。而新單位由主官對新進人員晤談後，了解案主曾有自我傷害紀錄，即依規定安排「一對一輔導」，給予適時地關懷與協助，並考量其生理痼疾與專長而安排適當職務，使案主的人際適應困難問題逐漸改善。

2. 心衛中心與單位持續輔導案主，實施案主管制和追蹤掌握，以落實三級防處功能；並與案主家屬保持密切聯繫，一起關懷和支持案主，並協助其與家人產生良好互動關係。

3. 要求單位善用自我傷害防治處理手冊、國軍身心狀況評量表及重複檢核表等工具，發覺單位具有自傷傾向人員，應適時給予輔導以預防危險發生。

4. 提供心理衛生中心及心輔官專線電話，以利主動求助、抒發不穩情緒等，而能適時給予援助。並提供社會輔導資源如各縣市生命線、張老師等服務電話，以利身心狀況不穩定時使用求助。

㈦問題討論

　　心輔人員在與案主建立關係時，亦要進行資料蒐集工作，尤其是案主求學期間、同儕關係與學校老師互動情形等，或與家庭互動情形都需要深入了解，以結合案主家庭、學校及單位狀況，方能客觀地評析出案主內心深層問題。

【個案二】

㈠基本資料

姓名：許××

性別：男

年齡：二十二歲

教育程度：國內：工專肄業；國外：高級中學

職業：學生

案主來源：醫院精神科轉介

主訴問題：身體健康

㈡背景資料

1. 家庭史

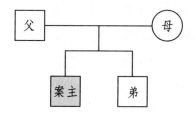

2. **家庭關係**：案主至國外留學四年期間，前三年每月常打電話回台灣與家人報平安，保持良好互動關係；第四年開始，案主即很少與親人聯絡，父親開始察覺案主的情況怪異，直到案主返回國內服役，其情況未見改善。

3. **學校史**：案主於國內求學期間成績平平，未見突出表現；而對其國外求學的表現則無法了解，因據案父表示，對案主國外生活完全不知情。

4. **社會史**：案主為虔誠基督徒，交友單純，平常娛樂以電玩為主。因信奉基督教，為不牴觸教義，案主在單位不唱國歌敬禮，不向國父遺像鞠躬行禮，訓練時亦拒絕拿槍。案主若遇生病時，不求助醫師治療或吃藥打針，聲稱以「自然療癒法」自我治療。案主於單位生活中，和同儕間缺乏良性互動，人際關係欠佳。

5. **個人史**：案主經醫院診斷為「地中海型貧血症」患者，病情達

到單位驗退的標準。

6.**心理測驗結果：**「國軍身心狀況評量表」施測結果為需中高度關懷群。

(三)**主要問題行為敘述**

案主患有地中海型貧血，由單位連輔導長及父母親同至本院精神科求診，再由精神科醫師轉介至心理衛生中心接受諮商輔導，而案主出現的困擾問題有：

1.**信仰與團體訓練的價值衝突：**案主赴國外高中留學四年，期間接觸基督教（不清楚何種教派）洗禮，虔誠篤信基督教義，但入營後，凡是信仰與單位的生活作息、教育訓練相牴觸時，案主一律恪守教規，導致行為無法符合團體訓練之要求，造成案主在價值觀念與生活適應之間，產生角色衝突及自我認同危機。

2.**人際溝通與群體關係不良：**案主深受宗教信仰、個人主觀認知，以及生活習慣等因素的影響，使其與群體生活格格不入。再加上案主以自我為中心，與單位長官、同事之間人際互動貧乏，無法與他人好好相處。

3.**社會支持網絡建構十分薄弱：**案主長年在國外求學，與國內親人疏離，少有溝通聯絡的管道。此外，案主在外朋友甚少，休假期間很少外出，經常獨處家中玩電動遊戲，或閱讀宗教方面之書籍，造成案主的社會支持系統匱乏，遇到問題無任何傾吐對象，僅訴諸宗教安撫心靈的力量。

(四)**評估與分析**

1.案主在未入單位前篤信宗教，入單位後嚴格的訓練環境，對案主個人內在原有的信念產生衝擊，因無法調整內在信仰，亦無法改變環境的壓力，自然使案主心理狀態失去平衡，個人與環境衝突不斷，而造成個人適應問題。

2.案主個人的孤僻習性，影響其無法建立同儕間的良性互動，以致案主的社會功能喪失，個人與團體環境脫勾。而案主個人與單位領導幹部關係最差，與教會互動最頻繁，與親屬毫無互動

關係，案主似未能建構良好的人際支持網絡。

3.案主於國外求學四年，受到西方宗教及生活方式的影響，極為深遠。當案主返國後，兩個月內即被徵召入單位，其生活方式和宗教信仰都尚未調適，案主因深受西方文化價值體系的影響，必然產生生活適應的困境。

(五)**輔導策略與實施**

1.**輔導目標**

根據案主的問題，從「生理、心理及社會」層面，擬定三項輔導目標：

(1)**生理層面**：因案主患有「地中海型貧血」，協助案主持續就醫事宜。

(2)**心理層面**：改變案主的自我狀態，包括調整案主的認知衝突、人我關係情結等。

(3)**社會層面**：激勵單位同事提供案主人際互動管道，並請單位聯繫家屬協助案主溝通，以建立案主的社會支持網絡。

2.**輔導策略**

(1)**搭建溝通管道**：藉由與案主會談的結果，主動與案主的單位同事溝通其人際問題，以及協助案父了解案主在部隊的真實情況，讓家屬清楚案主近況，做好案主可驗退的心理準備。

(2)**了解醫療診斷**：與轉介的精神科醫師聯繫，了解案主求診的病史，與醫師會診討論案主病情，以評估其生理情況及服役動機。

(3)**詢問驗退作業**：與檢驗科處了解案主檢驗結果，若符合驗退標準，即協助案主辦理驗退事宜，包括協調醫勤組開立診斷證明書等服務。

(4)**會談案主結案**：若案主確定驗退，在結案前與案主進行會談，協助案主了解病情和照護，以及統整案主在單位的經驗。

(六)**檢討與建議**

1.**穩定案主的情緒**：在會談中，發現案主情緒不穩，可多以肯定

的口語及非口語的溝通技巧，來安定案主的會談情緒。

2. 無法改變案主認知：案主深深受到宗教信仰的影響，內在認知基模不易改變，若要從事「認知行為治療」，似乎要花很長的時間，囿於其急迫性，使心輔人員無法進行長期輔導策略。

3. 有立論點的分析：常常在進行案主問題分析時，泰半以浮面的現象或主觀的臆斷評估其問題。本案主以「生態觀點」切入案主的問題，發現「個人與環境」失衡的焦點，可作為分析問題的論點基礎。

4. 發揮樞紐的角色：心輔人員可協助連結案主的單位、家屬及醫療系統等，將這些支援系統提供案主運用，以發揮樞紐的功能。

㈦問題討論

1. 在諮商輔導過程中，輔導者應從案主的實際需求出發，以避免會談過程受輔導者主觀性影響；同時在處理案主的程序上（例如循著同事、家屬、案主的先後順序會談），應考量案主的感受，降低處理時的標準化程序。另本案呈現是幹部及家屬的訪談內容，少有案主本身的感受及語詞，所以輔導者應與案主多會談幾次，用高層次同理心的技巧，與案主建立良好的專業關係，才能夠深入了解其關鍵問題，進而解決案主真實及潛在的問題。

2. 案主因社會支持網絡單薄，輔導員應盡可能找尋案主的內在及外在資源，以增強案主的支持網絡。要改變案主虔誠信奉的宗教觀念是困難的，宜採取「同理心」的技巧，接納案主內心世界的「神」，不應先入為主地將宗教信仰視為是不對的信念。輔導者應深入了解任何宗教教義（訊息），可從宗教書籍找到精華要義，充實案主問題之相關資訊，才能夠坦然面對類似案主的任何情況。

五、家庭因素問題案例

【個案一】

㈠基本資料

姓名：紀××

性別：男

年齡：二十歲

教育程度：高職

職業：學生

案主來源：單位轉介

主述問題：家庭經濟問題

㈡背景資料

1.家庭史

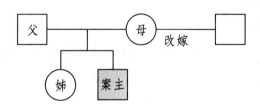

2. **家庭關係**：案主從小父親去世，母親在改嫁後，未曾回家探視，因此案主從小由祖父母扶養長大，而案祖父因肺癌末期，於案主入伍前半年去世，祖母也因中風而導致行動不便。

3. **學校史**：案主求學期間總是獨來獨往。

4. **社會史**：案主個性內向，且因為本身口語表達不清及家庭因素影響，造成案主相當排斥與人交往，因此交友狀況不佳，幾乎沒有要好的朋友。案主於部隊適應狀況大致正常。

5. **個人史**：案主目前除患有尿酸性痛風，而必須每週固定轉診外，餘並無其他疾病。

㈢主要問題行為敘述

1. 案主父親在其年幼時去世，而母親在改嫁後，未曾回家探望，

不知其母親現人在何處，唯一的姊姊已經嫁人，但在經濟狀況不佳情況下，也甚少回家探望。

2. 案主從小由祖父母撫養，近期案祖父過世，案祖母又因中風而造成行動不便，加上案主二伯不願介入照顧，在經濟來源出現問題而祖母又缺乏照顧的情形下，使得案主相當擔心家中狀況，甚至曾出現自我傷害的念頭。

㈣評估與分析

1. 案主目前患有尿酸性痛風的症狀，在無法隨隊操課而經常轉診的情況下，使案主擔心周遭同儕對其另眼看待。

2. 案主家中目前並無經濟來源，鎮公所因案祖母目前仍有二伯照顧，因此取消案家甲級貧戶證明，而無法取得任何輔助；加上祖父剛過世，又擔心祖母會因為此事而想不開，使案主面臨許多心理衝擊。

㈤輔導策略與實施

1. 輔導目標

(1)協助案主尋求相關資源，以暫時紓解急迫的經濟壓力。

(2)強化案主人際關係之建立，以期藉由同儕的支持，強化案主心理建設。

(3)持續轉診至醫院，協助案主痛風疾病能藉醫療盡速獲得改善。

2. 輔導經過

(1)案主由單位轉介後實施晤談，晤談中了解案主受到許多衝擊，如祖父肺癌去世、祖母輕微中風造成行動不便、家中房子即將遭到拍賣等。而言談中不斷表示，只要祖父母都過世的話，自己一定會跟著他們一起離開等言語，因此晤談重點除加強案主心理建設外，亦從家人親情的觀點來探討，以加強案主的責任感，並讓案主了解自我傷害不是唯一的處理方式。

(2)與案主進行第二次晤談過程中，案主因為身體痛風的因素而無法隨隊訓練，造成案主擔心其他人的異樣眼光；另外，因二伯願意幫忙三餐送飯給案祖母，而使案主對家中問題較能

放心。

(3)與案主進行第三次晤談過程中，因為單位指派主動關懷案主之同儕，已與案主建立較佳的互動關係，因此案主在晤談中除身體狀況的困擾外，餘適應情形良好。

3.**處置作為**

(1)協請輔導長官至鎮公所了解案家遭取消甲級貧戶證明乙事，另為證明案主二伯並未如鎮公所人員所述，仍於平日照顧案祖母，輔導人員請輔導長官拜訪案主里長家，請里長協助證明。但鎮公所仍以此原因表示無法協助，當輔導長陪同里長至縣政府協調時，並未獲得解決，但目前由立法委員介入關切，將持續追蹤後續狀況。

(2)案祖父過世後，為避免案祖母出現意外事件，協調縣政府社會局至案家訪視，以協助案主在單位中能安心工作。

(3)因案主單位距離本部心衛中心尚有一段路程，為求輔導時效，已安排轉介至當地生命線晤談，而生命線輔導員也表示每週安排一次至該單位實施晤談。

(六)**檢討與建議**

案主目前最主要的支持系統仍是案祖母，而縣政府社會局社工員目前會固定前往案家進行訪視，因此在日後晤談過程中，除仍持續與社會局社工員保持聯繫外，也協請輔導長定期前往案主家中拜訪，同時藉生命線及本部輔導人員的晤談，持續掌握案主狀況。

(七)**問題討論**

1. 案主在情緒發展特質上，出現過度焦慮、羞恥、內疚、壓抑、憤怒等，隨著家庭及個人因素影響，由外在事件轉向內在感受，造成在生活上不良情緒爆發和自我傷害意念出現。

2. 因大多數情緒困擾的人有兩大特徵是：無法嘗試調適環境、無法在內在心理世界出現積極鼓勵自己的聲音；所以，輔導人員可多鼓勵案主突破焦慮心情，面對存在的焦慮，調整負向情緒，以協助案主改變自己。

【個案二】

㈠**基本資料**

　　姓名：蕭××

　　性別：男

　　年齡：二十三歲

　　教育程度：大專

　　職業：業務經理

　　案主來源：經單位主官反映、轉介

　　主訴問題類型：遭重大變故

㈡**背景資料**

　　1. **家庭史**

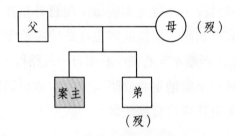

　　2. **家庭關係**：案主家庭經濟狀況屬小康，案主母親因癌症已逝世一年，弟弟於案主進入單位後一週出現自我傷害而死亡。因父親表達關愛方式是以責罵、揶揄，使案主自小即與父親的互動關係非常不理想，致案主國中畢業即獨自至外地求學和工作，從此極少返回家中。案主表示自母親逝世那天起，弟弟即出現尋短的念頭，因弟弟與父親同住，而曾向父親說明此訊息，希望其能多留意；但當案弟自我傷害已遂時，案父卻表現出無所謂態度，此舉動更加深案主的恨意。

　　3. **社會史**：案主服役前工作為業務經理，自主性及自我要求標準相當高，平時沒有幾位談得來的朋友，大多是工作上的同事或部屬，當有心事時都是和弟弟傾訴（自母親過世後）。

　　4. **個人史**：案主自小患有氣喘，且持續至各大醫院實施追蹤治療，

曾取得體位變更證明。案主因入單位後即遭遇弟弟自殺死亡之重大變故，致案主選擇逃避面對親人、朋友及創傷事件，而放棄申請停役機會，繼續留在單位服役。據單位同事反映，案主目前各項表現均良好，上司所交付之任務都可以按時完成，惟在參與團體活動及人際關係互動上欠缺主動積極，其閒暇時間常獨自一人，待在寢室內看書或以打電視遊樂器來打發時間。

5. **心理測驗結果：**「國軍身心狀況評量表」施測結果為需中高度關懷群。

㈢主要問題行為敘述

案主到單位報到後，將實施春節連續假期，該單位依規定寄發家屬聯繫函，案主父親於回覆條內表示，案主無法承受重大變故及具有自我傷害傾向等字句，單位研判案主可能出現案父所述之行為或徵兆，遂立即轉介心理衛生中心。

㈣評估與分析

1. **心理狀況：**案主與案母及案弟之間，情感較為親密，故面對案母及案弟相繼過世之重大家庭變故，心理受到重創而產生「創傷後壓力症候群」（簡稱 PTSD），出現沉默、沮喪及逃避等症狀。

2. **生理狀況：**案主自小患有氣喘，原可得以申辦停役，但因遭遇家庭變故，遂使案主選擇服役，以逃避其原先的生活環境。

3. **團隊生活：**案主自報到至今，各項工作表現狀況均良好，但與同儕之間的人際互動十分消極。

4. **家庭關係：**案主從小與案父互動情形不良，案主對父親心存怨恨，父子間的關係十分惡劣；但與案母及案弟間感情深厚，故兩人相繼過世後，案主的家庭支持系統瓦解，與父親間的關係更加劍拔弩張。

5. **社會關係：**案主入單位前為業務經理，工作表現良好，但在人際關係方面則較不活躍，知心朋友不多。

㈤**輔導策略與實施**

  1. **輔導目標**

與案主建立和諧及信任關係，協助其情緒抒發並促進自我表露，以重新面對創傷經驗，澄清對父親負向認知，以建立新的溝通方式與社會支持網路。

  2. **輔導經過**

(1)與案主建立和諧信任的關係，讓案主覺得有人關心他、支持他，然後針對案主的問題進行會談，協助案主面對創傷事件之壓力源，並將創傷事件重新整理，進而排除創傷經驗所帶來之不良影響。與案主會談中，發現案主很退縮，對於內心的情感及想法語多保留，輔導者較不易了解案主真正的問題。

(2)案主對於案母的過世較能夠調適，但對於案弟的自殺身亡，有很多複雜的情緒，包括對案父的怨恨、對自身的自責及對案弟的不諒解等，這些情緒需加以疏導，才能夠協助案主解決創傷經驗所帶來的傷害，進而走出這傷痛。故針對這部分，用關注和耐心陪伴案主走過其創傷的經驗，並協助案主澄清對父親的認知，同時與案父保持聯繫，希望藉由輔導者的介入與雙向溝通，能夠改善案主間的互動，協助其原本疏離的家庭關係，能成為有建設性的支持系統。

(3)經「國軍身心狀況評量表」施測結果分析顯示，案主內心狀況傾向於逃避、孤立退縮及疲勞焦慮之分數偏高，綜合分數為「需中高度關懷群」，故由單位輔導長針對案主實施人工重複檢核後，將其納入「需關懷人員」，持續觀察輔導。

(4)案主目前在單位表現一切良好，但在人際關係及自我情緒管理方面不佳，故已建議單位排定雙輔導人，鼓勵案主多參與部隊團體活動，並擴展人際關係，以建立案主之社會支持網絡。另定期由幹部陪同至醫院實施門診追蹤治療，以掌握案主之身心狀況。

㈥檢討與建議

1. 輔導者應主動與案父及來往較密切之友人聯繫，以了解案主目前在單位生活所出現的行為表現，是否確實受案母或案弟去世之影響？還是案主自小個性即為內向和不擅交際？這些資訊有待進一步蒐集。然在與相關人員聯繫前，仍須與案主建立良好專業關係，達到讓案主能信任輔導人員的層面，如此在進行聯繫時，情緒上較能接受；另可從案主日記、知心朋友等方面，多了解案主目前情緒狀況及受打擊程度。

2. 案主目前單位於東部，而心輔人員身在南部，考慮時空因素前提下，可以運用支援網絡，請鄰近地區心輔人員協助或轉介地區心理衛生中心，使得可以定期輔導並注意案主平日生活狀況，建立持續長久的協助關係，以有效幫助案主面對家庭與社會生活環境。

㈦問題討論

1. 因案主防衛心較強，故與其建立關係，可從案主平日興趣等方面著手，產生信任關係。輔導者在這過程中，除本身須具備耐心外，並給予案主時間去適應，進而與其建立信任且安全的專業關係。

2. 案主對於家人去世事件的衝擊及造成的負面影響，須優先予以協助，而在釐清或改善父子關係上，非單位幹部或心輔人員能直接給予協助，暫僅先要求單位同事及心衛中心落實家屬聯繫工作。

六、行為偏差問題案例

【個案一】

㈠基本資料

姓名：王××

性別：男性

年齡：二十五歲

教育程度：大學

職業：文書處理

案主來源：主動求助

主述問題：行為偏差（不服管教）

㈡背景資料

1. 家庭史

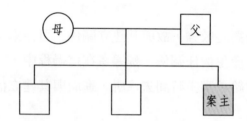

2. **家庭關係：** 在與案主晤談中，甚少提及家庭方面，曾嘗試進一步了解，但案主對相關家庭及個人隱私部分皆語多保留，案主母親亦表示案主自小獨立，很少讓父母擔心。

3. **學校中：** 曾獲得演講比賽第一名。

4. **社會史：** 曾在協會擔任文書處理員，工作情形順利、良好。社交圈屬小型、固定類型。平時休閒活動以電影、閱讀（文藝類、科幻小說、推理、言情小說）、上網為主，篤信佛教。

5. **團體生活史：** 案主表示從入單位至今即將離開，一直無法適應團體生活，無法接受團體體制和管理方式。案主坦承本身自我意識較高，當受到不當處分或權益遭受損害時，即據理爭辯、向長官反映。在與同儕互動關係方面，經單位同事觀察表示不

佳，甚至有相互排斥情形。在案主初到單位時，原擔任文書處理，因不滿單位業務工作及環境，主動請調任他職，後改支援其他單位。

6. **個人史：**案主無自我傷害、暴力及菸毒、酗酒之紀錄，在性別趨向方面仍須確認，因與案主晤談時，觀察其肢體動作較為細膩，並從單位廠廠長得知，案主曾表示：「男性是骯髒的」。

7. **心理測驗結果：**「國軍身心狀況評量表」施測結果為需中高度關懷群，在負向情緒和疲勞焦慮方面指數較高；「重複檢核表」結果為需中度關懷群。

㈢主要問題行為敘述

案主為單位支援廠的文書作業人員，期間因工作表現認真，獲得長官肯定與獎勵，但對內部管理、幹部管教、作業流程等方面，卻持有異議和不認同感，數次要求歸建回原單位。但因原單位暫無人員可接任，使案主不滿的情緒再度高漲，以致發生與二級廠同事衝突，表現出不配合的行為和態度，並發生脫離團隊掌握、不服長官管教等事件。

㈣評估與分析

1. 案主對喜好厭惡表現明顯，並表示與人互動原則，是「人人為我，我才為人」的心態，對他人有一套要求標準，無法接受他人的缺點。對此案主認為某位同事經不起玩笑，平時又何必與其他同事如此相處，以致案主對該同事產生不解與反感。

2. 案主坦承具有報復心態，認為當遭受不平處置時，將尋求申訴或其他管道爭取，若結果未如原意，不惜求取更激烈的方式，案主表示會「玉石俱焚」。

3. 在召開評議會、禁閉懲處等事件中，發現案主曾詢問相關業務承辦人，蒐集相關條文、尋求向相關部門與執事者反映（如監察官、保防官），有以求自我保護的行為。且案主不假離開單位後，在內務櫃發現相關條文的手抄紙條，推論案主行事小心，必經規畫後才行事。

第十四章　個案實例

537

4. 懷疑案主尋求心理諮商輔導動機是工具型訴求，而非單純情感性訴求。在與案主晤談過程中，案主不斷提及歸建原單位的要求，當輔導者對事件背後的情緒、行為等交互反應進行聚焦動作，區隔歸建訴求、管理體制時，案主卻以相互關聯為由，試圖拉回案主既定的焦點，以致過程中不斷上演焦點的拉距。

5. 從與案主晤談中，案主認為讀歷史應學世界史，不可以偏蓋全，亦談論到希望得到他人接受等，但當嘗試反映案主行為時，案主卻提出另一解釋以辯駁，試圖給予合理化，或先以坦承認錯，再以比較法的方式，轉移話題；分析案主極為敏感，且對自我的信心，是建構在一種自我保護意識下，不願讓他人深入其內心了解原委，本身亦不願坦承面對。

㈤輔導策略與實施

1. 案主主動前來求助，因與單位同事發生言語爭執，不滿於二級廠的內部管理和長官管教，而提出歸建原單位的要求，初期採初層次同理心，與案主建立互動，獲得案主的信任。

2. 二階段採認知治療的方式，透過晤談對案主進行概念架構，從情緒、行為交互間關係中驗證。

3. 因案主在禁閉懲處期間，晤談中案主仍對內部管理、幹部管教等議題表示不滿，執意要求歸建原單位，甚至以不惜製造事端持續遭致禁閉懲處，來回應不願回二級廠的決心。故採用認知治療過程，試以完整分析論證和案主溝通，亦交互使用同理心，緩和案主防衛的情緒。

4. 案主情緒已超越理智，出現強烈的二分法及不信任感，對此輔導者試以同儕、朋友的情誼，扮演案主的一面鏡子。輔導者曾試以自我揭露、經驗陳述，來引導案主思考，並以自我保護為出發點，提醒案主勿以身試法，而尊重部隊規範和團體生活體制。

5. 因案主不服管教，肇生與長官言語衝突，在晤談初期（長官在場時），案主情緒反應激烈，表達內心不平與憤怒，晤談後期

時（長官離去後），案主表現出沉默、低頭的行為。當日案主脫離單位掌握，至今未回，已遭通緝。

(六)**檢討與建議**

1. 轉介案主時資料移轉不完整，造成心輔人員對案主解讀之誤差，致對案主的認知與輔導目標產生截然不同的結果。因此，對於案主個人資料之蒐集，可藉由單位主管、同儕及案主家屬等廣泛進行蒐整，以增進對案主背景資料充分了解。

2. 案主求助動機與期望改善目標，與團體紀律文化與屬性相衝突，導致心輔人員不易拿捏適當角色，而影響與案主間的信任關係。因此，不易處理心輔人員自我角色的定位，以及同理案主處境，將產生彼此對立與誤解。

3. 單位內部支持系統薄弱，導致案主無法找到情緒宣洩管道，即使心輔人員能同理案主處境與情緒反應，然其仍對單位產生強烈反感，致案主問題解決無其他替代方案。

4. 由於案主即將退伍，其口才能力相當優異，亦能覺察自己所處環境與問題，致輔導人員低估案主之危機狀態，缺乏警覺性而錯失處理時機。

(七)**問題討論**

1. 輔導人員對案主所形成的個人好惡或自我察覺，將影響與案主的互動關係，而以多角度觀察案主外在行為所傳達之訊息，及其背後所隱含的意義，將可增進輔導人員對案主之了解。

2. 輔導人員對於案主的接納與尊重，是須倚賴對他人保持價值觀的彈性，若能開闊自己的視野，體察自己的主觀看法，對前來求助的各類型案主，提供一個安全而信賴的環境，將有助案主願意面對及處理自己問題。

【個案二】

(一)**基本資料**

姓名：顏××

性別：男

年齡：二十三歲

教育程度：國中肄

職業：無

案主來源：由單位幹部反映、轉介

主訴問題：逃亡行為

(二)**背景資料**

1. **家庭史**

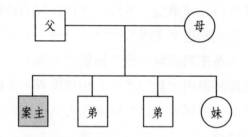

2. **家庭關係**：案主六歲時父歿，而與母同住，有兩弟一妹，除胞妹外皆與母親同住，家庭成員感情普通。據案主描述：六歲時父親因飯店大火來不及逃生而過世，當時案主對這事並不記得有太大情緒，直到國中時期，才感到沒有父親的陪伴很孤單。案主和弟妹由母親扶養長大，母親很寵愛案主，而親子間互動尚良好。

3. **社會史**：案主社會關係複雜，休假時常滯留於網咖，逾假也是因為流連網咖而忘了時間；案主表示逾假後因害怕面對刑責，因此能夠逃亡多久就逃亡多久，害怕面對該負的責任。當兵前有一交往中的女友，而先前逃亡原因是要陪伴女友，但在服刑期間與女友分手，案主表示目前並不想結交女友，並沒有感情上的困擾。

4. **團體生活史：**案主在團體生活中適應情況不良，進入單位後二天即逃亡被判刑三年，因假釋調入本單位。到隊二週後逾假未歸，經不假離隊數日後，由長官偕同歸隊，隨即因逾假禁閉十四日。

5. **個人史：**案主有腎臟發炎疾病，偶有血尿，目前已定期請單位長官偕同案主至醫院就診。案主曾因缺錢花用而夥同友人搶劫上班女子，但表示那是以前不懂事，現在並不會這麼做，因剛回單位尚未領到薪餉，目前經濟來源是母親提供。

6. **心理測驗結果：**「國軍身心狀況評量表」施測結果為尚需關懷群。

(三)主要問題行為敘述

案主到單位第一次收假逾假，其主要問題為習慣性逃亡與法紀觀念淡薄，出現逃亡、逾假未歸、不假離隊等行為，而且沉迷網咖屢勸不聽。

(四)評估與分析

1. 案主有反社會性格傾向，個性屬於衝動、不計後果的類型，需要強烈和快速的刺激，如電玩、吸毒等，且無法從經驗中獲得教訓，害怕面對該負的責任。對案主而言，網咖的吸引力大於法紀的約束。

2. 案主其逾假未歸原因並非只因沉迷網咖，與其畏苦怕難、遇事逃避的心理有極大關係。

3. 由於案主曾因逃亡被判刑而入獄服刑，而推斷其對法規應很熟悉，甫至單位會有不斷逾假、不假離營情事，可能為試探界限之行為。

(五)輔導策略與實施

1. 與案主回顧其團體生活史，整理其在做出逾假或不假離隊決定時，當下的心中想法和決定歷程，藉以了解案主對法紀觀念的態度。

2. 協助案主察覺自己的行為對部隊所帶來的困擾，面對行為的後果是什麼，自己該承受什麼，以強化案主對法紀觀念的正確看法。

3.對案主加強法紀教育及反毒宣導，告知到新單位是另一個嶄新的開始，好好工作不要重蹈覆轍。

4.引導案主認識健康的休閒生活，以改善留連網咖的情形，並且協助案主對網路遊戲建立適可而止的概念，不該長時間沉浸其中，將影響視力及身體健康。

5.引導案主認知只要自己願意好好完成工作任務，相信會受到單位長官及同儕的幫忙。另針對案主的逃避想法（習慣性逃亡）進行討論，使其了解在逃亡後還是要回來完成工作任務，而該負責任就要勇於承擔，逃避是無法解決問題的。

6.請輔導長與家屬保持聯繫，以利家屬了解案主在單位的狀況，如遇到案主情緒狀況不穩定，先就近處理，而後知會心輔人員進一步處理。

7.請輔導長與家屬溝通，在案主休假時一律由家屬接送，並告知家屬其收假的確切日期和時間，協請家屬於收假時陪同案主至單位報到。

㈥檢討與建議

常由於輔導人員專業知能不足，使得在處理這類案主格外棘手，造成類似人員時有再犯的情形。因這類案主多半是甚少考慮後果的，輔導人員能使上力的地方不多，若能利用接觸的機會，使其意識到自己的行為結果和要承受的責任之間的關係，相信可以加強案主的法紀觀念，以減少再犯的機會。

㈦問題討論

輔導人員常面臨多種角色的困難，其中包括較傳統的「治療者」：身負對案主心理狀態的了解，以及內心問題解決的重任；「行為規範者」：感受到單位／長官期待達成對不良行為的修正；或是「停役評估者」。這三種角色之間相互衝突的地方很多，致使輔導者解決問題的困難。或許目前較好的方式是將一些談話技巧運用在處理問題上，如盡量由案主主導談話、把重點放在案主內在衝突、協助案主發覺內在衝突、和現實中的問題做連結等。

七、工作調適問題案例

【個案一】

(一)基本資料

姓名：陳××

性別：男

年齡：二十三歲

教育程度：大專

入伍前職業：學生

案主來源：單位長官轉介

主訴問題：工作調適

(二)背景資料

1. 家庭史

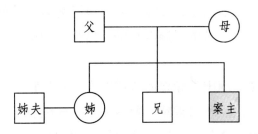

2. **家庭關係**：父親為醫師，案主在家中需協助電腦病歷輸入及健保申請，但常因未完成而受責備。在很看重知識和學歷的家庭中，孩子是用「讀書」方式來獲得被愛，而家中兩個兄弟是較不符合父母的期待，案主可能被視為家中害群之馬；且案主因身為老么，常可能光說不練，而自幼眼高手低。

3. **學校史**：案主在五專畢業前夕，因學校有五名保送升二技的名額，其自認在五人中最優秀，但卻因學分未及時修完，而成為唯一落榜者。

4. **社會史**：假日除逛書店外，多獨自一人待在家中。

5. **團隊史**：案主調單位後表現不盡理想，經常受到責難。

6. **個人史**：案主左手腕有新舊表淺不同的割腕傷痕數十道，根據醫師初步診斷，案主為邊緣性人格異常，其症狀為非常情緒化，極低的挫折現象，可能源自非常早期的童年經驗。

㈢主要問題行為敘述

1. 案主因業務處理狀況不佳，經常受長官責難，其生活態度懶散、墮落，且有割腕行為，長官認為案主不堪負荷排長職責，而指定轉介接受輔導。
2. 案主左手腕密密分布表淺性新舊割傷，第一次會談時案主表示，割腕是為了想自我振作，並無自殺意念，但第三次會談則表示存有自殺企圖。

㈣評估與分析

1. 案主在成長期產生低自我價值感深植，加上求學及在單位表現差，形成極深挫折，目前呈現極度負向自我評價。
2. 案主身心狀況出現有嗜睡，形容自己坐著坐著就睡著了，但自覺像昏倒般，常覺迷糊與疲倦、自覺無價值感、不能勝任職務等。
3. 案主情緒反應出現頹喪而無法振作，對長官及同僚有罪惡感、對父母有內疚和自責感、對他人想法極敏感和焦慮，談及自我失敗經驗，嘆氣但又以理性論述情緒感受。

㈤輔導策略與實施

1. 提供宣洩與支持，案主表示一個小時會談，比一個月和家人、單位說的話還多，感覺較輕鬆。
2. 第二次會談結束五天後，接獲案主來電，詢問要如何自我努力，顯示其茫然及悲觀意念稍有動搖。
3. 輔導者與案主諮商關係在二次會談時已建立，並成功使案主由悲觀、疏離，轉而有動機願意嘗試，激發改變及求醫的動機。
4. 輔導者以現實治療取向、建立正向自我認同等策略，協助處理挫折所帶給案主的負面認同。
5. 進行自我傷害危機評估，並因懷疑案主有憂鬱症狀及人格問題，

而轉介精神科門診及血液檢查，與精神科醫師討論，陪同案主就醫和安排住院。

6. 由家庭或自我狀態引導案主思考，澄清其人生經驗與內在感受。

7. 與單位長官會談，調整案主的工作安排與提供生活支持。

㈥檢討與建議

1. 依案主成長過程來看，愛看漫畫可能代表某種症狀，而非只是一種消遣休閒，可能是「大人身、小孩心」，顯現案主非常渴望被注意。

2. 案主對自己充滿負面評價是嚴重的問題，原以為在團體集訓中可以累積一些成功經驗，但卻造成更大的挫折，使失敗的人容易有失敗認同，對失敗感到很熟悉和親切。所以要協助案主跳出泥沼，使其建立成功經驗，讓成功的行動可以具體，如配合案主的特質和專長，在短時間內可以不造成別人的負擔，同時能照顧好自己，以漸復原到可以勝任工作。

3. 鼓勵案主經常回家，以先修復案主與家人的關係，逐漸再讓案主建立其他的人際關係；亦要對家屬保持聯繫，以進行親職教育，提供一些不同的觀念給父母參考，除表達對案主的期待外，更要多提供關心。

㈦問題討論

1. 對於自我放逐的案主，可協助發現找到案主的專長，如在單位（學校）開設班隊，請案主擔任講師，由此建立案主的信心。

2. 在單位中，案主也許是個沒有功能的人，但或可安排在某適任的單位中幫忙（非占職缺），讓案主有修養、復原的時間，和建立信心的地方。

【個案二】

(一)**基本資料**

姓名：汪××

性別：女

年齡：二十五歲

教育程度：大學

職業：文書員

案主來源：心輔官轉介

主述問題：工作調適

案主來源：心輔官轉介

(二)**背景資料**

1. **家庭史**

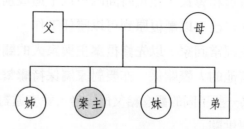

2. **家庭關係**：案主自述案父因曾經投資失敗，負債一百多萬，本想今年退休，卻又擔心家中經濟負擔，因而還在考慮是否延後退休。案主考量家中經濟狀況，因需負擔家中開銷，故選擇軍人職業，有固定薪水，而且薪水頗優渥。案主表示與父親關係不佳，在案主國小時，案父對小孩很兇會打人，她和弟弟被打得最兇（心輔官轉知案父母對案主疼愛有加，這之間有些差異）。案主與案母的互動也不好，但比和父親間好些，在案主決定報考軍官時，案母曾強力反對，認為案主不適合軍中生活，但案主堅持要當軍人，故在案主選擇想退伍時，案母則是責罵案主不聽話才會造成這樣的局面。案主與姊姊關係較佳，姊姊與案主同時報考指職軍官，與案主在同一營區但分發不同單位，

姊姊在部隊適應狀況良好，案主則認為是因為案姊的工作較輕鬆，所以適應很順利。

3. **學校史**：案主自述求學過程順利，但在大學聯考後，案母曾要求案主寫志願時填選師院學校，與案母發生爭執，雖然依照案母意思填選師院學校，最後仍因未達標準而落至其他學校。

4. **社會史**：案主畢業後找工作一直不順利，入伍前曾在私人機構擔任文書工作，案主因覺得薪資太少而辭去工作，與案姊一同報考職業軍官。

5. **團體生活史**：案主原本擔任人事見習官，期間因無法適應團體生活及工作，而調至其他單位擔任人事工作。

6. **個人史**：案主雖無自我傷害行為出現，但在團體生活中曾因無法面對壓力，而曾想過乾脆一死了之。

7. **心理測驗結果**：賴氏人格測驗施測驗結果呈現 E 型人格特質，此類型的人，社會適應欠佳，情緒不穩定，常有自責的心理傾向，意志不堅，自我控制力脆弱，焦慮又缺乏信心，甚至有悶悶不樂的現象。

㈢**主要問題行為敘述**

1. 案主進入學校兩週仍適應不良，對交辦的工作無法完成，一直說著要辦理休學，單位輔導員等多位長官時常關切，但不見案主有打消退學的想法。

2. 案主曾自己打報告至總部申請要提早退學，單位因此開會並邀請家長及主管，一同討論如何處理。單位提出可由案主犯滿三大過為由，以不適任其職位辦理除役，家長強烈反對，擔心會損害案主前途，但案主卻想嘗試看看。後來因聽別人說記過不妥當，加上已調整至人少且事少的單位，所以打消犯過除役的念頭，雖案主覺得現在單位較為井然有序，但仍會想其他辦法辦理退學。

㈣**評估與分析**

1. 案主當初因找不到適當的工作，又覺得打字工作薪水太少，而

與案姊報考軍官，然而軍中生活非其所想像，行政工作又讓案主產生煩躁的心情，因而放棄學習，想要耍賴不做，以看著辦的心情面對。

2. 案主曾有考慮要繼續留在軍中，但這個念頭很快被放棄，因為無法忍受軍中複雜的生活，案主自述自己很容易受人影響，對於他人的評價很在意。

3. 案主在晤談中呈現不願留在軍中的痛苦，在心中有很深的後悔，為何當初要來軍中，然而會不斷利用責罵軍中的長官及體制，來減輕或掩飾自己的後悔，甚至逃避自己在此事件的責任。案主表示她是任性的，就是想要退學。

4. 案主在諮商情境中所呈現的自己，與賴氏人格測驗中的結果相符。

㈤輔導策略與實施

1. 輔導目標

建立關係、了解問題，共同討論解決方案。

2. 輔導策略

⑴同理案主痛苦的感受與後悔的心情。

⑵引導案主看待自己的期待（想退學）與現實中的落差（無法提早退學、除非記過），澄清對目前生活的影響。

⑶與案主討論退學前的準備，藉以讓案主更落實的考慮離開團體單位對其生活的影響，並與案主討論這個抉擇的利弊得失。

⑷協助案主認識自己的個性及處事態度，對其未來選擇工作的影響。

⑸與心輔官討論並了解案主的部隊適應情形，與其陳述間的差異，以評估分析案主問題所在，以利達到諮商目標。

㈥檢討與建議

1. 案主試圖用耍賴的方式面對問題，不願面對自己任性的部分，這可能是問題的核心，輔導者可運用面質技巧與價值澄清的方式來處理，然在運用面質技巧時，需是在諮商關係穩固時使用，

否則會有反效果。

2. 輔導者在面對不同性別的案主時，其因應方式會不同，男性輔導員對與女性案主談話時會有較多的顧忌，如會談地點及會談方式等；且在面對案主哭泣時，也會有不同的看待與處理方式，對於女性案主的哭泣會有較多包容，對於男性則接納度較低，且較沒耐心，可注意對不同性別的案主所出現的差異。

(七)問題討論

1. 輔導者本身價值的涉入，會影響諮商關係與諮商歷程，輔導者自己的價值觀與信念干擾與案主的互動關係，致忽略案主本身的需要，這是在諮商關係中容易產生的反移情，輔導人員需不斷面對可能產生的價值衝突，也需尊重案主的獨特性及完整性，學習保持彈性去面對每個人，並覺察自己的情緒與價值信念的存在。

2. 對於不同性別的案主，會因輔導者個人的刻板印象而產生不同的互動反應，輔導者如何能真誠地接納當事人，有待本身不斷的體察自己主觀的看法，以及受性別刻板印象的影響，學習拓展自己的視野和保持彈性，將是輔導人員持續面臨的課題。

國家圖書館出版品預行編目資料

個案研究：理論與實務／陳李綢編著. --初版. --
臺北市：心理, 2005（民 94）
面； 公分. --（輔導諮商；54）

ISBN 978-957-702-807-5（平裝）

1. 個案研究法

501.21   94012370

輔導諮商 54　個案研究：理論與實務

編 著 者：陳李綢

執行編輯：謝玫芳

總 編 輯：林敬堯

發 行 人：洪有義

出 版 者：心理出版社股份有限公司

社　　址：台北市和平東路一段 180 號 7 樓

總　　機：(02) 23671490　傳　真：(02) 23671457

郵　　撥：19293172　心理出版社股份有限公司

電子信箱：psychoco@ms15.hinet.net

網　　址：www.psy.com.tw

駐美代表：Lisa Wu　Tel：973 546-5845　Fax：973 546-7651

登 記 證：局版北市業字第 1372 號

電腦排版：臻圓打字印刷有限公司

印 刷 者：玖進印刷有限公司

初版一刷：2005 年 8 月

初版三刷：2009 年 3 月

ISBN 978-957-702-807-5

讀者意見回函卡

No._____   填寫日期：　年　月　日

感謝您購買本公司出版品。為提升我們的服務品質，請惠填以下資料寄回本社【或傳真(02)2367-1457】提供我們出書、修訂及辦活動之參考。您將不定期收到本公司最新出版及活動訊息。謝謝您！

姓名：_____　性別：1□男　2□女

職業：1□教師 2□學生 3□上班族 4□家庭主婦 5□自由業 6□其他____

學歷：1□博士 2□碩士 3□大學 4□專科 5□高中 6□國中 7□國中以下

服務單位：_____　部門：_____　職稱：_____

服務地址：_____　電話：_____　傳真：_____

住家地址：_____　電話：_____　傳真：_____

電子郵件地址：_____

書名：_____

一、您認為本書的優點：（可複選）

　❶□內容 ❷□文筆 ❸□校對 ❹□編排 ❺□封面 ❻□其他____

二、您認為本書需再加強的地方：（可複選）

　❶□內容 ❷□文筆 ❸□校對 ❹□編排 ❺□封面 ❻□其他____

三、您購買本書的消息來源：（請單選）

　❶□本公司 ❷□逛書局⇨_____書局 ❸□老師或親友介紹

　❹□書展⇨____書展 ❺□心理心雜誌 ❻□書評 ❼其他_____

四、您希望我們舉辦何種活動：（可複選）

　❶□作者演講 ❷□研習會 ❸□研討會 ❹□書展 ❺□其他____

五、您購買本書的原因：（可複選）

　❶□對主題感興趣 ❷□上課教材⇨課程名稱_____

　❸□舉辦活動 ❹□其他_____　　（請翻頁繼續）

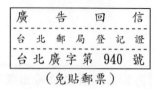

廣 告 回 信
台 北 郵 局 登 記 證
台 北 廣 字 第 940 號

（免貼郵票）

 心理出版社 股份有限公司

台北市 106 和平東路一段 180 號 7 樓

TEL: (02) 2367-1490

FAX: (02) 2367-1457

EMAIL:psychoco@ms15.hinet.net

沿線對折訂好後寄回

六、您希望我們多出版何種類型的書籍

❶□心理 ❷□輔導 ❸□教育 ❹□社工 ❺□測驗 ❻□其他

七、如果您是老師，是否有撰寫教科書的計劃：□有□無

書名／課程：＿＿＿＿＿＿＿＿＿＿＿＿＿＿＿＿＿＿＿＿＿

八、您教授／修習的課程：

上學期：＿＿＿＿＿＿＿＿＿＿＿＿＿＿＿＿＿＿＿＿＿＿＿＿

下學期：＿＿＿＿＿＿＿＿＿＿＿＿＿＿＿＿＿＿＿＿＿＿＿＿

進修班：＿＿＿＿＿＿＿＿＿＿＿＿＿＿＿＿＿＿＿＿＿＿＿＿

暑　假：＿＿＿＿＿＿＿＿＿＿＿＿＿＿＿＿＿＿＿＿＿＿＿＿

寒　假：＿＿＿＿＿＿＿＿＿＿＿＿＿＿＿＿＿＿＿＿＿＿＿＿

學分班：＿＿＿＿＿＿＿＿＿＿＿＿＿＿＿＿＿＿＿＿＿＿＿＿

九、您的其他意見

＿＿＿＿＿＿＿＿＿＿＿＿＿＿＿＿＿＿＿＿＿＿＿＿＿＿＿＿＿

謝謝您的指教！

21054